É Preciso Salvar
os Direitos Humanos!

Coleção Estudos
Dirigida por J. Guinsburg

Equipe de realização – Edição de texto: Iracema A. de Oliveira; Revisão: Luiz Henrique
Soares; Produção: Ricardo W. Neves, Sergio Kon, Lia N. Marques, Luiz Henrique Soares e Elen Durando.

José Augusto Lindgren-Alves

É PRECISO SALVAR OS DIREITOS HUMANOS!

 PERSPECTIVA

© Copyright 2018, Perspectiva

CIP-Brasil. Catalogação-na-Fonte
Sindicato Nacional dos Editores de Livros, RJ

L721e

Lindgren-Alves, José Augusto
É preciso salvar os direitos humanos! / José Augusto
Lindgren-Alves. - 1. ed. -
São Paulo : Perspectiva, 2018.
392 p. ; 23 cm.   (Estudos ; 356)

Inclui bibliografia
ISBN 978-85-273-1121-2

1. Ciência política. I. Título. II. Série.

18-47592

CDD: 320
CDU: 32

05/02/2018   05/02/2018

1ª edição

Direitos reservados à
EDITORA PERSPECTIVA LTDA.
Av. Brigadeiro Luís Antônio, 3025
01401-000 São Paulo SP Brasil
Telefax: (11) 3885-8388
www.editoraperspectiva.com.br
2018

Para José Vicente de Sá Pimentel,
amigo, "parceiro" e incentivador destes escritos.

As feridas provocadas pelo sistema econômico que coloca no centro o deus dinheiro e que em certas ocasiões atua com a brutalidade dos ladrões da parábola têm sido criminosamente desatendidas. Na sociedade globalizada existe um estilo elegante de olhar para outro lado que se pratica recorrentemente: sob a roupagem do politicamente correto ou de modas ideológicas, olha-se aquele que sofre sem nele tocar, divulga-se seu sofrimento pela televisão ao vivo e, inclusive, adota-se um discurso de aparência tolerante, cheio de eufemismos, mas não se faz nada de sistemático para curar as feridas sociais, nem para enfrentar as estruturas que deixam tantos irmãos e irmãs caídos pelo caminho.

PAPA FRANCISCO (2017)

Os direitos legais das mulheres – que nunca foram iguais aos dos homens em nenhum continente – estão se esvaindo. Os direitos que as mulheres têm sobre seus corpos estão sendo questionados e enfraquecidos. Frequentemente elas são alvo de intimidação e assédio no mundo virtual e na vida real. Nos piores casos, extremistas e terroristas constroem suas ideologias baseadas na submissão de mulheres e meninas e as escolhem para violência sexual e baseada no gênero, casamento forçado e escravização virtual.

ANTÓNIO GUTERRES,
secretário-geral das Nações Unidas (2017)

As comunidades são sempre projetos políticos, projetos políticos que não podem depender sempre da identidade. Mesmo durante o período em que a unidade negra era supostamente uma condição *sine qua non* de luta, isso era mais ficção do que qualquer outra coisa. A classe, o gênero e as fissuras sexuais que se escondiam por trás da construção da unidade expunham eventualmente essas e outras heterogeneidades que faziam da "unidade" um sonho impossível.

É interessante como é mais difícil transformar discursos do que construir novas instituições.

ANGELA DAVIS (2005)

Sumário

Prefácio: Um Apelo Necessário – *Gelson Fonseca Jr.* XVII

Introdução. XXXI

1. É PRECISO SALVAR OS DIREITOS HUMANOS! . . 1

Sintomas e Fatores do Descrédito 2

Posições de Esquerda e de Direita 5

A Ideia do Politicamente Correto 9

O Desgaste Internacional Pelo Excesso. 11

Aspectos da Confusão Conceitual. 14

"Direitos-do-Homismo" ou Jus-Humanismo 18

Afirmações Sem Sentido, Questionamentos
Deslocados 20

Direitos Culturais ou Direitos das Culturas? 22

2. DIFICULDADES ATUAIS DO SISTEMA
INTERNACIONAL DE DIREITOS HUMANOS . . . 33

Um Esclarecimento Prévio 33

O Sistema Internacional de Direitos Humanos
Stricto Sensu e os Demais 34

A Evolução do Sistema até o Fim da Guerra Fria 38

A Conferência de Viena Como Ponto Culminante. . . 43

Desvios Posteriores ao Acordado em Viena. 47

Viena Vítima de Seu Próprio Êxito 52

A Multiplicação de Instrumentos e Mecanismos 55

Omissões Problemáticas e Reforma do Órgão
Principal 60

As ONGS e os Movimentos Sociais 63

Que Fazer?. 64

3. CINQUENTA ANOS DA CONVENÇÃO SOBRE
A ELIMINAÇÃO DA DISCRIMINAÇAO SOCIAL:
UMA APRECIAÇÃO CRÍTICA DE DENTRO 67

O Seminário Comemorativo 67

Abertura dos Trabalhos: A Variedade da Família
Humana. 70

Primeiro Painel: "Cinquenta Anos de Realizações –
Lições Aprendidas e Boas Práticas". 72

Segundo Painel: "Desafios Atuais e Caminhos Para
Prosseguir" 87

Americanização Global?. 110

4. A HEGEMONIA LIBERAL CULTURALISTA NO
DISCURSO DOS DIREITOS HUMANOS. 117

Alguns Esclarecimentos 118

Origens Internas dos Defeitos 121

As Distorções das Recomendações Gerais 126

As Distorções em Recomendações à Europa 128

As Distorções Aplicadas a Países Africanos. 133

O Relatório dos Estados Unidos 142

O Relatório do Iraque e o "Estado Islâmico" 147

O Culturalismo Como Separatismo 151
Uma Crítica Que Precisa Ser Feita 155

5. "DIREITOS DAS CULTURAS"
VERSUS DIREITOS UNIVERSAIS 157

Os Direitos Humanos São Direitos
Universais 157
A Fotografia Como Arte e Denúncia 160
Diferenças em Mosaico ou Integração Com
Igualdade. 165
O Comitê Para a Eliminação da Discriminação
Racial Como Ilustração. 168
Conflito de Civilizações ou Conflito Dentro
de Civilizações? 187

6. TENTATIVAS DE CORREÇÃO DE RUMOS
NO CERD. 191

Sobre o Multiculturalismo 192
Sobre Métodos de Trabalho 195
Contribuição ao Pedido de Sugestões Sobre
a Coordenação dos Órgãos de Tratados 198
Sobre os Cinquenta Anos da Convenção Para
a Eliminação da Discriminação Racial 201
Resultados? 202

7. ETNIAS E MESTIÇAGEM, VISTAS
DA BÓSNIA E HERZEGOVINA 205

8. COEXISTÊNCIA CULTURAL E "GUERRAS
DE RELIGIÃO" 215

Guerras de Religião e Outros Conflitos 217
Fundamentalismo e Terrorismo. 219
Objetivos Terroristas 225

O Terror Contra o Terror 228

Coexistência Cultural 234

A "Aliança de Civilizações" das Nações Unidas. 237

Post Scriptum 241

9. O PAPA BENTO XVI, O ISLÃ
E O POLITICAMENTE CORRETO 243

Um Esclarecimento Prévio 243

Introdução. 244

Bento XVI em Auschwitz. 245

A Conferência de Regensburgo 249

As Posições do Papa nos Debates em Curso 253

A Identidade da Europa (e, Por Extensão,
do Ocidente). 257

Há Saídas? 259

10. OS DIREITOS HUMANOS E OS REFUGIADOS
EM TEMPO DE GLOBALIZAÇÃO
E "GUERRA AO TERROR". 265

Conflitos, Assistência e Ingerência 266

Um Pouquinho de Doutrina. 270

A Ampliação da Titularidade dos Sujeitos
Desprovidos e do "Direito de Ter Direitos" 272

O Brasil e Essa Matéria 275

A Globalização Econômica e Seus "Efeitos
Colaterais". 277

Voltando aos Direitos Humanos e ao Direito
dos Refugiados 281

Os Direitos na Atualidade Vivida 285

Esperanças Teimosas. 293

11. CINQUENTA ANOS DA DECLARAÇÃO
UNIVERSAL DOS DIREITOS HUMANOS:
TRÊS "COLUNAS" COMO PRELÚDIO
RETROSPECTIVO AO QUE VINHA........... 297

Direitos Humanos: Paradoxos do Fim
do Século XX 297

O 50º Aniversário da Declaração Universal
dos Direitos Humanos 301

O Cerd com Caricaturas em Trevas 304

12. SESSENTA ANOS DA DECLARAÇÃO UNIVERSAL:
A DECLARAÇÃO DOS DIREITOS HUMANOS
PELA ONU NO DISCURSO DIPLOMÁTICO
BRASILEIRO 309

Variações Antes da "Longa Noite"................ 312

De 1964 a 1984 320

Da Abertura Externa à Valorização do Sistema..... 327

Violada, mas Presente 338

Bibliografia.. 343

Prefácio:
Um Apelo Necessário

Gelson Fonseca Jr.*

Para esta coletânea de artigos, José Augusto Lindgren-Alves escolheu, com boas razões, um título que traz um apelo e tem sentido de urgência: *é preciso salvar os direitos humanos*. O apelo merece atenção, porque feito por um dos mais notáveis especialistas brasileiros em direitos humanos, conhecido por sua ampla e respeitada produção. As reflexões de Lindgren-Alves começam a ser articuladas em 1989, quando apresenta a tese *As Nações Unidas e os Direitos Humanos* ao Curso de Altos Estudos do Instituto Rio Branco. Em seguida, em 1994, publica pela Perspectiva seu primeiro livro, *Os Direitos Humanos como Tema Global* e, daí em diante, não interrompe mais a sua contribuição intelectual e diplomática à causa dos direitos humanos. No seu currículo estão sete livros e inúmeros artigos em revistas acadêmicas e jornais. Anoto que seus primeiros textos estão voltados para a diplomacia dos direitos humanos e todos se tornam referência para quem estuda o tema, especialmente o livro *Relações Internacionais e Temas Sociais: a Década das Conferências*.

---

*   Diplomata e professor, foi embaixador nas Nações Unidas e idealizador do Curso de Altos Estudos de Relações Internacionais do Instituto Rio Branco.

Gradualmente, seu horizonte temático se alargou. As questões de direitos humanos naturalmente o estimularam a analisar os fatores sociológicos que condicionavam a sua promoção e aplicação. Também se integra em seus escritos a preocupação filosófica, centrada no exame do alcance da universalidade na projeção dos direitos humanos. Impressiona a maneira como Lindgren introduz a reflexão de clássicos como Weber, Marx e Hannah Arendt, e de pensadores modernos, como Bobbio, Zizek, Lyotard, Alain Badiou, Derrida, Amartya Sen, Bernard-Henry Levy e, entre os brasileiros, Abdias Nascimento, Flávia Piovesan, Celso Lafer e Paulo Sérgio Pinheiro. Assim, seus argumentos ganham em profundidade e estão em permanente diálogo com o melhor pensamento sobre os rumos da civilização na modernidade e na pós-modernidade. Na obra de Lindgren-Alves, ressalta ainda o fato de que suas ideias são, como se dizia, engajadas, ligadas frequentemente no debate nacional e internacional sobre as questões difíceis do campo.

A carreira de Lindgren-Alves acompanha e estimula as suas reflexões. Ele chefiou a área de direitos humanos no Itamaraty em 1995 e 1996, participou das Conferências Globais das Nações Unidas, dos anos 1990, a começar pela Conferência de Viena sobre Direitos Humanos, e, graças ao seu conhecimento e reputação, foi eleito, a título pessoal, em 2002, perito no Comitê Para a Eliminação da Discriminação Racial (Cerd), das Nações Unidas, onde, reeleito sucessivamente, permanece até hoje.

Nos artigos aqui compilados, todas as virtudes, do pensador e do diplomata, do estudioso e do militante, aparecem e se combinam para propor uma reflexão madura, consistente, oportuna, e que deve ser lida, com proveito, por todos que querem um país (e uma ordem internacional) orientado por valores que sustentem a dignidade das pessoas e dos grupos sociais. Não tenho dúvidas de que o livro alargará o conhecimento de leigos e especialistas sobre o estado atual do debate sobre as questões de direitos humanos. E, ainda, vale a leitura pela elegância da apresentação dos argumentos, sempre claros, precisos, redigidos de tal forma que tornam fácil mesmo a compreensão de temas complexos.

A coletânea, organizada a partir de textos escritos entre 1996 e 2016, chama a atenção, inicialmente, pela abrangência da temática, unificada pela preocupação com o esmorecimento do prestígio da causa dos direitos humanos e suas consequências. O ponto de partida são os sinais múltiplos, crescentes, de que a luta pela defesa e promoção dos direitos humanos, que marcou os anos 1990, começa a sofrer distorções, encontra dificuldades para avançar. Aliás, como para provar que o problema é agudo e urgente, em fins de dezembro de 2017, o príncipe jordaniano Zeid Ra'ad Al-Hussein, alto comissário de Direitos Humanos da ONU, anunciava que desistia de um segundo mandado na função com palavras contundentes: "Após refletir, decidi não buscar um segundo mandato de quatro anos. Fazê-lo, no contexto geopolítico atual, envolveria ajoelhar e suplicar, silenciando discursos de defesa, diminuindo a independência e integridade da minha voz – que é a sua voz"[1].

Entre os fatores que Lindgren-Alves levanta para explicar o esmorecimento da causa dos direitos humanos estão a evolução recente do contexto político internacional e o comportamento das potências. Mas, sem hierarquizá-las, há outros fatores que, acredita o autor, se tornaram estruturais, como a transferência da luta universal para objetivos particulares pela via do multiculturalismo e a própria dinâmica da burocracia internacional dos direitos humanos, que se multiplica em detrimento da eficácia.

É impressionante o arsenal de argumentos, apoiados sempre por ilustrações valiosas, que Lindgren coleciona para demonstrar a sua tese. Parece que nada, na história recente da promoção dos direitos humanos, escapa a seu escrutínio. Lida com o tema da xenofobia na Europa, das torturas em Guantánamo, da evolução complicada da situação na Bósnia, de posições de Bento XVI, da ocidentalidade dos direitos humanos e muito mais. Resume a história da trajetória do sistema de direitos humanos, discute a diferença que tem em relação ao direito humanitário e mostra em que condições (paz e guerra) podem e devem ser aplicados. Também é valiosa a análise de dentro dos mecanismos multilaterais, especialmente do Cerd. Nesse tema, aliás, creio que a sua contribuição é única e reveladora.

O texto não foge à polêmica. É corajoso, como tem sido corajosa a participação de Lindgren-Alves no Cerd, muitas vezes

---

1 Zeid Ra'ad al-Hussein, Top Human Rights Official, Won't Seek a Second Term, *The New York Times*, 20 dec. 2017.

isolado, ao enfrentar temas espinhosos como o dos excessos do politicamente correto. Suas afirmações são frequentemente vazadas em retórica forte, sem meias palavras. Ao refletir com indignação racional ao que vê, combina sentimentos e argumentos fortes. O descaminho na luta pelos direitos humanos, em sua concepção mais valiosa, como a que está fixada na Conferência de Viena de 1993, não é uma perda menor para uma ordem internacional carente de padrões éticos e, sobretudo, para homens e mulheres discriminados, ainda longe de gozar dos mais elementares direitos.

Para situar as origens dessa preocupação, é necessário lembrar o que a causa dos direitos humanos realizou ou ajudou a realizar. A aceitação da universalidade dos direitos humanos e sua articulação multilateral em Viena têm reflexos notáveis para a luta social pela dignidade humana, nos últimos anos. O autor lembra que "os direitos da mulher foram reconhecidos como integrantes dos direitos humanos universais; os homossexuais, no Ocidente, puderam começar a assumir-se; o sistema da escravidão passou a ser encarada como aberração equiparável aos crimes contra a humanidade; a expressão "afrodescendente" se firmou nos foros internacionais para abranger categorias distintas de negros e mestiços". No âmbito do direito brasileiro, os "crimes contra a honra" perderam legitimidade; aboliram-se conceitos como o de filhos bastardos e adulterinos; o próprio adultério deixou de ser crime; os homossexuais ganharam direitos civis iguais aos dos homens e mulheres; iniciaram-se as ações afirmativas para compensar desigualdades históricas. Cada uma dessas conquistas tem uma história própria, singular. Porém, a inspiração universalista dos direitos humanos, ao criar uma moldura ideológica consistente em defesa da dignidade individual, está presente em todas.

É evidente que o trabalho de levar adiante as propostas e determinações da Declaração Universal dos Direitos Humanos, renovadas pela Conferência de Viena, e por tantos outros documentos internacionais, está longe de ser completada. Nos anos 1990, no imediato pós-Guerra Fria, a percepção dominante era de que a conquista da universalidade dos direitos humanos estava garantida e se tornava parte obrigatória do repertório de legitimidade internacional, constituindo referência política com a vocação da permanência. As lutas não seriam por princípios

PREFÁCIO: UM APELO NECESSÁRIO

ou teses, mas para realizá-los, para fazer com que modelassem a realidade; o que se pretendia eram mudanças de normas jurídicas, de comportamentos, de atitudes individuais e coletivas. Vale citar Lindgren, que esclarece com acuidade o que significam:

> Com sua natureza cogente e valor referencial abrangente, os direitos humanos não são e não podem representar objetivos em si. Constituem, sim, instrumentos internacionais de conformação normativa, insuficientes, mas úteis, à disposição, em primeiro lugar, da cidadania para a obtenção do avanço social com justiça.

O projeto não era, portanto, de curto prazo, mas incorporava e organizava aspirações da humanidade que vinham do Iluminismo. É verdade que, desde sempre, reconhecia-se que alguns dos obstáculos eram evidentes – como a manipulação política da causa; o alcance das exceções culturais –, mas não seriam intransponíveis. Ou melhor, estavam lançados no caminho, atrasariam aqui e ali a aplicação do projeto maior, mas não mitigavam a força e a legitimidade dos objetivos.

As esperanças de uma trajetória de afirmação crescente do espírito de Viena encontraram, porém, ao longo dos anos 1990, novos obstáculos, alguns paradoxalmente nascidos como fruto indesejado do sucesso "ideológico" da causa dos direitos humanos. Os obstáculos "antigos" não desapareceram e as restrições de direitos impostas por governos arbitrários, seculares ou teocráticos, as dificuldades de acesso de largos contingentes a bens que garantam dignidade mínima, continuam e precisam ser combatidos como têm sido. Há, porém, problemas novos, como a discriminação e a estigmatização de grupos sociais, a repulsa a emigrantes que buscam escapar de tragédias humanitárias, e as formas inconcebíveis de tratamento de prisioneiros de guerra[2]. Nesse caso, Lindgren-Alves aponta com razão que "Por mais que os Estados, democráticos ou não, precisem agir contra o crime e o terror para a proteção imprescindível à convivência e

---

2   Em suas palavras: "Seguramente ninguém que defendesse os direitos humanos poderia aceitar, em qualquer circunstância, as torturas e tratamentos degradantes infligidos aos prisioneiros em quartéis e prisões americanas em Guantánamo, Abu Ghraib, Baghram e outras. Não obstante, nenhuma resolução condenatória, nenhuma reprovação formal pelo sistema de proteção aos direitos humanos foi formalmente subscrita".

XXII   É PRECISO SALVAR OS DIREITOS HUMANOS!

ao próprio usufruto dos direitos, as ações de prevenção e repressão têm regras mínimas", pois, caso contrário, "constituem uma desumanização do humano, sejam os alvos inocentes ou culpados [...] correspondem [...] à denegação daquilo que Hannah Arendt chamou 'direito de ter direitos'. Mais grave ainda é a rapidez com que o mundo assimilou a tortura de muçulmanos suspeitos de terrorismo, assim como a reação superficial dos Estados responsáveis diante do clamor inicial contra ela". Um sintoma do enfraquecimento da luta pelos direitos humanos é que ela praticamente desaparece da plataforma das lideranças políticas, mesmo em países ocidentais desenvolvidos (e os textos são anteriores à eleição de Trump para o governo dos EUA).

O autor chama a atenção para dois outros fatores que completam o eixo central de sua reflexão: o multiculturalismo essencialista que permeia o discurso dos direitos humanos e as distorções que sofrem as instituições que foram criadas para a defesa dos direitos humanos. Nos dois casos, e daí a necessidade de debatê-los, há uma espécie de desvio de objetivos da luta original, ou por interpretações equivocadas dos preceitos originais (mas que acabam por conquistar significativo apelo social e político) ou por crescimento desordenado da burocracia multilateral que aplica as normas e resoluções dos pactos e resoluções multilaterais. Os dois movimentos, por razões diferentes, levam a que se enfraqueça o que Lindgren considera o fundamental da causa dos direitos humanos – o sentido universal e a defesa do indivíduo – e teriam, paradoxalmente, resultado do *êxito de Viena*, conforme aborda em um dos mais interessantes capítulos da coletânea.

O primeiro tema, o essencialismo multiculturalista, é especialmente complexo, e boa parte dos artigos, direta ou indiretamente, o aborda. O universal tem limites, aceitos pela própria Declaração de Viena (artigo 5), e como para as exceções culturais é difícil imaginar uma solução conceitual unívoca, o ajuste de seus termos se transfere para situações concretas. O significado de "universal" é fácil de conceber e está alicerçado por uma longa tradição da filosofia ocidental, fundada na concepção da igualdade fundamental dos seres humanos. O problema é o particular, exatamente porque cada "particular" tem limites singulares, mais ou menos impermeáveis à incorporação das condicionantes que o universal sugere ou impõe. Lindgren aceita a ideia da diversidade como enriquecedora do convívio social e compreende a necessidade de que se estabeleçam políticas públicas para grupos vulneráveis. Mas o que o preocupa é a "confusão que ora se faz entre os direitos culturais da Declaração Universal e os hoje alardeados 'direitos das culturas' e 'direitos das minorias'". Por várias razões, e a primeira é doutrinária: tais direitos, consagrados em vários documentos, podem e devem ser defendidos, porém não seriam – em sua acepção mais rigorosa – direitos humanos, pois lhes faltaria a condição universal.

Outro problema é que a capa conceitual dos direitos das minorias abriga realidades muito diferentes e que rejeitam tratamento uniforme. A proteção dos costumes de uma tribo ianomâmi tem pouco que ver com o debate sobre o casamento arranjado entre os roma. "É um contrassenso equiparar os direitos humanos de pessoas discriminadas e perseguidas pela cor – ou dos indígenas e quilombolas que sempre viveram fora da sociedade principal – com o direito à diferença de culturas discriminadas ou não que, por vontade própria ou ideologia assumida, rejeitam esforços de integração na sociedade onde vivem". Se se deixasse a cada grupo autodefinir os limites de sua particularidade e consequentemente a medida de aceitação das normas da sociedade em que vive e convive, a fragmentação e o conflito dentro daquela sociedade poderiam se exacerbar. Porém, não parece o melhor caminho impedir que, em alguma medida, os grupos definam o que lhes é essencial para preservar sua identidade como grupo. Como se chega com razoabilidade ao limite do particular? A medida da defesa do particular tende, assim, a se converter em um processo político em torno de valores. Para Lindgren-Alves, a solução será sempre a de um universalista convicto, como ele mesmo se intitula. É o padrão de legitimidade dos direitos humanos que oferece a melhor defesa para que os discriminados se protejam da discriminação e a melhor referência para circunscrever o que é particular. Como ele adverte, o particular sem limite pode gerar um tipo de fundamentalismo do politicamente correto, falsamente progressista; pode justificar *a contrario sensu* as tendências fascistas, ultranacionalistas que vêm ganhando terreno mesmo nas democracias ocidentais. O risco maior, porém, é político, como mostra em um subtítulo de capítulo notável, "o culturalismo como separatismo", de que vale citar a conclusão: "O discurso culturalista não cria de per si reações perigosas, mas ao estimular diferenças, em vez de conciliá-las com algum sincretismo equânime, certamente fornece insumos que alimentam o racismo e a segregação".

Outro fator estrutural que minaria os ideais de Viena está ligado às opções de políticas, econômicas e sociais, que começam nos anos 1990, com a hegemonia do neoliberalismo. Nas palavras de Lindgren, vivia-se um paradoxo, pois o apogeu do discurso humanista coincidia com a destruição de suas condições de realização[3]. Viena programara iniciativas que exigiam mais do Estado enquanto o sistema econômico exigia o Estado mínimo. A questão persiste e as crises financeiras em países como a Grécia e Portugal tiveram, como resultado, um encurtamento de vantagens e benefícios sociais (da assistência médica às pensões) que não seriam recuperados no curto prazo. É evidente que, nos países desenvolvidos, a rede de proteção social, mesmo prejudicada, ainda atende e responde a seus objetivos básicos. O problema é mais dramático nos países em desenvolvimento, mesmo no Brasil, em que a rede dos serviços sociais ainda está longe da eficácia, e fatores como o envelhecimento da população alimentam problemas fiscais similares ao das economias maduras. O fato é que as realidades variam e muito. Nos Estados Unidos, por exemplo, uma das consequências da dominância do mercado (na sua forma recente) foi o aumento da concentração de renda e, mais grave, tentativas de atenuá-las, como o *Obamacare*, estão sendo questionadas: do outro lado do espectro político, na China, é evidente a melhoria da situação econômica de parte significativa da população, mas o progresso é limitado no campo dos direitos políticos. A natureza diferente dos problemas não diminui e, sim, reforça a necessidade de aceitar a inspiração universal dos direitos humanos. Se as

---

3   Lindgren-Alves é contundente na crítica ao neoliberalismo: "Em lugar da democracia política, o que se veio a implantar com a globalização econômica foi o 'liberalismo' da eficiência selvagem, sem contrapesos ou pruridos de preocupação social... Longe das liberdades e direitos fundamentais esperados, a liberdade que se afirmava no planeta era uma liberdade econômica não emancipatória".

soluções, em cada caso, serão diferentes – umas a exigir transformações estruturais, outras, mudanças conjunturais; umas, reformas institucionais, outras, ajustes de política social –, a necessidade de garantir e elevar a dignidade humana é a mesma em qualquer quadrante do planeta. Se não existe um receituário claro e único, é indispensável retomar a inspiração dos direitos humanos e reintroduzi-la plenamente nos processos políticos.

Um dos problemas decorrentes da concentração dos direitos humanos na luta identitária, ainda na visão do autor, é o esmaecimento da compreensão das raízes estruturais de problemas que levam à discriminação. A proliferação das lutas localizadas, ainda que tenham razões de sobra, convalida uma visão fragmentária da sociedade. As ligações estruturais entre classes desaparecem e a luta social se dispersa. De novo, o problema é complexo e, ao estudá-lo, Lindgren oferece uma das chaves para compreender a sociedade contemporânea. Sem esquecer as distinções nacionais e regionais, no plano global, a desigualdade entre níveis de desenvolvimento ainda é avassaladora e não tem diminuído uniformemente. A diferença entre os países desenvolvidos e os estados "falidos" não precisa ser sublinhada para mostrar a diversidade do mundo. Aceitas as diferenças, o fato é que a própria natureza do mundo do trabalho, que serviu desde a Revolução Industrial para definir identidades, deixa, por razões muitas, de fazê-lo[4]. Com a globalização, mudam a economia e a sociedade. Muda também a natureza do trabalho e esmaecem os instrumentos tradicionais de protesto e revolta, mas não o quadro de desigualdade, de pobreza, de vulnerabilidade humanas. Creio que é esse o contexto em que se dá a explosão das lutas identitárias que, na visão do autor, por justas e necessárias que sejam, seriam sempre limitadas e circunscritas, com o risco de que sejam usadas para que se esqueçam os problemas sociais maiores. Como ele o afirma, "a tendência ora predominante do sistema é de privilegiar minorias em detrimento das atenções para o conjunto. Pouca atenção é dada internacionalmente aos direitos das camadas gigantescas de pobres sem etnia ou outro elemento

---

4   Basta lembrar que, nos países latino-americanos, especialmente no Brasil, as greves já não estão ligadas ao trabalho industrial, mas a categorias de serviço, especialmente de funcionários públicos.

diferencial que os destaque. Para o liberalismo hegemônico, os simplesmente pobres são marginalizados porque fora do mercado, responsabilizados pela própria pobreza num círculo vicioso que só pode levar ao crime".

Outro resultado paradoxal do êxito de Viena foi a multiplicação dos foros e instrumentos de promoção dos direitos humanos. Aqui, a análise que Lindgren-Alves faz é especialmente valiosa (até porque raramente os membros de instituições multilaterais são tão claros e abertos nas críticas que fazem às mazelas do sistema). O diagnóstico é de novo contundente. Para proteger a situação de grupos ou categorias de pessoas, o sistema de promoção e proteção dos direitos humanos ampliou o número de relatores temáticos (hoje são mais de quarenta), multiplicou normas e instrumentos que, se revelam objetivos nobres e mesmo necessários, "torna o conjunto complexo, frouxo, sem hierarquia, com elementos claramente conflitivos". Entre as consequências, a primeira é tornar difícil, mesmo para o especialista, acompanhar a profusão de recomendações que emana dos órgãos, recomendações que, muito frequentemente, caem no vazio porque os Estados simplesmente não têm condições de cumpri-las. Aliás, nesse capítulo, são valiosas as observações de Lindgren sobre as demandas de estatísticas que incluam os grupos étnicos que, em muitos casos, são absolutamente irrealistas (como no caso de Luxemburgo) e, em outros, especialmente em países africanos (e mesmos europeus), conducentes a situações conflitivas mais do que positivas para o quadro de convivência social. O velho vício do irrealismo, tão frequente nas decisões multilaterais, frequenta, com vigor, o sistema de direitos humanos.

A partir da sólida matriz conceitual que Lindgren-Alves construiu para o seu argumento, creio que um dos interesses na leitura da coletânea é o mosaico que o autor cria, tornando possível olhar, de vários ângulos, a questão central e, a cada passo, entender o seu alcance, suas nuances e, sobretudo, o porquê de seu apelo para salvar os direitos humanos.

Em diversos textos do livro, Lindgren examina sua participação no Cerd, além de levantar vários temas que chegaram à agenda da opinião pública. Assim, o relato da sessão comemorativa dos Cinquenta Anos da Convenção sobre Eliminação da Discriminação Racial, em 2015, é a oportunidade para discutir

PREFÁCIO: UM APELO NECESSÁRIO

temas como a islamofobia, as opções históricas para o movimento dos afrodescendentes nos Estados Unidos, o alcance do conceito de minorias, o racismo como fenômeno planetário, a questão do politicamente correto e os exageros que pode induzir[5]. Ao longo do capítulo, questões como a polêmica sobre o uso da burca ou a atitude dos que afirmam que os direitos humanos servem para proteger criminosos são abordadas com franqueza e com sólidos argumentos. O capítulo sobre a *americanização global* é um resumo perfeito de tendências que ele tem observado com a preferência pelos particulares, induzido pelo multilateralismo, com consequências negativas para o sentido universal que deve comandar a promoção dos direitos humanos.

Na narrativa sobre a sua participação no Cerd, Lindgren-Alves discute o "essencialismo multicutural", mostrando as distorções que o conceito de etnia introduz, levando a que, em certas circunstâncias, o comitê tenda a "dar mais atenção às etnias como comunidades a serem mantidas intactas do que às manifestações de racismo contra elas". Para ele, além do fato de que o multicultural cai mais na competência da Unesco do que propriamente na de um órgão de direitos humanos, "algumas das práticas recomendadas para situações específicas aparecem como regras uniformes, aplicadas a todos os casos como se a realidade devesse sempre amoldar-se a um parâmetro nunca definido na convenção". É valioso o seu depoimento sobre a tentativa de debater o alcance do "multiculturalismo" no comitê para esclarecer o que se pretendia, ou defender a integração das minorias na sociedade onde se inseriam, mantendo o essencial de suas culturas, mas observando as regras abrangentes, ou mantê-las separadas com suas culturas intocáveis. Lindgren-Alves defende a primeira opção, que se identifica com as propostas de Martin Luther King e Nelson Mandela, mas não consegue que o órgão adote uma posição clara sobre o tema. Mostra em seguida como certas recomendações gerais, como o levantamento de estatísticas que desagreguem as etnias podem simplesmente

---

5 Há alguns relatos de episódios que viveu no Cerd que são a ilustração evidente de como se distorce o politicamente correto. Um deles é a crítica à representação do Papai Noel na Holanda que é acompanhado de um menino "negro", o que foi visto como racista. Porém, esclareceu-se que o menino não era negro; estava negro, pois como ajudante do Papai Noel encarregado de distribuir os brinquedos, descia pelas chaminés e, claro, se sujava de fuligem.

não ter sentido e, mais grave, em certas circunstâncias, levar a exacerbação de conflitos e não ajudar a conciliação nacional, especialmente em países africanos. O argumento ganha força pela análise criteriosa de decisões do Cerd, da maneira como o comitê examina e decide sobre situações de países[6]. É especialmente valiosa a análise que faz da sessão de 2012, mostrando como evolui o debate em torno dos relatórios do Quênia, do Reino Unido, do Canadá, de Portugal, do Vietnã, do México, dos países muçulmanos e dos Estados Unidos. Entramos na intimidade do Comitê, de suas tendências e impasses, sempre apresentados com franqueza e objetividade. Temos, assim, na coletânea, um documento precioso para quem for estudar processos de decisão em organismos internacionais.

Vale ainda, e muito, a leitura dos capítulos em que Lindgren discute o terrorismo, a crise dos refugiados (de maneira premonitória porque o artigo é de 2007), uma fala polêmica de Bento XVI, uma fotografia que ficou conhecida como a "Pietá Muçulmana", a caricatura de imagens sagradas... enfim, nada de relevante e polêmico na questão dos direitos humanos escapa ao exame sensível do autor.

O fato de que o tema dos direitos humanos tenha perdido prestígio pode levar Lindgren-Alves a uma atitude um tanto pessimista, mas não menos engajada e, no fundo, esperançosa de que a luta volte aos melhores trilhos. A cada capítulo, sempre aparecem ideias e sugestões sobre correções possíveis. Seu trabalho no Cerd, muitas vezes solitário, a frequência com que traz ao debate público os problemas da promoção dos direitos humanos são credenciais importantes para uma luta complexa, difícil, com revezes, mas necessária e urgente. Algumas das muitas indagações que o texto sugere podem ser assim

---

6   Um dos exemplos que lembra é o de Luxemburgo que, com população de 500 mil habitantes e é constituída por 43% de estrangeiros de mais 170 nacionalidades. Por eximir-se de apresentar a estatística desagregada, o país é censurado e instado a fazê-lo. Demandas similares foram feitas a países africanos que, evidentemente, têm problemas peculiares e distinções étnicas internas alimentadas pelas potências coloniais. Caso fomentassem sistemas especiais de proteção a minorias, teriam certamente consequências negativas para as bases de unidade nacional. O exemplo que dá sobre as recomendações a Ruanda são eloquentes da aplicação duvidosa de uma perspectiva racialista. Também exemplares a análise que faz da atitude do Comitê em relação aos Estados Unidos e ao Iraque e o ISIS.

formuladas: afinal, quem pode salvar os direitos humanos? Como se retomará a luta? Com que forças Lindgren-Alves conta para responder ao seu apelo? Como ele mesmo aponta, uma das diferenças entre os anos 1990 e hoje é que os atores que levaram adiante a causa ou se enfraqueceram ou a abandonaram. É difícil reconstituir a coalizão de ONGs, movimentos sociais e, especialmente, governos das potências ocidentais na mesma direção. A questão dos direitos humanos é, ao fim e ao cabo, parte de processos políticos. Por mais que a ordem seja influenciada por movimentos sociais, não seja mais exclusivamente entre soberanos, o fato é que, no universo internacional, as hegemonias dependem de poder. Como mobilizá-lo? Falando de direitos humanos, fala-se dos processos ideológicos no mundo contemporâneo, de novos padrões de disputa de poder, de rumos civilizacionais, que opõem fundamentalistas e modernizadores, dogmáticos e secularistas, teocratas e humanistas, conflitos inter e intrarreligiosos que se acavalam a rivalidades políticas intertribais e interétnicas.

Valores e poder andam sempre juntos. E nem sempre é fácil casar os melhores valores com os que comandam as forças hegemônicas, como nos dias de hoje. Mas isso é o começo do problema, não, claro, a sua solução. Creio que uma das consequências permanentes de Viena é que o sentido universal da defesa dos direitos humanos vale em si mesmo. Vale como padrão de legitimidade, mesmo quando forças hegemônicas relutam em aceitá-lo. Pode ser descumprido, pode ser distorcido, mas a referência de legitimidade persiste. É preciso afirmá-lo com força e bons argumentos.

Por várias razões, tão bem descritas e analisadas aqui, a aspiração universalista não foi quebrada, mas está certamente fragilizada. A causa ficou esmaecida, confusa talvez, e nem assim deixa de inspirar e mobilizar. Afinal, não existe melhor projeto de dignidade para todos que o formulado pelos ideais e ideias definidos pela Declaração Universal e consolidado em Viena. Daí a importância da obra de Lindgren-Alves: serve, e serve bem, a uma causa justa.

Rio de Janeiro, dezembro de 2017

Introdução

Poucas vezes, se é que alguma houve, desde a proclamação da Declaração Universal dos Direitos Humanos em 1948, os direitos fundamentais de todos se encontraram tão ameaçados como agora. Não que eles tivessem sido observados com consistência em qualquer época. Sim porque, na sequência do ano de 2016, em que, como se tinha dito no início de 2017, "tudo o que não poderia acontecer aconteceu" nas votações populares de repercussão mundial, a perspectiva lógica é de que o antes "inimaginável" continue a ocorrer. Ao se escreverem estas linhas, o que mais se nota, em paralelo às violações discriminatórias, programadas ou não, contra seguidores de certas religiões e populações inteiras, é o total abandono de preocupações com direitos humanos nos projetos de candidatos que ganham eleições em muitos países, não apenas aqueles do chamado Primeiro Mundo. Um retrocesso *per se* colossal!

Populismo? Ultranacionalismo? Antiglobalismo? Manipulação abusiva de temores fundamentados? Opção retrógrada dos votantes? Muitas são as explicações *a posteriori* para os resultados eleitorais "impensáveis" de 2016. Por mais que se mencionem entre suas causas o desemprego sistêmico, as disparidades econômicas gritantes, a falta de expectativas, a descrença popular nas elites, a corrupção e mazelas congêneres, todas as análises assinalam um ponto comum: o desgaste do "progressismo liberal" considerado "de esquerda".

Ainda que os pensadores de esquerda, de maneira mais coerente do que os de direita, alertassem contra o totalitarismo do culto do "mercado livre" associado à hegemonia do "politicamente correto", o desvio de atenções para longe de questões abrangentes quase não encontrava obstáculos. Mais fácil do que lidar com problemas sociais complexos era a concentração de foco somente nas "minorias", estimulada pelo discurso político dominante. Além de representarem mercados pouco explorados, suas dificuldades específicas, decorrentes de discriminações variadas, seriam, à primeira vista, resolúveis sem maiores mudanças no *status quo*.

Originário da contracultura dos anos 1960 a 1980, distorcido por obsessões impositivas, esse "progressismo" pós-moderno talvez seja "de esquerda" para o *establishment* norte-americano, cujos democratas "liberais" sempre foram assim rotulados. Certamente não o será para os batalhadores dos diversos setores que trabalham de muitas maneiras pela liberdade real, no sentido mais amplo do conceito, com elevação das condições dos miseráveis e de equidade estrutural mínima de todos para sua realização. Mas isso, como a experiência novamente comprova, não se consegue nas condições existentes, globalizadas ou não, compensadas apenas pela filantropia privada, pela caridade religiosa ou por iniciativas minúsculas em defesa de vítimas pertencentes a identidades particularizadas. Ou pelo oportunismo lucrativo, não apenas financeiro, daqueles que exploram modismos.

Conforme assinala Jodi Dean em autocrítica oportuna:

Preocupada com políticas de identidades e crítica cultural, a esquerda dissolveu-se entre liberais interessados em incluir-nos cada vez mais no capitalismo multicultural globalizado e anarquistas focalizados na micropolítica da advocacia de pequenos grupos.[1]

E a insuspeita Angela Davis complementa, advertindo, por outro ângulo: "Diversidade é uma daquelas palavras do léxico

---

1   J. Dean, Dual Power Redux, comentando texto surpreendente de Fredric Jameson, em que este propõe a construção de uma sociedade comunista por um exército nacional de conscrição obrigatória de todos os cidadãos; em Slavoj Zizek (ed.), *Fredric Jameson, An American Utopia*, p. 119 (tradução minha).

contemporâneo que presume ser sinônimo de antirracismo. Multiculturalismo é uma categoria que pode admitir interpretações progressistas e profundamente conservadoras."[2]

As saídas ninguém sabe quais são. No entanto, ainda parece possível tentar corrigir os excessos, pelo menos em setores de atuação específica. Desde que se reconheçam os equívocos daqueles que atuam com intenção construtiva.

Os textos que compõem este livro são anteriores aos referendos e eleições de 2016 nos dois lados do Atlântico, cujos resultados, segundo se assegurava antes, "não iriam jamais acontecer". Escritos em fases anteriores, os mais veementes, por sinal, durante a administração Obama nos Estados Unidos, eles demonstram que, ao contrário do que se dizia com otimismo, tais resultados podiam sim ocorrer. Eram até certo ponto previsíveis, à luz das tendências neles denunciadas, associadas a outros fatores poderosos, apenas mencionados nos textos. Redigidos originalmente como sinal de alerta contra desvios que se delineavam dentro da área dos direitos humanos, os textos, como os problemas estudados, não perderam a atualidade. Permanecem terrivelmente válidos num cenário cujo futuro quase todos agora parecem temer.

Reunidos em ordem mais temática do que cronológica, os artigos, de anos diferentes, visavam e ainda visam a promover conhecimento da matéria e maior consciência ativista da responsabilidade de todos para a correção dos problemas. Com esse objetivo em mente, diante da possibilidade de mal-entendidos sobre as posições que reiteradamente defendo, acredito caberem aqui alguns esclarecimentos.

O primeiro ensaio, "É Preciso Salvar os Direitos Humanos!", cujo título dá nome ao livro, reflete a preocupação transversal do conjunto. Foi escrito na virada de 2009 para 2010, sentindo eu – não pela primeira vez! – a necessidade de me explicar com ressalvas quando dizia a não iniciados que ainda trabalhava com direitos humanos. Com parentes e amigos rotineiramente assaltados por adultos, adolescentes e crianças, vizinhos assassinados em ações de latrocínio, conhecidos de todas as classes sequestrados, despojados e feridos, vendo e sentindo de perto

---

2   A.Y. Davis, *A Democracia da Abolição*, trad. Artur Neves Teixeira, p. 36.

a insegurança ubíqua brasileira, era difícil fazer ver aos interlocutores patrícios, numa fase em que ninguém mais acredita em revolução, que o ativismo em direitos humanos atuava também em defesa de seus direitos. Para falar com franqueza, eu próprio começava a ter dúvidas.

Ao mal-estar que essa situação me causava, associava-se uma grave irritação com o irrealismo de certos ativistas juntamente com os quais, a rigor, eu trabalhava e ainda trabalho. Renomadas ONGS internacionais, cujas denúncias eu havia apreciado, defendido e louvado contra ditaduras de direita e de esquerda, teciam críticas aprioristicas a quaisquer ações da polícia, em particular na América Latina, sem demonstrarem compreender que a situação atual, transparente e aberta à supervisão internacional, era outra; que as operações não podiam ser comparadas às atividades clandestinas dos anos 1960 a 1980. Pareciam ignorar que, salvo poucas exceções, os governos de hoje, eleitos em sufrágios regulares, não estavam inventando uma "guerra suja" para justificar operações hediondas em nome da "doutrina de segurança nacional"; que, malgrado ocorrências lamentáveis, as ações de combate ao crime são necessárias para proteger a todos, começando pelos mais pobres, habitantes ordeiros de comunidades informais, suas primeiras vítimas.

Em qualquer democracia na qual criminosos comuns transformam os cidadãos em presas frequentes indefesas, ou o Estado reconquista o monopólio do uso da força, sem exageros que a tornem ilegítima, ou a utopia dos direitos se afigura um disparate, inconcebível para o habitante ordinário. Defender somente minorias quando a totalidade vive acossada é assumir a postura de militantes monotemáticos, compreensível talvez entre eles, mas equivocada e contraproducente num contexto mais amplo. Em situação de descontrole generalizado, em que o Estado não quer ou não pode atender ao essencial, essa postura não ajuda sequer as minorias contempladas, aumentando preconceitos pré-existentes. Erode, por outro lado, a ideia dos direitos humanos, justificados como categoria especial dentro do Direito, por sua universalidade. Esta certamente perde com o acobertamento de discriminações, assim como perde com a aceitação da miséria alheia, de excessos policiais comprovados, assim como da criminalidade incontida.

INTRODUÇÃO   XXXV

Se tal era a tônica que me impulsionava a escrever o ensaio de 2010, ela o é *a fortiori* para reproduzi-lo diante da realidade internacional e brasileira de 2017. Enquanto, por um lado, não é correto dizer que os direitos humanos sejam somente "direitos de bandidos", tampouco faria sentido, por outro lado, desqualificar como "de direita" afirmações como as da diretora do Instituto Igarapé, recém-divulgadas pela imprensa carioca, de que, apesar do *stress* extremo a que são submetidos, as mortes de policiais no Estado do Rio de Janeiro – mais de quarenta nos primeiros três meses do ano! – não comove a sociedade. Em suas palavras: "É verdade que a normalização dos homicídios é generalizada, mas assusta especialmente a indiferença com que as pessoas assistem à inaceitável quantidade de mortes dos profissionais que arriscam suas vidas para protegê-las."[3]

Como assinalava a Comissão Interamericana de Direitos Humanos em estudo de 2009, ao desenvolver o conceito de "segurança cidadã" como uma das dimensões da segurança e do desenvolvimento humano, a envolver múltiplos atores: "A segurança cidadã se vê ameaçada quando o Estado não cumpre com sua função de proteção, ante o crime e a violência social, interrompendo a relação entre governantes e governados."[4]

Ajudar a disseminar essa premissa nos pressupostos de ação dos ativistas é necessidade ineludível para que se possa voltar a falar para o público, sem ressalvas e explicações expletivas, sobre a importância dos direitos humanos também nos dias de hoje. Assim como é necessário explicar que tais direitos se tornam impossíveis numa "sociedade brincalhona" que legitima o crime rotineiro ao culpar as vítimas de "marcar bobeira"; na qual adolescentes violentos ameaçam professores e professoras que não os podem reprovar; meninas de doze anos desejam "ficar" com chefes do tráfico de drogas para "ganharem importância" na comunidade em que vivem; crianças apreendidas em delitos flagrantes são liberadas imediatamente em função da falta de

---

3   Ilona Szabó, O Brasil - e o Rio em Especial – Precisa Proteger e Valorizar o Policial, *O Globo*, Rio de Janeiro, 02 fev. 2017.

4   "La seguridad ciudadana se ve amenazada cuando el Estado no cumple con su función de protección ante el crimen y la violencia social, lo cual interrumpe la relación básica entre gobernantes y gobernados". Comisión Interamericana de Derechos Humanos, *Informe Sobre Seguridad Ciudadana y Derechos Humanos*, doc. 57, 31 dez. 2009, p. IX.

instituições que as recuperem. Exigir que o "povão" se comova com prisioneiros que se degolam em presídios quando o mesmo "povão" é esfaqueado nas ruas é atitude tão desfocada quanto as belas marchas de branco contra a brutalidade mortífera de criminosos comuns.

O segundo texto compilado, "Dificuldades Atuais do Sistema Internacional de Direitos Humanos", advém de anotações que fiz para um curso de verão na Universidade de Barcelona em 2014. Convidado como expositor sobre direitos humanos e cooperação internacional, optei por discorrer sobre dificuldades ora existentes dentro do próprio sistema, a fim de alertar aqueles futuros agentes, do Estado e da sociedade civil, para a necessidade de realismo. Como o texto fornece informações sobre as normas e órgãos a que me refiro mais aprofundadamente nos estudos seguintes, sua colocação me pareceu adequada entre os capítulos de abertura.

Tendo em conta as apreensões que nele registro, especialmente diante da proliferação incontida de documentos e mecanismos de controle, adianto desde logo que não sou contra a elaboração de normas adaptadas às necessidades dos diferentes sujeitos de direitos: mulheres, crianças, pessoas com deficiência, indivíduos e grupos discriminados por motivos variados. Sou, porém, favorável às especificações normativas no entendimento que elas reforçam a possibilidade de realização dos direitos universais. Não sou, tampouco, contra a afirmação e proteção de novos direitos para pessoas e coletividades em situações especiais. Sou contra, sim, o enquadramento de quase tudo o que se postula dentro da moldura dos "direitos humanos", particularmente no âmbito das Nações Unidas.

A especificação de direitos focalizados é útil para a adoção de políticas públicas, nacionais ou regionais, que, queiramos ou não, dependem dos meios e condições existentes *in loco*. Não podem ser planetárias. Na Organização das Nações Unidas – ONU, esse enquadramento infinito de reivindicações específicas na moldura dos direitos e liberdades fundamentais das pessoas, além de dar margem a excessos duvidosos de todo tipo, complica exponencialmente as funções dos órgãos e da burocracia existentes. Enfraquece o valor simbólico de um sistema já fraco, que mal dava conta de acompanhar os direitos da

Declaração Universal como "mínimo denominador comum". Transforma os direitos humanos num substitutivo anódino de políticas efetivas.

O terceiro estudo, "Cinquenta Anos da Convenção Sobre a Eliminação da Discriminação Racial: Uma Apreciação Crítica de Dentro", é o texto mais novo, redigido em fins de 2015 com complementações em 2016. Ele decorre do espanto e da indignação que senti perante a insensibilidade dos participantes da comemoração do aniversário da convenção de 1965 diante dos atentados terroristas à volta e do horror vivido pelas levas de refugiados de guerras estimuladas de fora, diariamente documentados pela imprensa e pela televisão. O texto resume os avanços conceituais importantes, muitos dos quais se encontram hoje deturpados por atitudes demagógicas.

Desse terceiro capítulo até o sexto, os textos se concentram na experiência pessoal que tive, e ainda tenho, na qualidade de membro, como tal dito "perito independente", há dezesseis anos, do Comitê Para a Eliminação da Discriminação Racial (Cerd), "órgão de tratado" da convenção internacional sobre o tema. Ainda que, algumas vezes, minha participação no que descrevo tenha sido assumidamente crítica, contrária ao que se decidia impositivamente, é essa atividade que me mantém operativamente vinculado às Nações Unidas.

Os estudos denominados "A Hegemonia Liberal Culturalista no Discurso dos Direitos Humanos" e "'Direitos das Culturas' *versus* Direitos Universais", correspondentes aos capítulos 4 e 5, ilustram com exemplos extraídos de atividades do Cerd, alguns dos absurdos que tenho testemunhado e procurado evitar, sem êxito. Mais importantes do que minhas opiniões, já indicadas nos títulos, são as citações de documentos oficiais, com explicações, que deveriam ser mais conhecidas. Tivesse eu tempo disponível, gostaria de complementar essas citações com outras afins, mais recentes. Como tempo é um privilégio de que não disponho, deixo os textos como retratos de posições renitentes que depois se agravaram. Elas não me dissuadiram, nem o conseguem fazer agora, de tentar conferir consistência lógica a ações do Comitê, como provam as quatro "Tentativas de Correção de Rumos no Cerd", que reproduzo no "capítulo 6", único dos textos do livro inédito no formato atual.

XXXVIII   É PRECISO SALVAR OS DIREITOS HUMANOS!

Os capítulos de 7 a 10 poderiam constituir uma "Segunda Parte" do volume, na medida em que têm focos diferentes sobre assuntos previamente tratados. Prefiro não os separar, uma vez que todos, unificados ou não com referências explícitas ao Cerd, integram o mesmo conjunto de preocupações. Foram elas, em diversos contextos, que me levaram a formular, há anos, a interjeição exclamativa que repito: é preciso salvar os direitos humanos!

"Etnias e Mestiçagem Vistas da Bósnia e Herzegovina" é crônica escrita em 2012, quando eu era embaixador em Sarajevo, chocado com o que os "pacificadores" liberais da Iugoslávia esfacelada haviam criado para acabar com a matança na década final do século xx. Publicado em revista virtual que indico na nota inicial e logo reproduzido no blog de política externa *Diplomatizzando*, de Paulo Roberto de Almeida, com a chamada "Loucuras balcânicas", aquilo que nele narro daria, se fosse teatro, peça absurda, com sabor a Ionesco, ou, talvez mais, a Kafka. Mas o absurdo era – e ainda é – real, prestes, então, a ser reencenado em área próxima ao Brasil, muito distante dos Bálcãs. Nesta região vizinha não conheço bem os resultados. Tomara que tenham dado certo! Na Bósnia, país de gente acolhedora, onde vivi por três anos, sei que o que me espantava continua igual.

"Coexistência Cultural e 'Guerras de Religião'" foi o tema a mim atribuído, talvez como desafio, por Cândido Mendes, quando me chamou para participar da 20ª Conferência da Academia da Latinidade, por ele montada no Cairo, em 2009. Na época, eu tinha sido nomeado coordenador nacional da Aliança de Civilizações, designação altaneira para a complicada, mas terra a terra, função de organizador da iii Conferência Mundial dessa iniciativa das Nações Unidas. Cândido Mendes fazia parte do Grupo de Alto Nível, composto por personalidades internacionais escolhidas pelo então secretário geral Kofi Annan, para promover a iniciativa. Depois de ler esse texto, Cândido Mendes, que já havia publicado o original, convidou-me, no Cairo, para integrar regularmente as conferências da Academia. As injunções da carreira e da vida me impediram de seguir essa linha, aberta pelo honroso convite. A conferência a meu cargo ocorreu no Museu de Arte Moderna do Rio de Janeiro em maio de 2010, com dez mil participantes. Hoje se acha praticamente esquecida.

INTRODUÇÃO

"O Papa Bento xvi, o Islã e o Politicamente Correto" é o ensaio que à primeira vista destoa dos demais, em particular pelo título. Sua substância, contudo, é integralmente ligada às preocupações do conjunto, expostas de um ângulo incomum. Aborda vários aspectos do "politicamente correto" como imposição hegemônica que precisa ser superada. Inclusive nas interpretações rasteiras de fatos surpreendentes, divulgados pelos *media* mais influentes e absorvidos como verdade incontestável. O que não quer dizer que eu tenha qualquer simpatia pelo personagem principal.

"Os Direitos Humanos e os Refugiados em Tempo de Globalização e 'Guerra ao Terror'" é estudo redigido a convite de Flávia Piovesan para coletânea de textos comemorativos dos dez primeiros anos de vigência no Brasil da Lei n. 9.474, conhecida como Estatuto dos Refugiados. A lógica doutrinária e a argumentação geral se revelam atuais e muito fortalecidas no cenário de horror e de insensibilidade do mundo contemporâneo.

Os três pequenos artigos semijornalísticos que formam o capítulo 11 sob o título "Cinquenta Anos da Declaração Universal dos Direitos Humanos: Três 'Colunas' Como Prelúdio Retrospectivo do Que Vinha", escritos no espaço de dez anos perto da virada do século, praticamente anunciavam os problemas consolidados que hoje temos.

Por último, por inclinação pessoal e talvez por vício de ofício, que me levam a adaptar o que penso à situação brasileira com vislumbre de otimismo, reproduzo estudo que fiz, em 2008, para publicação comemorativa da então sexagenária declaração de 1948: "A Declaração Universal dos Direitos Humanos no Discurso Diplomático Brasileiro".

Tendo em conta o tom preocupado desta Introdução, assim como a indignação transparente que demonstro em vários trechos do livro, apresso-me em assegurar que eles decorrem de minha esperança teimosa ao se sentir ameaçada. Não tanto pelos inimigos da ideia, mas sim por pessoas que, afinal, como eu, dão importância aos direitos humanos, utilizando-os, porém, de maneira contraproducente.

Criticável em qualquer circunstância, no Cerd isso me parece particularmente grave, na medida em que as recomendações de órgãos de tratados são consideradas por juristas de diversos

XL É PRECISO SALVAR OS DIREITOS HUMANOS!

países matéria constitucional dos Estados. Elas, em princípio, localizam, interpretam, complementam e explicam normas de pactos e convenções geralmente incorporadas ao ordenamento jurídico doméstico por disposições da Constituição respectiva. Essa é a posição fundamentada, por exemplo, da brasileira Sílvia Pimentel, que, tal como eu no Cerd, integrou por vários mandatos o Comitê Para a Eliminação da Discriminação Contra a Mulher (Cedaw, na sigla em inglês)[5]. Ou do argentino Javier Garín, cujo *Manual Popular de Derechos Humanos* ensina:

Uma vez que os Tratados de Direitos Humanos foram incorporados em nossa Constituição, as resoluções ou opiniões dos mencionados comitês se revestem de suma importância, pois são fonte direta de interpretação de normas que os tribunais de nosso país precisam levar em conta em suas sentenças[6].

Aceito com naturalidade o "pacto de desconfiança" sobre direitos humanos entre o Estado e a sociedade civil, na precisa expressão de Paulo Sérgio Pinheiro, ele próprio partícipe pelos dois lados. Com base nesse acordo informal, o segundo contratante mantém sua autonomia como condição necessária[7]. Creio que, nas funções de diplomata, nos anos 1990, também contribuí para esse pacto, imprescindível em regimes democráticos. Foi com tal entendimento, cooperativo sem hierarquias, que o Brasil participou da Conferência de Viena, de 1993. E foi assim que se elaboraram os planos e programas de direitos humanos do Brasil, previstos pela Conferência, propriamente lembrados pelo incansável professor e ex-secretário nacional, atualmente designado pela ONU para a tarefa espinhosa de advertir o mundo sobre as violações terríveis de direitos nas correntes guerras multiformes da Síria.

5   S. Pimentel; A. Gregorut, Humanização do Direito Internacional, em Mario L. Quintão; Mércia C. Souza (org.), *A Interface dos Direitos Humanos Com o Direito Internacional, Tomo II*, p. 261-278.
6   "Dado que los Tratados de Derecho Humanos han sido incorporados a nuestra Constitución, las resoluciones u opiniones de los mencionados Comités revistem suma importancia, ya que son fuente directa de interpretación de normas que deben tener en cuenta, en sus sentencias, los tribunales de nuestro país." Cf. p. 208.
7   P.S. Pinheiro, A Consolidação da Política de Direitos Humanos no Brasil: Dezesseis Anos de Continuidade, *Revista Direitos Humanos*, n. 07, Brasília, dez. 2010, p. 31.

De minha parte, por mais que eu repreenda a postura de algumas ONGs que ainda não separam alhos de bugalhos, tratando sem diferenciação ditaduras e governos de boa-fé eleitos, posso engolir, a contragosto, seu principismo acrítico. Não posso aceitar, porém, passivamente, que órgãos convencionais de tratados, compostos por "peritos", sejam manipulados pelo radicalismo infundado de quem quer que seja. Ou pelas obsessões pessoais de alguns dos membros. Quando oriundos da militância na sociedade civil dos países de origem, tais "experts" podem até estar sendo espertamente consequentes. Os outros membros é que não se podem deixar levar apenas pelo medo de parecerem incorretos, endossando tudo o que se cobra, ainda que sem fundamento. Para os órgãos de tratados e para as ONGs, movimentos sociais e outras instituições que os acompanham um "pacto de desconfiança" recíproca também seria necessário, a fim de restabelecer a seriedade dos primeiros.

No Cerd e demais comitês convencionais do sistema, mais facilmente do que em outras instâncias, a leviandade paternalista do "politicamente correto" poderia ser corrigida. Se assim desejassem os Estados, com ajuda de outros atores influentes, sua ação poderia voltar a ser consistente, recusando os excessos demagógicos do discurso. Para isso é necessário que todos saibam exatamente o que desejam alcançar, com um mínimo de entendimento daquilo que, em tempos de racionalismo crítico, antes se chamava "nexo de causalidade".

Sem correções imprescindíveis, pelo menos em comitês influentes, que normalmente precisam ater-se ao mandato respectivo e a resoluções anuais diretivas aprovadas pelos Estados na Assembleia Geral, o sistema dos direitos humanos das Nações Unidas permanecerá, na melhor das hipóteses, como está na atualidade: excessivamente fértil na produção de documentos, quase estéril na obtenção de efeitos positivos.

É evidente que os órgãos de tratado não mudarão o mundo. Podem, no entanto, ajudar a controlar os excessos discursivos atuais, sem cuja adequação ao real as democracias, já enfraquecidas, continuarão a esvair-se em contradições insolúveis. Para gáudio de oportunistas que sempre as saberão explorar.

*   *   *

Em agosto de 2016, o prof. Jacques d'Adesky escreveu-me para saber como localizar um texto meu sobre a Conferência de Durban. Depois que lhe respondi, enviou-me a seguinte mensagem:

"Prezado Embaixador José Lindgren,
Acabo de reler *Os Direitos Humanos na Pós-Modernidade*.
Fiquei admirado com o tom premonitório de seu livro ao observar o atual cenário internacional que aponta a exacerbação do fundamentalismo religioso, as tensões concernentes aos refugiados, migrantes na Europa, Oriente-Médio, bem como as verbalizações xenófobas de ultranacionalistas em vários países do mundo.
Ao ter tido a sorte de nascer depois da Segunda Guerra Mundial, portanto, não ter conhecido nem vivido esse tempo de trevas, confesso as minhas altas preocupações para as atuais jovens e futuras gerações."

Minha resposta foi:

"Caro Jacques,
Infelizmente é isso mesmo. E vem pior por aí, pois até os mais politicamente corretos estão destruindo, com seu maximalismo cego, as poucas conquistas que então ainda havia na esfera dos direitos humanos. Mas vamos torcer e continuar trabalhando para ver se o futuro melhora.
Aprecio muito sua gentileza de me dar notícias da releitura de meu livro."

O presente volume é uma espécie de "continuação natural" de *Os Direitos Humanos na Pós-Modernidade*, de 2005. Além daquelas acima esboçadas, simples observações de fatos que já existem, prefiro desta vez não ter novas premonições.

Buenos Aires, março de 2017

1. É Preciso Salvar os Direitos Humanos![1]

> *Direitos-do-homismo? Virou um apelido jocoso.*
> *[...] A desgraça que assola no presente qualquer*
> *coerência doutrinária tem-se acentuado e levado*
> *cada um a coroar seu adversário com esse sufixo de*
> *execração ridícula: soberanismo, acusa um,*
> *direitos-do-homismo, replica outro.*
>
> RÉGIS DEBRAY, *Le Moment Fraternité*.[2]

Depois de haverem funcionado, no final do século XX, como última utopia secular universalista, capaz de mobilizar sociedades de todo o mundo, os direitos humanos parecem ter entrado em fase de descrédito. A perda de popularidade da própria expressão linguística pode ser notada em sua posição secundária nos programas políticos atuais, meramente episódica nos noticiários e artigos de imprensa, comparada ao relevo obrigatório, prioritário e ubíquo, de poucos anos atrás. Mais constrangedora é, porém, a reação automática de desconforto ou decepção das pessoas comuns de boa-fé quando hoje lhes dizemos que, de uma maneira ou de outra, somos ainda atuantes na matéria.

É provável que essa minha observação escape a ativistas, sobretudo mais novos, diretamente dedicados à promoção dos direitos humanos, no Brasil e no exterior. Pode ser até que os revolte. Eu próprio, calejado pela experiência de mais de trinta anos dedicados ao tema, agora me irrito com a necessidade de explicitar o que venho fazendo nesse campo, para ser levado a

---

1 O presente texto é de fins de 2010. Foi publicado *em Lua Nova – Revista de Cultura e Política*, n. 86, Dossiê Direitos Humanos.

2 Tradução minha, como é o caso nesta obra sempre que se tratar de edições estrangeiras e não for informado diferentemente.

sério. Antes o difícil era vencer os preconceitos "nacionalistas" associados à noção de soberania; hoje o mais difícil é explicar que os direitos humanos não são tudo aquilo que tem sido feito em seu nome, muitas vezes para atacar o Estado de forma leviana.

Exatamente por isso, porque me ressinto da ampla incompreensão corrente sobre o que são realmente os direitos de todos os seres humanos, reconhecidos internacionalmente desde 1948, e de seu consequente descrédito, tento esboçar aqui, segundo minha percepção, algumas das principais razões que os têm desgastado. Elas são menos óbvias do que um observador desatento imagina. Não podem, sobretudo, ser abordadas de maneira maniqueísta, como se todos aqueles que criticam o tratamento atual dos direitos humanos, no exterior e no Brasil, fossem contrários a eles.

SINTOMAS E FATORES DO DESCRÉDITO

Falar das violações maciças que continuam a ocorrer não justifica a atual descrença no conceito dos direitos humanos, internacionalmente estabelecidos na Declaração Universal de 1948. Falar de continuação e ressurgimento de muitos regimes arbitrários, seculares ou teocráticos, impérvios a pressões e críticas, tampouco constitui novidade. Os casos contemporâneos de atrocidades, suplícios, intolerância e estigmatização de grupos, juntamente com a impunidade de violadores contumazes, longe de representarem fator de arrefecimento, deveriam, ao contrário, fortalecer o empenho na já sexagenária luta pelos direitos universais.

Terrorismo? Guerra ao terror? Invasões militares por motivos infundados? Não se pode dizer com certeza se são causa ou efeito do descrédito. Mais pertinente seria, com certeza, assinalar a desatenção metódica com que os direitos humanos têm sido tratados - ou descartados – por governos democráticos de países desenvolvidos, especialmente em medidas de repressão e prevenção a possíveis atos terroristas.

É claro que as democracias também precisam defender-se e defender as respectivas populações. Essa segunda obrigação é, aliás, como explica a teoria política desde Hobbes, a razão

É PRECISO SALVAR OS DIREITOS HUMANOS!

intrínseca da própria existência do Estado. A defesa não pode, porém, legalmente, ser exercida pela via da violência arbitrária, dirigida a indivíduos caracterizados pelo pertencimento a uma coletividade determinada. Tal violência representa a anulação prática de tudo o que se construiu dentro do Direito para proteger os direitos e liberdades fundamentais de todos. Por mais que os Estados, democráticos ou não, precisem agir contra o crime e o terror para a proteção da ordem imprescindível à convivência e ao próprio usufruto dos direitos, as ações de prevenção e repressão têm regras mínimas. Elas se acham estabelecidas nas chamadas "três vertentes do Direito Internacional dos Direitos Humanos": as convenções de Genebra sobre o Direito na guerra e sobre os refugiados, e os pactos e convenções decorrentes da Declaração Universal dos Direitos Humanos de 1948. Abusos deliberados contra uma categoria específica, social ou étnica, de pessoas vão contra todo o sistema normativo. Constituem uma forma de desumanização do humano, sejam os alvos inocentes ou culpados. Correspondem, por outras vias e ideologias, à denegação daquilo que Hannah Arendt chamou "direito de ter direitos"[3], à reconsagração mais visível do *Homo sacer* do Direito Romano arcaico recordado por Agamben[4], ao endosso da interpretação mais destrutiva da ideia de conflito de civilizações, que Huntington disseminou, por mais que pretendesse evitar[5].

Assim como as ações e operações arbitrárias tendem a violar direitos fundamentais, igualmente grave, e certamente ainda mais daninha, é a atitude despiciente com que sociedades e Estados variados, do Ocidente e do Oriente, vêm encarando as críticas, nacionais e internacionais, às violações por eles praticadas. Conforme já observava Slavoj Zizek:

Uma década atrás, a legitimação da tortura ou a participação de partidos neofascistas em um governo da Europa Ocidental teria sido descartada como desastres éticos que "nunca realmente poderiam acontecer"; uma

3   Cf. H. Arendt, The Perplexities of the Rights of Man, *The Origins of Totalitarianism.*

4   Cf. G. Agamben, *Homo Sacer: Le Pouvoir souverain et la vie nue,* trad. M. Raiola.

5   Cf. S. Huntington, *The Clash of Civilizations? Foreign Affairs; The Clash of Civilizations and the Remaking of the World Order.*

vez que aconteceram, nós imediatamente nos acostumamos à nova situação, aceitando-a como comum.[6]

De fato, seria inimaginável, senão há dez anos, como dizia Zizek, na primeira metade da década de 1990, a rapidez com que o mundo assimilou a tortura de muçulmanos suspeitos de terrorismo, assim como a reação superficial dos Estados responsáveis diante do clamor inicial contra ela. Pior, assimilou fingindo esquecer que ela continua, tendo sido, em alguns Estados, legalizada por expedientes dúbios. Contudo, também nesses casos, poder-se-á indagar se a atual desatenção "democrática" com os direitos humanos é causa, consequência ou sintoma do descrédito. Acredito que seja tudo isso.

Há, como se sabe, fatores profundos, estruturais, radicados na esfera econômica, que afetam a credibilidade dos direitos humanos para a esquerda desde, pelo menos, meados do século XIX. Alguns, agora agravados e identificados nas malhas da globalização contemporânea, são denunciados em diversas instâncias e em manifestações de rua, às vezes violentas. Outros, sutis porque plurivalentes, relacionados à noção de pós-modernidade, oriunda da esfera acadêmica e refletida em formas de militância particularistas, permanecem pouco abordados. Talvez porque esses fatores sejam apresentados como posições de esquerda; talvez porque contradigam a ideologia da negação das ideologias; talvez, mais provavelmente, porque desagradem ao discurso multiculturalista, o fato é que esses fatores são vistos e comentados em análises variadas, sem repercussão que se note entre a militância[7]. Afinal, o multiculturalismo pós-moderno, essencialista, permeia atualmente todo o discurso dos direitos humanos, inclusive no Secretariado das Nações Unidas e entre peritos dos órgãos de

6   *Living in the End Times.*
7   No exterior, os críticos do multiculturalismo são, em maioria, de centro ou centro-direita (Amin Maalouf, Alain Minc, Giovanni Sartori, Thomas Sowell etc.). No âmbito da esquerda, somente pensadores provocativos, como Zizek e Badiou, ou militantes já acusados de "direitismo", como Caroline Fourest e Régis Debray, assumem claramente a crítica ao multiculturalismo a partir de posições sólidas. Os demais o fazem de maneira hesitante, como se temessem soar de direita (Michel Wiewiorka, Amartia Sen etc.). No Brasil as posturas me parecem mais confusas, como confuso é o significado que se dá ao termo "multiculturalismo" – que, assinalo logo, nada tem a ver com a prática de "ações afirmativas".

tratados[8]. Ao invés de assumir e integrar as contribuições das diversas comunidades para a formação de conjuntos plurais abrangentes, o mais notável dos quais é a sociedade nacional classista, esse multiculturalismo separatista hegemônico, de origem anglo-saxã, proponente do mosaico de culturas – inaplicável no Brasil, como na Iugoslávia de saudosa lembrança, especialmente comprovado na velha Bósnia –, acentua as diferenças, alimentando o narcisismo grupal e condenando as misturas.

POSIÇÕES DE ESQUERDA E DE DIREITA

Aqui caberia explicitar desde logo uma questão despercebida de quem se apega a chavões. Na medida em que os direitos humanos sempre foram considerados pelo marxismo clássico uma invenção da burguesia para legitimar a exploração do trabalho, o que é que a esquerda atual, tão pouco influente no cenário de poder contemporâneo, tem a ver com o crédito ou descrédito do conceito? A resposta poderia ser: quase tudo! Pois os direitos humanos postulados pela ONU sempre foram de esquerda, e não apenas porque os "liberais" nos Estados Unidos e na Inglaterra correspondem à esquerda de seu espectro político. Se, por um lado, foi a supremacia do Ocidente após a Segunda Guerra Mundial, na versão capitalista liberal com alguns aportes socialistas, que se impôs na elaboração da Declaração Universal de 1948, por outro lado, foi a aliança da esquerda não institucional com a social-democracia que garantiu quase unanimidade ao conceito de direitos humanos universais como arma contra os autoritarismos.

Como observava Bobbio na década de 1990, quando se dizia que não havia mais direita e esquerda na política, essas duas posições são relativas. Não correspondem a conceitos ontológicos[9]. Ele lembrava que a esquerda é, ou era, igualitária, porque via a maior parte das desigualdades que degradam o

---

8   Examinei este assunto, a partir de minha experiência no Cerd, em meu livro *Viagens no Multiculturalismo: O Comitê Para a Eliminação da Discriminação Racial, das Nações Unidas e Seu Funcionamento*.

9   N. Bobbio, *Direita e Esquerda: Razões e Significados de uma Distinção Política*, trad. Marco Aurélio Nogueira, p. 91.

6 É PRECISO SALVAR OS DIREITOS HUMANOS!

ser humano como sociais, logo elimináveis. A direita é anti-igualitária, entendendo as desigualdades como naturais, logo não elimináveis. Em suas palavras comedidas, "a direita está mais disposta a aceitar aquilo que é natural e aquilo que é a segunda natureza, ou seja, o habitual, a tradição, a força do passado"[10] – frase que definiria hoje as postulações pós-modernas, apresentadas como "progressistas". Eu digo mais, com referência ao tema aqui em pauta: a direita, particularista por definição na esfera de valores, atualmente concentrada na liberdade de mercados, nunca defendeu os direitos humanos, até porque foi contra ela que tais direitos vieram a ser concebidos.

Curiosamente, hoje, anti-igualitária é a esquerda, ou melhor, uma esquerda que se propõe vanguarda da pós-modernidade. A direita segue suas posições habituais de menosprezo ou ódio pelos outros. Do novo relativismo de uma esquerda que se assume antiuniversalista, em nome do direito à diferença, os estragos à causa dos direitos humanos são enormes. Na teoria, porque suas propostas culturalistas parecem ir contra a ideia de direitos fundamentais e inerentes a todos os seres humanos; na prática, por causa da munição que suas posições, construtivas em certas áreas e para certos grupos, fornecem em outras áreas a violadores contumazes.

É importante não esquecer que, quando os direitos humanos foram encampados pela esquerda libertária, malgrado a crítica de Marx, o contexto era muito diferente do de hoje. Como recorda Marcel Gauchet, na Europa Ocidental dos anos 1970 e 1980, essa "criação burguesa" ressurgiu revalidada a Leste pelos dissidentes nos regimes stalinistas, sendo absorvida como resposta ao totalitarismo. No mesmo embalo dessa época e com maior consequência, os direitos humanos constituíram a base comum emancipatória, de mobilização contracultural dentro do Ocidente, inspirando o feminismo igualitário e a não discriminação por gênero, raça e etnia (nesse último caso, em defesa dos imigrantes, particularmente os muçulmanos, na Europa)[11].

10 Ibidem, p. 105-106.
11 M. Gauchet, *La Démocratie contre elle-même*.

É PRECISO SALVAR OS DIREITOS HUMANOS! 7

Já tendo sido brandidos com eficiência contra o colonizador europeu pelos líderes afro-asiáticos das lutas pela independência – todos os quais, com exceção do rei saudita Faissal, eram modernizantes em sentido iluminista – e utilizados contra os regimes stalinistas da Europa Oriental, na América Latina os direitos humanos serviram como instrumento de resistência às ditaduras, inclusive na defesa daqueles que haviam recorrido à luta armada. Serviram, também, como base para reivindicações sociais respaldadas nos ideais de justiça, igualdade racial, elevação do *status* da mulher e liberalização de costumes. Foi dessa forma, unindo as esquerdas, o centro e os liberais, contra opressões e repressões de todo tipo e em defesa de um ordenamento internacional e social mais justo, que, uma vez concretizado o fim do comunismo, os direitos humanos se afirmaram como tema global na década de 1990. E foi com sentido igualitário que essa criação da Modernidade mereceu o consenso planetário da Conferência de Viena de 1993[12].

O problema agora é o excesso. Estando os direitos humanos da Declaração Universal de 1948 amplamente reconhecidos e regulados, uma parte dos militantes autoproclamados de esquerda continua a usá-los como base para tudo, ainda que para isso seja necessário distorcê-los. Propõe, em nome dos direitos de minorias, uma gama de obrigações particularizadas que quase nenhum Estado tem condições de cumprir[13]. Define práticas de denúncias e incremento de penas para alguns crimes, desacompanhadas de medidas que ataquem as causas profundas e assegurem consistência no campo social[14]. Estende

12 Analisei a emergência dos direitos humanos como tema global legítimo em meu livro *Os Direitos Humanos Como Tema Global*.
13 Penso particularmente nas exigências europeias em matéria de reconhecimento e representação de minorias nacionais e "etnias", às vezes com sistemas de justiça separados, e na sua transposição para países de outros continentes, de formação distinta, como a Indonésia, o Suriname, a República do Congo, a África do Sul etc. Outros exemplos de transposição e cobranças absurdas são indicados mais para o final deste texto.
14 Lembro o caso, por exemplo, de campanha brasileira contra a prostituição infantil nas estradas, que propunha a prisão dos donos de posto de gasolina junto aos quais as meninas oferecessem seus serviços. Dentro da mesma lógica sem consistência social se enquadram várias campanhas internacionais de denúncias de escravidão e tráfico de pessoas, sem que os denunciantes cogitem de alternativas de trabalho e emprego para os indivíduos que semivoluntariamente se deixam escravizar, traficar ou enganar.

8   É PRECISO SALVAR OS DIREITOS HUMANOS!

conceitos contemporâneos a obras, episódios e contextos em que se tornam absurdos[15]. Associa-se às forças tradicionalistas mais reacionárias de grupos específicos no contexto do anti-imperialismo[16]. Faz vista grossa para práticas tradicionais atentatórias aos direitos humanos porque inerentes às respectivas etnias[17]. Em resumo: por conta do "direito à diferença", substitui a política universalista abrangente por campanhas em prol de objetivos etnoculturais enquadradas naquilo que Badiou denomina "logomaquia dos direitos humanos"[18]. A satisfação dos "culturalistas", de qualquer forma, é impossível, na medida em que novas comunidades de identificação com novas diferenças são incessantemente criadas, outras susceptibilidades afloram, os crimes e violações continuam e múltiplas exigências se agregam continuamente[19].

Os motivos da impopularidade atual dos direitos humanos são assim, menos aqueles habitualmente apontados no sistema internacional de proteção – seletividade das denúncias, politização dos mecanismos, inobservância das obrigações assumidas ou concessão de prioridade aos direitos civis e políticos sobre os direitos econômicos e sociais – do que os exageros de sua culturalização semântica, a que se somam absurdos do "politicamente correto", e, por outro lado, algumas distorções inerciais intrínsecas à prática de sua defesa.

De todos os modismos existentes entre militantes, governos, organizações internacionais e ONGS, o mais daninho para

---

15 Como a qualificação de "genocídio", conceito oriundo do Holocausto de judeus planejado e executados pelos nazistas com o objetivo de exterminá-los numa monstruosa "solução final", para massacres de outro tipo. Ou a qualificação de "crime contra a humanidade", definido pelo Tribunal de Nuremberg, para, por exemplo, o tráfico de escravos, inegavelmente terrível, mas legal, praticado por colonizadores de todos os continentes e considerado legítimo em outras épocas. Por mais que eu simpatize com os motivos dos postulantes dessa tipificação, não posso deixar de notar que a generalização errônea desses rótulos, além de historicamente sem sentido, somente esvazia os conceitos.

16 As simpatias com extremistas muçulmanos e o apoio, ainda que meramente argumentativo, a terroristas contra o "Ocidente" são os casos mais evidentes.

17 Penso, por exemplo, na aceitação da xaria islâmica em comunidades muçulmanas instaladas em países do Ocidente, do casamento infantil entre os roma, das punições corporais na aplicação da justiça indígena, na legitimação das castas onde elas sobrevivam etc.

18 A. Badiou, *Second manifeste pour la philosophie*, p. 143.

19 Examinei as origens e o início dos excessos do culturalismo atual em meu livro *Os Direitos Humanos na Pós-Modernidade*, p. 89-112.

a ideia dos direitos humanos tem sido o do "politicamente correto", amplamente popularizado pela repercussão negativa de seus exageros, que não se limitam à esfera da linguagem.

A IDEIA DO POLITICAMENTE CORRETO

Antes de generalizar-se como modismo, copiado dos Estados Unidos e hoje transformado em verdadeira camisa de força, a atenção com as relações da linguagem com as práticas sociais tinha caráter substantivo e objetivos concretos, emancipatórios, contra opressões e injustiças disfarçadas. Vinculava-se aos pensadores que se inspiravam na linguística estrutural de Saussure para a análise das relações de poder nas sociedades. A preocupação com a linguagem dominante, que esconde iniquidades e preconceitos, espalhou-se pela academia com o chamado pós-estruturalismo e daí aos movimentos sociais herdeiros da contracultura dos anos 1960 e 1970.

Essa preocupação ganhou força, na área dos direitos humanos, em particular dentro do movimento de mulheres, extravasando para outras áreas, como as de raça e etnia. Foi graças a ela que algumas imprecisões vocabulares decorrentes de injustiças da história, reveladoras da "capilaridade do poder" examinada por Foucault, acabaram sendo corrigidas. A própria expressão "direitos humanos" hoje consagrada é resultado da percepção de que os "Direitos do Homem", quando originalmente formulados no século XVIII, excluíam, de fato, as mulheres, sem participação política e mantidas em posição secundária nas sociedades. Foi para respaldar as justas aspirações igualitárias de segmentos populacionais discriminados que os direitos humanos deixaram de ser "Direitos do Homem"; os direitos da mulher foram reconhecidos como integrantes dos direitos humanos universais; os homossexuais, no Ocidente, puderam começar a assumir-se; o sistema da escravidão passou a ser encarado como aberração equiparável aos crimes contra a humanidade; a expressão "afrodescendente" se firmou nos foros internacionais para abranger as categorias distintas de negros e mestiços unidos na mesma luta. No âmbito interno brasileiro, dentro da mesma lógica de justiça igualitária, os "crimes contra

10 É PRECISO SALVAR OS DIREITOS HUMANOS!

a honra" perderam legitimidade; aboliram-se conceitos como os de filhos ilegítimos, bastardos e adulterinos; o próprio adultério deixou de ser crime, e os homossexuais ganharam direitos civis iguais aos dos demais homens e mulheres, inimagináveis poucos anos antes. Os mesmos objetivos universalistas inspiram a noção de "ações afirmativas", adotadas gradualmente no Brasil e previstas, desde 1965, pela Convenção Internacional Sobre a Eliminação de Todas Formas de Discriminação Racial, em seu artigo 2º, parágrafo 2º, ali mais adequadamente chamadas de "medidas especiais e concretas"[20].

Ainda que também essas correções de linguagem mais consequentes possam ser objeto de críticas, pois qualquer terminologia política é contestável, não são elas que dão vazão aos gracejos mais frequentes, mas sim os exageros. Propondo-se aplicar a tudo uma visão politicamente correta, os postulantes do politicamente correto adotam e exigem distorções semânticas, supostamente inspiradas pela ética, mas sem objetivo concreto: "etnia" (conceito antropológico que nada tem a ver com raça ou cor) em lugar de "raça" (conceito cientificamente contestado, mas que, longe de perder a atualidade política, é causa de discriminações ominosas); "gênero" em lugar de "sexo" (o primeiro termo seria sociológico, o segundo, biológico, sendo o próprio sexo passível de alteração); "caucasiano" em lugar de "branco" (por que não logo "ariano", como diziam os nazistas?), para não falar de outras "correções" simplesmente ridículas. Os mesmos postulantes veem incorreções, agressões a direitos, sintomas de racismo ou de discriminações variadas em textos, obras e práticas que eram – ou são – perfeitamente regulares em circunstâncias diferentes. Assim como há quem queira censurar *Lolita* de Vladimir Nabokov como livro pedófilo, o Cerd em Genebra já instou a Austrália a mudar o nome de um estádio de futebol, denominado Nigger Brown em homenagem a jogador (branco) falecido. Se até Monteiro Lobato, que já foi

20 Conforme o texto da convenção, as "medidas especiais", de duração provisória, visam promover grupos raciais discriminados até que estes atinjam "em condições de igualdade, o pleno exercício dos direitos humanos e liberdades fundamentais". A expressão "ações afirmativas" é imprecisa e advém de um discurso do presidente Kennedy (isso, e a atual visão norte-americana sobre o assunto, explicitei em meu livro *Viagens no Multiculturalismo*, em particular nas p. 35-36 e 134-135).

tema de escola de samba e escreveu *inter alia* o pungente conto antirracista "Negrinha", pode ter frases, banais e corriqueiras na época, agora vistas como perigosas, não há limites para as tolices contraproducentes[21].

Num mundo em que fundamentalistas crescentemente poderosos apedrejam "fornicadoras", quando não lhes cortam os narizes; enforcam homossexuais e podem crucificar após-tatas; atacam cultos alheios como rituais demoníacos; atiram bombas em clínicas que praticam o aborto; preferem assistir à propagação da AIDS a permitir a generalização da camisi-nha; encarceram ou deixam morrer sem auxílio imigrantes que não querem acolher em seu seio, soa evidentemente absurda a preocupação com palavras. Ela prejudica a credibilidade dos direitos humanos.

Assim como a linguagem politicamente correta represen-tou a contrapartida da crítica de Foucault à "microfísica do poder" na episteme moderna, os exageros dessa contrapartida, não passando de uma forma de censura, justificam as irritações e pilhérias, contribuindo para a atual disposição "epistêmica" contrária aos direitos humanos.

O DESGASTE INTERNACIONAL PELO EXCESSO

O ápice dos direitos humanos ocorreu logo após o fim da Guerra Fria, pouco antes, durante e imediatamente depois da Conferência de Viena de 1993. Malgrado as dificuldades da época – limpezas étnicas e guerras na ex-Iugoslávia, fanatismo islâmico na Argélia, posturas relativistas asiáticas, insistência no "direito de ingerência humanitária" – refletidas nos trabalhos da Conferência Mundial, a noção de direitos fundamentais de todos os homens e mulhe-res, congregando a esquerda com os liberais, tinha força para enfrentar ditaduras, produzir reformas nas legislações domés-ticas – de que nossa Constituição de 1988 é exemplo –, assim como para criar doutrina e consolidar mecanismos importantes.

---

21 Penso, evidentemente, na recomendação de que o livro *Caçadas de Pedrinho* fosse distribuído com a advertência de que contém frases nessa linha ou que a adorável personagem Tia Nastácia tivesse sido inventada por um alegado ódio racial do autor.

12 É PRECISO SALVAR OS DIREITOS HUMANOS!

Associados à reafirmação de sua declarada "natureza universal indubitável" (artigo 1º da Declaração de Viena) e ao reconhecimento da legitimidade da preocupação internacional com eles (artigo 4º da mesma Declaração), foram estabelecidos o cargo de alto comissário das Nações Unidas para os Direitos Humanos (ideia antes vista como intrusiva), ainda em 1993, e os tribunais *ad hoc* para a ex-Iugoslávia (com objetivos, na época, dissuasórios, já que o Conselho de Segurança não agia) e Ruanda (como compensação pela inércia internacional diante do genocídio dos *hutus*), em 1994, assim como um grande número de monitores de normas, temas e situações.

Hoje, os instrumentos e mecanismos de supervisão continuam a ser multiplicados além do que se pode acompanhar. Conhecem-se, é verdade, as figuras dos relatores especiais para países, que ainda representam o principal vetor de "poder de embaraçar" das Nações Unidas, e, por isso mesmo, é justo que sejam valorizados. Por mais que os Estados-autores dos projetos de resolução respectivos tenham perdido qualquer veleidade de ascendência moral, em função das violações próprias que ignoram, as vítimas de práticas abusivas em qualquer país sempre precisam ser levadas primordialmente em conta. E, como a história da redemocratização no Brasil o demonstra, elas certamente preferem a solidariedade internacional à abstenção na matéria.

Do ponto de vista doutrinário, é possível que tenha sido lapso anacrônico, a ressalva feita, em junho de 2009, na resolução do Conselho de Direitos Humanos sobre assistência ao Sri Lanka, que, sem designar relator, reafirma "o respeito à soberania" do país[22]. É possível, embora pouco provável, que tal lapso tenha decorrido de desconhecimento de que a Conferência de Viena de 1993 tornou inválido o argumento da soberania para evitar monitoramento internacional[23]. Certamente não constitui

22 O texto que tenho em mente é do preâmbulo da Resolução S11-1 (documento das Nações Unidas A/63/53, p. 161), adotada após o fim da guerra civil naquele país, quando se soube que o secretário-geral das Nações Unidas tencionava criar um grupo para examinar as violações praticadas durante o conflito envolvendo tamils insurretos e o governo.

23 Em muitos textos que escrevi desde a Conferência, expliquei como a Declaração de Viena, em particular em seu artigo 4º, logrou superar a invocação da soberania como escudo contra o monitoramento e controle internacional. (Ver *inter alia, Os Direitos Humanos Como Tema Global*, p. 28-29.) Afirmações de que o Brasil prefere respeitar as soberanias a agir em defesa dos direitos ▶

lapso incidental a multiplicação de propostas de novas declarações e convenções de validade questionável. A mais insistente e perigosa é hoje a de um instrumento internacional que limite a liberdade de expressão contra "blasfêmias de cunho religioso", na sequela da publicação em 2006 de caricaturas de Maomé na Dinamarca. Outras podem justificar-se como decorrentes de necessidades identitárias de alguns grupos, mas estendem *ad absurdum* a tendência à especificação de direitos especiais de grupos étnicos, esquecendo que todas as normas relevantes até a virada do século, quando abordavam necessidades das mulheres, crianças e minorias, visavam ao universal por meio do indivíduo.

Em função dessa proliferação de direitos, normas e práticas que protejam grupos específicos, ou ainda em decorrência da justificada ânsia por resultados também na defesa de direitos estabelecidos na Declaração Universal de 1948, o sistema internacional de proteção não para de crescer em termos quantitativos. Os seis tratados de direitos humanos mais importantes na década de 1990 (as convenções sobre o racismo, a mulher, a tortura, a criança e os dois pactos, de direitos civis e políticos e de direitos econômicos, sociais e culturais) agora são oito[24]. A primeira convenção, contra a discriminação racial, tinha 25 artigos; a penúltima, sobre os direitos dos trabalhadores migrantes, tem 93! Em contraste com a meia dúzia de respeitados monitores "temáticos" da ONU no início da década de 1990 (sobre desaparecimentos, execuções sumárias, tortura, direitos da mulher, liberdade de religião e discriminação racial), quase quarenta relatores especiais sobre "temas" funcionaram em 2010. Produziram, literalmente, milhares de páginas de informes mal lidos e logo superados por congêneres.

Comprovam-se, assim, pouco perceptíveis para o público e os *media* os resultados da substituição, em 2006, da antiga Comissão dos Direitos Humanos das Nações Unidas, subsidiária do Ecosoc

---

▷ humanos são postas pela imprensa na boca de diplomatas brasileiros, mas, pelo que consegui apurar, elas não são acuradas. Se o forem, em casos que desconheço, trata-se de erro ou posição ideológica de quem as faz. O Brasil pode, sim, preferir agir em outras bases, bilaterais e menos divulgadas, ou até por outros interesses. A Declaração de Viena de 1993 foi toda negociada sob coordenação brasileira, louvada por todos, no Brasil e no exterior.

24 Os dois mais recentes, em vigor, são a convenção sobre direitos de trabalhadores migrantes e a convenção sobre os direitos das pessoas com deficiências.

(Conselho Econômico e Social), por um novo conselho, subordinado à Assembleia Geral. Algumas modificações, concernentes à composição rotativa de seus membros, ou à maior frequência de sessões, são, em princípio, positivas. O maior avanço simbólico se encontra no chamado Universal Periodic Review (UPR, ou mecanismo de Revisão Periódica Universal), exame da situação dos direitos humanos em todos os 191 Estados-membros das Nações Unidas pelos 34 integrantes do novo Conselho de Direitos Humanos. Inegavelmente útil para tornar o monitoramento internacional menos seletivo, obrigando todos os governos a apresentar relatórios sobre a situação respectiva, a UPR tem sido questionada pela maneira em que ocorre: as recomendações somente podem ser incluídas no relatório do Conselho se aceitas pelo Estado examinado, com indicação de cada país que as formulou. Soam, assim, mais bilaterais e resultantes de um "acordo de cavalheiros" do que como recomendações coletivas. Malgrado os defeitos, a UPR é um avanço. Acaba, porém, diluída na massa avassaladora de mecanismos existentes, muito parecidos entre si nos métodos e substância do trabalho e pouco conhecidos até dos especialistas na matéria.

Contrariamente à expectativa ativista e tal como ocorre com tudo o que é multiplicado *ad nauseam*, as normas, recomendações e controles internacionais para os direitos humanos falham agora também pela multiplicação infinita. Sofrem do mesmo mal da informação na internet: a profusão as torna inassimiláveis. Assim como nenhum Estado é capaz de atender à quantidade de normas, recomendações e pedidos de informação ininterruptamente recebidos, nenhum delegado governamental ou ONG tem condições de tomar conhecimento consciente de tudo o que tem sido adotado.

ASPECTOS DA CONFUSÃO CONCEITUAL

Neste século XXI mal iniciado em todos os sentidos, os direitos humanos, quando não interpretados logo como estorvos, ou empecilhos à ação policial para proteção da cidadania acossada, são associados a noções que, independentemente da legitimidade respectiva, pouco têm a ver com a Declaração de 1948: intangibilidade das culturas; "direitos de religiões" e direitos coletivos

É PRECISO SALVAR OS DIREITOS HUMANOS!

de minorias. Os chamados "direitos culturais", até recentemente, eram, como todos os demais, claramente individuais – ainda que, no caso dos direitos econômicos, as negociações pertinentes fossem coletivas – e decorriam do artigo 27, parágrafo 1º, da Declaração Universal, redigido nos seguintes termos:

> Toda pessoa tem o direito de participar livremente da vida cultural da comunidade, de fruir as artes e de participar livremente do processo científico e de seus benefícios.

Além dessas três manifestações previstas como direitos culturais, o que a Declaração acrescentava, no artigo 29, parágrafo 1º, eram deveres da pessoa para com a comunidade, na qual "o livre e pleno desenvolvimento de sua personalidade é possível".

Hoje, em evidente inversão de sentido, os direitos culturais se apresentam muito mais como "direitos das culturas", das comunidades de qualquer tipo acima dos indivíduos, e, o que é pior, acima dos demais direitos estabelecidos na Declaração. Esses novos "direitos culturais", não incluídos na Declaração Universal dos Direitos Humanos, envolveriam direitos patrimoniais de grupos étnicos (os primeiros fixados foram dos povos indígenas[25]) e decorrem de duas novidades "pós-modernas": a divisão das sociedades não por classes, mas em categorias estanques (sobretudo de etnia e gênero), e a asserção do "direito à diferença" como substituto da velha igualdade iluminista. Do geral ao particular, com as distorções que essa operação exige, a expressão "direitos humanos" tem sido lembrada até em defesa do "direito da mulher de usar burca" (como causa para a rejeição militante à proibição francesa, que, por sinal, é também turca, catalã e síria); contra caricaturas de Maomé, encaradas como manifestação de "islamofobia" (quando se sabe que a maioria das caricaturas desse gênero, no Ocidente, são de figuras cristãs); para arrebatar a tocha dos maratonistas a caminho de Pequim para as Olimpíadas de 2008 (que se defenda o Tibete e se critique o regime chinês é compreensível, mas o que tinham os maratonistas individuais, quase agredidos, com isso?).

---

25 Na Declaração Sobre os Direitos dos Povos Indígenas, adotada pela Assembleia Geral das Nações Unidas em 24 de janeiro de 2007.

16 É PRECISO SALVAR OS DIREITOS HUMANOS!

Deixando as culturas de lado, a ideia dos direitos humanos é usada igualmente em apoio ao casamento homossexual; contra e a favor do aborto; em iniciativas educacionais para coibir provocações nas escolas contra alunos "diferentes" (o hoje chamado *bullying*); contra e a favor da construção de mesquitas nos Estados Unidos e na Europa; em defesa do alegado direito de um pastor do Texas de queimar provocativa e publicamente exemplares do Corão, em nome da liberdade de expressão e da liberdade religiosa[26]. Sem falar de manifestações supostamente motivadas pelo direito à igualdade universalista, nas quais as reivindicações se diluem pelo aspecto carnavalesco[27], ou de inconsistências pseudopuritanas, como a preocupação com a pedofilia, capaz de punir uma professora que "estupra" aluno de dezesseis ou dezessete anos, mas não faz nada contra a hipererotização das crianças pelo *show business*.

A essas novas associações de ideias heterodoxas – que, volto a dizer, podem provir de reivindicações legítimas, mas não decorrem de necessidades universais – acrescem, naturalmente, também, lembranças "ortodoxas", como as torturas de prisioneiros em Abu Ghraib (Iraque) e Baghram (Afeganistão); a situação aberrante de Guantánamo; a prática criminosa do terror em muitos lugares do planeta; o bombardeio de civis por forças militares; as penalidades cruéis em sociedades que aplicam a xaria; a fome e a violência enfrentadas pela população de Darfur[28]; o muro proposto para barrar a entrada de mexicanos nos Estados Unidos; a persistente prisão de dissidentes

26 Ouvi na televisão essa justificativa para a inação norte-americana do próprio presidente Obama.

27 Somente a custo se soube que a parada *gay* do Rio de Janeiro em novembro de 2010 tinha por tema a aprovação de projeto de lei, de 2006 (PL 122/06), que equipararia os crimes homofóbicos àqueles motivados pelo racismo, cuja justificação pela óptica dos diretos humanos ficaria duplamente patente logo em seguida: na agressão policial contra jovem egresso da parada e no espancamento, em São Paulo, no mesmo dia, de transeunte da Avenida Paulista por cinco jovens de classe média, inclusive quatro adolescentes. Mais convincente do que qualquer parada – não apenas em defesa dos GLTTS, mas "contra a violência", "pela paz" e outras causas – é o trabalho de conscientização feito por ativistas da igualdade.

28 Curiosamente, não sei bem por que, não se fala mais da continuidade da fome na Somália, país anômico e pobre, fragmentado por conflitos tribais incessantes, que agora, além de tudo, virou base de piratas em sentido não figurado. Será por causa da derrota chocante das forças dos Estados Unidos nos anos 1990?

É PRECISO SALVAR OS DIREITOS HUMANOS! 17

como criminosos políticos em muitos países; a criminalização dos imigrantes indocumentados no Arizona e na Itália; os africanos que se afogam ao tentarem alcançar a Europa; o bilhão e meio de miseráveis do mundo; os milhões de crianças que morrem de desnutrição; as meninas que se prostituem sem alternativa de vida.

Com a corrente extrapolação da titularidade dos direitos fundamentais de todos para o relativismo inerente à especificidade dos "direitos das culturas", muitas violações são hoje consideradas não violações em comunidades específicas, recebendo de teóricos e militantes "de esquerda" justificações surpreendentes (casos, por exemplo, da imposição às mulheres muçulmanas do *niqab*, véu ocultador, por integristas; do casamento arranjado de crianças entre os roma e outros grupos; das execuções como pena e do infanticídio entre indígenas etc.). Tendo por plano de fundo as torturas e abusos sob outros nomes praticados "legalmente" nos Estados que mais criticam violações alheias, as condenações internacionais em órgãos multilaterais aparecem ainda mais seletivas. Acrescentem-se a tudo isso as campanhas de repressão concentradas na obtenção de denúncias, as ações profiláticas que nem sequer contemplam o cerne dos problemas, a inversão que transforma as vítimas de injustiças sociais em algozes[29], e não causará surpresa a perda de força moral da expressão "direitos humanos".

Desprovidos do sentido universal com que foram proclamados pela Declaração de 1948 e aplicados de maneira distorcida, esses direitos parecem hoje, malgrado a atuação honrosíssima de abnegados mais sérios, uma manifestação "politicamente

---

29 Penso aqui, por exemplo, em recente matéria sobre crianças catadoras de sururu no Nordeste brasileiro, dando a entender que os pais, moradores de palafitas em mangues, seriam exploradores "por escolha" desse trabalho infantil. O mesmo se dá com os pais de crianças que fazem tapetes em casa, no Paquistão, Bangladesh e outros países asiáticos, mas sintomaticamente não com os "roma" da Europa que põem os filhos para mendigar e furtar, conforme "tradição cultural". Não digo isto por simples repetição de velho estereótipo sobre os ciganos, mas porque fui testemunha e quase vítima desse fato diversas vezes em países dos Bálcãs, onde vivi por sete anos. Por outro lado, sei que em qualquer parte do mundo, sem necessariamente recorrer a qualquer tradição, a miséria faz os pais utilizarem os filhos e filhas para garantir, como quer que seja, condições de subsistência para eles e para a prole. Enquanto isso a imprensa e militantes principistas, quem não ligam causas com efeitos, tendem a contar episódios de práticas desse tipo como se os pais agissem por maldade.

correta" de conformismo mercadológico, disfarçado por postulações fragmentadoras. Estas exigem tratamento sintomático, mas acobertam as causas verdadeiras das violações denunciadas, num sistema econômico-cultural globalizado crescentemente voltado para a satisfação de super-ricos em contexto de crimes, corrupção e desemprego. Enquanto isso, o fundamentalismo religioso, a xenofobia contra imigrantes pobres, o populismo fascistoide legitimado em eleições democráticas fortalecem-se a olhos vistos.

É pertinente a observação de Alain Badiou de que: "O debate de opiniões ocorre hoje entre duas orientações desastrosas: de um lado, o unanimismo mercantil e a comercialização universal; de outro, a crispação identitária, que constitui contra essa mundialização uma barreira reacionária, e, pior, totalmente ineficaz[30].

"DIREITOS-DO-HOMISMO" OU JUS-HUMANISMO

Foi neste contexto de confusão, impopularidade e descrédito dos direitos humanos, ao mesmo tempo em que a autoproclamada "esquerda progressista" distorce e utiliza seu conceito para a defesa de grupos particulares, em substituição à luta política pelo avanço social universalista, que os franceses, historicamente criativos na conceituação dos direitos da cidadania, cunharam a expressão *droit-de-l'hommisme*, sem equivalente em português[31].

Sei que a ideia de descrédito dos direitos humanos pode soar muito forte para quem, como eu, acredita neles. Não é preciso, entretanto, dispor de sentidos aguçados para perceber a atual condescendência de liberais, o desdém de nacionalistas e socialistas, a irritação de administradores pragmáticos, para não falar da revolta da esquerda revolucionária teórica, que agora vem renascendo, quando se referem aos direitos incorporados ao discurso pós-moderno. Enquanto a direita os encara como uma inconveniência a atrapalhar a performance,

---

30 A. Badiou; A. Finkelkraut, *L´Explication: Conversation avec Aude Lancelin*, p. 27. (minha tradução)

31 A tradução literal seria "direitos-do-homismo", que não corresponde à expressão "direitos humanos". Apenas em francês, malgrado as legítimas reivindicações feministas, os direitos humanos continuam a ser chamados "direitos do homem" (conforme a Declaração dos Direitos do Homem e do Cidadão, da Revolução de 1789), daí "direitos-do-homismo".

a esquerda anticapitalista atual vê a opção dos "progressistas pós-modernos" – malgrado o oximoro – pela ideia dos direitos, em particular pelos "direitos das etnias", como mais uma manipulação do capitalismo. Daí a emergência desse "monstro linguístico (senão ideológico) que é o *droit-de-l'hommisme* e seu correlato *droit-de-l'hommiste*", no dizer de François L'Ivonnet[32].

Segundo L'Ivonnet, professor francês de filosofia, a expressão remonta aos anos 1990 e é atribuída à direita, inclusive a Jean-Marie Le Pen, mas tem sido usada também pela esquerda, para criticar, por exemplo, a ação da Otan no Kôssovo e outras manifestações do chamado "direito de ingerência"[33]. O sentido é quase sempre negativo, como o de todos os termos com "ismos", antes que o uso os consagre. Na melhor das hipóteses, o jus-humanismo – invenção vernacular minha que adapto da expressão jusnaturalismo para traduzir com mais dignidade esse neologismo, empregado como rótulo – é comparado ao ecologismo, como uma das "novas narrativas" que inspiram os militantes antiglobalistas ou altermundialistas, desde Seattle em 1999, em campanhas e manifestações de rua pela moralização da política e pela reforma do capitalismo vigente[34].

É evidente que não concordo com a ideia de inconveniência dos direitos humanos, nem com a definição, positiva, mas questionável, dos direitos humanos e do jus-humanismo como uma das "novas narrativas". Por mais que entenda a importância primária e inadiável das preocupações com o meio ambiente, que conformam o comportamento geral dos militantes ambientalistas, assim como as outras motivações dos manifestantes de rua, não vejo o tema global dos direitos humanos como uma "narrativa". Estou seguro, também, de que, ao contrário do que pensam os economistas e empresários neoliberais ainda dominantes, o respeito e a proteção aos

---

32 F. l'Ivonnet, Du droit-de-l'hommisme, *Academy of Latinity, 19th Conference, Human Rights and Their Possible Universality*, p. 207.

33 Ibidem, p. 208. Ver também a epígrafe deste texto (Régis Debray, Le Moment fraternité, p. 123).

34 Ver artigo de Xavier de la Vega e Julien Bonnet, Nouveaux récits pour le XXIe siècle (em particular do subtítulo Le 'droit de l'hommisme' ou La Moralisation du monde), último dos artigos de um número sobre "Idéologies - le retour de la flamme", da revista francesa *Les Grands Dossiers de Sciences Humaines*, n. 14. O neologismo é aí empregado com conotação positiva.

direitos humanos, conquanto exigindo investimento no presente, tendem a garantir até mesmo melhor performance corporativa no médio prazo.

Os direitos humanos são direitos, reconhecidos internacionalmente na Declaração de 1948 e universalizados em 1993 pelo consenso da Declaração de Viena, de 1993. Nunca foram uma "narrativa" ou "metanarrativa" no sentido ideológico que os pós-estruturalistas, começando por Jean-François Lyotard[35], davam ao termo. Representavam, na mente dos negociadores da Declaração Universal, um mínimo denominador comum a ser observado por todos os Estados. Os meios para sua observância nunca couberam àqueles negociadores decidir. Por isso mesmo é que foram adotados e reiterados, desde 1948. Embora considerados elementos comprobatórios do verdadeiro progresso social, os direitos em geral não são, nem poderiam ser pela própria natureza, instrumentos suficientes para a obtenção do desenvolvimento nem explicação doutrinária e orientação totalizante para o alcance da igualdade efetiva.

Endossando ou não o neologismo depreciativo francês, a verdade é que, na cabeça e na atuação de muitos ativistas, militantes não governamentais "de esquerda" e governos de diversos matizes, os direitos humanos têm sido utilizados como política principal, senão única. Como se a obtenção do reconhecimento formal de uma postulação, geral ou comunitária, no rol dos direitos humanos resolvesse a questão. Com isso, o conceito vai sendo demasiadamente alargado, constantemente esgarçado, perdendo o sentido libertário e universalista, juntamente com a força moral e semântica.

AFIRMAÇÕES SEM SENTIDO, QUESTIONAMENTOS DESLOCADOS

Diante do exposto, chega a ser surpreendente observar que o conceito de direitos inerentes à pessoa humana continue sendo encarado como realmente universal por todos os Estados integrantes do sistema internacional existente. Por mais

---

35 *La Condition postmoderne: Rapport sur le savoir.*

que tenha sido abalada pelo particularismo de alguns "tigres" asiáticos – teorizado por líderes como Lee Kuan Yew, de Singapura, e Mahathir bin Mohamad, da Malásia, nos anos de 1990 –, a universalidade da ideia dos direitos humanos em si é questionada hoje somente por acadêmicos, em especial do Ocidente, e teólogos fundamentalistas de diversas religiões. Sem contar os extremistas de qualquer credo que, com total desprezo pelos direitos, vivem para as diferenças, matando e morrendo por elas.

Apesar das críticas que autoridades e teóricos fazem aos "valores do Ocidente", à democracia liberal, ao consumismo e à globalização em geral, nenhuma liderança política expressiva hoje em dia, em qualquer quadrante, acusa os direitos humanos de serem "ocidentais". Os líderes religiosos de todas as crenças procuram, ao contrário, apontar nos ensinamentos de sua própria doutrina, senão os fundamentos do conceito, as contribuições respectivas à afirmação desses direitos. Os Estados criticados por violações defendem-se, naturalmente. Quando não ocidentais, acusam a tentativa de transposição de modelos, criticando o liberalismo individualista do Ocidente, rotulando as pressões externas como violações do princípio da não intervenção em assuntos domésticos (em evidente contradição com a Declaração da Conferência de Viena), qualificando, no caso de teocracias islâmicas, de "islamofobia" as campanhas contra penas cruéis previstas na *xaria*. Mas a oposição é tópica, não conceitual. Todos repetem, à sua maneira, o discurso dos direitos.

Pelo que me tem sido dado testemunhar há nove anos, no Comitê Para a Eliminação da Discriminação Racial das Nações Unidas (Cerd), países asiáticos, como o Iêmen ou a Indonésia; iliberais, como a China e Bielorrússia; com regimes socialistas revolucionários, como o Vietnã e Cuba; e até teocracias integristas, como o Irã e a Arábia Saudita, se não aderiram a todos os instrumentos do Direito Internacional dos Direitos Humanos, pelo menos ratificaram alguns. Na qualidade de Estados-partes dessas convenções, cumprem com disciplina a obrigação de fornecer relatórios sobre a situação nacional na matéria, ao órgão de supervisão respectivo, e se submetem à arguição dos

22 É PRECISO SALVAR OS DIREITOS HUMANOS!

peritos. Rebatem críticas, tentam justificar suas posições, mas nunca indicaram – pelo menos no diálogo com o Cerd – rejeição cultural ao conceito universalista dos direitos humanos[36]. Da mesma forma, atualmente, apresentam relatórios periódicos a seus pares integrantes do Conselho de Direitos Humanos das Nações Unidas dentro do mecanismo de Revisão Periódica Universal.

Torna-se, pois, contraditória e anacrônica a massa de discussões acadêmicas, seminários e ensaios teóricos que continuam a abordar a "ocidentalidade" dos direitos humanos. Que a origem do conceito está na história do Ocidente ninguém jamais duvidou. Insistir, contudo, ainda hoje, em questionar os direitos humanos postulados pela ONU como um valor exclusivo do Ocidente intransponível para outras áreas, ou afirmar que eles não têm viabilidade em culturas distintas, isto sim é assumir um ocidentalismo eurocêntrico pouco condizente com atitudes de esquerda. Ela evidencia um desconhecimento ideológico dos fatos, ignorando os clamores das vítimas e desconsiderando a possibilidade de atendê-los. Além de corresponder aos argumentos particularistas de que se valem regimes arbitrários e culturas opressivas para justificar práticas abusivas, tal insistência num alegado "exclusivismo" ocidental não deixa de ostentar o mesmo tipo de arrogância etnocêntrica que os pensadores pós-modernos tanto criticam no universalismo iluminista.

DIREITOS CULTURAIS OU DIREITOS DAS CULTURAS?

Para que se possam contemplar saídas para a situação de descrédito, é essencial definir a referência básica para o entendimento que se tem dos direitos humanos. Ela só pode ser, por todos os motivos, a Declaração Universal dos Direitos Humanos, proclamada pelas Nações Unidas em 1948.

Tais como estabelecidos na Declaração fundadora, esses direitos considerados imprescindíveis à sobrevivência de todos os seres humanos, como o próprio nome do documento

---

36 Quem questiona o universalismo - que sempre defendo no Cerd e em qualquer outro foro - em favor de uma "concepção mais atual dos direitos humanos" [sic] é o perito britânico, não nosso colega chinês, nem os demais afro-asiáticos.

indica, tem como característica essencial sua universalidade. A forma de implementação varia, mas não variam os direitos. Até mesmo o direito à propriedade, longamente posto em questão pela esquerda, teve seu endosso posterior garantido pela interpretação do antigo bloco comunista de que ele se referia também à propriedade em comum. Quanto aos direitos econômicos e sociais, doutrinariamente objetados pelos Estados Unidos, já não recebem oposição de ninguém. Eles também são direitos individuais, que os Estados devem prover de forma direta ou indireta.

O que permanece, por definição, fora do conjunto de direitos universais são os "direitos das culturas". Nunca definidos claramente, eles podem ser reconhecidos, mas são direitos específicos, não universais. Não se enquadram na categoria dos direitos humanos definidos há mais de sessenta anos. Jack Donnelly já advertia, no final dos anos de 1980, de um ponto de vista liberal: "A ideia de direitos humanos coletivos representa, na melhor das hipóteses, um desvio conceitual confuso. Os grupos, inclusive as nações, podem ter e têm uma variedade de direitos. Mas eles não são direitos humanos"[37].

Menos taxativo, mas claramente em dúvida quanto aos direitos coletivos, de "terceira ou quarta geração", o socialista liberal Norberto Bobbio não hesitava em declarar que a titularidade dos direitos humanos permanecia com os indivíduos, cidadãos de um Estado ou "cidadãos do mundo"[38]. Ele poderia facilmente, creio eu, subscrever a opinião de Donnelly de que "a maneira de proteger a identidade cultural é proteger os direitos civis, políticos e culturais já estabelecidos"[39], acrescentando à lista os direitos econômicos e sociais, que a esquerda, por definição, não pode desprezar.

Não quero com isso dizer que os direitos coletivos não sejam direitos. O próprio Direito Internacional clássico tem por titulares os Estados, entidades políticas coletivas. Tal como ocorrido

---

37 *Universal Human Rights in Theory and Practice*, p. 145.

38 *A Era dos Direitos*, p. 9 e 30, além de muitas outras. Conforme já explicitei alhures, o reconhecimento consensual do direito ao desenvolvimento como "um direito universal e inalienável e parte integrante dos direitos humanos" ocorreu na Conferência de Viena de 1993, com sua titularidade garantida para "a pessoa humana"; cf. *Relações Internacionais e Temas Sociais*, p. 113-116.

39 Op. cit., p. 159.

com o direito dos indígenas a suas terras ancestrais, reconhecidos até em nossa Constituição, há outros direitos coletivos que têm sido reconhecidos em instâncias e regiões diversas, como os direitos das minorias nacionais na Europa. Embora não definido juridicamente como um direito coletivo, os afrodescendentes brasileiros reivindicaram e conseguiram que a história das lutas de seus ancestrais contra a escravidão, assim como a sua contribuição e a dos indígenas para formação da cultura nacional, fossem ensinadas nas escolas. Acho simplesmente que, não podendo ser enquadrados na categoria universal dos direitos humanos, os direitos coletivos de grupos, etnias e segmentos populacionais determinados devem ser tratados de forma apropriada em foros de foco específico – como, aliás, já vem ocorrendo no Brasil, separando-se a Secretaria de Políticas de Promoção da Igualdade Social (Seppir) e a Fundação Nacional do Índio (Funai) da Secretaria dos Direitos Humanos (SDH). Na própria ONU há foros e mecanismo específicos para tratar dos direitos de povos indígenas: o Fórum Permanente Para Questões Indígenas, o Grupo de Peritos Independentes Sobre os Direitos dos Povos Indígenas e há até um relator temático, monitor da situação de tais direitos em todo o mundo. Não existe, portanto, justificativa para se levar assuntos como projetos de construção de barragens e outros empreendimentos que envolvam terras indígenas, ou os muito particularizados direitos de minorias nacionais, para o Conselho de Direitos Humanos nem, muito menos, para os órgãos de tratados (*human rights treaty bodies*). Estes últimos, criados pelas convenções internacionais vigentes de direitos humanos (contra a Discriminação Racial, sobre os Direitos da Mulher, contra Tortura etc.), têm suas funções e competências estabelecidas juridicamente, e elas nada têm a ver com direitos de titularidade comunitária particularizada.

Sei que, nas condições presentes, é difícil defender a observância estrita da competência de cada órgão de direitos humanos, sobretudo nas Nações Unidas. A esquerda culturalista do Ocidente, que se apresenta como arauto do progressismo contemporâneo, tem sido a principal propulsora dos direitos grupais no conjunto dos direitos humanos. É ela que leva, pela voz de centros acadêmicos variados, ativistas e ONGs, tudo o que considera "violações de direitos de minorias" a qualquer instância onde localize uma brecha⁴⁰. Infelizmente para os verdadeiros direitos humanos, universais por definição, quase ninguém, fora da direita, quer situar-se em posições logo taxadas de preconceituosas, optando negligentemente por calar-se diante de absurdos⁴¹. É evidente que não cabe à ONU exigir que todos os Estados garantam cadeiras especiais nos respectivos parlamentos para representantes de cada minoria. Não cabe a *treaty bodies* de direitos humanos, como o Cerd, o Comitê Sobre os Direitos da Criança ou comitê que monitora o Pacto Internacional de Direitos Civis e Políticos, impor como obrigação, por exemplo, o ensino público de cada idioma minoritário, ou o ensino de todas as matérias na língua materna de cada estudante, a países sem recursos para assegurar sequer o ensino da língua oficial. Não é universalmente obrigatória a oferta de tratamento diferenciado, exclusivamente feminino, nos serviços de saúde pública para o atendimento a mulheres muçulmanas. Não constitui, necessariamente, discriminação racial a interdição de acampamentos roma em sítios não autorizados. Nada têm a ver com discriminação racial os projetos econômicos dos Estados que envolvam reservas indígenas, desde que eles levem em consideração as necessidades fundamentais das tribos afetadas.

Tampouco quero dizer que os direitos humanos devam restringir-se aos "de primeira geração", civis e políticos. Os direitos econômicos e sociais são inquestionavelmente direitos humanos universais e inerentes a toda pessoa humana, Acredito que, em alguns casos, como o do Brasil recente, pós-ditadura, a luta pelos direitos econômicos e sociais e a busca de seu atendimento em condições democráticas vêm ocorrendo de forma política adequada, por meio de reivindicações concretas e adoção de

---

40 No caso de Cerd, de que participo há nove anos, a brecha que encontraram, em vez do envio previsto de comunicações (artigo 14 da Convenção Sobre a Eliminação de Todas as Formas de Discriminação Racial), foi o chamado "procedimento de alerta e ação urgente", mais frouxamente definido porque criado pelo próprio comitê (explicitarei este assunto no capítulo 3).

41 Eu próprio, que fui o proponente da primeira decisão na ONU sobre uma conferência mundial atualizada contra o racismo – na Subcomissão de Prevenção da Discriminação e Proteção das Minorias, em 1995 -, que se concretizou na Conferência de Durban, já fui ameaçado pelo colega britânico no Cerd, de ser visto como racista porque tenho assinalado a distorção causada pela aceitação de queixas de violações de terras indígenas dentro do procedimento urgente, criado para lidar com situações de genocídio (ibidem).

programas variados, contemplando ou não ações afirmativas, sem necessariamente recorrer ao discurso dos direitos humanos. Desgastado pelos motivos antes apontados, tal discurso, nessas esferas, no âmbito nacional, tenderia a ser expletivo. Afinal, se tais direitos humanos "de segunda geração" já são reconhecidos como tais, o que falta são políticas ou circunstâncias reais para sua realização. São elas que precisam ser apresentadas nos relatórios previstos pelo Pacto Internacional de Direitos Econômicos, Sociais e Culturais, sendo estes últimos – os direitos culturais – aqueles referidos no artigo 15 desse instrumento, não direitos pós-modernos, específicos de grupos e culturas.

Saídas Possíveis

Nada disso deve ser causa para o abandono do discurso dos direitos econômicos e sociais com objetivos distributivos no âmbito internacional dos direitos humanos, onde temos tido, por sinal, algum êxito referencial para a quebra de patentes de remédios, na asserção do direito universal à saúde. Não precisamos, pois, nem aqui nem lá fora, cair no *droit-de-l'hommisme*: o abandono da verdadeira política pela opção jus-humanista, meramente discursiva. Nem, muito menos, desejamos subtrair força e validade à luta pelos direitos igualitários de todos, inclusive dos grupos discriminados e minorias perseguidas. Nociva é apenas a obsessão comunitária ou étnica, a que se associa postura particularista, logo relativista, contrária ao universalismo dos direitos humanos. Esse universalismo, conforme explicado acima, desde a Declaração de 1948 e *a fortiori* com o passar do tempo, não se confunde com eurocentrismo ou ocidentalismo.

Quanto aos direitos civis e políticos, a situação é diferente. O sistema internacional de proteção existente, aí incluído o ativismo das ONGs de direitos humanos, foi montado para combater ditaduras. Nunca esteve preparado para lidar com desafios democráticos – como a legitimação do arbítrio pelo voto popular, hoje frequente em todos os continentes –, muito menos com situações que envolvem graves ameaças à democracia – como o extremismo religioso, o fundamentalismo, o desmantelamento da segurança social e o fortalecimento extraordinário da criminalidade comum.

Diante desses fenômenos, cuja expansão planetária é evidente, muito terá que ser repensado. Ainda assim, é possível notar que, por uma conjunção de fatores, entre os quais a figura de Barack Obama como presidente dos Estados Unidos, no lugar de George W. Bush, alguns instrumentos clássicos da luta pelos direitos humanos parecem, de repente, haver recomeçado a funcionar. Os resultados são, naturalmente, duvidosos, mas os indícios de uma retomada da luta pelos direitos civis, na segunda metade de 2010, existem: a campanha contra a execução da iraniana Sakhiné Ashtiani (que, sem ela, já teria sido "lapidada" como as mulheres anônimas regularmente executadas por adultério no Afeganistão, Arábia Saudita etc.); a premiação do dissidente chinês Liu Xiaobo com o Nobel da Paz (com poucas ausências de representantes de Estados à cerimônia respectiva em Oslo); a expulsão de prisioneiros políticos de Cuba para a Espanha em julho; a ação de celebridades e *hackers* da internet contra a prisão do fundador da WikiLeaks, o australiano Julian Assange (em Londres, a pedido da Suécia, por motivo inconvincente), em dezembro.

No rol dos acontecimentos recentes que poderiam permitir uma revalorização dos direitos humanos no Brasil deveriam ser incluídos dois fatos significativos: a eleição presidencial de uma mulher que foi torturada quando prisioneira política e a retomada do Complexo do Alemão, no Rio de Janeiro, pelas forças do Estado brasileiro. Com relação a esse segundo fato, aqui citado pelo que representa como símbolo, vale a pena elaborar[42].

Cinema e Realidade

Sem pretender imitar Zizek, com suas elucubrações políticas instigantes a partir do cinema, refiro-me aqui a um filme. Em outubro de 2010, como que preparando a operação no Complexo do Alemão, lançou-se no Brasil, com enorme êxito de

---

42 O presente texto foi redigido em dezembro de 2010 e acredito que permanece válido. Ressalto aqui, em janeiro de 2012, momento em que faço esta revisão, que tudo o que digo sobre a operação no chamado Morro ou Complexo do Alemão, no Rio de Janeiro, em 2010, é igualmente aplicável a operações semelhantes posteriores, como a invasão e ocupação da Rocinha, em 2011.

bilheteria, a película nacional *Tropa de Elite 2*. Seu início mostra um congresso de direitos humanos, cujo orador apresenta cifras, taxas e tendências impressionantes sobre mortes e violações praticadas no combate a traficantes, em condenação exclusiva à violência da polícia. O filme evolui de maneira terrível numa linha que, no final, resgata o militante de direitos humanos, já deputado estadual, juntamente com o herói, Nascimento, comandante enganado dos "caveiras", resistente à corrupção da milícia, dos políticos, do "sistema", da democracia em geral. Por mais desencantada que seja a conclusão, a mensagem intrínseca é positiva para os direitos humanos: são eles que inspiram, na origem, a apuração dos horrores. O problema da mensagem final antissistêmica é que, dada a experiência de um público assolado pela violência criminal, o que tende a ficar marcado sobre os direitos humanos é o começo, a atitude dos "intelectuais" que "só pensam nos direitos dos bandidos". Não é essa a lição aprendida do cinema norte-americano, em que justiceiros brutais são endeusados, nem a sensação que se tem da atuação da polícia nos Estados Unidos, também frequentemente violenta além do necessário, e nem por isso vista *a priori* com desconfiança[43].

Muito em função das denúncias de ONGs e órgãos de direitos humanos sobre abusos cometidos em ações anteriores, a operação policial fluminense, com apoio federal civil e militar, em novembro de 2010, envolvendo as Forças Armadas, transcorreu com pouca violência e um número reconhecidamente mínimo de "danos colaterais". Conforme observado por Hélio de la Peña, humorista do "impiedoso" *Casseta & Planeta*, que conhece a área de perto:

Se houvesse um plebiscito, seria aprovada uma chacina no ato da fuga dos bandidos. Rolou até uma piadinha no twitter: "meu controle tá com defeito, tô apertando 'ok', mas o helicóptero não atira..." Queríamos

---

43   Não creio necessário citar exemplos de Hollywood. Lembro, sim, que quando assisti ao primeiro *Tropa de Elite*, residindo no exterior, pensei que a resistência da esquerda brasileira ao filme fosse pela implicação de militantes no uso de drogas, logo no estímulo ao crime. Depois vi que a película, chamada de "fascista", era rejeitada pela aparente aceitação da tortura em interrogatórios, que eu tampouco posso aprovar. Verifiquei, contudo, que a rejeição era somente brasileira. No exterior ninguém, salvo possíveis exceções que desconheço, sequer notava a violência policial como excessiva.

uma polícia agindo como estávamos habituados, fora da lei, aplicando a pena de morte para alívio geral. O comando não ouviu o clamor das ruas e foi aplaudido. Pela primeira vez a população ficou ao lado da polícia. [...] Não acredito que a corrupção policial acabou e que agora estamos no paraíso. Mas somos testemunhas oculares de uma seriedade inédita, que nos dá esperança de que o Estado pode realmente tomar as rédeas desta situação.[44]

A reconquista de um vasto território urbano dominado por traficantes de drogas é passo essencial para permitir a presença do Estado, não como violador, mas como defensor necessário e insubstituível de direitos. O fato de haver ocorrido em clima de guerra não tem nada de especial: assim atuam todas as forças legais no mundo em situações similares. Além disso, segundo consta, a ocupação policial e militar tem sido seguida de iniciativas na área social, que todos consideravam necessárias. Acredito que as ONGS sociais já estejam atuando na região, assim como outras estarão registrando casos de excessos, que inevitavelmente ocorrem em ações de tal envergadura. Não seriam, porém, oportunas as manifestações por parte das ONGS e militantes de direitos humanos sobre a pertinência do conjunto da operação? Elas, pelo menos, demonstrariam solidariedade com a população brasileira, da qual, segundo o Ipea, 90% têm medo de ser assassinados e/ou assaltados à mão armada[45].

Não sei com precisão como têm atuado as ONGS e demais militantes dos direitos civis na área interna. Vejo, contudo, na área externa, que as posturas, viciadas pelo hábito, pecam pelo irrealismo e pela invariável parcialidade contra o Estado, esquecendo que a Declaração Universal dos Direitos Humanos põe no mesmo nível os direitos à vida, à liberdade e à segurança das pessoas. Esta, como já explicitado acima, quando legítima, constitui o primeiro fundamento do Estado.

Se, quando se escreveu a Declaração Universal dos Direitos Humanos, a preocupação dos redatores era voltada contra os

---

44 Hélio de la Peña, Rio, Tempo de Estio, *O Globo*, 29 nov. 2010.

45 SIPS - Sistema de Indicadores de Percepção Social – Segurança Pública, 02 dez. 2010, IPEA, p. 4. Nem em 2010, quando escrevi este texto, nem mais tarde emiti julgamento sobre as UPPs em si, tentativas válidas, depois comprovadamente malogradas. O que procurei e procuro assinalar sempre é a necessidade de ações efetivas do Estado democrático para erradicar o narcotráfico e combater a criminalidade em todas as áreas.

abusos de regimes arbitrários, nas condições correntes no Brasil, no México, na Guatemala, em áreas localizadas das cidades dos Estados Unidos, da maioria dos países democráticos, a grande ameaça à segurança dos indivíduos não é governamental. Ao contrário, é criminal, difusa, frequentemente oriunda de partes do território onde o Estado não consegue fazer-se presente. As ligações entre policiais e outros agentes governamentais com o crime organizado são fatos lamentáveis, que escapam à vontade dos regimes democráticos. Cabe ao Estado, como primeiro responsável pela situação dos direitos humanos exercer, quando necessário, seu "monopólio da violência legítima", no dizer weberiano, para combater o crime e as ligações espúrias. Sem o controle estatal de áreas anômicas, como as intricadas favelas em que traficantes se escondem, os próprios criminosos se atribuem as funções de "reguladores e executores da justiça" à sua maneira nas comunidades. O Estado que simplesmente se esquiva nada pode fazer para defesa e promoção social de seus habitantes, nem para proteger corretamente a cidadania em geral. Tampouco pode atuar contra os negócios ilícitos de seus agentes corruptos.

Por medo do terrorismo, sendo menos provável na Europa e nos Estados Unidos do que no Brasil os assaltos à mão armada ou as balas extraviadas de quadrilhas em disputas, os europeus e americanos já escolheram o *panopticon* das câmeras de vídeo com vigilantes policiais ou privados para sua segurança e proteção. No Brasil, as maiores empresas, edifícios relativamente imponentes e condomínios de luxo recorrem a esses mesmos instrumentos com medo da criminalidade comum. Os riscos são onipresentes, mas as vítimas mais atingidas são os cidadãos ordinários, em suas casas e nas ruas. As comunidades faveladas, com UPPS ou ocupação militar, preferem a presença armada do Estado à regulação de suas vidas, saídas e rotinas por traficantes e milícias.

Correções Plausíveis

É preciso salvar os direitos humanos do descrédito em que se encontram em todo o mundo. Para isso é necessário que a esquerda militante tenha coragem de dissociar-se de posições partidárias ou meramente principistas, tal como, pela "força das coisas", abdicou da revolução. Talvez, no caso brasileiro, o primeiro passo consista em apoiar e orientar corretamente a polícia, criticando somente os excessos comprovados, não a iniciativa das operações. Ajudará, também, se a esquerda democrática assumir, no Brasil e lá fora, a universalidade dos direitos fundamentais para a vida humana. As culturas, que, por sinal, tampouco podem violar direitos humanos, são úteis para a autoafirmação identitária dos grupos e devem ser respeitadas pela contribuição que aportam à variedade humana. É assim que entendo as ações brasileiras recentes em defesa das diversas manifestações da cultura nacional. Quanto ao culturalismo obsessivo, que essencializa e separa em segmentos étnicos a humanidade e os Estados, hoje já se sabe que não serve como anteparo à globalização sem amarras, além de induzir à proliferação de conflitos.

Para dar tais passos requeridos, a esquerda não precisa abandonar a militância pelos direitos humanos, nem pelos direitos coletivos de comunidades específicas, desde que não abdique da política abrangente, das reivindicações e ações condizentes com objetivos sociais mais amplos. Necessita, sim, avaliar melhor até que ponto faz sentido insistir em cobranças contraproducentes e postulações inspiradas por modismos antiestatais doutrinários, deslocados e crescentemente anacrônicos.

Os direitos de todos os seres humanos, em qualquer circunstância, devem ser vistos como aquilo que são, desde 1948: um mínimo denominador comum para todos os Estados – e culturas –, que os devem respeitar e fazer valer em favor de todas as pessoas. Aos direitos estabelecidos na Declaração Universal não é necessário acrescentar nenhum "direito específico" de validade exclusiva para grupos particularizados, nem "direitos das etnias", que tanto podem fortalecer a identidade como esmagar o indivíduo. Essencial não é manter intocáveis as culturas, as línguas, as religiões, as diferenças, mas sim buscar os meios para o Estado aplicar os direitos da Declaração Universal da melhor maneira possível, à luz de cada situação, em favor de seus habitantes.

Com sua natureza cogente e valor referencial abrangente, os direitos humanos não são e não podem representar objetivos em si. Constituem, sim, instrumentos internacionais de conformação normativa, insuficientes, mas úteis, à disposição, em primeiro lugar, da cidadania para a obtenção do avanço social com justiça. Os principais responsáveis por sua garantia são e devem ser os Estados, pois é dentro dos territórios respectivos que eles se realizam e ocorrem violações. Nas democracias, o trabalho de ONGS e ativistas precisa ocorrer junto ao Estado, ou contra ele, quando forem necessárias correções. As Nações Unidas têm importância sim, monitorando, criticando, ajudando quando podem, alertando para o que há de errado nacional e internacionalmente na matéria. As ONGS atuantes na ONU têm todo o direito de apresentar denúncias. Mas tanto as ONGS, como a ONU e os delegados governamentais precisam estar atentos àquilo que pretendem, conscientes da competência dos órgãos a que se devem dirigir e das formas que devem dar a suas postulações. Uma palavra de estímulo a ações positivas dos Estados será sempre elemento valioso para quem deve defendê-los.

Os direitos humanos podem ter saído de moda, se os compararmos na insignificância relativa de agora com a importância que tinham alguns anos atrás. Mas são, certamente, ainda, armas e escudos ético-jurídicos de natureza universal contra o arbítrio e as iniquidades no mundo, nas lutas pela liberdade e pela igualdade de todos.

2. Dificuldades Atuais do Sistema Internacional de Direitos Humanos[1]

> *Os instrumentos dos direitos humanos podem ser ferramentas estratégicas na luta pela justiça global. Mas não podemos ignorar os processos maiores, como o movimento do capital global, que agride populações inteiras.*
>
> ANGELA DAVIS

UM ESCLARECIMENTO PRÉVIO

Antes de abordar diretamente o tema sob este título, é conveniente fazer algumas precisões a respeito do que pretendo examinar. O enunciado genérico, escolhido por economia vocabular, poderia levar a imersões em áreas da filosofia, da ciência política, das relações internacionais, da antropologia, dos "velhos" estudos sociais, iluministas, que hoje cederam lugar aos estudos culturais, de matriz norte-americana. O sistema internacional que abordarei é o sistema de direitos humanos existente no âmbito das Nações Unidas (ONU), e as dificuldades atuais, aquelas que lhe são internas, criadas por seus agentes.

---

[1] Tradução ampliada de texto em espanhol, utilizado em curso sobre "Conflictos Actuales y Cooperación Internacional", dentro do tema "Construcción de la Paz, Derechos Humanos y Cooperación Internacional", na Universidade de Barcelona, no verão de 2014, e publicado no original pela *Monções: Revista de Relações Internacionais* da UFGD, Dourados, v. 3, n. 6, jul.-dez. 2014. Disponível em: <http://www.periodicos.ufdg.edu.br/index.php/moncoes.> Em português, neste formato, o estudo foi publicado na revista *Themis*, da Escola Superior da Magistratura do Estado do Ceará - Esmec, Fortaleza, vol. 15, n. 1, jan.-jun. 2017, e na revista *RSTPR*, da Secretaria do Tribunal Permanente de Revisão, do Mercosul, Assunção, Paraguai, Ano 5, N. 10, 2017.

Precisamente por isso, elas seriam mais fáceis de superar do que as dificuldades advindas de fatores que o extrapolam.

O SISTEMA INTERNACIONAL DE DIREITOS HUMANOS *STRICTO SENSU* E OS DEMAIS

O sistema internacional de promoção e proteção aos direitos humanos foi criado pouco a pouco, depois da Segunda Guerra Mundial, para tratar dos direitos e liberdades fundamentais de todos os seres humanos *em tempos de paz*. Se não fosse assim, constituiria um disparate o fato de o artigo 4º do Pacto Sobre Direitos Civis e Políticos estabelecer um procedimento formal a ser cumprido pelos Estados-partes para suspensão das respectivas obrigações "quando situações excepcionais ameacem a existência da Nação e sejam oficialmente proclamadas". A par dessa previsão de suspensão de direitos em "estados de emergência", legalmente declarados e comunicados pelos governos a seus pares por intermédio do secretário-geral da ONU, o conteúdo de quase todos os artigos desse tratado e *a fortiori* do Pacto Sobre Direitos Econômicos, Sociais e Culturais afigura-se obviamente irrealista em tempos de guerra. Essa qualificação do sistema, que ressalto em primeiro lugar, costuma passar despercebida por juristas, militantes e acadêmicos dedicados ao assunto.

Antes mesmo de serem listados e proclamados em documento da nova Organização, os direitos humanos, então ainda imprecisos, foram incluídos entre as áreas de cooperação a cargo do Conselho Econômico e Social (Ecosoc), nos artigos 55 e 56 da Carta das Nações Unidas, adotada no final da Conferência de São Francisco, em 26 de junho de 1945. Diante dos horrores perpetrados pelo nazifascismo antes e durante a Segunda Guerra Mundial, os direitos fundamentais de todas as pessoas eram vistos não somente por seu valor intrínseco, de atributos essenciais à vida e à sobrevivência condigna de qualquer ser humano, mas também e sobretudo por seu valor preventivo contra a irrupção de novas guerras.

Os direitos humanos nunca foram, portanto, e por sua natureza não podem ser, instrumentos para acabar com conflitos bélicos já iniciados. Sejam eles conflitos armados entre

Estados, ou de caráter dito "civil", entre governos e tropas armadas insurgentes ou entre facções que se digladiam num mesmo território – não confundir com os grupos de idealistas "revolucionários" contra as ditaduras dos anos 1960 a 1980, que nunca chegaram a constituir risco para a nação em verdadeiro conflito bélico. Com o objetivo de lidar com ameaças militares à paz e à estabilidade internacional, as Nações Unidas estabeleceram o Conselho de Segurança, de composição especial, com cinco membros permanentes e outros temporários, que nunca fez parte regular do sistema de direitos humanos. Até hoje, em princípio, a ação do Conselho de Segurança na matéria constitui recurso extraordinário, conquanto cada dia mais frequente.

Tendo esse lembrete como ponto de partida, o sistema internacional de promoção e proteção dos direitos humanos *stricto sensu*, de que trato, poderia ser definido como o conjunto de regras e mecanismos de supervisão estabelecidos pelos órgãos competentes das Nações Unidas desde que a Assembleia Geral proclamou, em 10 de dezembro de 1948, a Declaração Universal dos Direitos Humanos. A finalidade desse sistema seria garantir, com normas negociadas e outras iniciativas legítimas, sem recurso a intervenções pela força ou a operações de paz, de composição policial e militar, a observância por todos os Estados dos direitos nela consagrados[2].

Aqui sou levado a fazer outra precisão. É indiscutível que o novo ramo do Direito conhecido como direito internacional dos direitos humanos teve início com a Declaração Universal de 1948. Inspirados nela ou ainda nos esforços para sua preparação, há sistemas regionais em funcionamento no continente americano, na Europa e na África, que atuam de forma independente, dita "complementar", em paralelo ao sistema da ONU e com maior cogência jurídica. Entretanto, e isto é um fato significativo, a Declaração Universal, como o próprio nome indica, é documento único e definidor que se propõe abranger todo o planeta, para aplicação por todos os Estados e em territórios não independentes, acima

---

2 Ao insistir aqui nessas características, não quero com isso dizer que, em casos especialíssimos, as intervenções armadas com autorização do Conselho de Segurança não sejam necessárias. Eu próprio, por ocasião dos bombardeios de artilharia pesada contra Sarajevo e outras cidades sitiadas da Bósnia, nos anos 1990, revoltava-me com a falta de ação decisiva da ONU para terminar com os massacres.

de regimes e culturas. Se essa pretensão correspondia a um fato ou a um projeto programático em 1948 é algo que veremos depois. Por enquanto, noto apenas que, embora o foco do presente texto se concentre no sistema de direitos humanos das Nações Unidas, os problemas atuais que nele observo de perto parecem, de longe, existir também em sistemas regionais.

Há ainda uma terceira delimitação de foco necessária. É que do ponto de vista da doutrina geralmente aceita, a disciplina do Direito Internacional dos Direitos Humanos se subdivide em dois grandes ramos: o dos direitos humanos propriamente ditos, a serem observados teoricamente em qualquer situação, mas voltados sobretudo para sociedades em condições, digamos, normais, e o direito internacional humanitário, relacionado a situações de guerra. Os direitos humanos propriamente ditos, que idealmente valem para todas as situações, contam com onze grandes instrumentos jurídicos, pactos e convenções, com seus protocolos adicionais e mecanismos de supervisão, e muitas outras declarações normativas específicas. É a esse conjunto que as pessoas se referem quando falam de "sistema internacional de direitos humanos". E é sobre ele que discorrerei.

O Direito Humanitário é específico e se desenvolve em duas vertentes distintas: a das Convenções de Genebra Sobre o Direito na Guerra, especialmente o tratamento a ser dado a civis ou "prisioneiros de guerra" pelos Estados em situações de conflito, e a da Convenção de Genebra Sobre o Estatuto dos Refugiados, de 1951, com seu protocolo de 1967, que dá base ao Direito Internacional dos Refugiados, hoje extensivo às pessoas internamente deslocadas. Enquanto a primeira vertente tem sido rotineira e assumidamente desconsiderada, a segunda, humanitária, também frequentemente contornada, tende a tornar-se particularmente relevante nos dias correntes, dada a proliferação de guerras interétnicas ou inter-religiosas. Ela compõe um sistema próprio que exigiria *per se* análise específica superior às menções que porventura farei.

Com esses últimos esclarecimentos, posso adiantar que uma das dificuldades do sistema internacional dos direitos humanos na fase presente deriva da mistura que se faz entre os dois grandes ramos do direito internacional dos direitos humanos. Por mais que eles se complementem, não podendo um ramo ignorar o outro, a aplicabilidade de cada um e a respectiva possibilidade de implementação são totalmente diferentes. Não se podem comparar exageros no controle, ou falta de controle, da criminalidade comum, a repressão arbitrária de opositores políticos ou a não implementação dos direitos econômicos e sociais num país em situação de paz com as ações e omissões de governos e insurgentes em conflito armado desencadeado[3]. A mescla desses ramos, compreensível, ocorre por iniciativa do próprio Conselho – antes Comissão – dos Direitos Humanos, desde que esse órgão político principal do sistema em sentido estrito foi elevado, na reforma de 2006, ao mesmo nível do Ecosoc, a que antes era subordinado. E desde que o (a) alto(a) comissário(a) das Nações Unidas Para os Direitos Humanos, função político-administrativa autônoma no âmbito do secretariado, decorrente de recomendação da Conferência de Viena de 1993, passou a participar regularmente das reuniões mais delicadas do Conselho de Segurança, no início do século XXI[4]. No afã justificado de demonstrar interesse e buscar algum alívio para populações civis e prisioneiros em posição desesperadora em meio a embates bélicos, o atual Conselho de Direitos Humanos e o alto comissário tentam agir. Isso sempre ocorreu, ainda que com menos assiduidade do que agora até porque o número de conflitos armados era menor. Os órgãos do sistema de direitos humanos *stricto sensu* não têm, contudo, meios para ir além do que fazem em outras situações: criam comissões de inquérito; estabelecem, quando podem, monitores para atuar *in loco*; apelam para a consciência ética das partes envolvidas, da opinião pública, das ONGs e do conjunto da comunidade de Estados.

---

3 Reitero aqui a ideia de "conflito armado desencadeado" para evitar confusão com rótulos empregados por governos arbitrários contra opositores civis. Usando expressões como "guerra suja", "inimigo interno", "subversão da ordem" etc., os regimes militares da América Latina pretendiam justificar suas práticas violatórias de direitos humanos dos cidadãos. Não tiveram êxito. Como veremos adiante, foram suas ações tenebrosas que levaram a ONU a criar mecanismos de observação de situações e temas.

4 Anotei esse fato relevante ao ler a excelente tese de doutorado do professor Matheus de Carvalho Hernandez, sobre o papel crescentemente protagônico do Alto Comissariado das Nações Unidas Para os Direitos Humanos, reconhecida pela ANPOCS como melhor pesquisa em Ciência Política de 2015: *O Alto Comissariado das Nações Unidas Para os Direitos Humanos e Seu Escritório: Criação e Desenvolvimento Institucional*, defendida na Unicamp, Campinas, em 2015, texto digitalizado ainda não publicado.

É evidente que tais iniciativas não têm efeito moral perceptível junto a quem já optou pela violência estratégica, trate-se de governos, forças insurgentes ou, menos ainda, facções religiosas extremadas ou organizações terroristas. Por mais convincentes que os informes e análises dos inspetores designados se apresentem, a tendência é de serem inócuos entre as partes em conflito e os membros permanentes do Conselho de Segurança. No segundo caso, a desatenção se associa ao apoio que cada participante fornece a diferentes facções em luta. Penso aqui em particular nos casos da Síria e do Iraque, incluindo todas as áreas da Mesopotâmia afetadas pela ação do autodenominado Estado Islâmico (Isis, ou Daesh)[5]. Lamentavelmente, a ineficácia previsível dessas ações de órgãos de direitos humanos *stricto sensu*, numa área originalmente fora de seu alcance, repercute na formação de uma imagem pública de irrelevância que ora parece atingir todo o sistema. E isso se torna ainda mais constrangedor em função de incoerências dos atores que, malgrado a fusão estimulada de todas as vertentes dos sistemas, optam por omissões e ações unilaterais não autorizadas.

A EVOLUÇÃO DO SISTEMA
ATÉ O FIM DA GUERRA FRIA

Sem maior aprofundamento de ideias doutrinárias, filosóficas e religiosas que fundamentam, por diversos ângulos, a concepção dos direitos humanos como aqueles sem os quais a vida de qualquer pessoa se torna indigna ou impossível, a história factual do estabelecimento do sistema internacional para sua promoção e proteção nas Nações Unidas é bastante conhecida. Pode, ou

---

5   Ao escrever estas linhas, penso nos excelentes informes sobre a Síria, apresentados há anos pelo professor Paulo Sergio Pinheiro na qualidade de presidente da comissão de inquérito independente criada para aquele país no início do conflito armado. Se tivessem sido levados em consideração pelos atores de fora, teriam evitado a continuação "rotineira" dos fluxos de ajuda a grupos insurgentes e a excessos repressivos do governo, todos responsáveis pela prolongação absurda da guerra. Teriam, inclusive, estancado importantes fontes de armamentos que vão parar nas mãos do Estado Islâmico, que todos temem, mas alguns certamente utilizam.

podia antes, ser resumida em termos políticos como o resultado da eterna disputa entre as noções de intervenção e de soberania.

Todos os interessados na matéria sabem das tradicionais reservas dos Estados à possibilidade de acompanhamento internacional de suas situações, de seu rechaço peremptório à ideia de supervisão externa dos direitos humanos na respectiva jurisdição, vista como violação ao atributo da soberania e ao princípio da não intervenção em assuntos internos. Tal princípio jurídico foi base da doutrina das relações internacionais desde o fim da Guerra dos Trinta Anos, havendo fundamentado os célebres Tratados de Paz de Westfália, que acabaram com as guerras de religião na Europa do século XVII. Tal princípio se acha consagrado no artigo 2º, parágrafo 7º, da Carta das Nações Unidas, de 1945, como essencial para o funcionamento da organização que então se criava. Precisamente porque a noção de soberania estatal correspondia a uma necessidade histórica de séculos, o sistema de proteção aos direitos humanos, uma criação relativamente nova, sempre enfrentou grandes dificuldades para sua superação.

A desconfiança com relação a tudo o que pudesse atentar contra a noção de soberania estatal sempre foi tão forte que, até a década de 1970, a antiga Comissão dos Direitos Humanos das Nações Unidas, órgão subsidiário do Conselho Econômico e Social com mandato para tratar de temas dos direitos humanos, não se permitia emitir opiniões sobre queixas de violações levadas a seu conhecimento. Pouco a pouco, porém, essa autolimitação de competência da Comissão foi sendo ultrapassada. Desde os anos 1970, em particular diante da situação dos territórios árabes ocupados por Israel e dos absurdos, conhecidos e denunciados internacionalmente, do regime constitucional do *apartheid* na África do Sul, a Comissão dos Direitos Humanos decidiu acolher as comunicações das respectivas vítimas, examiná-las e fazer recomendações contra a violação sistemática de direitos humanos nesses países e territórios.

Tal tipo de atividade se tornou mais incisiva, exercendo pressão moral sobre os respectivos governos em qualquer situação nacional, depois que a Assembleia Geral, em 1975, supostamente chocada com as violações de direitos humanos no Chile de Pinochet, decidiu estabelecer um grupo de trabalho para acompanhar esse caso. Essa decisão inédita constituiu o precedente para resoluções da Comissão dos Direitos Humanos que designavam relatores especiais para outras situações específicas, assim como um grupo de trabalho para examinar, com base em testemunhos e informações de fontes variadas, o fenômeno dos "desaparecimentos" de pessoas em países sob regime militar, em particular, mas não somente, na América Latina. Daí em diante foi crescendo o número de relatores especiais estabelecidos pela Comissão e pela Assembleia Geral para acompanhar e descrever, com recomendações, as situações prevalecentes em alguns Estados, donde seu título informal de "relatores de situações", e para analisar fenômenos atentatórios a alguns direitos em todo o mundo, os chamados "relatores temáticos". Assim como é o caso com os integrantes de grupos de trabalho equivalentes, as relatorias são exercidas por personalidades qualificadas, escolhidas como peritos independentes.

É óbvio que os relatores de situações somente podiam ser designados por resoluções dos órgãos competentes quando as diferentes posições de grupos e países não impediam o andamento das propostas ou a aprovação por voto do projeto respectivo. Conquanto essa "seletividade" tenha existido desde os primórdios do sistema, não se tendo nunca designado relator para país de regime violador, de direita ou de esquerda, protegido aguerridamente por aliados, isso não impediu que a inovação representada por esse tipo de mecanismo se consolidasse no sistema como um avanço importante para a proteção internacional dos direitos humanos.

Até o término da Guerra Fria, no final dos anos 1980, o sistema internacional de promoção e proteção dos direitos humanos em sentido estrito, com seus defeitos e virtudes, tinha como órgãos competentes nas Nações Unidas, além da Assembleia Geral, como instância máxima, o Ecosoc e a Comissão dos Direitos Humanos, a ele subordinada, que se reunia regularmente em Genebra por 45 dias ao ano. A Comissão, por sua vez, contava com um órgão subsidiário *sui generis* em diversos aspectos, a Subcomissão para Prevenção da Discriminação e Proteção de Minorias, encarregada de realizar estudos e fazer propostas, inclusive de novas normas, à Comissão. Integrada por "peritos" indicados pelos estados, mas eleitos pela Comissão para atuar sem representar os países respectivos, a subcomissão, além da composição atípica como órgão das Nações Unidas, tinha nome não apenas longo, mas surpreendente, pois não havia definição acordada para o termo "minoria"[6].

Era desses órgãos, especialmente da Comissão dos Direitos Humanos, cujas sessões anuais atraíam jornalistas e as poucas ONGs então atuantes, que emanavam as resoluções sobre situações, amplamente divulgadas como moções de condenação aos governos em questão. As resoluções, objeto de acirradas disputas entre patrocinadores e opositores, desfrutavam de grande popularidade, encaradas como manifestações internacionais capazes de constranger os governantes envolvidos a modificarem suas práticas. E é inegável que esse tipo de pressão, estritamente moral, sem violar as soberanias dos Estados, aos poucos gerava resultados positivos junto a governos preocupados com sua imagem. Levavam, por exemplo, em países da América Latina com governos militares alegadamente defensores da democracia contra o comunismo, a um maior controle sobre suas forças de repressão, reduzindo os casos de torturas e desaparecimentos, permitindo maior liberdade de expressão, ainda que sob censura, e assim por diante. Respaldando do exterior anseios domésticos sufocados, essas pressões foram importantes na promoção de aberturas políticas, anistias e libertação de opositores presos. Dentro dessa mesma lógica, de preocupação com a imagem externa, Estados moralmente acuados pelo sistema internacional de direitos humanos, depois de resistências iniciais, frequentemente acabavam por aceitar visitas dos relatores para sua situação, dialogando e cooperando com eles.

Os relatores temáticos, cujo mandato não consistia em examinar países determinados, mas sim violações de direitos selecionados em qualquer parte do mundo, eram poucos e muito respeitados. Os mais conhecidos eram o Grupo de Trabalho Sobre Desaparecimentos Forçados ou Involuntários, o Relator Sobre Execuções Sumárias e Arbitrárias e o Relator Sobre a Tortura. Aos poucos se foram acrescentando outros, sobre liberdade de religião, violência contra a mulher etc. Não obstante, até o final dos anos 1980 o total não era mais do que

---

6   O nome advinha da intenção original de se criarem duas subcomissões. Foi pela falta de consenso para o termo "minorias" que os dois objetivos nele se incluíram, como "pensamento positivo".

sete ou oito, o que habilitava a leitura atenta de seus informes e recomendações. A renovação de seus mandatos pela Comissão era assunto sensível, que gerava discussões acirradas dos delegados de Estados com base na análise de seus textos.

Menos conhecidos do público, mas seguramente mais importantes do que qualquer resolução divulgada, eram os seis tratados – dois pactos e quatro convenções – do sistema, que formavam o Direito Internacional dos Direitos Humanos. Por mais que eles constituíssem instrumentos cogentes para os subscritores, levando em consideração que a decisão de ratificá-los era voluntária, as limitações e obrigações normativas eram autoimpostas. Não constituíam violações à soberania. Todos esses instrumentos jurídicos, por sua vez, contavam com mecanismos próprios de acompanhamento, os chamados "órgãos de tratados", comitês de peritos eleitos pelos Estados-partes, estabelecidos por estipulações do respectivo texto convencional para observar sua aplicação e fazer recomendações.

Os seis tratados vigentes no final dos anos 1980 eram:

- Pacto Internacional Sobre Direitos Civis e Políticos, de 1966;
- Pacto Internacional Sobre Direitos Econômicos, Sociais e Culturais, de 1966;
- Convenção Sobre a Eliminação de Todas as Formas de Discriminação Racial, de 1965;
- Convenção Sobre a Eliminação de Todas as Formas de Discriminação Contra a Mulher, de 1979;
- Convenção Contra a Tortura e Outros Tratamentos Cruéis, Desumanos e Degradantes, de 1983;
- Convenção Sobre os Direitos da Criança, de 1989.

Esse era o quadro do sistema internacional de direitos humanos quando ocorreu a queda do Muro de Berlim, em novembro de 1989, episódio geralmente adotado como marco do fim da Guerra Fria. Interpretado por muitos como o triunfo irreversível do Ocidente liberal capitalista sobre o totalitarismo comunista, o final da confrontação bipolar dos grandes blocos ideológicos antagônicos propiciou uma fase de entusiasmo pela ideia dos direitos humanos. Passaram eles a ser vistos então, inclusive pelo público, como uma utopia realizável, num mundo sem rivalidades profundas ou ameaça de destruição pela corrida armamentista de superpotências.

Foi neste clima de euforia dominante que emergiu a ideia de convocação de uma conferência mundial sobre os direitos humanos, considerado "novo tema" que se afirmava solidamente na agenda internacional em paralelo ao do meio ambiente.

A CONFERÊNCIA DE VIENA
COMO PONTO CULMINANTE

Embora entre a aprovação da proposta original, na Assembleia Geral, em fins de 1989, e a realização da Conferência, em Viena, em junho de 1993, já houvessem ocorrido mudanças no cenário mundial demonstrativas de que o otimismo era excessivo – guerras na ex-Iugoslávia, conflitos no Cáucaso, a continuação da guerra civil em Angola, tensões étnicas agravadas em Ruanda e no Burundi, ou o terrorismo dos fundamentalistas islâmicos da Argélia –, as ONGS e os demais atores influentes consideravam os direitos humanos uma fonte abundante de esperanças. Encaravam-nos não somente como um objetivo universal alcançável, mas também como instrumento para orientar as sociedades no rumo do progresso social. Foi essa lógica que permeou todas as grandes conferências das Nações Unidas na década de 1990. Começando pela Eco-92, sobre meio ambiente e desenvolvimento, no Rio de Janeiro, e prosseguindo em Viena, em 1993; no Cairo, em 1994, sobre população e desenvolvimento; em Copenhague, em 1995, sobre desenvolvimento social; em Pequim, sobre a mulher, também em 1995; em Istambul, com a Habitat-II, em 1996, sobre assentamentos humanos; todos os documentos programáticos tiveram os direitos humanos como inspiração e medida de legitimação das iniciativas previstas.

A Conferência de Viena, de 1993, com sua Declaração e Programa de Ação, representou, de fato, um progresso extraordinário para a afirmação dos direitos humanos na agenda internacional, em diferentes Estados e no discurso político da época. Conquanto outras apresentações de avanços obtidos na conferência sejam possíveis, eu os resumo em quatro pontos nunca antes observados tão claramente. São eles:

1. a afirmação consensual da natureza universal indubitável dos direitos humanos (parágrafo 1º da Declaração), desfazendo a impressão – engendrada *a posteriori* pela adoção da Declaração dita Universal em 1948, quando a maior parte da humanidade ainda se encontrava sob regime colonial – de que tais direitos eram uma imposição do Ocidente sobre o resto de mundo;
2. o reconhecimento da importância dos particularismos nacionais e regionais, que devem ser levados em conta, mas em equilíbrio com os direitos humanos, que necessitam ser respeitados (parágrafo 5º). Permite-se, assim, a valorização adequada das culturas não ocidentais, sempre que elas não atentem contra os direitos universais reconhecidos internacionalmente;
3. a reafirmação consensual dos direitos ao desenvolvimento como um direito humano universal (parágrafo 10º), que garante, mas não condiciona, a realização da igualdade e indivisibilidade de todos os direitos humanos (parágrafo 1º e outros);
4. o reconhecimento da legitimidade da preocupação internacional com os direitos humanos, cuja promoção e proteção devem ser um objetivo prioritário das Nações Unidas (parágrafo 4º) – objetivo que, por extensão lógica, não viola o princípio da não intervenção em assuntos internos.

Depois da adoção sem voto de tais conceitos explicativos por um conclave oficial que congregou representantes governamentais e não governamentais de praticamente todo o mundo, não cabe mais insistir na interpretação política, recorrente apenas na academia, de que os direitos humanos são uma invenção da cultura ocidental forçada sobre as demais. A insistência em tal afirmação, supostamente justificadora de práticas tradicionais violadoras de direitos, denota ela própria um eurocentrismo paternalista que os não ocidentais rejeitam. Como me tem sido dado observar diretamente de delegações estatais, assim como pela via de escritos importantes por teóricos de origem diversa, todas as culturas que se manifestam na matéria afirmam, ao contrário, que a adesão à ideia de tais direitos e sua observância, com adaptações, no respectivo contexto,

DIFICULDADES ATUAIS DO SISTEMA INTERNACIONAL... 45

advêm de tradições próprias, religiosas ou não[7]. Tampouco faz sentido dizer agora que a supervisão internacional de situações nacionais pelas Nações Unidas agride a soberania nacional e o princípio da não intervenção. Governantes que ainda o dizem, fazem-no em contradição com o que os Estados por eles governados sancionaram.

Somente por esses pontos, aprovados por todos os países de um mundo já sem colônias – situação antinômica à das Nações Unidas em 1948 –, a Conferência de Viena já teria representado um divisor de águas para os direitos humanos. Ademais, porém, ela fez recomendações extraordinárias em seu Programa de Ação, algumas das quais vinham sendo sugeridas sem êxito por décadas, como a proposta de estabelecimento nas Nações Unidas de um alto comissário Para os Direitos Humanos e o apoio ao estudo da Comissão de Direito Internacional para a criação de um Tribunal Penal Internacional para crimes contra a humanidade. O primeiro foi estabelecido pela Assembleia Geral no mesmo ano de 1993. O tribunal foi constituído com a aprovação de seu estatuto em Roma, em 1998. Outras recomendações obtiveram menos resultados, como a de coordenação dos mecanismos de controle e órgãos de tratados do sistema, para evitar superposições desnecessárias e simplificar a tarefa de apresentação de relatórios pelos estados. Com um programa de ação de cem parágrafos, a conferência fez sugestões sobre uma vasta gama de assuntos, todas destinadas a garantir os direitos universais, com atenção especial para os integrantes de grupos vulneráveis ou em posição de inferioridade social: segmentos populacionais vítimas de discriminação racial, pessoas pertencentes a minorias nacionais, étnicas, religiosas e linguísticas, populações indígenas, trabalhadores migrantes, pessoas com deficiência e, especialmente, mulheres e crianças.

É importante notar que todas as recomendações feitas em Viena sobre minorias e grupos vulneráveis eram realistas: não propunham mais do que o particularmente necessário para o gozo de direitos universais. Se algo ocorreu depois que

---

7   Somente lideranças religiosas fundamentalistas passaram a afirmar, mais recentemente, diante de algumas exigências liberais incorporadas ao sistema, mas não imprescindíveis para a observância da igualdade prevista na Declaração Universal, que a ideia de direitos humanos viola os direitos divinos.

modificou o sentido dessas recomendações, criando direitos específicos para esses e outros grupos – e é evidente que ocorreu –, a ideia não veio de Viena, que não inventou novos direitos para qualquer categoria. Medidas especiais para os integrantes de certos grupos em má situação histórica podem ser justificadas, durante tempo limitado, para se alcançarem avanços individuais e coletivos que os equiparem à situação mais vantajosa dos demais. Assim são elas previstas desde 1965 na Convenção Sobre a Eliminação da Discriminação Racial. Recomendáveis ou necessárias, tais medidas não devem ser confundidas como novos direitos humanos – como apenas os indígenas depois passaram a ter, por declaração adotada nesse sentido pela Assembleia Geral das Nações Unidas em 2007.

Em termos conceituais, práticos e doutrinários, direitos específicos permanentes vão contra a essência básica da noção dos direitos humanos como direito fundamentais de todos. A própria Declaração dos Direitos das Pessoas Pertencentes a Minorias Nacionais ou Étnicas, Religiosas e Linguísticas, adotada em 1992, às vésperas, portanto, da Conferência de Viena, insiste, no título e no artigo 1º, e de conformidade com o artigo 27 do Pacto Internacional de Direitos Civis e Políticos, que ela se dirige aos indivíduos delas participantes, pois trata de direitos universais das pessoas integrantes de tais minorias. E são elas que conformam grupos vulneráveis de indivíduos esquecidos ou discriminados coletivamente num contexto que sempre lhes foi adverso.

Os direitos humanos são, por definição, de todos os seres humanos, inclusive de grupos que, em muitos casos, requerem algum tratamento especial para os titulares poderem deles usufruir. Nada impede, ou, ao contrário tudo aconselha, que os Estados adotem políticas públicas em favor de segmentos populacionais que requeiram proteção particularizada. Conquanto os integrantes desses chamados grupos vulneráveis necessitem desse apoio, como pessoas e como grupos, seus direitos humanos, na acepção que lhes dava o sistema, decorrem da universalidade imanente em tais direitos, inclusive do de participar da própria cultura, sendo esses titulares juridicamente iguais a todos os demais da família humana. Não porque sejam membros de uma cultura – repito, cultura, em sentido etnográfico – diferente. Ressalto bem esse ponto porque uma das causas intrínsecas das dificuldades atuais do sistema internacional de promoção e proteção dos direitos humanos vem precisamente da confusão que ora se faz entre os direitos culturais da Declaração Universal e os hoje alardeados "direitos das culturas" e "direitos das "minorias", em termos coletivos. Tais direitos novos, não previstos na Declaração Universal e sim fixados em outros documentos, que não rejeito nem pretendo denegar, podem ser necessários e certamente devem ser respeitados. Não podem, porém, ser integrados doutrinariamente aos "direitos humanos" na acepção original.

DESVIOS POSTERIORES AO ACORDADO EM VIENA

Os direitos culturais, previstos no artigo 27, parágrafo 1º da Declaração Universal, de 1948, refletidos no artigo 15 do Pacto de Direitos Econômicos, Sociais e Culturais, de 1966, são direitos do indivíduo, de participar livremente como pessoa – ou, como se dizia até recentemente, como sujeito autônomo –, sozinho ou em conjunto com os pares, "da vida cultural da comunidade, de fruir das artes e de participar dos benefícios do progresso científico e se seus benefícios". Não se trata de "direitos das culturas", supostamente superiores aos direitos de seus integrantes. Os direitos culturais das pessoas subentendem necessariamente a opção individual de se manter ou não na cultura de origem, de seguir ou não tradições, muitas vezes discriminatórias. Como o direito civil à liberdade de religião, tratada conjuntamente com a liberdade de pensamento e consciência, abrange a possibilidade de mudar de religião (Art. 18 da Declaração Universal)[8]. Permite, portanto, a conversão voluntária e a opção de ser crente ou ateu; de observar ou rejeitar dogmas de qualquer tipo; de praticar ou não praticar os ritos e interditos de qualquer religião, tradição ou crendice.

Assinalo aqui, desde logo, que não tenho qualquer intenção de diminuir a importância das culturas e das diferenças étnicas, nem, muito menos, das diferenças decorrentes de sexo, gênero, orientação sexual, aptidão física ou deficiência.

---

8   Note-se que, em 1948, essa foi uma das causas que levou a Arábia Saudita a abster-se, mas não a se opor, quando da votação para a adoção da Declaração Universal na Assembleia Geral.

Elas são elementos úteis, às vezes essenciais, para o gozo dos direitos universais e para a autoafirmação individual. Além disso, as diferenças enriquecem as sociedades contemporâneas, todas heterogêneas, formadas por influxos plurais. Seja como ingredientes que se misturam e criam uma comunidade maior, nacional, regional ou, como se diz, civilizacional, malgrado as evidentes disparidades de riqueza e classe social, seja com elementos que não se fundem, mas convivem de maneira harmônica, as identidades são indissociáveis da personalidade humana. A não ser que se pretenda rejeitar a origem por motivos variados[9], o fato de se pertencer a uma ou mais "culturas", antropológicas ou ideológicas, pode e deve ser assumido, sem dar azo a discriminações. Não obstante, como que esquecendo os avanços de Viena, uma curiosa noção do politicamente correto foi-se impondo como camisa de força ao discurso contemporâneo em favor das culturas. Incorporou-se em setores da esquerda acadêmica autoconsiderados progressistas, daí se espalhando e contaminando partidos políticos e agentes estatais.

Num contexto hegemônico multiculturalista, quando alguém se coloca contra o cultivo de uma tradição iníqua, que agride direitos universais, corre o risco de ser tachado de intolerante, de não aceitar o "direito à diferença". Simpatizar com a proibição do véu ocultador de mulheres no Ocidente é visto como preconceito antimuçulmano e discriminação contra o "direito das mulheres" de se vestir como querem. Eu cá por mim gostaria de conhecer a opinião de Simone de Beauvoir sobre esse "direito" da mulher muçulmana! Formas tradicionais de aplicação de justiça por populações indígenas ou comunidades de imigrantes são crescentemente autorizadas por lei, no Ocidente, em paralelo ao sistema nacional, ainda que seus aspectos se oponham a valores da sociedade maior. Os grupos ciganos e congêneres da Europa, objeto de estratégias de apoio previstas pela União Europeia e cobradas por relatores e órgãos de tratado, praticam rotineiramente casamentos arranjados de crianças, para os quais fazem vista grossa os protetores dos roma.

Universalista convicto, consciente de que "os direitos da mulher são direitos humanos" (artigo 14 da Declaração de

---

9   Para escapar a casamento forçado ou perseguição a homossexuais, por exemplo.

Pequim), asserção que tenho orgulho de haver ajudado a garantir no documento final da Conferência de Pequim, em 1995[10], no entendimento de que eles complementam a Declaração Universal[11], prefiro sempre privilegiar a igualdade de todos, com as adaptações realmente necessárias aos titulares, em matéria de direitos humanos. Assim como temo que a multiplicação de sistemas judiciais com normas e punições próprias pode violar direitos universais variados, além de atentar contra o que sempre se entendeu como jurisdição do Estado. Quanto aos casamentos arranjados de jovens pré-adolescentes, podem ser úteis para outros objetivos, como os velhos casamentos dinásticos, e até mais duradouros do que aqueles de escolha dos nubentes, mas eles certamente são contrários a dispositivos normativos internacionais, como o artigo 16 da Declaração Universal.

O "direito à diferença" como valor superior é modismo pós-moderno, concebido e adotado no Ocidente para proteção de minorias não ocidentais contra o hoje vilipendiado "eurocentrismo iluminista". Na prática dominante atual, com obsessão reivindicatória de alguns ou ênfase paternalista de outros, o modismo legitima tradições e posições absurdas, como a defesa da *burka* e do *niqab* na qualidade de direito ou a aceitação de castas estratificadas na diáspora indiana. Quando politizado a esse tipo de extremo, tal "direito" constitui um dos obstáculos mais insidiosos à proteção dos direitos humanos. Até porque as diferenças a serem protegidas são vistas com focos diferentes em cada lugar. No Brasil, quando se fala em "direito à diferença", pensa-se nos homossexuais, que em culturas não ocidentais são criminalizados. Na Europa, quando se fala em "direito à diferença", o objetivo particular da proteção é geralmente a comunidade de muçulmanos. Nos Estados Unidos, os titulares parecem ser todos os não anglo-saxões.

10　Para quem supuser que essa frase, aparentemente tão óbvia, não pode haver enfrentado dificuldades de aceitação, permito-me sugerir uma olhada no capítulo 7 de meu livro *Relações Internacionais e Temas Sociais: A Década das Conferências*, p. 211-244. Nele registro, com base na experiência pessoal como delegado, o que foram essas grandes conferências da última década do século xx, inclusive os problemas causados pelas referências aos direitos da mulher.

11　Originalmente chamada Declaração Universal dos Direitos do Homem, cujas precedentes do século xviii, nos Estados Unidos e na França, de fato não incluíam as mulheres.

50 É PRECISO SALVAR OS DIREITOS HUMANOS!

É um contrassenso equiparar os direitos humanos das pessoas discriminadas e perseguidas pela cor, por traços fenotípicos, por orientação sexual, ou dos indígenas e quilombolas que sempre viveram fora da sociedade principal por motivos não volitivos, com o "direito à diferença" de culturas, discriminadas ou não, que, por vontade própria ou nova ideologia assumida, rejeitam esforços variados de integração na sociedade onde vivem. Quando abusivamente tratadas com discriminação, os direitos humanos de seus membros, observados com políticas públicas apropriadas, devem – ou deveriam, em princípio – ser suficientes para protegê-las e garantir-lhes oportunidades de autoafirmação, sem precisar recorrer a um superior direito à diferença[12].

Em função do uso político desse tipo de "diferença" estritamente cultural, que a cultura ou religião original nem exige[13], e da reação que provoca na maioria quando exibida de maneira panfletária, venho insistindo, no órgão de tratado de que participo, o Cerd, que, assim como os países de destino devem respeitar as culturas dos imigrantes, os candidatos à emigração ao solicitarem os vistos respectivos devem aprender e comprometer-se a respeitar as leis e costumes dos países escolhidos. Não podem assumir politicamente um fundamentalismo de base etnorreligiosa, alheio aos valores dos países de acolhida. O comitê deveria, pois, nesses casos, fazer recomendações aos Estados de partida condizentes também com os valores e costumes das sociedades para onde irão seus nacionais. Mas a militância "liberal" de colegas os leva a ignorar essa necessidade, optando por encarar as culturas alheias como monólitos e por forçar as sociedades onde os imigrantes se instalam a aceitar

---

12 Ao escrever o original destas linhas, quando morava em Barcelona, soube que a Corte Europeia de Direitos Humanos havia determinado por sentença de 1º de julho de 2014 para caso judicial a ela submetido, que a lei francesa de 2011, proibindo o uso de traje ocultador do rosto, não viola a liberdade de expressão da mulher muçulmana. Embora aprovada por 15 a 2, a sentença mostrava que, pelo menos nesse tribunal importante, a grande maioria dos juízes permanecia corajosamente imune aos absurdos impostos em nome do "politicamente correto".

13 Estou cansado de confirmar com colegas de comitê e delegados muçulmanos na ONU que o uso de véu, inclusive o *hijad* que deixa o rosto visível, não é exigência religiosa, mas tradição pré-islâmica, limitada a regiões do Norte da África, Ásia Central e Oriente Próximo. Seu uso em países de imigração, conforme me diz clara e reiteradamente o colega argelino, com respaldo de correligionários subsaarianos, é político.

como naturais suas práticas chocantes no local. Estas não se restringem à indumentária. Sistemas previdenciários europeus têm sido induzidos a fornecer residências plurais para abrigar as possíveis quatro esposas de muçulmanos procedentes de ex-colônias. As castas hindus prosseguem regularmente com suas práticas e interditos hierárquicos nas comunidades instaladas no Reino Unido. Até mesmo a mutilação genital feminina, que persiste entre certos grupos afromuçulmanos na Europa, legitima-se pela oferta de serviços médicos dessa espécie pelas unidades de saúde pública. Para evitar riscos maiores à saúde da menina, remedia-se o pior para não exigir o abandono de tradições. Viola-se, assim, claramente, em todos esses casos e muitos outros, o artigo 5º da Declaração de Viena, que mencionei entre os principais avanços da conferência. E se dá munição aos racistas dos países de acolhida, cujos programas políticos anti-imigratórios vêm ganham apoio popular em todo o mundo.

Conforme indiquei acima, não tenho qualquer dificuldade para a aceitação das diferenças culturais, nacionais, religiosas, de gênero, de preferência sexual ou qualquer outra que não violem direitos da pessoa humana. Todas podem e devem coexistir com naturalidade, em qualquer lugar, tendo para protegê-las os direitos universais internacionalmente reconhecidos. Mas estou convicto de que, de forma mais ameaçadora para os direitos humanos do que os "valores asiáticos", ou simplesmente não ocidentais, o fundamentalismo politicamente correto do direito à diferença, falsamente progressista, justifica, *contrario sensu*, as tendências racistas, ultranacionalistas, fascistas que vêm ganhando terreno em eleições democráticas. Sem falar na justificativa que propiciam ao fundamentalismo religioso, tribal ou étnico dos "diferentes", opressivo e perigoso, às vezes já terrorista.

Especifiquei acima os "valores asiáticos" porque muito se falou deles como ameaça aos direitos humanos na época da Conferência de Viena, em função das posições de delegações da Ásia contrárias à prioridade, senão exclusividade, conferida pelo grupo ocidental aos direitos civis e políticos. Entretanto, nenhuma delegação asiática, ou africana, rechaçou a ideia de direitos humanos *per se*, como se pensa em alguns círculos sob influência euro-americana. A China, com razão doutrinária inconteste, ainda que com motivações políticas especiais, em

52 É PRECISO SALVAR OS DIREITOS HUMANOS!

Viena recordou, sobretudo, que os direitos humanos são resultado da história de cada país. Malásia e Singapura recordaram que, em seu entendimento, o coletivo é superior ao individual, tendo os cidadãos direitos e deveres perante a sociedade – tal como reconhece a Declaração Universal desde 1948 no artigo 29, sem falar das declarações americana e africana de direitos humanos. Os islâmicos tampouco negaram a noção universalista de direitos fundamentais de todos, procurando, ao contrário, identificar na religião a origem de tais direitos. O que os delegados não integrantes do grupo ocidental de Estados, inclusive latino-americanos, fizeram com insistência foi buscar o reconhecimento da igualdade, indivisibilidade e interdependência de todas as categorias de direitos humanos, civis, políticos, econômicos, sociais e culturais, feito afinal obtido nos documentos adotados. Quanto aos Estados asiáticos, o que justificadamente queriam e também conseguiram obter em termos aceitáveis no mesmo documento foi equilíbrio entre o universalismo dos direitos humanos e o particularismo das culturas e sistemas políticos de cada Estado, que precisam ser levados em conta. E isso consta do artigo 5º da Declaração de Viena, criticado na época por ONGS internacionais do Ocidente como insuficiente. Insuficiente era quando mal lido, com olhos eurocêntricos, que, contrariamente ao que afirmam, têm horror não assumido a esse reconhecido "direito à diferença".

VIENA VÍTIMA DE SEU PRÓPRIO ÊXITO

Enquanto muitos avanços de Viena foram distorcidos *a posteriori*, à sua revelia, há também complicadores do sistema a respeito dos quais é possível dizer que são resultado da conferência. Nesse sentido, Viena foi vítima de seu próprio êxito negociador em junho de 1993, tornando-se a médio prazo uma indutora de erros em decisões contrárias a seu "espírito"[14].

---

14 O "espírito de Viena" foi expressão muito usada na década de 1990, inclusive em discursos do secretário-geral das Nações Unidas, para estimular a flexibilização das posições dos Estados a fim de permitir o consenso nos textos em discussão.

Alguns desses complicadores provêm da amplitude ambiciosa dos campos para os quais a conferência fez recomendações. Ao abrir o leque de atenções para todos os objetivos de ONGS e movimentos sociais com foco específico em grupos, Viena deu um sinal enganoso de que tudo poderia ser tratado no campo dos direitos humanos. Aí se incluíam recomendações sobre categorias populacionais cujas aspirações eram válidas, mas não se enquadravam nos direitos universais; para situações de guerra e conflagrações interétnicas, em que o sistema não tinha condições de atuar. Ao adotar um programa de ação muito extenso e pormenorizado, serviu de inspiração para uma produção excessiva de normas, que não passam de modelos de práticas pinçados por órgãos sem mandato para isso. Daí, desses excessos de 1993, advém parte significativa da decepção geral com o tema, do irrealismo do qual burla a expressão francesa *droits-de-l'hommisme* (direito-humanismo), como sucedâneo da verdadeira política. Desprovida da intenção de promover o progresso social, a política se encontraria hoje reduzida, na melhor das hipóteses, à simples gestão da economia, contando com auxílio do multiculturalismo por justaposição, sem sincretismo ou miscigenação, típico dos anglo-saxões, como única ideologia plausível na esfera social.

A verdade é que a Conferência de Viena, ao formular seu programa de ação para o sistema internacional de direitos humanos, não notou que um outro tipo de sistema, mais concreto, adverso aos direitos humanos, estava consolidando-se. Apresentado como "consenso de Washington", adotado e imposto pelo FMI e pelo Banco Mundial em prol da eficiência e da competitividade do Terceiro Mundo, esse sistema de economia neoliberal vinha exigindo a redução do Estado ao mínimo imprescindível, com o abandono de sua posição como provedor social. As reduções ou "ajustes estruturais" se faziam em todas as áreas, com cortes profundos de pessoal, privatizações dos setores mais sensíveis da economia e "desregulação" das finanças para o ingresso de capitais. Entrementes, na esfera da cultura, afirmavam-se noções divisórias, fragmentadoras dos objetivos de progresso, associadas à ideia de pós-modernidade. Enquanto Viena propunha ações que exigiam mais verbas e burocracias "weberianas" para atender aos muitos novos grupos titularizados com direitos especiais, o neoliberalismo econômico e o pós-modernismo cultural se uniam contra o "Estado Providência" e o universalismo dos direitos humanos.

Os "cortes do excesso de gordura"[15] na carne do Estado não seriam capazes de impedir, a partir de 1998, a sequência de crises econômicas, no México, no Brasil, no Japão e nos "tigres asiáticos", continuadas depois por outras, nos próprios Estados Unidos e em países da Europa. Os "remédios", conforme previsível num sistema que rejeitava não digo Marx, porque já não precisava, mas Keynes, idealizador do Estado Providência para salvar o capitalismo do *crash* de 1929, geravam desemprego maciço e sacrificavam sempre os pobres e grupos vulneráveis. Em lugar da esperada democracia política, o que se veio a implantar com a globalização econômica foi o "liberalismo" da eficiência selvagem, sem contrapesos ou pruridos de preocupação social. Dele participavam de maneira marcante as finanças especulativas, não produtivas, aplicadas e retiradas em função de seus interesses de lucro imediato. Longe das liberdades e direitos fundamentais esperados, a liberdade que se afirmava no planeta era uma liberdade econômica não emancipatória. Quando funciona melhor, dá plena razão à perspicaz lembrança de Angela Davis: "No Norte global nós compramos a dor e a exploração de meninas do Sul global, que vestimos todos os dias em nossos corpos."[16]

Nesse sistema que se globalizava, tendo o mercado como único "valor" universal, qualquer esperança de ajuda ao desenvolvimento, qualquer instituição de segurança ou previdência social, qualquer apoio aos direitos fundamentais de todos, especialmente na área econômica e social, era visto como empecilho à produtividade. O mundo vivia um paradoxo: o apogeu do discurso humanista coincidia com a destruição de suas condições de realização. Viena programara iniciativas que exigiam mais Estado, enquanto o sistema econômico exigia o Estado mínimo. Diante dessa contradição, a saída de um lado era a

---

15 Expressão muito comum na fase mais acirrada do "consenso de Washington".

16 *A Democracia da Abolição: Para Além do Império, das Prisões e da Tortura*, p. 29. A frase ou a ideia lembrada em entrevista oral a Eduardo Mendieta é letra de música cantada por Sweet Honey and the Rock. Cito-a porque me soa particularmente expressiva.

"terceirização", de outro o retalhamento do social por grupos de pressão específicos, deixando os direitos dos pobres ao assistencialismo possível da caridade privada.

Um paradoxo adicional persistente é que esses problemas, raramente analisados em conjunto, não impediram no período pós-Viena, com a conferência já quase esquecida, a expansão contínua, exponencial, do sistema internacional de direitos humanos. Mas aí há outra questão importante. Antes voltado para o progresso com liberdade de todos os seres humanos, o sistema foi passando a atuar junto a Estados contra Estados, mas para a satisfação de si próprio, tendo as ONGs defensoras de minorias e movimentos da sociedade civil – fragmentada por identidades diferentes – como a verdadeira força propulsora.

A MULTIPLICAÇÃO DE INSTRUMENTOS E MECANISMOS

Para tentar melhorar a situação de certos grupos e categorias de pessoas, mencionados ou não nos documentos de Viena, o sistema de promoção e proteção dos direitos humanos passou a multiplicar normas cogentes e padrões de aplicação específicos, com novos mecanismos de acompanhamento, inclusive para as recomendações dos órgãos de tratados. Tudo isso é prova de interesse, mas torna o conjunto demasiado complexo, frouxo, sem hierarquia, com elementos claramente conflitivos. Não incluo na lista do que considero inadequado no sistema os novos tratados emanados de órgãos competentes, como a Convenção Sobre os Direitos das Pessoas Com Deficiências ou a Convenção Sobre a Proteção Contra Desaparecimentos Forçados, ambas de 2006, enquadradas nos objetivos universalistas dos direitos humanos. Tampouco posso incluir propriamente a Convenção Sobre os Direitos dos Trabalhadores Migrantes, que é de 1990, portanto anterior à Conferência de Viena, embora somente tenha conseguido as vinte ratificações necessárias para sua entrada em vigor em 2003. Não posso deixar de observar, contudo, que: em contraste com o primeiro tratado de direitos humanos adotado na sequência da Declaração Universal de 1948, a Convenção Sobre a Eliminação da Discriminação

Racial, de 1965, com seus 25 artigos, considerados suficientes até a Conferência de Durban de 2001, a convenção sobre um grupo em situação específica como os trabalhadores migrantes e suas famílias tem 93! Que o detalhamento de iniciativas e regras nas criações recentes é tamanho que as torna irrecordáveis, quase ilegíveis, além de, muitas vezes, inaplicáveis. Que o total de órgãos de tratados existente quando ocorreu a Conferência de Viena era de seis e hoje são mais de onze – alguns dos quais derivados de protocolos adicionais aos instrumentos principais. A esse número de tratados de escopo universalista, deve-se adicionar o Convênio 169 da Organização Internacional do Trabalho (OIT) sobre Direitos dos Povos Indígenas e Tribais, dotado de seu próprio mecanismo de acompanhamento fora do sistema regular de direitos humanos.

O Convênio 169 da OIT, adotado em 1989 e em vigor desde 1991, constitui um caso *sui generis* por diversos aspectos. Sua forma e sua substância são as de um tratado de direitos abrangente, equivalente aos dois pactos Internacionais de 1966 reunidos, voltado exclusivamente para uma categoria de pessoas, os indígenas. A par disso, o convênio reconhece também direitos coletivos, dos respectivos povos, que outras categorias não têm, como o direito às terras ancestrais. Não negociado, nem adotado pelos órgãos do sistema com competência na matéria, cujos Estados integrantes relutavam em emitir uma simples declaração sobre os direitos dessa categoria em função de conceitos heterodoxos[17], o convênio, com seu comitê de acompanhamento na própria OIT, emerge de uma organização imprevista, especializada em direitos trabalhistas. Não obstante, depois de 2007, quando a Assembleia Geral das Nações Unidas adotou, com poucos votos negativos, a Declaração Sobre os Direitos dos Povos Indígenas, o convênio da OIT foi assimilado no sistema regular de direitos humanos. Passou ser usado como referência para cobranças pelo Cerd e outros órgãos de tratado sempre que examinam comunicações e relatórios de Estados que tenham povos autoconsiderados autóctones em seu território – não necessariamente índios ou indígenas, como nas Américas, objeto originário das atenções.

---

17 Entre os quais o de direitos humanos coletivos e a própria expressão "povos indígenas", numa época em que "povo" era o conjunto da cidadania.

Ao mesmo tempo que se incrementou o número de convenções e órgãos de tratado no Direito Internacional dos Direitos Humanos, aumentou enormemente a quantidade de comitês e grupos de trabalho para observação de temas e recomendações de novas regras. Enquanto em 1989, ano de convocação da Conferência de Viena, havia, como já visto, não mais de seis "relatores temáticos", em 2014 eles já são trinta e chegaram a ser mais de quarenta em anos anteriores! O número dos "relatores de situações", sobre países escolhidos com seletividade agora mais chocante, por motivos que abordarei no próximo item, diante de uma opinião pública forjada com rapidez e superficialidade pelas redes sociais, ou pela atuação de ONGs maximalistas e simplificadoras, varia conforme o ano, sendo oito em 2014.

Ademais de tudo isso significar um crescimento exponencial de instrumentos de regulação e pressão sobre os Estados, a requerer mais verbas do orçamento regular da ONU[18] e dos Estados, também constitui um aumento desmesurado de trabalho para os operadores domésticos de direitos humanos e para as funções de assessoramento do secretariado das Nações Unidas. Como o fenômeno ocorre dentro de um sistema econômico com predomínio da ideia de "Estado mínimo", cujo pessoal burocrático não aumenta, diminui, a "solução natural" é também "terceirizar" e "privatizar" o sistema. Por mais que Viena tenha propiciado um incremento orçamentário importante para o verbete "direitos humanos" na ONU, em virtude da criação da figura do alto comissário em 1993, as verbas nunca são suficientes. Recorre-se então a contribuições adicionais voluntárias de Estados prósperos para projetos específicos, ou financiamentos privados de fundações, para acompanhar a expansão dos serviços – uma forma conhecida e inelutável de "ocidentalização" da proteção aos direitos humanos. A burocracia de funcionários internacionais da área, por sua vez, crescentemente arregimentada de ONGs, passa a ser complementada, ou substituída, por estagiários não remunerados, quase sempre estudantes de pós-graduação formados dentro dos modismos

---

18 Para dar somente uma ideia, o número de peritos em órgãos de tratados, que necessitam de passagens e diárias para as sessões de trabalho – não remunerado – em Genebra, pelos menos duas vezes por ano, passou de quarenta nos anos 1990 para 140 em 2014.

em voga, seriamente interessados e politicamente corretos, mas sem experiência pregressa na defesa do universalismo dos direitos. Sem plena consciência do que fazem, auxiliam o estilhaçamento incontrolável do sistema.

É inegável que a proliferação de normas, mecanismos e tribunais não é exclusividade da área dos direitos humanos. Reprovada por juízes da Corte Internacional de Justiça, em função da criação de tribunais internacionais *ad hoc* e outros, a multiplicação de normas e sistemas já foi objeto de estudo aprofundado pela Comissão de Direito Internacional das Nações Unidas, na primeira década deste século XXI. O tema tinha título eloquente: Fragmentação do Direito Internacional – Dificuldades Decorrentes da Diversificação e Expansão do Direito Internacional. O relatório final, de 2006[19], coordenado pelo jurista finlandês Martti Koskenniemi, não chega a endossar a visão negativa que muitos têm do fenômeno. Por outro lado, por mais que Koskenniemi tenha encarado tal fragmentação como decorrência da passagem do Direito de uma fase moderna, hierárquica, para a fase pós-moderna, horizontal, em que predominariam, em sua visão otimista, políticas de pluralismo, ele próprio recorda e cita autores segundo os quais a vocação do Direito é para a "ordem unificada e hierarquizada, unificada porque hierarquizada", sem a qual ele se torna ineficaz[20]. De minha parte, sem necessidade de maiores elucubrações, minhas preocupações, sempre voltadas para a área dos direitos humanos, são de dois tipos: uma doutrinária, que se reflete no real; a outra, somente pragmática.

A preocupação doutrinária é fácil de explicar: sendo os direitos humanos universais por definição, os direitos específicos de grupos culturais particularizados não podem ser classificados na mesma categoria. São "humanos" apenas porque seus titulares também são pessoas físicas ou grupos delas, mas a titularidade advém da identidade étnica diferencial, não de predicados comuns a todas. Como já diziam Koskenniemi e Leino em 2002:

19 United Nations International Law Commission, *Fragmentation of International Law: Difficulties Arising Form the Diversification and Expansion of International Law*, report of the study group, finalized by Martti Koskenniemi, 13 April 2006.

20 M. Delmas-Marty, *Trois défis pour un droit mondial*, apud M. Koskenniemi; P. Leino, Fragmentation of International Law? Postmodern anxieties, *15 Leiden Journal of International Law*, p. 553-579. (tradução minha)

o liberalismo e a globalização não trouxeram coerência, muito pelo contrário. A estrutura suprida pela confrontação Leste-Oeste foi substituída por uma realidade de caleidoscópio, em que atores em competição lutavam para criar sistemas normativos competitivos entre si, frequentemente para escapar, de forma expressa, às limitações do direito diplomático – embora talvez, mais frequentemente, com uma ignorância deleitosa a seu respeito[21].

Em parte por causa da massa de normas específicas para grupos "diferentes" e seu destaque por militantes desses grupos na imprensa e demais *media*, torna-se menos visível, quando realmente existente, a atuação em defesa dos direitos da maioria, que se sente desconsiderada. Diante dos medos, riscos e danos, às vezes mortais, causados ao cidadão comum pela criminalidade despolitizada, não constitui mero discurso reacionário da direita a impressão de que os ativistas de direitos humanos somente dão atenção aos "direitos dos bandidos". Em 2012, o representante regional para a América do Sul do Alto Comissariado das Nações Unidas Para os Direitos Humanos, Amerigo Incalcaterra, já assinalava:

Em vários países da região, o Estado vai perdendo o monopólio do uso da força e frequentemente em parte de seu território já não é quem impõe a lei. São os bandos de criminosos, o narcotráfico, as gangues juvenis ou "maras", que desafiam a autoridade do Estado e impõem a lei do mais forte em detrimento do Estado de Direito. [...] A pobreza e a exclusão acrescentam uma dimensão e complexidade maior ao fenômeno, sendo os jovens das áreas urbanas pobres e marginalizadas o setor da população com maior propensão a serem as vítimas, e também os autores, das atividades criminosas.[22]

Na verdade, pouco se conhece dos esforços governamentais mais sérios na área da segurança que não sejam os habituais reforços de policiamento, sempre insuficientes, ou o recurso às forças armadas para manutenção da ordem interna. Mas tudo isso é ineficaz diante de desequilíbrios sociais gritantes. Ainda que sejam conhecidos os trabalhos de instituições, autoridades

---

21 Op. cit., p. 559. (tradução minha)
22 Escritório regional para a América do Sul do Alto Comissariado das Nações Unidas Para os Direitos Humanos (ACNUDH), Prólogo ao documento *Produção e Gestão de Informação e Conhecimento no Campo da Segurança Cidadã*.

60 É PRECISO SALVAR OS DIREITOS HUMANOS!

e ONGS com políticas públicas para melhorar a situação de crianças e idosos, para atender às necessidades de pessoas com deficiências, à promoção social de comunidades carentes, o público acossado em seu cotidiano não nota que essas são atividades desenvolvidas para o conjunto da cidadania com base nos direitos humanos. Por outro lado, eu próprio vejo, no Cerd e em foros correlatos, que a tendência ora predominante do sistema é de privilegiar minorias em detrimento das atenções para o conjunto. Pouca atenção é dada internacionalmente aos direitos das camadas gigantescas de pobres sem etnia ou outro elemento diferencial que os destaque. Para o "liberalismo" hegemônico, os simplesmente pobres são marginalizados porque fora do mercado, responsabilizados pela própria pobreza num círculo vicioso que só pode levar ao crime.

A preocupação de ordem pragmática que tenho é ainda mais evidente, conquanto raramente assumida e registrada. Com um número sempre ascendente de normas específicas, obrigações a cumprir e relatórios a apresentar, que extrapolam as capacidades respectivas, nenhum Estado democrático bem-intencionado consegue hoje estar em dia com os compromissos internacionais na matéria. Seus funcionários da área não podem cumprir a contento sequer a obrigação de submeter informes tempestivos aos mecanismos de controle. Nem, muito menos, promover, na área doméstica, a implementação das recomendações deles recebidas.

OMISSÕES PROBLEMÁTICAS
E REFORMA DO ÓRGÃO PRINCIPAL

À proliferação exagerada de normas e cobranças irrealistas, numa fase em que o Estado é visto com desconfiança, devem-se acrescentar dificuldades de outra ordem, que fragilizam ainda mais o sistema, subtraindo seriedade às decisões que toma. Elas resultam de insuficiências internas antigas, que hoje se encontram particularmente visíveis, assim como de inversões de posturas desconcertantes, antes inimagináveis.

Ninguém em sã consciência pode ter dúvidas do horror que representou para os Estados Unidos e quase todo o mundo a destruição das torres do World Trade Center, em Nova York, em 11 de setembro de 2001. Poucos porão em dúvida a necessidade de medidas de prevenção ao terrorismo, particularmente em países ocidentais considerados alvos preferenciais de um certo tipo de extremismo. Alguns políticos e intérpretes podem até justificar os bombardeios por alguns Estados, liderados por Washington, aos talibãs radicais do Afeganistão, por mais que todos saibamos que foram os Estados Unidos que armaram esses "estudantes" corânicos quando resistiam aos soviéticos na década de 1980. A invasão daquele país no governo de George W. Bush, em 2001, poderia até soar compreensível, não como retaliação pelos atentados em Nova York e Washington, perpetrados por outros "jihadistas", mas porque, segundo se alegava, o território afegão, sob governo dos talibãs, oferecia abrigo e campos de treinamento aos terroristas da Al Qaeda. Diferentemente do caso do Afeganistão, poucos defensores de direitos humanos podem haver aprovado a invasão ilegal do Iraque pelos Estados Unidos e seus aliados, sob pretextos inconvincentes. Seguramente ninguém que defendesse os direitos humanos poderia aceitar, em qualquer circunstância, as torturas e tratamentos degradantes infligidos aos prisioneiros em quartéis e prisões americanas em Guantánamo, Al Ghraib, Baghram e outras. Não obstante, nenhuma resolução condenatória, nenhuma reprovação formal pelo sistema de proteção aos direitos humanos foi subscrita.

Conquanto se possa dizer que a seletividade das situações escolhidas para relatorias sempre constituiu uma característica do processo, a omissão conivente de violações divulgadas e autofotografadas nesse caso foi especialmente negativa. Os Estados Unidos sempre se haviam apresentado como paladinos dos direitos humanos no mundo. O mesmo pode ser dito dos membros da União Europeia que, se não chegaram a torturar diretamente, enviaram muçulmanos considerados suspeitos de terrorismo – muitos dos quais se comprovaram inocentes – para serem "interrogados de maneira forte" pelos Estados Unidos e outros aliados em território de terceiros[23]. Em lugar de uma

---

23 Pouco depois de redigir o original destas linhas, a Corte Europeia de Direitos Humanos condenou a Polônia por haver abrigado uma prisão secreta da CIA. Em veredito de 24 de julho de 2014, os sete integrantes do Tribunal de Estrasburgo, entre os quais um juiz polonês, declararam que, além de deixar ▶

62 É PRECISO SALVAR OS DIREITOS HUMANOS!

condenação, ainda que meramente simbólica, para violações tão metódicas amplamente conhecidas, o que ocorreu no sistema internacional de direitos humanos, impulsionado pelo governo de George W. Bush, foi a reforma de seu órgão principal!

É fato que muitos Estados e ONGs vinham pleiteando uma reforma do sistema havia anos. Mas a reforma, afinal realizada em 2002, para acomodar as pressões dos Estados Unidos com apoio da Europa, foi irrisória, senão contraproducente. A velha e historicamente produtiva Comissão dos Direitos Humanos das Nações Unidas, subordinada ao Conselho Econômico e Social (Ecosoc), que se reunia anualmente por 45 dias, foi transformada em Conselho de Direitos Humanos, não mais vinculado ao Ecosoc, como previa a Carta de 1945, mas à Assembleia Geral. Com hierarquia elevada e título mais imponente, o conselho conta agora com um novo mecanismo considerado "não seletivo" para apreciação da situação dos países: os Relatórios Periódicos Universais, que todos os Estados lhe apresentam. A par dessa inovação, certamente interessante, o conselho, agora permanente, segue estabelecendo uma profusão de relatores temáticos, cujos informes são tantos que mal são lidos; procura atuar sobre todos os conflitos armados importantes; organiza reuniões de alto nível em que Ministros de Estado apresentam suas políticas ao mundo; acolhe um número infinito de ONGs que falam para seus próprios públicos; abole intervalos para almoço a fim de acomodar uma infinidade de oradores em sessões intermináveis e confusas; atrai menos atenção da imprensa e do público do que a velha Comissão, mais enxuta, conseguia.

Em paralelo a tudo isso, dentro e fora do sistema, outros fatores da atualidade o enfraquecem. Todos os Estados e pessoas conscientes temem o terrorismo, fenômeno que se tornou típico da época, e consequentemente aceitam mecanismos contra ele que invadem sua privacidade por meios eletrônicos. Isso ocorre tanto nas lojas como nas ruas, abrangendo desde gravações em

▷ de proteger os direitos humanos de dois indivíduos árabes, um iemenita e um saudita, a Polônia havia colaborado com a CIA no envio de ambos para a prisão americana em Guantánamo, onde se encontravam até então. A sentença obrigou o Estado polonês a pagar indenizações aos dois prisioneiros. Vê-se, assim, que, enquanto o sistema internacional se omitia, e a Europa passava por tensões como havia muito não se viam, pelo menos a Corte Europeia de Direitos Humanos seguia cumprindo sua missão corretamente.

DIFICULDADES ATUAIS DO SISTEMA INTERNACIONAL... 63

vídeo à espionagem das comunicações por computadores e celulares, inclusive de autoridades aliadas. Antes típicos de ditaduras e regimes totalitários, hoje essas práticas são vistas como normais e correntes em todo o Ocidente. Embora contrárias ao direito à privacidade de cidadãos e não cidadãos, dentro e fora das fronteiras, somente causam espécie e engendram sinais de repulsa quando praticadas sem razão em comunicações de aliados, ou feitas e detectadas por adversários estratégicos. Pois a verdade é que hoje a cultura globalizada não se incomoda com bisbilhotices. Ao contrário, estimula o exibicionismo, começando pelo corpo, nesta fase pós-moderna contra a chamada biopolítica. O segredo das vidas privadas é que passou a ser pernicioso, suspeito, sendo a gravação dissimulada o instrumento de prova mais usado. Como se lê em todas as partes, como advertência para todos: "sorria, você está sendo filmado".

Talvez essas inversões sejam úteis, com algum efeito preventivo. Nem por isso o crime diminui ou o terrorismo deixa de perpetrar seus massacres. Deles, porém, o sistema de direitos humanos presente quase não fala.

AS ONGS E OS MOVIMENTOS SOCIAIS

As conferências da década de 1990 foram os primeiros foros internacionais que se abriram às organizações não governamentais e movimentos sociais como representantes da sociedade civil. Iniciada em eventos paralelos na Rio-92 e em Viena, a participação crescente e crescentemente influente desses novos atores já estava consolidada no final do século xx. Se não em pé de igualdade com os Estados, ao menos como atores relevantes, que sempre precisam ser ouvidos. As ONGS se afiguravam desde então como alternativa ao esvaziamento do Estado como poder soberano, para proteger o meio ambiente e promover os direitos humanos. O que se intuía levemente como aspecto de controle difícil era já a tendência a sua proliferação infinita.

Antes apresentadas como consciência ética organizada da sociedade civil, há ainda ONGS e instituições congêneres que acreditam nos direitos humanos como instrumento para conseguir avanços sociais. Seu foco é, porém, quase sempre, centralizado exclusivamente em minorias específicas. Poucas são universalistas, como as principais de Viena ou os movimentos sociais do passado. Esvaziadas as primeiras pela multiplicação dos pares e desaparecidos os segundos, ligados às lutas de classes, até mesmo organizações respeitáveis, como a Anistia Internacional e as diversas seções da Human Rights Watch, sofrem do mesmo tipo de problema: um anacronismo de métodos, que atrapalha mais do que resolve.

Da mesma maneira que o próprio sistema de proteção aos direitos humanos nas Nações Unidas, praticamente todas as organizações não governamentais foram treinadas para atuar e fazer denúncias contra governos arbitrários e totalitários, não para ajudar democracias a consolidarem os direitos da cidadania. Ou então se obstinam na obtenção de proteção especial para minorias étnicas e culturas diferentes como comunidades intangíveis. Com base em posições hoje obsoletas em muitos países, insistem em condenar os governos como se fossem naturalmente maus. Condenam qualquer ação policial legítima, em vez de orientar as forças da ordem em suas funções legítimas, de proteger a todos contra o crime comum, que vitima em primeiro lugar os mais pobres. Parecem esquecer, com seu maximalismo protetivo de comunidades determinadas, que a segurança de todos, juntamente com a vida e a liberdade de cada um, é o primeiro direito consagrado na Declaração Universal de 1948. Se a proteção, no passado, era do cidadão contra o Estado, nas democracias existentes os cidadãos querem – porque realmente precisam – o Estado com o monopólio do uso da força, parcial ou totalmente perdido para a criminalidade imperante.

QUE FAZER?

Diante desse quadro desalentador, a pergunta necessária seria: o que fazer para melhorar a situação negativa em que se atolou o sistema? A resposta, evidentemente, não é fácil. O primeiro passo, contudo, sempre consistirá na conscientização dos defeitos, com vontade de superá-los. Os defeitos internos poderiam ser corrigidos com determinação volitiva dos atores. Os direitos humanos, contudo, não podem existir isolados do mundo à sua volta.

Apesar de sua asserção como tema global nos anos 1990, hoje praticamente esquecida, a concretização dos direitos humanos se apresenta tão distante da realidade do século XXI que quase se justifica indagar se não era melhor para eles a situação da Guerra Fria. Se não seria melhor deixar de lado o discurso ainda altaneiro da virada do milênio para começar a redefinir os direitos fundamentais de todos, que, afinal, são construções históricas. Não o fossem, não haveria explicação para o direito à propriedade nessa lista de 1948, expurgado que foi depois dos dois pactos internacionais de 1966, sobre os Direitos Civis e Políticos e sobre os Direitos Econômicos, Sociais e Culturais. Talvez deixando um pouco de lado o discurso maximalista sobre minorias e etnias, cujas necessidades especiais devem ser respeitadas, mas não são direitos universalizáveis, daí se pudesse reconstruir o sistema internacional dos direitos humanos com elementos hoje mais adequados.

Quaisquer que venham a ser a forma e o conteúdo de tais direitos sempre fundamentais de todos os seres humanos, possivelmente repescados da Declaração de 1948 para retirada de escamas e modificações na receita de sua aplicação em cada sistema histórico-cultural, eles precisarão estar coordenados com a economia num caldo de Política com sentido de Progresso, ambos com P maiúsculo. Pela via menos desejada, mudanças estão ocorrendo. A economia hoje já deixou de ser neoliberal para assumir as características tecnológicas, antissociais e anti-humanas, planejadas para se dispensar mão de obra, de um capitalismo de ricos e ultrarricos. O Estado, por sua vez, voltou a ser necessário. Não para promover a justiça e a segurança de todos: para proteger o poder dos já poderosos, o aumento contínuo de riqueza concentrada, o consumo suntuário dos podres de ricos, modelo ideal dos demais 10% relativamente abastados. Os desempregados sem futuro e os já miseráveis sem saída não contam.

Sei que a criação de um novo sistema previsível nas circunstâncias atuais é onírica. Nosso mundo carece de vontade e de tempo, crescentemente destroçado pela mudança climática, pelas guerras, pelos fundamentalismos, pelos erros que se acentuam nos sistemas e subsistemas existentes.

Enquanto nada de concreto é tentado, nem sequer na esfera do discurso, minha ambição é modesta. Quando me perguntaram há pouco por que continuo membro de um órgão de tratado como o Cerd, minha resposta foi franca. Porque fui eleito e reeleito três vezes e ainda não terminei meu quarto mandato. Porque o comitê teve papel importante na conscientização, hoje quase universal, de que a discriminação racial ou étnica é fenômeno planetário, não existindo sociedade que lhe seja imune. Porque suas recomendações muitas vezes foram úteis para combater as formas de discriminação mais visíveis. Porque, ciente de seus defeitos, tenho a impressão, possivelmente ilusória, de que estando presente talvez consiga, senão melhoras no sistema, algum "controle de danos" nas recomendações aos Estados. Às vezes, acho até que consigo!

Continuo falando de direitos universais porque entendo que eles ainda são uma boa utopia diretiva. Continuo defendendo o conceito anacrônico dos direitos humanos de todos, porque, apesar dos desvios, acredito que, sem um mínimo de esperança neles, a vida não faria sentido.

3. Cinquenta Anos da Convenção Sobre a Eliminação da Discriminação Racial

uma apreciação crítica de dentro[1]

> *Precisamos não esquecer que, à exceção de uns poucos, os cientistas que se aproximavam deste assunto o faziam conforme critérios importados do estrangeiro. Tudo era de origem europeia, como agora quase tudo vem dos Estados Unidos.*
>
> ABDIAS NASCIMENTO[2]

O SEMINÁRIO COMEMORATIVO

Muito se falou em 2015 dos setenta anos das Nações Unidas, organização que proclamou a Declaração Universal dos Direitos Humanos três anos depois de sua criação. Poucos se lembraram de que em 2015 transcorria também o cinquentenário do primeiro tratado de direitos humanos: a Convenção Sobre a Eliminação de Todas as Formas de Discriminação Racial. As razões desse "esquecimento" podem ter sido diversas. Pela óptica do Direito, nenhuma se justifica diante do fato de que essa convenção, de 1965, em paralelo a seu valor intrínseco, foi o instrumento inaugural do Direito Internacional dos Direitos Humanos[3].

---

1   Publicado em *Lua Nova, Revista de Cultura e Política*, São Paulo, n. 100, jan.-abr. 2016.
2   *O Genocídio do Negro no Brasil*, p. 82.
3   A Convenção Contra o Genocídio é de 1948, mesmo ano da Declaração Universal. Trata de matéria aberrante e raramente chega a ser citada entre os instrumentos do Direito Internacional dos Direitos Humanos. Estes se dirigem essencialmente ao dia a dia de sociedades que se desejam democráticas, procurando regular a área em questão.

68 É PRECISO SALVAR OS DIREITOS HUMANOS!

Sem contar breve mensagem emitida em Nova York, em 21 de dezembro, pelo secretário-geral Ban Ki-moon, na passagem do aniversário da adoção da convenção pela Assembleia Geral, ou possíveis comemorações localizadas sem repercussão no exterior, a principal celebração ocorreu em Genebra, por iniciativa do órgão previsto pelo próprio instrumento para acompanhar sua aplicação: o Comitê Para a Eliminação da Discriminação Racial (Cerd, na sigla em inglês). Integrado, de acordo com o artigo 8º, por dezoito "peritos imparciais" de diversas regiões, "formas de civilização" e sistemas jurídicos, eleitos pelos Estados-partes para mandatos de quatro anos, o Cerd se estabeleceu em 1970, com a posse dos primeiros membros. Aos 45 anos de idade em 2015, e com composição muitas vezes renovada, ele constitui o mais antigo "órgão de tratado", tendo servido de modelo para os demais.

A celebração do cinquentenário da convenção de 1965 em Genebra transcorreu em duas sessões especiais do 88º período de sessões regulares do Cerd, na manhã e na tarde de 26 de novembro. Desenvolveu-se em dois painéis sucessivos, integrados por personalidades convidadas. O primeiro painel tinha por tema "Cinquenta Anos de Realizações – Lições Aprendidas e Boas Práticas"; o segundo, "Desafios Atuais e Caminhos Para Prosseguir". As exposições eram seguidas de intervenções do "público" credenciado: Estados e organizações não governamentais de diversas procedências, quase todas dedicadas à promoção de minorias étnicas ou ligadas ao movimento negro norte-americano.

Os painéis foram expressivos como manifestação de apoio político à convenção de 1965 depois de meio século. Desde o início, porém, o evento teve aparência deslocada no tempo e no espaço. Somente treze dias após o pior ataque terrorista em Paris, com 130 mortes e centenas de feridos em café e casa de espetáculos, a comemoração no Palácio das Nações genebrino parecia, no mínimo, inoportuna. Apesar da preocupação geral com a possibilidade de novas ações terroristas, observada desde logo no reforço dos sistemas de segurança da onu e da Suíça, nenhum dos oradores registrados falou da tragédia que acabara de ocorrer ali ao lado, ou de massacres semelhantes na mesma época alhures. Tampouco se falou do extremismo suicida e da atração que ele exerce no mundo contemporâneo.

CINQUENTA ANOS DA CONVENÇÃO SOBRE A ELIMINAÇÃO... 69

Não digo que o aniversário da convenção devesse ser lúgubre, nem fantasio que esse tratado ou seu comitê possa oferecer solução para os conflitos desencadeados ou para resolver problemas sistêmicos disseminados no planeta. O Cerd não tem competência legal para lidar com guerras, nem meios para combater com eficácia vicissitudes onipresentes, causadoras de discriminações. A inconsequência política, a corrupção, as disparidades econômicas gigantescas, a leviandade dos meios de comunicação, a facilidade para a divulgação de propaganda odiosa são aspectos comuns de nossa fase, tecnologicamente avançada e autodestrutiva, que requerem anteparos e correções consistentes. Por mais que, algumas vezes, diante de perspectivas preocupantes, o comitê tenha procurado alertar para os efeitos discriminatórios de decisões ominosas e omissões graves dos Estados-partes em esferas que ultrapassam a letra – não o espírito – da convenção de 1965[4], dele não se espera mais do que ação simbólica. Os símbolos, contudo, quando pertinentes, não devem ser evitados. Eles são particularmente importantes na área internacional dos direitos humanos, onde o que sempre prevaleceu de melhor nunca passou de pressão moral. E símbolos das preocupações gerais mais prementes fizeram falta na comemoração em 2015.

Apesar dessa falha sensível, o seminário propiciou uma visão abrangente dos trabalhos do Cerd. O que este texto pretende é, a partir de alocuções escolhidas, apontar virtudes e defeitos desse órgão do sistema internacional. Simultaneamente reflexo e fonte do discurso dominante em cada ocasião, a atuação do comitê necessita ser conhecida, e suas distorções, reparadas. Especialmente se ainda prevalecer entre os atores influentes, governamentais e não governamentais, alguma intenção de recolocar os direitos humanos na posição simbólica diretiva que tiveram há vinte anos para a esfera social[5].

4   A título de exemplo, recordo a declaração de 10 de março de 2003 (*Statement on the Current International Situation*), antes da invasão do Iraque pelos Estados Unidos, que advertia para os "efeitos devastadores também no recrudescimento dos fenômenos da discriminação racial ou étnica, da xenofobia, da intolerância e até do terrorismo" da operação prestes a iniciar-se. Assim como a Decisão de 22 de agosto de 2014, diante da passividade geral em face dos atos genocidas do "Estado Islâmico do Levante" (Isil ou Isis), então concentrados no Iraque (*Iraq - Decision 1*, da 85ª Sessão).

5   Escrevi bastante sobre esse assunto, em particular no livro *Relações Internacionais e Temas Sociais: A Década das Conferências*.

ABERTURA DOS TRABALHOS:
A VARIEDADE DA FAMÍLIA HUMANA

Nas funções de presidente do Cerd durante o biênio 2014-2015, o membro guatemalteco, José Francisco Cali Tzay, indígena maia aguerridamente orgulhoso da identidade nativa, deu início aos trabalhos. Recordou que, no decorrer dos cinquenta anos da convenção, o mundo assistiu a avanços notáveis, como a vitória do movimento pelos direitos civis nos Estados Unidos e o fim do regime de *apartheid* na África do Sul. Assinalou que, sendo o combate ao racismo tarefa plurifacetada, o Cerd fornece recomendações aos Estados-partes, mas não pode sozinho eliminar as discriminações. Para isso é necessária uma multiplicidade de atores, aí incluídos governos, instituições nacionais independentes e a sociedade civil. Registrou a necessidade de se prosseguir na conscientização de que a família humana é uma única, com culturas e línguas variadas, acrescentando que a diversidade deve ser reconhecida e protegida[6].

Militante da causa indígena internacionalmente conhecido, Cali Tzay fez introdução equilibrada, que dispensaria contextualização, a não ser pela afirmação final de que a diversidade cultural precisa ser *protegida*, entendimento típico da fase contemporânea.

Hoje dada como inquestionável e aceita verbalmente pelas sociedades ditas civilizadas, a proteção das identidades específicas, nos primeiros anos de vigência da convenção de 1965, não era vista como necessária pela maioria dos ativistas sociais. Conquanto facções radicais do movimento negro norte-americano, como a "Nação do Islã" de Elijah Muhammad, Malcolm X (filho de simpatizantes do pan-africanismo do jamaicano Marcus Garvey, violentamente perseguidos, talvez assassinados), ou o pugilista Cassius Clay (convertido em Muhammad Ali e transformado em gigante simbólico da africanidade), postulassem a autoafirmação dos negros como comunidade distinta, inassimilável, optando pelo Islã como religião não branca, essa asserção não era predominante. O objetivo das lideranças mais

---

6 Os resumos da fala de Cali Tzay e de todos os demais são feitos a partir de anotações minhas e de material divulgado pelo escritório do Alto Comissariado das Nações Unidas Para Direitos Humanos na página correspondente: <www.ohchr.org>.

influentes era a superação das diferenças. O célebre "sonho" de Martin Luther King, explicitado na histórica Marcha Sobre Washington de 1963, consistia num país igualitário, onde as pessoas fossem avaliadas pelo mérito individual, não pela cor. Ou seja, o principal líder negro dos Estados Unidos, pastor protestante universalista, desejava uma meritocracia abrangente e justa, não excludente, em seu Estado nacional. Tal como era abrangente e igualitária a luta antissegregacionista de Nelson Mandela, já preso na África do Sul[7]. Embora o igualitarismo tenha prevalecido nas leis antissegregacionistas, o diferencialismo afroamericano altivo como "força revolucionária" de oposição ao *establishment* foi a vertente encampada pelos jovens contestatários das décadas de 1960 e 1970, negros e brancos, firmando-se na academia até hoje.

Não foi, porém, o pan-africanismo do movimento negro que transferiu o enfoque do Cerd e das Nações Unidas do universalismo dos direitos humanos para o particularismo cultural das comunidades étnicas. Foi a movimentação dos indígenas das Américas – em que se inseriu Cali Tzay como maia – pela asserção de direitos próprios específicos. Mas isso levou muitos anos.

Iniciada também nos Estados Unidos dos anos 1960, em paralelo ao movimento negro e ao feminismo do *women's lib*, a autoafirmação dos "nativos" da América do Norte como identidade diferente da "americana" refletiu e fortaleceu o africanismo ideológico, não necessariamente violento, dentro do movimento negro. Estendeu-se a outros setores da população como os "hispânicos", ampliando-se no país e no exterior, abrangendo comunidades minoritárias. A luta inicial, contudo, era pelo reconhecimento dos direitos individuais de todos em condições de igualdade com a maioria. Somente na década de 1990, a afirmação das diferenças culturais como necessidade coletiva, *a ser protegida e estimulada* em todos os Estados, atingiria o nível de exigência indispensável à plena realização das pessoas.

Embora em 2015, naquela mesma celebração em Genebra, alguns oradores e ONGs já tenham posto em dúvida a "vitória do movimento pelos direitos civis" nos Estados Unidos, à luz

---

7   O Congresso Nacional Africano (ANC na sigla em inglês), seu partido, além de incluir brancos contrários ao *apartheid*, tinha originalmente inclinação socialista, de linha marxista.

de incidentes policiais fatais com repercussões nacionais, e por mais que a "defesa da identidade cultural" já fosse utilizada contra imigrantes, a alocução de Cali Tzay na abertura dos trabalhos poderia ser subscrita por qualquer membro do Cerd. Preferencialmente, para mim, com algum gesto de solidariedade com os alvos imediatos de atentados, de repúdio a todos os tipos de terrorismo, de preocupação com os novos fluxos maciços de migrantes, incluindo famílias inteiras foragidas em busca de asilo, vítimas patéticas e atualíssimas de múltiplas discriminações.

PRIMEIRO PAINEL: "CINQUENTA ANOS DE REALIZAÇÕES – LIÇÕES APRENDIDAS E BOAS PRÁTICAS"

A primeira exposição do painel da manhã coube ao acadêmico britânico Patrick Thornberry, que havia integrado o Cerd de 2002 a 2014 e foi, possivelmente, o membro mais influente no estabelecimento das prioridades hoje vigentes. Sua primeira alocução e seus comentários posteriores abordaram tópicos importantes para o entendimento da convenção e do funcionamento do comitê.

Colonialismo e Apartheid

Participando do evento como convidado, Thornberry fez apanhado histórico, lembrando que a convenção havia sido elaborada em conjunção com os processos de descolonização e luta contra o *apartheid*. Recordou as antigas teorias de superioridade racial, historicamente identificadas com o colonialismo, destacando nesse contexto a construção de identidades nacionais como fator importante para o combate ao racismo. Recordou a "desconstrução" do conceito de raça pela Unesco, acrescentando, porém, que, com incidências diferentes, o fenômeno das discriminações é ubíquo. Singularizou a emergência do ativismo indígena, o fim do regime de *apartheid* e a realização de conferências contra o racismo como fatores de conscientização. Apontou as Observações Gerais – antes "Recomendações Gerais" –, como mecanismo de interpretação e atualização da convenção de 1965 utilizado pelo Cerd, destinadas a orientar todos os Estados-partes sobre o assunto abordado, e salientou a importância que o comitê confere à educação para a erradicação do racismo.

Dessa exposição de Thornberry anotei em particular sua afirmação de que "a discriminação racial não é alheia a qualquer área do mundo". A consciência desse fato, hoje quase universalizada, parece-me representar a mais importante conquista do Cerd desde os primeiros passos para o avanço dos esforços contra a discriminação racial em qualquer fase.

O Racismo Como Fenômeno Planetário

Nos anos 1970, quando o comitê começou a funcionar, a campanha internacional contra o regime segregacionista sul-africano encontrava-se no auge. Ligado ao colonialismo do passado e mantido pela dominação sul-africana na África do Sudoeste (atual Namíbia), além de influente na Rodésia de Ian Smith (atual Zimbábue), o *apartheid*, sob o disfarce de "desenvolvimento separado", era o meio "legal" pelo qual o elemento branco da África do Sul colonizava os coabitantes negros, transformando-os em estrangeiros em sua própria terra, não cidadãos, sem direitos ou com direitos discriminatoriamente limitados. Em função dessa anomalia político-jurídica condenada pela ONU, o *apartheid* constitucional funcionava não apenas como alvo prioritário, mas como "abscesso de fixação" na luta internacional contra o racismo. Grande parte dos primeiros Estados subscritores da convenção de 1965 – entre os quais o Brasil de regime militar – ratificou esse instrumento no entendimento que a discriminação racial era um problema de outros: uma questão excepcional, de situações específicas, como as da África Austral ou dos Estados Unidos, vistas como casos isolados[8]. Ao apresentar os relatórios periódicos ao comitê, previstos no artigo

---

8 Não é de estranhar que, somente após o fim do regime segregacionista, a África do Sul tenha-se tornado parte da convenção, que assinou em 1994 e ratificou em 1998. Os Estados Unidos assinaram-na em 1966, mas somente a ratificaram em 1992, na onda de incentivo aos direitos humanos dos primeiros tempos pós-Guerra Fria e preparação para a Conferência de Viena.

74 É PRECISO SALVAR OS DIREITOS HUMANOS!

9º da convenção, muitos dos Estados-partes diziam que, sendo constitucionalmente igualitários, sem segregações estipuladas em lei, não havia discriminações nas respectivas jurisdições. Não necessitariam, portanto, adotar novas medidas para seguir a convenção.

O Cerd desde o início rejeitou tais afirmações, insistindo na probabilidade de ocorrência de práticas ou atos discriminatórios disfarçados que também precisam ser combatidos. Hoje são raríssimos os Estados que insistem na inexistência de racismo no território nacional[9]. Quando o fazem, quase sempre atribuem tal virtude intrínseca à religião respectiva, ou, em casos crescentemente anacrônicos, à homogeneidade da população. Todos são invariavelmente repreendidos pelos peritos, que lhes recordam a responsabilidade internacional dos Estados para a erradicação do racismo, ainda que na esfera privada e em manifestações isoladas à revelia do governo. Embora não haja disposição convencional clara nesse sentido, os peritos juristas tendem a considerar imprescindível a proibição, expressa por lei, da discriminação racial na definição dada pelo artigo 1º da convenção (baseada em raça, cor, descendência, origem nacional ou étnica). Tampouco aceitam a ausência de queixas ou ações judiciais como comprovação da inexistência de racismo, pois ela poderia advir da falta de legislação adequada, da inaplicabilidade da convenção pela Justiça doméstica, do desconhecimento de seus direitos pelas vítimas, ou, até, do temor de retaliações.

Classificações, Estatísticas e Medidas Especiais

Mais tarde, em intervenção nas considerações finais do primeiro painel, o professor Thornberry sublinhou a importância que o Cerd confere à apresentação de dados estatísticos sociais e econômicos desagregados por categorias populacionais – ou, como se tem dito, por "etnias" – como instrumental necessário para

---

9   Apesar da diferença semântica entre "racismo", preconceito ou ideologia, e "discriminação racial", diferenciação que impõe separações, emprego aqui indistintamente os dois termos, porque é assim que agem o Cerd e a maioria dos Estados.

aferir o grau de igualdade ou discriminação entre elas. Observou, a propósito, que alguns Estados têm reservas práticas ou ideológicas ao levantamento de informações sobre etnia e religião, especialmente entre imigrantes. Acrescentou que o Cerd tem orientado os Estados contrários a tal apuração a utilizarem fontes alternativas de informação, como pesquisas acadêmicas ou levantamentos de ONGs, que indiquem numericamente a situação das diferentes categorias.

A classificação das populações por categorias ou "raças" em sistemas taxonômicos considerados científicos, até meados do século XX, tendia a criar hierarquias que, em princípio, "naturalizavam" a estratificação doméstica e internacional, com base na qual se justificariam, sem necessidade de recorrer à religião, tanto o escravismo como o colonialismo, sendo este decorrência da "missão civilizadora do homem branco". A partir dos Estados Unidos nos anos 1960, a velha classificação racial por cor ou origem étnica, que vinha do regime escravista e sobreviveu à Guerra de Secessão, passou a ser a base para distribuição de recursos sociais e a fixação de quotas e outras formas de "ação afirmativa".

Nesse sentido positivo, as classificações por categorias podem realmente ser úteis, conquanto não essenciais, para comparações estatísticas e para a adoção das "medidas especiais" previstas no artigo 1º, parágrafo 4º, e artigo 2º, parágrafo 2º, da convenção. De caráter necessariamente temporário, em favor de grupos raciais ou étnicos que se encontrem em situação de inferioridade real, as medidas especiais no texto convencional visam a superar o chamado "racismo estrutural", que não acompanha a igualdade legal. Esse é o fundamento das posições do Cerd na matéria, seguidas por militantes dos direitos específicos de todas as minorias. Além disso, considera-se que a rejeição às classificações e às estatísticas desagregadas tende a encobrir o racismo não assumido dos segmentos dominantes.

Embora não reflitam todas as situações, esses argumentos podem ser válidos. Há alguns Estados que ainda se recusam a apresentar informações sobre etnias diferentes, insistindo na inexistência de grupos raciais ou étnicos minoritários em sua população. Por outro lado, é importante notar que os maiores opositores das classificações e divisões estatísticas atualmente não são governos arbitrários, ocultadores do racismo sob um manto de miscigenação – se é que a miscigenação alguma vez serviu realmente de ocultação para qualquer fato. A própria França, precursora do republicanismo igualitário – ainda que historicamente excludente das mulheres – desde a Revolução de 1789, não reconhece minorias, mas não hesita em declarar-se demograficamente multicultural. Quem mais resiste, por necessidade inteligível, às classificações e estatísticas desagregadas são os Estados africanos, oriundos da descolonização. Estes, ainda em processo de construção da respectiva nacionalidade, com graves problemas econômicos, democratização tardia e, em certos casos, heranças do *apartheid* ou enfrentamento do terrorismo jihadista, pressentem os riscos de exacerbar, com levantamentos sobre religião e etnia, antagonismos tribais ou facciosos. Em geral, eles não negam a existência de grupos variados em seu seio, adotando, inclusive, políticas específicas para ajudar os vulneráveis.

A mesma lógica, com as adaptações necessárias, leva hoje países como Alemanha, Suécia, Bélgica, Portugal e Espanha a não fazerem tal levantamento. Não o fazem, oficialmente, em nome dos direitos individuais à privacidade e à liberdade de religião, mas também, por temerem que a identificação classificatória propicie maior rejeição aos estrangeiros diferentes e estímulo a crispações comunitárias. O máximo que tais Estados europeus apresentam – justificadamente, creio eu – nos relatórios ao Cerd são números globais de imigrantes por nacionalidade, ou estimativas extraoficiais para grupos específicos, como os *roma* ou ciganos, em suas diversas autodenominações[10].

As estatísticas desagregadas, objeto de antiga Recomendação Geral e orientação para os relatórios periódicos, são, portanto, matéria não consensual, compreensivelmente controversa, que não deveria ser imposta como obrigação a todos. Conforme tenho sempre recordado aos colegas, especialmente quando lidamos com países africanos, obrigatória é a convenção, *jus cogens* para todos Estados-partes, não a maneira de

---

10   Roma ou rom é autoidentificação na Europa Central e Oriental, generalizada por terceiros. A explicação me foi dada por ciganos da Inglaterra, no Cerd, que se chamam *gypsies*. A palavra *Gypsy* parecer vir de *Egyptian* – em português egípcio ou egipcíaco –, autodesignação de certos grupos nos Bálcãs, que gera confusões com o gentílico da república árabe. Na Península Ibérica, os *gitanos* da Andaluzia e os ciganos de Portugal são reconhecidos como formadores importantes da respectiva cultura nacional.

aplicá-la às diferentes circunstâncias. A sensibilidade especial na África e em muitos países da Ásia para divisões censitárias, para não falar dos aspectos contraproducentes das identificações étnicas em países da Europa e outros, é algo que os movimentos negros e as lideranças de minorias étnicas, bem como as ONGs atuantes junto aos peritos, deveriam levar em consideração. Afinal, como provam exemplos de todas as regiões, inclusive com relação a imigrantes, elas não são essenciais sequer para a adoção de medidas especiais.

O Tema Contemporâneo do Racismo, Xenofobia e Intolerância Correlata

O segundo expositor convidado do painel matinal foi o relator especial das Nações Unidas sobre "Formas Contemporâneas de Racismo, Discriminação Racial, Xenofobia e Intolerância Correlata", mecanismo não convencional de monitoramento criado pela antiga Comissão dos Direitos Humanos para acompanhar esse tema onde quer que ocorra. A função é atualmente exercida pelo advogado Mutuma Ruteere, de origem queniana.

Em decorrência da confusão que ainda se faz entre as funções desse relator "temático", estabelecido por simples resolução de órgão político da ONU[11], e as do Cerd, órgão permanente de instrumento jurídico ratificado pelos Estados-partes, o relator adotou postura apologética, quase humilde. Afirmou que o Cerd, nos seus 45 anos de existência, tem abordado de maneira eficaz todas as questões emergentes, adotando práticas adequadas. Entretanto, como a convenção não conta com ratificação universal, os Estados-partes atrasam na submissão de seus informes e revelam limitações no cumprimento das recomendações recebidas, seu mandato de relator especial, abrangente e flexível, permite-lhe complementar o trabalho. Mencionou, nessa linha, a título de ilustração, as cobranças que faz sobre recomendações do comitê nos países por ele visitados. Citou o caso da República da Coreia (do Sul), em 2012, indagada

---

11 Resolução 1993/20, da Comissão – hoje Conselho – dos Direitos Humanos, renovada anualmente.

sobre o mecanismo de controle independente dos meios de comunicação recomendado pelo Cerd contra a propagação de noções de superioridade racial e ódio aos estrangeiros, tendo sido informado de oito emissoras de televisão que retiraram programas com conteúdo desse tipo. Em visita à Mauritânia, em 2013, o relator verificou igualmente que o Estado havia adotado, conforme recomendação do Cerd, legislação contra todas as formas de discriminação previstas no artigo 1º da convenção. Em contraposição aos esforços observados, Ruteere aludiu por alto aos "surtos recentes de violência que resultam em movimentos de população a exigirem novos compromissos dos Estados para garantir os direitos dos refugiados e migrantes", notando que "velhos problemas de racismo e discriminação persistem". Advertiu, também, moderada e oportunamente, sobre o discurso racista utilizado por partidos políticos populistas para mobilizar apoio eleitoral em determinados países.

É verdade que o recurso da antiga Comissão dos Direitos Humanos à figura de um relator especial para o racismo, a *xenofobia e novas formas de intolerância* em 1993, mantido pelo atual Conselho, visava a cobrir o déficit de acompanhamento do assunto pela ONU. Havia, porém, outros motivos, aflitivos, que levavam a velha Comissão a criar algo novo na década de 1990, como símbolo de preocupação, ou como catarse. Algumas razões para o estabelecimento dessa relatoria temática eram dificuldades de ordem institucional, da ONU e da convenção, aludidas indiretamente pelo orador: a impossibilidade prática de atuação do Cerd fora dos períodos de sessão, o custo imprevisível de convocações extemporâneas, a limitação do mandato definido nos artigos 8º e 9º, naturalmente dirigidos para os Estados-partes, que apresentavam – ou deveriam apresentar – relatórios. Predominava, porém, sobretudo, na Comissão dos Direitos Humanos e demais órgãos, a pressão da opinião pública, perplexa com a passividade internacional perante os conflitos emergentes desde o fim da Guerra Fria e da União Soviética, com base étnica e componente religioso. Dentre eles ressaltavam a fragmentação bélica do Cáucaso e da antiga Iugoslávia, os massacres de bósnios muçulmanos por cristãos sérvios, mostrados na televisão, a exacerbação de tensões entre hutus e tutsis em Ruanda e no Burundi, o extremismo do Fis (Front

CINQUENTA ANOS DA CONVENÇÃO SOBRE A ELIMINAÇÃO... 79

Islamique do Salut) na Argélia – precursor das brutalidades do Isis no Magreb e do terrorismo jihadista na França.

Vem também dessa época, com as mesmas preocupações, o pedido, decorrente da ideia de diplomacia preventiva do então secretário-geral Boutros-Ghali[12] de que o Cerd, como órgão do sistema, examinasse situações excepcionais com tendência de evolução para o genocídio, origem do "procedimento de alerta e ação urgente" ainda existente. Foram igualmente essas e outras motivações assemelhadas que levaram à primeira proposta no âmbito da ONU, em 1994, para a realização de "uma conferência mundial contra o racismo, a discriminação racial ou étnica, a xenofobia e outras formas contemporâneas correlatas de intolerância"[13], que viria a ser a Conferência de Durban de 2001.

O Tema Contemporâneo das Minorias

Enquanto a exposição do relator sobre Formas Contemporâneas de Racismo dispensa maiores considerações, a exposição seguinte, da relatora especial para Questões de Minorias, a cidadã húngara de origem *roma* Rita Izsák, pede comentários. Até porque se trata de função e mandato relativamente novos.

Conforme assinalado pela própria relatora, seu tema de direitos humanos não era previsto no mandato do Cerd. De fato, como ela observou na cerimônia, o vocábulo "minorias" não é sequer mencionado na convenção de 1965. Nem, acrescento eu agora, na Declaração Universal de Direitos Humanos, de 1948. Ou nos dois pactos que regulamentaram a declaração com instrumentos jurídicos, em 1966.

Conquanto a questão das minorias nacionais na jurisdição de outro Estado tivesse sido discutida nos trabalhos

12 *An Agenda for Peace: Preventive Diplomacy, Peacemaking and Peacekeeping* (doc. A/47/277 – S/24111, 17 Jun. 1992), texto de grande repercussão, previa a mobilização de todo o sistema das Nações Unidas para a identificação de fontes graves de tensões para atuação antes que degenerassem em conflitos (daí *early warning* ou "alerta prévio, tempestivo").

13 Resolução 1994/2 da Subcomissão Para a Prevenção da Discriminação e Proteção de Minorias, hoje extinta. Descrevi mais atentamente a motivação dessa resolução fundamental e a própria Conferência de Durban em *Os Direitos Humanos na Pós-Modernidade*, p. 113-140.

80 É PRECISO SALVAR OS DIREITOS HUMANOS!

preparatórios da Declaração Universal, nos anos 1940, optara-se propositalmente pela omissão do vocábulo. Afinal, as "minorias alemãs" em território tcheco haviam servido de pretexto para a primeira invasão nazista, decorrente dos Acordos de Munique de 1938. Além disso, não havia uma definição internacional aceita para o conceito de "minoria". Como não há até hoje. O que tem ocorrido atualmente é a utilização abundante do vocábulo sem definição jurídica, adjetivado por outro conceito delimitador, como "minoria cultural", "minoria étnica", "minoria religiosa", "minoria linguística" e assim por diante.

Em paralelo às dificuldades políticas, na doutrina jurídica dominante – contra a vontade dos indígenas, do Terceiro Mundo "em desenvolvimento" e a ideologia dos países do bloco comunista –, os direitos humanos sempre foram vistos como direitos individuais, das pessoas, não de grupos ou coletividades. A exceção era do direito à autodeterminação dos povos, de titularidade intrinsecamente coletiva, não constante da Declaração Universal em 1948, mas reconhecido no artigo 1° dos dois pactos de 1966. Advindo no contexto do movimento internacional pela descolonização, ele representou um apoio discursivo importante à luta pela independência das colônias com relação às metrópoles, embora não fosse seriamente encarado como um "direito", muito menos "humano". A ele se iria associar, mais tarde, o direito ao desenvolvimento, também coletivo, mas não "justiciável", passível de ser cobrado em juízo. Ambos foram aceitos consensualmente, depois de muitas resistências, pela primeira vez, na Declaração de Viena sobre Direitos Humanos, da Conferência Mundial de 1993 (artigo 2° e artigo 10° dessa declaração)[14]. A interpretação predominante para sua aceitação pelos Estados líderes do Ocidente era de que esses chamados "direitos de terceira geração", que atualmente proliferam, como o "direito ao meio ambiente", o "direito à paz" e outros, de titularidade mais do que coletiva, geral e indefinida, seriam importantes para a realização dos direitos individuais de todos[15].

14 As ressalvas e motivações para a aceitação consensual desses direitos coletivos acham-se explicitadas em meu livro *Os Direitos Humanos Como Tema Global*.

15 Não incluo aqui o controvertido "direito de ingerência", mas sim o direito, individual e coletivo, de receber assistência humanitária.

Por mais que a ONU achasse, desde cedo, que as minorias devessem ser protegidas, como demonstra o nome da hoje extinta Subcomissão para a Prevenção da Discriminação e Proteção às Minorias, principal órgão subsidiário da antiga Comissão dos Direitos Humanos, a ênfase sempre foi maior no igualitarismo dos direitos fundamentais do que nas particularidades das culturas, no universalismo do indivíduo do que no relativismo dos valores essenciais. Foi com tal entendimento que se construíram as bases do sistema internacional de promoção e proteção aos direitos humanos até meados da década de 1990. A ideia pós-moderna de que as pessoas somente se assumem de maneira autêntica no quadro das respectivas culturas passou a predominar mais recentemente. Dentro das Nações Unidas, o ponto de inflexão deu-se pela adoção da Declaração dos Direitos das Pessoas Pertencentes a Minorias Religiosas ou Linguísticas, enganosamente chamada de "Declaração dos Direitos das Minorias", de 1992[16].

Quando a antiga Comissão dos Direitos Humanos decidiu, em 2005, criar um mecanismo – na linguagem do secretariado um "procedimento especial" – para promover a observância dessa declaração em todo o mundo, a resolução pertinente foi tomada dentro de item da agenda dedicado aos "Direitos das Pessoas Pertencentes a Minorias Religiosas ou Linguísticas"[17]. Não obstante, ao solicitar ao alto comissário das Nações Unidas Para Direitos Humanos a designação de representante especial para o tema, a resolução já falava, de forma aparentemente simplificada, em "questões de minorias" (*minority issues*)[18]. Tal imprecisão, com objetivos variados, permitia expandir o mandato do relator proposto, transferindo o foco e a titularidade dos direitos humanos dos integrantes de um grupo ou categoria para o conjunto respectivo. A quem porventura suponha que a diferença é pequena, lembro, *contrario sensu*, que, pela óptica dos direitos individuais, da Declaração Universal dos Direitos Humanos, os integrantes de um grupo têm o direito de sair dele; os seguidores de uma religião têm liberdade para converter-se ou simplesmente deixá-la; os integrantes de uma cultura têm

16 Resolução 47/137 da Assembleia Geral.
17 Resolução 2005/79 da Comissão dos Direitos Humanos.
18 Ibidem, parágrafo 6 com alíneas.

a opção legítima de assimilar-se a outra. Pela óptica coletiva dos grupos, religião ou cultura em sentido étnico, ocorre quase sempre o contrário.

Nas palavras da relatora Rita Izsák durante a comemoração de 2015, a omissão do termo "minoria" na convenção de 1965 não tem impedido que o Cerd adote um enfoque mais amplo para a execução de seu mandato contra a discriminação racial, "examinando os direitos das minorias consagrados na Declaração das Nações Unidas Sobre Minorias [*sic*], inclusive a proteção de sua existência, a promoção e proteção das identidades minoritárias ou o direito à participação em todas as esferas da vida". Embora a expositora tenha repetido, talvez até inadvertidamente, a omissão, prenhe de consequências, na referência à declaração de 1992, base de seu mandato, é verdade que o Cerd tem agido como ela diz. Como é correta sua afirmação seguinte, de que o Comitê "também encontrou um caminho para abranger as violações dos direitos das minorias linguísticas ou religiosas [...] desconsiderados no discurso do racismo"[19]. Para fazê-lo, sem necessitar de emendas ao texto da convenção, o Cerd se fundamenta na origem étnica, registrada juntamente com a origem nacional no artigo 1º, entre as causas dos atos e omissões que configuram discriminação racial. Daí, partindo do pressuposto de que a língua e a religião são elementos formadores das etnias, trata regularmente de tais questões. A abordagem é pouco objetada pelos Estados-partes, a não ser para a defesa de tradições arraigadas e posturas religiosas inspiradas por dogmas.

Tão ou mais importante do que as opiniões da simpática e batalhadora Rita Izsák sobre a convenção e o Cerd foi sua declaração inicial de que vinha falar "não apenas como relatora sobre minorias [*sic*], mas também como mulher *roma*, que tem lutado pelos direitos dos *roma*, especialmente das mulheres *roma*", motivada por sua experiência pessoal pregressa, despedida de emprego quando o patrão "descobriu" sua origem. Daí seu louvor especial às recomendações do comitê sobre o direito das minorias à cultura própria e sua informação de que utiliza observações do

---

19 A intervenção de Rita Izsak, em inglês, pode ser lida nas *Contributions* disponíveis em: <http://www.ohchr.org/EN/HRBodies/CERD/50/Pages/Icerd50. aspx>. O tema das minorias, de grande atualidade e efeitos controversos, merece análise aprofundada, que ultrapassa os objetivos deste texto.

comitê, singularizando as Recomendações Gerais n. 27 (de 2000), sobre a discriminação contra os *roma*, e n. 35 (de 2013), de combate ao discurso do ódio racial nos meios de comunicação. De fato, a partir dessas e de outras recomendações gerais, o Cerd trata atualmente da proteção de minorias étnicas e, como ele próprio marca, "etno-religiosas" de maneira quase obsessiva. Retransmitindo as cobranças de praticamente todas as ONGS defensoras de minorias culturais, o comitê exige seu reconhecimento formal pelos Estados examinados, juntamente com medidas especiais e aplicação de estratégias para sua promoção.

A possibilidade de assumir a identidade de origem é um aspecto inerente à dignidade humana, premissa da igualdade de todos no gozo das liberdades fundamentais. Impedi-la é ato de discriminação que remete à intolerância de épocas passadas. Nesse sentido, a intenção de proteger as minorias é sempre louvável, ainda que, algumas vezes, a ênfase não seja na asserção e proteção da respectiva cultura em contexto diverso. Alguns militantes utilizam a ideia para simples fins de promoção pessoal e da ONG respectiva. Ou para respaldar um separatismo que vai contra a integridade territorial do Estado onde as minorias se encontram. Neste segundo caso, os defensores vão contra um dos princípios básicos da Carta das Nações Unidas recordados no artigo 8º, parágrafo 4º, da própria "Declaração dos Direitos das Minorias", de 1992 (meu erro no título aqui é proposital). A objeção a quaisquer propostas nessa área, uma vez apresentadas em plenário por membro do comitê, é tarefa penosa para os demais. Além de desagradar ao autor e a seu "eleitorado da sociedade civil", pode causar a impressão de que é feita oposição contra os integrantes das supostas minorias, ou pessoalmente ao colega.

Rita Izsák chamou a atenção, ainda, de maneira correta e oportuna, para o fato de que muitas "comunidades minoritárias são desprovidas de cidadania, situação que as deixa extremamente vulneráveis nas respectivas sociedades"[20]. Aplicável particularmente a grupos considerados *roma*, ciganos ou simplesmente nômades existentes há séculos na Europa, assim como a certas comunidades que se recusam a aprender o idioma

---

20 Em inglês, *deprived of citizenship*. Não sei se, ao mencionar esse fato, a relatora tinha também em mente as propostas discutidas na Europa de retirada de cidadania das pessoas acusadas de terrorismo.

84 É PRECISO SALVAR OS DIREITOS HUMANOS!

majoritário oficial, o problema tende agora a estender-se a grupos crescentes de imigrantes, refugiados e demandantes de asilo.

A Ideia de Normas Complementares e a "Islamofobia"

No debate que se seguiu às exposições do painel da manhã, a maioria das delegações presentes elogiou a convenção tal como existe, declarando ser necessário que os Estados-partes cumpram as recomendações do comitê. Poucas, como as da Índia (cujo sistema de castas é condenado pelo Cerd, sendo os dalit, ou párias, considerados vítimas de discriminação por descendência), do Paquistão, em nome da Organização da Conferência Islâmica (interessada em banir ofensas à religião), e da Jamaica, pelos Estados caribenhos (em defesa da proposta de reparações pelas ex-metrópoles coloniais), insistiram na necessidade de normas complementares acordes com a realidade contemporânea.

A ideia de normas complementares à convenção de 1965, com o objetivo de atualizar as disposições existentes, conquanto abordada muito superficialmente em Durban, por ocasião da Conferência Mundial de 2001, acha-se refletida no parágrafo 199 do Programa de Ação. Deu ensejo, assim, à criação, em 2002, de um grupo de trabalho intergovernamental para estudar o assunto, substituído em 2007 por um novo comitê de peritos, que se reúne até hoje para sugerir formulações. Como tudo o que é tentado no sistema como experiência, uma vez constituído um mecanismo, a tendência é de mantê-lo e fortalecê-lo indefinidamente.

Desde as primeiras consultas sobre a matéria, em 2002, o Cerd se declarou contrário à elaboração de novo instrumento sobre a matéria, fosse ele um tratado separado ou protocolo adicional à convenção. Entre os motivos apontados ressaltavam o tempo longo e as dificuldades que as negociações e ratificações exigiriam e que poderiam servir de escusa para a não observância das normas em vigor. Ao argumentar contra a ideia, os membros do comitê costumavam recordar, como o fizera o professor Thornberry e outros oradores na comemoração do cinquentenário, que, com as Observações Gerais, o próprio Cerd tem coberto os aspectos da discriminação não previstos no texto da convenção, emergentes ou não depois de 1965.

Conforme evidenciado nas alocuções supramencionadas, a ideia tem sido aproveitada por diferentes Estados, movimentos étnicos e grupos regionais para fazer avançar as respectivas prioridades. Cada qual terá sua lógica. A mais delicada para o Cerd, até porque já foi objeto de iniciativa malograda, diz respeito ao eventual enquadramento de "blasfêmias" contra figuras sagradas de religiões como manifestação de racismo.

Como consequência da publicação, em 2005, dos então chamados "cartuns dinamarqueses" de Maomé (publicados em jornal de Copenhague e reproduzidos alhures), seguidos de surtos de violência popular contra cristãos em vários países, alguns peritos muçulmanos tentaram, em 2006, fazer passar projeto de observação geral condenando o episódio e recomendando aos Estados-partes a proibição de jocosidades congêneres *como expressões de ódio racial*. A tentativa no Cerd, em 2006, não teve êxito, uma vez que, independentemente do possível caráter preconceituoso das caricaturas em questão, as "blasfêmias" divulgadas no Ocidente não são exclusivas contra religiões específicas. Advêm do Iluminismo, do século XVIII, contra o clero e a dominação da Igreja Católica. Não caberia ao Cerd, nem a outros órgãos de direitos humanos, generalizar uma interpretação que constituiria censura a formas de liberdade de expressão não necessariamente racistas. Além disso, mais difamatória do Islã como religião legítima haviam sido as reações de vandalismo e agressões físicas, envolvendo até a morte de uma freira. Evidência desse fato ocorre hoje com os atentados terroristas do autoproclamado "Estado Islâmico", em particular o assassinato de jornalistas do *Charlie Hebdo*, imputados, sem qualificações, ao Islã. Para contrabalançar excessos da liberdade de expressão, todos os países democráticos preveem a possibilidade de ações judiciais. A tais ações têm recorrido, aliás, regularmente, as comunidades muçulmanas na Europa, há anos, inclusive contra os autores das caricaturas dinamarquesas e contra o hebdomadário *Charlie Hebdo*, perdendo e ganhando causas, com retratações e indenizações, de acordo com a lei.

Entre os fenômenos recentes que depõem contra qualquer fé ou tradição, o mais notável não são desenhos ou piadas contra personagens religiosas, que sempre existiram, com ou sem conotações raciais, mas o fanatismo belicoso contra cultos e religiões específicas. Após longo período de submersão em águas tranquilas, esse tipo de fanatismo vem reemergindo furiosamente e ganhando adeptos, no Islã como em outros credos, evangélicos e carismáticos, que rotulam os alvos de "blasfemos" ou "satânicos". É isso que precisa ser combatido. Em vista, contudo, de atitudes que venho notando entre os colegas em assuntos afins, e da radicalização das ONGs atuantes junto ao comitê e ao secretariado, é difícil assegurar que as posições prevalecentes em 2006 fossem hoje as mesmas. Até porque, no Ocidente, precisa realmente ser combatida a renitente "islamofobia" – neologismo militante de que também abusam lideranças autoritárias de países muçulmanos –, compensada por uma espécie de "cristianofobia" mais contestatária do que alheia, cultivada no discurso ocidental "politicamente correto".

Curiosa e expressivamente, no painel da manhã do seminário, pelo que me lembro e se lê no "registro sumário" do escritório das Nações Unidas em Genebra, não foram membros do Cerd, nem Estados ou relatores temáticos, mas sim integrantes de movimentos da sociedade civil que chamaram atenção para os acontecimentos mais marcantes do recrudescimento recente do racismo: as manifestações populares na Europa contra solicitantes de asilo; a reincidência de mortes com conotação racial por forças policiais nos Estados Unidos; o reforço da propaganda de ódio racial pela internet e outros meios de comunicação. Apenas "um orador" não identificado na página do Alto Comissariado para os Direitos Humanos é citado ali referindo-se indiretamente ao terrorismo e seu relacionamento com o tema do seminário. Ao recordar que os "ataques chocantes no Líbano, França, Mali, Tunísia e outros países mostraram que o papel da convenção permanece hoje tão relevante quanto há cinquenta anos", esse participante vocalmente consciente, mas anônimo nos registros consultáveis, opinou que "o combate ao racismo e à intolerância é uma das melhores formas de lutar contra ideologias extremistas"[21]. De minha parte, não creio que o combate apenas metafórico contra o extremismo manifestado em terrorismo, como o do Isis,

---

21 Eu próprio não havia notado de imediato tal referência, cujos países mencionados foram, todos, objeto de ações reivindicadas pelo Estado Islâmico. Cf. <www.unog.ch>.

seja hoje suficiente para enfrentar o problema em sua magnitude. Mas a lembrança foi oportuna, e o Cerd deveria unir-se a essa voz solitária.

SEGUNDO PAINEL:
"DESAFIOS ATUAIS E CAMINHOS PARA PROSSEGUIR"

Embora o título do painel da tarde fosse voltado para o futuro, algumas das principais exposições complementaram o quadro evolutivo do trabalho do Cerd, focalizando categorias populacionais genéricas, como os afrodescendentes e os indígenas, além de minorias específicas, como os roma, ou grupos vulneráveis como os dalit do hinduísmo ou os integrantes de castas profissionais persistentes em muitos países. Cada orador privilegiou a importância da convenção para os segmentos populacionais objeto da respectiva militância. É expressiva nesse sentido a simples enunciação da lista de oradores não governamentais inscritos: Rede Internacional de Solidariedade Com os Dalit, Associação de Advogados Coreanos, Zainichi (coreanos com residência permanente no Japão), Rencontre Africaine pour la Défense des Droits de l'Homme, Black Mental Health uk etc. Vários Estados também intervieram, acentuando suas prioridades[22].

Os Temas Permanentes dos Afrodescendentes,
dos Indígenas e dos Não Cidadãos

Enquanto as questões de minorias culturais ou religiosas, e as práticas contemporâneas correlatas ao racismo, inclusive contra imigrantes, constituem temas novos na agenda internacional de direitos humanos, as discriminações contra negros e mestiços, indígenas e não cidadãos estão na pauta convencional do Cerd desde o início. São, portanto, ou deveriam ser, temas permanentes.

---

22 O Brasil falou na sessão da manhã, anunciando a realização, nos dias 3 e 4 de dezembro de 2015, em Brasília, da Conferência Regional da América Latina e do Caribe da Década Internacional dos Afrodescendentes (2015-2024), aprovada pela Resolução 68/237 da Assembleia Geral, em 23 dez. 2013.

Pessoas de Ascendência Africana

A primeira exposição do segundo painel da comemoração foi dedicada ao tema permanente dos afrodescendentes. Estes, sob outras denominações, haviam sido os principais destinatários da convenção de 1965, em particular quando facilmente identificáveis. Não obstante, com o passar do tempo e as mudanças no discurso, as prioridades se confundiram entre as ONGS, os Estados-partes e os membros do Cerd. Recordo-me, a propósito, das palavras da perita sul-africana Nosipho January-Bardill, irritada com a obsessão "etnicista", admoestando os colegas, em sessão recente: "Quando sou discriminada na Europa e outros continentes, é porque sou preta, não porque sou xhosa!"

A luta contra a situação de inferioridade segregada dos negros nos Estados Unidos, associada ao desdobramento *antiapartheid* da campanha internacional anticolonialista, foi, conforme já visto, a inspiração imediata da convenção de 1965. O foco de atenções do Cerd, no início de seu funcionamento, nos anos 1970 e 1980, era, portanto, nas discriminações com base em raça ou cor. Somente mais tarde a preocupação com etnicidades se firmou, superando as atenções com o racismo de inspiração visual. Diferentemente do que se poderia supor, as discriminações por descendência previstas no artigo 1º da convenção nunca se referiram, nem se referem hoje, a atos e omissões contra mestiços, ou filhos de estrangeiros, ou ainda de antigos membros da nobreza ou aristocratas depostos. Colocada na definição pela Índia, cuja Constituição havia abolido legalmente as castas, a descendência se referia à estratificação do hinduísmo, e hoje se estende, por analogia, às castas profissionais, remanescentes em algumas partes da África e da Ásia.

A expressão "afrodescendente" é neologismo oriundo da Conferência de Durban de 2001. Surgiu para acomodar posições do movimento negro norte-americano e caribenho, reivindicadas também por lideranças de outras latitudes, de incluir numa mesma categoria os mestiços de pele escura e os negros. Partindo do pressuposto de que todos seriam vítimas das mesmas discriminações, o novo termo, que eleva uma genealogia escolhida acima de considerações epidérmicas, era indicador de uma "cultura africana", imaginada como fator de união dos que com ela se identificam, e de diferença assumida perante os demais[23]. Nesse sentido positivo, com suas razões respeitáveis, o neologismo se afirmou na área internacional em substituição a "negros" e "mestiços". Gera, porém, problemas desconsiderados em Durban, onde a maioria de ONGs que acorreu à conferência procedia das Américas. Ao refletir situação dicotômica típica dos Estados Unidos e outras ex-colônias britânicas, a expressão provoca confusões em toda a América Latina, com suas características, preconceitos e discriminações diferentes, não sendo raros os casos de ininteligibilidade em recomendações do Comitê. Sem falar nos países da África, onde a expressão é rejeitada por carecer de sentido.

A acomodação do pleito "africanista" americano não surpreende. Os Estados Unidos sempre tiveram papel de relevo na difusão da ideia dos direitos humanos. Era normal que as postulações dos negros norte-americanos fossem defendidas e incorporadas como regras na convenção de 1965. Surpreendente é o fato de militantes de outras latitudes terem passado a adotar as práticas dos Estados Unidos como modelo. Afinal, o racismo norte-americano, segregador e purista, era visto como uma aberração comparável ao sistema vigente na África do Sul. Por mais que já se denunciasse o racismo disfarçado em outras sociedades, o "racialismo" dos Estados Unidos, ao dividir recursos estatais por categorias raciais ou étnicas, era antítese evidente da igualdade prevista nas ideologias democráticas. Ao perenizar separações por categorias, assemelhava-se à teoria do *apartheid* como promotor do "desenvolvimento separado". Com uma diferença basilar: nos Estados Unidos, a categoria sul-africana dos *coloured* mestiços nunca chegara a

---

23 Ver, por exemplo, Abdias Nascimento, *O Genocídio do Negro Brasileiro*, em especial o Capítulo V: "O Branqueamento da Raça: Uma Estratégia de Genocídio". O trecho que coloquei em epígrafe ao presente artigo é homenagem a esse importante autor e político nacional, certamente o mais influente de todos no movimento negro brasileiro. Seu lembrete, que é voltado para o racismo do século XIX, ajusta-se a diferentes aspectos contemporâneos do tema aqui tratado, e se encontra no Capítulo IV, p. 82. Muitas outras passagens que, como a presente, escrevi sem consulta referencial, podem ser conferidas em sua análise pioneira, questionável em alguns pontos, mas plenamente compreensível na época em foi feita. Essa análise é até hoje base das políticas públicas seguidas pelo Brasil na matéria.

90 É PRECISO SALVAR OS DIREITOS HUMANOS!

existir. Desde o período colonial os frutos de relações sexuais inter-raciais não eram considerados mestiços, porque também semibrancos, postulantes potenciais à cidadania livre. Eram imediata e totalmente negros para os senhores de escravos, a fim de aumentar o plantel. Foi pelo sentimento de revolta com as humilhações numa sociedade que permaneceu arraigadamente dicotômica muito após a abolição do escravismo que os membros do movimento norte-americano transformaram vício em virtude. Reunidos pelos brancos numa "raça negra" ampliada pela "gota de sangue impuro", cidadãos escuros e claros, igualmente discriminados, passaram a postular unidade entre si, com base numa ancestralidade comum não branca, adotando a ideologia do pan-africanismo como irmandade ou "nacionalismo africano" de todos os negros do mundo.

O Cerd que, em teoria, procura entender as diversas realidades dos Estados-partes por leituras dos relatórios, comunicações de ONGS e outras fontes de informação secundárias, não tem posições nítidas para as categorias étnicas em que devem ser divididas as estatísticas cobradas. Essencial é que a classificação se baseie na autoidentificação das pessoas. Não pode exigir dicotomias porque o planeta é plurirracial e historicamente mesclado. Embora nas recomendações fale sempre de afrodescendentes e o termo mestiço (ou equivalente, como pardo) não apareça, nas orientações sobre a preparação de relatórios, o comitê registra a importância de dados estatísticos sobre as características étnicas da população, "inclusive daqueles que resultam de uma mistura de culturas" [*sic*][24]. Não pode, assim, reprovar o uso da palavra "mestiço" ou equivalente nas informações recebidas, conquanto na arguição oral ponha em dúvida, com frequência, a autenticidade dessa identidade mesclada.

A primeira oradora do seminário em Genebra à tarde foi Mireille Fanon Mendes-France, cidadã francesa de tez clara, presidente do Grupo de Peritos das Nações Unidas Sobre as Pessoas de Ascendência Africana. Estabelecido em 2001 pela antiga Comissão dos Direitos Humanos em seguimento ao Programa de Ação da Conferência de Durban, seu foco é temático,

---

24 *Reporting Guidelines*, adotadas em agosto de 2007 (doc. CERD/C/2007/1, 13 jun. 2008, par. 10).

ainda que não planetário: a situação dos afrodescendentes na diáspora, com atenções voltadas para o continente americano.

Em sua exposição, a oradora ressaltou, sem indicação geográfica nominal, o acirramento do discurso político de extrema direita, juntamente com crimes de motivação racial contra afrodescendentes, cujas características, segundo ela, "pareciam inimagináveis" no mundo atual. A referência era à sequência de incidentes policiais nos Estados Unidos, envolvendo mortes de negros, iniciada pela execução do jovem Michael Brown por policial branco em Ferguson, Missouri, em 2014. Mireille Mendes-France aludiu, também nesse contexto, aos instrumentos internacionais existentes, de combate à discriminação racial, com destaque para a Recomendação Geral n. 34 do Cerd, assinalando que suas disposições precisam ser observadas, inclusive com adoção de legislação interna.

A Recomendação Geral n. 34, adotada pelo comitê após seminário realizado em 2011, no contexto do Ano Internacional dos Afrodescendentes, é *per se* um novo e pormenorizado programa de ação, a ser cumprido pelos Estados-partes da Convenção, adicional àqueles adotados em Durban, em 2001, pela Conferência das Nações Unidas, e pela Conferência de Revisão de Durban, em Genebra, em 2008. De formato e conteúdo surpreendentes para documento oriundo de órgão de tratado, o documento tem 66 parágrafos definidores e operativos, envolvendo medidas que vão desde ações afirmativas para os negros em geral à proteção especial para mulheres e crianças afrodescendentes; do combate ao discurso do ódio racial à administração equânime de justiça; de garantias aos direitos civis e políticos à promoção dos direitos econômicos e sociais dos afrodescendentes, passando pela revisão de livros escolares para erradicação de estereótipos e pelo ensino de história da África. Seu vasto escopo e sua pormenorização de atividades são compreensíveis pelo afã dos peritos redatores em demonstrar empenho para acomodar o maior número possível de pleitos de ongs e de movimentos sociais. Os excessos tendem, contudo, a tornar a Recomendação Geral irrealizável pela maioria dos Estados. Alguns, contraproducentes, estimulam distorções, cobranças e preocupações com assuntos irrelevantes. Exemplos de atitudes desse tipo haviam sido vistas – e consagradas! – pelo

Cerd três meses antes, em agosto, por ocasião do exame de relatórios periódicos dos Países Baixos e da Costa Rica.

Os Países Baixos constituem um dos Estados-partes mais cuidadosos em matéria de "correção política" oficial, na linguagem e em outros campos semióticos. Não obstante, sua velha tradição natalina do desfile de um São Nicolau, velho branco gorducho como nosso Papai Noel, a cavalo, acompanhado de um jovem com o rosto escurecido a carvão, a pé, foi condenada como racista, passível de interpretação como elogio à escravidão. Conquanto o perito belga, juiz Marc Bossuyt, indignado, explicasse que a tradição secular, compartilhada por seu próprio país, nada tem a ver com raça ou sistema escravista, sendo o rosto do Black Pete coberto de fuligem porque é ele quem passa pela chaminé para dar presentes às crianças, mais valeram as críticas de ONGS, a maioria das quais de fora dos Países Baixos. Algumas eram respaldadas por material da internet e impresso para distribuição aos peritos na forma de panfletos chocantes. Nesse caso artificial, que somente pode servir de galhofa para o cidadão comum e instrumento útil para racistas – o deputado neerlandês Geert Wilders, radical de direita eleito para o Parlamento Europeu, que sempre se aproveita dessas tolices, não é um caso isolado na atualidade –, mais do que a atitude do Cerd, o que espanta é ver o quanto as sensibilidades se acham magnificadas. E afiadas! Daí à violência, resistente ou repressora – já verificada nos Países Baixos em manifestações a propósito dessa tradição popular –, para não falar de fenômenos mais graves, a distância pode ser muito curta.

Outro caso ilustrativo, na mesma sessão do Cerd, envolveu o livro infantil *Cocorí*, da Costa Rica. Premiado, traduzido e publicado em muitos países, entre os quais o Brasil, o pequeno clássico costarriquenho, de autoria de Joaquim Gutierrez, da década de 1940, conta história singela de um menino negro, Cocorí, que vive com a mãe em região de floresta na costa caribenha. Travessa e curiosa, a personagem entra num navio sueco de passagem e encontra pela primeira vez uma menina loura de idade equivalente à dele. Ambos se espantam com o inusitado das respectivas figuras, mas logo se apaixonam. O navio vai embora com a menina, que deixa uma rosa com Cocorí. A flor morre em pouco tempo, e o menino, na companhia de um mico, Titi, e de uma tartaruga, Dona Modorra, sai pela floresta à procura de alguma explicação ou remédio que a faça reviver. Nada consegue, mas, quando volta a casa, as sementes da rosa haviam florescido. E Cocorí passa a ter uma roseira. É difícil conceber de que maneira qualquer pessoa possa sentir-se ofendida pela narrativa. Entretanto, segundo explicado na sessão, o caso já havia sido até levado à Justiça da Costa Rica por lideranças afro-costarriquenhas que queriam a retirada do livro dos currículos infantis. O resultado foi rejeição do pleito pelos juízes e, o que é grave, uma série de agressões verbais, aí sim de conteúdo racista, às autoras da ação judicial. No comitê chegou-se a ler carta de uma menina negra que declarava chorar de vergonha com a ideia que o livro transmitiria dos afrodescendentes. Por quê? Por se tratar de um menino escuro na selva, provavelmente de comunidade *cimarron* ou quilombola, que, pelo fundamentalismo pan-africanista, não deveria estranhar nem namorar uma sueca? Malgrado oposições isoladas, inclusive porque nenhum dos membros havia lido o livro[25], o Cerd, como previsível, endossou as críticas e recomendou ao Estado-parte a retirada de *Cocorí* das listas escolares. Quase recomendou também a formação de uma Comissão para examinar todos os livros adotados em escolas, a fim de identificar conteúdos e estereótipos possivelmente ofensivos. Ou, seja, uma Comissão de censura!

Apresentadas com revolta pela militância, cuja respectiva categoria foi e ainda é vítima de preconceitos discriminatórios, e acolhidas com hipocrisia pelo bom mocismo dominante, as interpretações que tudo encaram como "discurso do ódio" se prestam a finalidades antagônicas igualmente nocivas: de um lado, um purismo parcial imposto como camisa de força; de outro, uma imagem de futilidade objeto de chacotas[26].

25 Eu próprio havia encontrado apenas um sumário na internet. Consegui o livro *a posteriori* e é dele que extraí o resumo aqui exposto. Como depois confirmei que nem sequer o relator, proponente da recomendação, havia lido o texto. Daí suas referências em plenário a expressões e ocorrência inexistente, como a de que a menina teria confundido o menino com um macaco.

26 Um ano depois da condenação do Black Pete (Zwarte Piet, em holandês) pelo Cerd, uma revista flamenga divulgava na capa e em reportagem de seis páginas nova moda para homens e mulheres em festas natalinas: roupas multicoloridas e rostos sorridentes enegrecidos com carvão; cf. *De Morgen*, 19 nov. 2016, p. 18-24.

Infelizmente, é sob esse ângulo, de cobranças tolas, descabidas, que os direitos humanos passaram a ser vistos regularmente pelo cidadão comum. O excesso maximalista, mais irrealista do que a autocontenção do século passado, tem sido, aliás, uma característica das criações recentes na área dos direitos humanos. Como se o essencial da Declaração Universal já estivesse cumprido.

Longe de mim dizer que o discurso do ódio deva ser tolerado. Além de proibido pela convenção, sua aceitação passiva, ainda que em nome da liberdade de expressão[27], tende a banalizar o racismo. Tampouco creio necessário fazer comparações dos casos de *Cocorí* ou da tradição do "Black Pete" com episódios congêneres também forçados no Brasil. Os exemplos se multiplicam em lugares diversos, acomodados ou não pelos governos. Com o mesmo tipo de interpretação ideológica e atitudes exageradas, sintomáticas do grau de hipersensibilidade cultural adquirida, o racismo e a discriminação racial não cessam, nem diminuem. Não é a simples facilidade de comunicação que explica a atual divulgação no Brasil de ofensas racistas pelas redes sociais com um nível de agressividade antes inaudito entre nós. Os dois lados se estimulam numa reciprocidade temerária.

Independentemente dos exageros, reconheço a importância de que se revestem as iniciativas variadas da ONU em favor dos afrodescendentes. São eles, ainda, as vítimas mais frequentes de discriminações em todo o mundo, certamente porque, quando escuros, são mais visíveis. Digo isso de maneira politicamente incorreta, pois o Cerd e a hipocrisia reinantes repreendem os Estados-partes da Convenção quando se referem a "minorias visíveis". Em função desses pruridos excessivos, conforme já apontei em plenário, os negros, apesar de terem sido destinatários originais da convenção quando elaborada, ficam hoje submergidos pela aluvião de perguntas e recomendações do comitê a respeito de "minorias étnicas", conceito que, a rigor, quantitativa e etnologicamente os exclui.

---

27 É esse o argumento das reservas de muitos países ocidentais ao artigo 4º, alguns dos quais afirmam que a proibição tende a atrair atenções preconceituosas contra os discriminados.

CINQUENTA ANOS DA CONVENÇÃO SOBRE A ELIMINAÇÃO... 95

Os Povos Indígenas

Impossibilitada de comparecer pessoalmente à comemoração em Genebra, a relatora especial do Conselho de Direitos Humanos Para os Direitos dos Povos Indígenas[28], Victoria Tauli-Corpuz, filipina, enviou mensagem por vídeo, em que louvou o trabalho do Cerd sobre seu tema. Salientou a Recomendação Geral n. 23, de 1997, relativa aos direitos culturais dos indígenas, trazendo o foco de atenções para os direitos coletivos desses povos à posse e ao desenvolvimento de suas terras, mencionados no respectivo parágrafo 5º. Nesse sentido, seria para ela particularmente relevante o Procedimento de Alerta e Ação Urgente, que viria conseguindo reações positivas de Estados e organizações. Exemplo disso seria o controle que o governo das Filipinas havia passado a exercer sobre a mineração em certas áreas do país.

Conforme indiquei a propósito do discurso inaugural do presidente do comitê, desde os anos 1960 e 1970, o movimento dos indígenas, iniciado nos Estados Unidos e logo expandido para o sul do hemisfério, já assumia a identidade cultural própria dos nativos como diferença a ser preservada, com postulação de direitos coletivos. Essa afirmação diferencial comunitária foi ainda mais problemática do que o reconhecimento de minorias no Direito Internacional. Ademais de outros motivos, os indígenas se afirmavam como povos originais do território de Estados soberanos, logo, em princípio, titulares naturais do direito à autodeterminação. Embora documentos da própria ONU qualificassem a autodeterminação pela independência política como atributo exclusivo de povos submetidos ao sistema colonial por metrópoles de fora, governos e juristas em geral resistiam à aceitação de povos distintos dentro do Estado nacional. Povo era sinônimo de nação, constitucional e essencialmente uma como identidade política[29]. O máximo que se poderia contemplar era a manutenção da cultura diferente, com

---

28 Relatoria estabelecida em 2001 pela antiga Comissão dos Direitos Humanos (Resolução 2001/57), confirmada e renovada pelo conselho até hoje.

29 Até mesmo a Constituição dos Estados Unidos, federação relativamente frouxa, foi elaborada com referência a "nós, o povo" como identidade única (*We the people of the United States of America*). Pela óptica do multiculturalismo deveria ser "nós os povos" (*we the peoples*).

suas formas de propriedade e organização específica, dentro dos limites de reservas territoriais reconhecidas pelo Estado.

As resistências à expressão "povos indígenas", dotados de direitos coletivos, somente foram, em princípio, (quase) superadas nas Nações Unidas pela adoção – não consensual – pela Assembleia Geral, em 2007, da Declaração dos Direitos dos Povos Indígenas, sem força de tratado, depois de décadas de negociação em vários foros. Seu primeiro anteprojeto advinha, por sinal, de um grupo de trabalho da hoje extinta subcomissão, cujos membros, presididos por jurista grega, eram todos procedentes de países sem população indígena (da América Latina, participou somente o perito cubano).

A Recomendação Geral n. 23 sobre "os direitos dos povos indígenas", citada pela relatora especial, havia sido adotada pelo Cerd em 1997, dez anos antes da declaração correspondente. Adiantava-se ao texto, hoje oficial na ONU, muito além do esperado de um órgão de tratado. Fazia-o sem hesitação e sem fonte legal autorizada. Qualificando as comunidades indígenas como "povos", a recomendação cobrava respeito ao direito coletivo desses povos "de possuir, desenvolver, controlar e usar suas terras comunais, territórios e recursos", devendo eles ser ouvidos em todas as iniciativas, especialmente econômicas, que as envolvessem (parágrafo 5º).

A par da declaração de 2007 das Nações Unidas e da Recomendação Geral de 1997 como bases referenciais, o Cerd utiliza e insta aos Estados-partes aderirem à Convenção 169 da Organização Internacional do Trabalho (OIT). Adotada em 1989, essa inusitada Convenção Sobre os Direitos dos Povos Indígenas e Tribais em Países Independentes (seu título completo) extrapola a área de competência convencional da OIT. Corresponde, pelo conteúdo e pela forma, a uma abrangente carta de direitos especiais para uma categoria particular de pessoas. Seja pela adesão reduzida, seja por se tratar de instrumento oriundo de organização especializada em assuntos outros, que não do órgão com competência primária na matéria nas Nações Unidas: o Conselho de Direitos Humanos, a Convenção 169 da OIT não costuma ser citada entre os instrumentos principais de direitos humanos. O que não significa, faço questão de ressaltar, que deva ser desconsiderada como referência importante para a defesa dos direitos específicos, individuais e coletivos, dos indígenas, onde se encontrem suas comunidades. Especialmente num país como o Brasil, onde os direitos específicos dos indígenas são consagrados na Constituição de 1988.

Ao examinar relatórios dos Estados-partes pertinentes, o Cerd dá atenção especial à situação dos diferentes povos indígenas das Américas, dos sami da Escandinávia, dos povos considerados autóctones de outras regiões. Para os batwa de Ruanda e Burundi, os san da África Austral (Khoi-San na África do Sul), os chamados "pigmeus" da África Central e muitos outros grupos não integrados em diversos continentes, o comitê cobra atenção e ações, recomendando seu reconhecimento oficial como "povo indígena". Tal reconhecimento, que aparentemente realçaria a assunção da identidade diferente desses grupos, alguns dos quais são, aliás, transfronteiriços, deveria torná-los também titulares dos direitos individuais e coletivos proclamados pela declaração de 2007.

Quanto ao Procedimento de Alerta e Ação Urgente, estabelecido no Cerd nos anos 1990, em atendimento a pedido do secretário-geral Boutros-Ghali para situações que pudessem conduzir a casos de genocídios como o de Ruanda, ele se foi estendendo aos poucos para acomodar queixas diversas recebidas de minorias variadas. A tendência culminou numa quase exclusividade de atenções para questões indígenas em diferentes países, de vários continentes, sendo as queixas predominantemente motivadas por iniciativas econômicas, estatais ou privadas, que abrangem terras ancestrais e exploração de recursos naturais nelas situados. É, portanto, justificada a observação da relatora especial que encara tal procedimento como um exercício complementar a sua função.

Ao contrário de órgãos intergovernamentais políticos, ou comissões e cortes judiciais regionais, o Cerd, no procedimento de urgência, é sempre cauteloso, pedindo e reiterando pedidos de informação aos governos, obtendo, certamente por isso, resultados construtivos de muitos. Os países não se limitam aos das Américas, porque a palavra "indígena", traduzida em francês por *autochtone*, passou a significar autóctone também nas outras línguas, propiciando expectativas impensadas para minorias originárias em outros continentes. Os Estados geralmente

98 É PRECISO SALVAR OS DIREITOS HUMANOS!

respondem às indagações, apontando correções ou adotando medidas para resolver a questão.

A par desse trabalho, hoje quase rotineiro, voltado para terras indígenas, o Procedimento de Alerta e Ação Urgente, não convencional, está retomando seus objetivos originais. Foi nele que o comitê lançou, por exemplo, em agosto de 2014, um primeiro alerta na ONU para a atuação genocida do autode-nominado "Estado Islâmico" contra populações pacíficas da Mesopotâmia, especialmente os iazidis.

Os Não Cidadãos e os Refugiados

Uma terceira alocução sobre grupos populacionais em situa-ção específica, que merece destaque pela oportunidade, foi a do Alto Comissário Assistente Para a Proteção de Refugiados, Volker Turk, do Acnur. Assinalando que, com um total de ses-senta milhões, nunca se havia confrontado número tão grande de refugiados, pessoas deslocadas e apátridas desde o fim da Segunda Guerra Mundial, o expositor ressaltou que as causas de seu sofri-mento falam diretamente à convenção. O desafio não se limita a combater as causas, que perduram. Requer também proteção para os demandantes de asilo, cujo espaço de refúgio vem encolhendo, ao passo que quinze conflitos começaram ou recomeçaram nos últimos cinco anos – ou seja, quinze entre 2011 e 2015! Em adição aos dez milhões de apátridas existentes, a maioria integrante de populações minoritárias, pelos menos vinte países mantêm ou pretendem adotar leis de nacionalidade que permitam a retirada de cidadania com base em etnia ou religião. O comitê deveria prestar atenção particular ao drama dos migrantes, refugiados, pessoas internamente deslocadas e apátridas.

Os refugiados, diferentemente das "minorias", não confor-mam um tema especial do Conselho dos Direitos Humanos[30]. Desde o fim da Segunda Guerra Mundial, constituem a matéria de que trata concretamente o Alto Comissariado das Nações Unidas Para os Refugiados (Acnur), uma das agências mais importantes

---

30 Existe um Representante Especial para o tema das pessoas internamente des-locadas, criado por resolução de 2004.

da família das Nações Unidas, existente desde 1949. Entretanto, a partir de, pelo menos, 2005, quando adotou a Recomendação Geral n. 30 sobre a discriminação contra "não cidadãos", expressão usada no artigo 1º, parágrafo 2º, da convenção, o Comitê faz inquirições e recomendações a respeito dessa categoria de pessoas desprovidas da cidadania do Estado-parte examinado. Adota um sentido amplo para a expressão "não cidadãos", que, para o Comitê, abrange imigrantes em geral, refugiados políticos, candidatos a asilo, além de migrantes indocumentados e apátridas. Todos eles são termos não mencionados na convenção. Com base na Recomendação Geral, o Cerd controla as expulsões e deportações praticadas por Estados-partes ao avaliar seus relatórios, assim como a legislação doméstica sobre nacionalidade e condições de naturalização. Funciona, portanto, como elemento adjutório à atuação do Acnur. Essa agência especializada, por sua vez, com equipes atuantes *in loco*, representa importante fonte de informação de primeira mão para o exame dos relatórios.

Além desse tipo de atividade regular na matéria, o comitê adotou, pelo menos uma vez, em abril de 2015, conforme lembrado até pelo presidente Cali Tzay no debate final do seminário, uma decisão no Procedimento de Alerta e Ação Urgente para chamar a atenção da ONU para os novos fluxos migratórios, maciços e praticamente incontroláveis, com grande número de mortos no Mediterrâneo e em mares do Sudeste da Ásia. Essa decisão, contudo, como quase todas as que não tratam de reivindicações da sociedade civil organizada, nem se dirigem a um governo específico, mal se tornam conhecidas fora da sala de reuniões. Permanecem submersas entre outras decisões e recomendações com público certeiro: Estados, ativistas não governamentais e lideranças de minorias específicas.

Certamente o que o alto comissário assistente do Acnur queria dizer na comemoração, mas não ousou, era que o Cerd, na qualidade de órgão supervisor da convenção, precisaria estar mais sintonizado nas principais tragédias da atualidade. Os sofrimentos das pessoas em êxodo, antes, durante e depois da fuga, são ainda mais agravados pelas coerções e barreiras no percurso e no local de destino. Retratados como hordas a ameaçar nações civilizadas, esses emigrantes econômicos e prófugos de conflitos que não são seus, sofrem discriminações

100   É PRECISO SALVAR OS DIREITOS HUMANOS!

acentuadas pelo discurso do medo, exacerbado pelos meios de comunicação. Para impedir sua passagem ou permanência, Estados democráticos não hesitam em adotar métodos que têm sido comparados a práticas nazistas, desde as cercas de passagem a muros de arame farpado nos locais de recepção; do isolamento em sítios assemelhados a campos de concentração ao confisco de pertences. A rejeição e a agressividade xenofóbica nos países de chegada exacerbam, por outro lado, sentimentos de humilhação, inclusive entre os já assentados. Ao fazer aumentar o ressentimento desses não cidadãos ou, como se diz, "cidadãos de segunda geração", elevam o potencial de criminalidade – contra as mulheres, por exemplo, no *réveillon* de Colônia de 2015 para 2016 – e de atração pelo Islã primitivo como forma de rebeldia e autoafirmação. Multiplicam-se, assim, fatalmente, os voluntários potenciais para a "guerra santa" e os propagandistas do terror suicida como caminho para o paraíso.

O Procedimento Convencional de Comunicações Individuais

Em matéria de métodos e práticas do Cerd, a intervenção mais detalhada da cerimônia foi do juiz Régis de Gouttes, magistrado da Cour de Cassation de Paris, que havia sido membro do Comitê durante 24 anos – seis mandatos sucessivos –, em que muito contribuiu com sua experiência de jurista e nele presidiu o grupo de trabalho sobre comunicações.

Inovação ambiciosa da convenção, o procedimento de comunicações individuais é previsto no artigo 14, segundo o qual os Estados-partes podem reconhecer ao Cerd competência para deliberar sobre casos esgotados na respectiva jurisdição, cujas vítimas se considerem insatisfeitas com a justiça doméstica. Extremamente ousada numa época em que o conceito de soberania era dogma, a novidade no âmbito internacional era tão significativa que requeria – e ainda requer – declaração expressa de aceitação dos respectivos Estados-partes[31].

---

31   Conforme assinalado por De Gouttes, de um total de 177 Estados que haviam ratificado a convenção até novembro de 2015, somente 57 haviam emitido a declaração de aceitação.

Por mais que o procedimento de comunicações inaugurado pela convenção tenha representado uma abertura rumo à internacionalização da Justiça na área dos direitos humanos, em contraposição aos esforços de membros competentes na matéria como De Gouttes, hoje substituído pelo também juiz Marc Bossuyt, o que tem predominado, na prática, é seu abuso frequente. De parte dos remetentes, porque levam ao comitê casos descabidos, forçando o Cerd a considerar inaceitável a maioria das comunicações. De parte dos membros do comitê, ciosos de não parecerem coniventes com atos discriminatórios, pela facilidade com que fazem cobranças sem sentido aos Estados. A título de ilustração, recordo aqui um caso antigo que me fez distanciar-me da maioria das deliberações nesse procedimento. Em 2003, diante de uma comunicação de aborígene local que se considerava ofendido, o Cerd já recomendou à Austrália que mudasse o nome de um setor de estádio de futebol, batizado de E.S. "Nigger" Brown Stand em homenagem a um jogador falecido (*nigger* é palavra ofensiva para negros norte-americanos, mas o jogador australiano de rúgbi dos anos 1910 e 1920, Edwin Stanley Brown, era branco, e o apelido fora adotado em virtude da graxa que usava nas chuteiras). Previsivelmente, o efeito alcançado foi apenas de irritação do governo australiano, de que o Comitê teve conhecimento depois.

Sem especialização profissional anterior como magistrados, os "peritos" oriundos de outros setores se mostram demasiado simpáticos com as vítimas e indignados com os alegados ofensores, diante de queixas que confundem ressentimento com violação de direitos. Confundem, assim, eles próprios, a ideia de justiça, inspiradora do procedimento previsto na convenção, com empatia e paternalismo.

A Questão da "Visibilidade"

Na fase de comentários finais do painel da tarde, a mesma oradora que se referira ao ressurgimento de formas de racismo "inconcebíveis" na atualidade, Mireille Fanon Mendes-France, presidente do Grupo de Trabalho Sobre Pessoas de Ascendência Africana, expressou sua opinião, amplamente compartilhada, de que os afrodescendentes ainda sofrem, com frequência, de "invisibilidade". Tendo em conta a rejeição peremptória do Cerd a qualquer referência a "minorias visíveis" pelo aspecto fenotípico, e levando em consideração o fato de que já quase nenhum Estado utiliza o argumento da miscigenação para ocultar preconceitos, talvez a menção nesse caso quisesse apenas assinalar a pequena participação de negros em órgãos diretivos econômicos e políticos, ou em programas de televisão.

Essa deficiência representativa, que vem sendo compensada aos poucos, inclusive em países da Europa e da América Latina, tende, de fato, a refletir preconceitos alimentadores de discriminações. Constitui uma das áreas em que podem caber diferentes "medidas especiais", públicas e privadas. Outra espécie de significado crítico possível envolve a não assunção da identidade "de origem" por pessoas e grupos ditos "assimilados". Seria o caso de "mestiços" que não se identificam como negros, ou grupos étnicos "aculturados", que não se assumem ou não se veem como "diferentes". Em qualquer desses dois casos, a questão da "visibilidade" não é redutível a maniqueísmos, exigindo ponderação da parte de quem acusa.

Dois tipos de motivação, pelo menos, podem ensejar preferência subjetiva pela "invisibilidade": medo de acirramento de ânimos e vontade real de assimilação na maioria. Ambos merecem respeito. O primeiro decorre de circunstâncias negativas, em que a sociedade dentro da qual o grupo respectivo se encontra pode tornar-se mais ameaçadora com base na identificação comunitária. É o caso dos países europeus que se recusam a fazer perguntas sobre etnia ou religião para não desenvolver mais preconceitos. O segundo caso tem causa "positiva": muitos imigrantes optam pela cultura de acolhida em escolha racional. A ex-parlamentar neerlandesa, originalmente somaliana, Ayaan Hirsi Ali, foragida da misoginia comunitária doméstica, e o comediante francês, originalmente camaronense, Gaston Kelman, cuja negritude não ideológica assume sem coerções, não são casos raros, embora sempre condenados pelos radicais do diferencialismo. Tampouco nosso Machado de Assis era "caiado", como alguns disseram com horror. Era biologicamente mulato, bem-sucedido em sociedade mestiça de cultura predominantemente europeia, num período em que vigiam ainda os restos do escravismo, e o racismo tinha laivos "científicos" de hierarquização natural. Em sua época, os sincretismos brasileiros, hoje repudiados pelos puristas da negritude, ainda não haviam sido estudados, sequer eram percebidos.

Por mais que o multiculturalismo contemporâneo ensine proteção às "etnias" supostamente "puras", não se pode denegar o direito, individual e coletivo, de optar por aquilo que se quer ser. É esse o sentido das liberdades fundamentais na Declaração Universal dos Direitos Humanos, especialmente as liberdades de consciência (artigo 18), de expressão (artigo 19) e de "participar livremente da vida cultural da comunidade" (artigo 27) – único direito cultural por ela consagrado. Inadvertida ou propositalmente atuante numa linha essencialista, o Cerd, que dedica enorme atenção à situação dos roma – tal como a relatora para minorias e sua assessoria no secretariado –, não consegue conceber que pessoas e clãs não ameaçados, especialmente a partir da segunda geração, não se identifiquem voluntariamente como roma ou outras "minorias nacionais ou étnicas". Até recentemente, no Brasil, era natural que os filhos de libaneses, alemães, russos, italianos, não se preocupassem com a língua dos pais, optando pelo português como língua materna. E que se considerassem simplesmente brasileiros, não árabes, russos, teuto-brasileiros, ítalo-brasileiros ou afro-descendentes. Tais fatos, para nós corriqueiros, sempre foram mal compreendidos fora.

Quase toda a complexidade da questão da visibilidade dos negros do Brasil atual parece-me contida em três lembranças de Ana Paula Lisboa em bela crônica sobre viagem a Angola. Nela a militante brasileira recordava, entre suas saudades de Luanda, três momentos importantes para o assunto de que falo: 1. quando ouviu de seu amigo Iuri que "a culpa da alienação de Angola é das novelas brasileiras", e que "o preto brasileiro dá muita importância ao racismo"; 2. quando recordou que já explicara ao mesmo Iuri, em encontro no Brasil sobre racismo em que ele se atrapalhara: "quando se tem um presidente negro, quando as propagandas são todas com pessoas negras, quando as novelas são negras, os cantores são negros, é realmente difícil saber o que falar"; 3. quando, sentada na calçada do porto de Luanda, chorara ao ouvir de seu interlocutor Dario: "o problema de Angola é que as pessoas ainda

104 É PRECISO SALVAR OS DIREITOS HUMANOS!

passam fome, e a fome tira a dignidade das pessoas"[32]. É claro, poder-se-ia argumentar longamente sobre a recordação número 2. Mas não é isso que interessa aqui.

A par de todas as falas e omissões já comentadas neste texto, dois assuntos importantes deixaram de ser lembrados no seminário de Genebra, no dia 26 de novembro de 2015. O primeiro deveria interessar a todos: a pobreza em nível de miséria, da fome, que "tira a dignidade das pessoas", e não é mais encarada como problema sem cor nem gênero. O segundo, envolto em desinformação, diz respeito à questão das quotas raciais.

A Pobreza Excluída da Linguagem

A discriminação econômica, social, cultural, política e civil contra os pobres, não prevista nem proibida por lei, é a forma de discriminação mais comum de todas. Mas ela não é tratada nem referida no Cerd.

Um pouco porque existe o Pacto Sobre Direitos Econômicos, Sociais e Culturais (não confundir com "direitos das culturas") de 1966, com órgão de tratado correspondente, um pouco porque a convenção de 1965 lista tais direitos humanos com visão antidiscriminatória (artigo 5º, alínea e, de I a VI), o Cerd somente trata de assuntos atinentes à pobreza pela óptica das "etnias". A abordagem é sempre particularizada, formulando indagações e recomendações sobre o trabalho, o emprego, a educação, a moradia, a saúde de minorias e grupos vulneráveis, dos roma, dos povos indígenas e dos afrodescendentes, com atenção também para as mulheres desses segmentos.

Sobre a pobreza como problema em si não se falou no aniversário da convenção, como quase não se fala no Cerd. O assunto é tabu em tempos de globalização e multiculturalismo. Ainda se afirma que "a pobreza tem cor" com mais convicção do que no passado, para contrabalançar o dito "dinheiro não tem cor", mas o problema das condições de usufruto de direitos e liberdades que afeta a maior parte da humanidade não parece mais existir no discurso contemporâneo. Provavelmente porque recorda o

---

32 Ana Paula Lisboa, Alambamento, *O Globo,* 9 nov. 2016.

conceito transcultural de classes sociais, repudiado ainda que sem referência à noção marxista de luta de classes. Conforme explicita Walter Benn Michaels em livro de título expressivo e subtítulo eloquente[33], ao se examinar a questão das disparidades econômicas pelas ópticas exclusivas do racismo e do sexismo, a desigualdade passa a ser decorrência de preconceitos, não do sistema[34].

A rejeição pós-Guerra Fria à ideia de pobreza como problema independente de raça ou etnia é tamanha que quando o Cerd, em agosto de 2015, recomendou aos Países Baixos que controlassem os efeitos daninhos de atividades de mineração por multinacionais neles registradas, alguns membros do comitê queriam singularizar somente os indígenas como vítimas da degradação ambiental. Por mais que se assinalasse que todos os habitantes de áreas degradadas, geralmente pobres, são prejudicados pela exploração predatória, a insistência se mantinha. Foi preciso um perito negro latino-americano, o colombiano Pastor Elías Murillo Martinez, observar que a maior parte das terras contaminadas nos Estados Unidos são habitadas por afrodescendentes para que os autores do projeto aceitassem modificação na proposta. O texto final passou a ler: "efeitos adversos no gozo dos direitos humanos, em particular de povos indígenas, grupos minoritários e comunidades locais, e ao meio ambiente". Sempre sem citar os pobres.

A primeira menção ostensiva à pobreza como fato social, nos últimos anos, curiosamente aceita – e até enunciada – pelo então perito norte-americano Carlos Vázquez, ocorreu na consideração do relatório periódico da Santa Sé, em novembro de 2015. Na qualidade de principal arguidor para o caso, o advogado em Washington incluiu entre os "aspectos positivos" do informe "a ênfase conferida pelo papa Francisco à luta contra a pobreza [...], pois os pobres são frequentemente indivíduos pertencentes a grupos raciais ou étnicos marginalizados na sociedade"[35].

---

33 *The Trouble with Diversity: How We Learned to Love Identity and Ignore Inequality.*

34 Apud Christopher Caldwell, Affirmative Action: Racism's Escape - Or a Trap?, *The New York Times*, 23 dez. 2006.

35 Committee on the Elimination of Racial Discrimination, *Concluding Observations on the Combined Sixteenth to Twenty-Third Periodic Reports of the Holy See* (doc. CERD/C/VAT/CO/12-23, par. 4, c, 11 jan. 2016).

106   É PRECISO SALVAR OS DIREITOS HUMANOS!

A menção às vítimas pertencentes a minorias justificava-se pela exigência de "puristas" no comitê, entre os quais o próprio relator, sem a qual a convenção nada teria a ver com o assunto. Por outro lado, esses vigilantes do texto pretendiam condenar, na mesma ocasião, sem referência ao relatório da Santa Sé, a canonização, pelo mesmo pontífice, do frade franciscano espanhol Junípero Serra, fundador da primeira missão evangelizadora da Califórnia, no século XVII, criticada por indígenas da área. Somente a custo foi possível convencer os apresentadores da proposta de que o Cerd nada tinha a ver com esse assunto. Conquanto se procure compreender os motivos históricos dos indígenas, segundo os quais o novo santo católico teria sido responsável por um "genocídio cultural", o respaldo pelo Comitê a protesto contra uma consagração cultual, com efeitos somente para os fiéis, soaria como se um grupo de pessoas, eleitas para outros fins, tivesse legitimidade para condenar missais, preces, ladainhas, quiçá os *Evangelhos*, a *Torá*, o *Corão*, por seus trechos discriminatórios.

A leitura de fatos do passado com valores exclusivos do presente é comum e, talvez, compreensível. A disposição de membros de um órgão de tratado para aceitar interpretações desse tipo é absurda. Reflete a obsessão com posturas ditas "politicamente corretas". Herdeira distante e distorcida da semiologia dos anos 1960 e 1970 e das interpretações epistêmicas de Foucault, a "correção política" atual nada tem de emancipatória. Contraparte paternalista do "vitimismo" das minorias, aceita burcas, punições corporais, censura prévia, cerceamento de liberdades e outras violações de direitos humanos desde que decorrentes de tradições não ocidentais. Não registra, porém, adequadamente, gestos de humildade já feitos. Como os do mesmo Papa Francisco, comprovadamente preocupado com os oprimidos de todo o mundo, ao pedir perdão pelos erros da Igreja, inclusive contra os índios na colonização da América[36].

---

36 No mesmo parágrafo em que alguns peritos pretendiam condenar a canonização de frei Junípero Serra, condenação que consegui impedir, o Cerd saúda o pedido de perdão do papa Francisco durante viagem à Bolívia, para assinalar em seguida "as preocupações expressas por povos indígenas com o legado corrente e os efeitos da Doutrina de Descobrimento endossada na bula *Inter caetera* (1493) e outras bulas papais correlatas" (ibidem, par. 16).

A Questão das Quotas

O Cerd não tem, nem pode ter, posição definida sobre a utilização de quotas. Sua insistência é em favor de "medidas especiais" previstas na convenção. Sua mais recente recomendação na matéria é de 2009, a Recomendação Geral n. 32, intitulada "Sentido e Alcance das Medidas Especiais na Convenção Sobre a Eliminação de Todas as Formas de Discriminação Racial". Nela, o aspecto mais relevante talvez seja a reafirmação, no parágrafo 5, de que a convenção é um instrumento vivo a ser aplicado levando em conta as circunstâncias da época, assim como o contexto dos Estados-partes, sem prejuízo para a qualidade universal de suas normas[37]. Supostamente inspirada em prática dos Estados Unidos, a opção pela reserva de vagas tem aspectos pouco notados ou deliberadamente esquecidos. Começando pelo fato de que quotas raciais são banidas nos Estados Unidos.

É realmente difícil apurar o que predomina no emaranhado de leis, consultas, instâncias e decisões que compõem a jurisprudência daquele país na matéria. Tenho observado isso inclusive quando procuro esclarecimento definitivo junto a professores americanos do ramo. Pode-se afirmar, porém, que, em contraposição aos que propõem quotas como elemento essencial para fazer avançar a luta antirracista na América Latina, os Estados Unidos, por decisão da Suprema Corte, no julgamento do caso *Regents of the University of California v. Allan Bakke*, proíbem alocações quantitativas de vagas raciais em universidades desde 1978. E desde outubro de 2013, conforme decisão também da Suprema Corte, em outro caso abaixo referido, consideram inconstitucional a utilização de raça ou etnia como critério de ação afirmativa em qualquer nível escolar. Logo, se a América Latina atualmente adota quotas, o modelo de hoje é local, de nosso continente, não da América do Norte[38].

---

37 General Recommendation n. 32, *The Meaning and Scope of Special Measures in the I.C.E.R.D.*, doc. CERD/CG/32, publicada em 24 set. 2009.

38 Encarada como "desenvolvimento positivo" pelo Grupo de Peritos Sobre as Pessoas de Ascendência Africana, decisão da Suprema Corte dos Estados Unidos, em junho de 2016, no julgamento da ação *Fischer v. University of Texas at Austin et al.*, voltou a aceitar "a inclusão da raça entre os elementos a serem levados em consideração no processo de matrícula" (*Report of the Working Group of Experts on People of African Descent on its Mission to the United States fo America*, doc. A/HRC/33/61/Add.2, de 18 set. 2016). Mas as quotas continuam a ser proibidas.

108   É PRECISO SALVAR OS DIREITOS HUMANOS!

Vigentes em universidades durante, pelo menos, duas décadas, as quotas nos Estados Unidos foram úteis para a formação de uma classe média negra influente – e um segmento latino com personalidades afluentes. Vários empresários e parlamentares, afrodescendentes e hispânicos, foram delas beneficiários. Mas tanto quotas como outras medidas especiais não anulam preconceitos. Nem foram previstas, na convenção, para esse fim. Podem até fortalecê-los, pois aumentam a concorrência. Ao proporcionarem condições de competitividade a pessoas de grupos marginalizados, podem gerar novas rejeições e mais exigências. O presidente Barack Obama chegou a ser "denunciado" como não americano. Alguns acharam que, por não dar prioridade às raças, o mesmo presidente havia "traído" a causa negra. E no Brasil de hoje, onde as medidas de inserção já visibilizam a atuação de negros em áreas de que não participavam, registram-se manifestações de racismo e antirracismo mais ofensivas e radicais do que antes. Seria isso mais um sintoma de nossa americanização habitual!

Para evitar distorções no longo prazo, as medidas especiais previstas na convenção necessitam ser temporárias. Assim, embora a convenção não estivesse nas mentes decisórias, não se pode dizer que houve violação de suas disposições pelas ações de estados norte-americanos que foram abolindo as quotas ou pelos magistrados que as foram interpretando progressivamente como contrárias à Constituição. Tampouco deveriam causar constrangimento as afirmações recentes dos Estados Unidos e do Reino Unido, de que preferem atuar com diferentes formas de apoio às camadas pobres da população, pois elas ajudarão minorias e grupos vulneráveis. Por outro lado, conquanto engendre desapontamentos, não chega a causar surpresa, que o Grupo de Peritos da ONU sobre Afrodescendentes tenha concluído, após avaliação recente, que os Estados Unidos se encontram "distantes da superação da discriminação racial sistêmica e institucionalizada em todos os níveis"[39].

Poucos países no mundo adotam quotas raciais. Os apoios a grupos vulneráveis se concentram no financiamento aos estudos, na abertura de escolas com professores habilitados nas línguas das minorias locais, na construção e oferta de moradias populares

---

39   *Human Rights Experts Find Racial Discrimination in the* USA *Alive and Thriving,*3 feb. 2016, disponível em: <www.ohchr.org>.

em áreas comunitárias, na facilitação de acesso ao emprego, à saúde, à cultura, a serviços públicos onde a incidência de discriminações seja mais provável. No continente africano, o único país que adota quotas raciais é a África do Sul, com vistas a corrigir efeitos prolongados do *apartheid*. Algumas ONGs sul-africanas, contudo, já apresentam ao Cerd queixas de que o sistema adotado como correção, proporcional aos números da cada região, ignora os integrantes de grupos minoritários, como o dos indianos, em que a presença coletiva é pequena. Os países ex-comunistas da Europa Centro-Oriental e Balcânica são os que mais adotam quotas, para acomodar representantes de minorias nacionais no Parlamento e órgãos da administração pública. Estados com populações minúsculas, oriundos do velho Império Austro--Húngaro, ou da União Soviética desfeita, mantêm dezenas de separações classificatórias por origem nacional ou étnica (nesse segundo caso, geralmente judeus, valáquios e roma), com quotas de representação e partidos políticos exclusivos. Mais comuns em todos os continentes, inclusive em alguns países muçulmanos, são quotas para as mulheres em diversos setores.

Não pretendo insinuar que medidas de ação afirmativa devam ser repudiadas onde quer que seja. Muito antes de entrar para o Cerd, eu próprio já havia trabalhado, no Brasil, em favor de iniciativas para a promoção dos negros. Acho importante, porém, nesse sentido, uma explicação pouco divulgada, dada pela delegação dos Estados Unidos na defesa de seu relatório periódico ao Cerd, em agosto de 2014. Respondendo a indagação de perito, disse Catherine E. Lhamon, secretária-assistente para direitos civis no Departamento de Educação, do governo Obama:

A propósito da decisão da Suprema Corte no caso *Schuette v. Coalition to Defend Affirmative Action*, o Departamento de Educação tem publicado uma série de orientações para garantir a diversidade em todos os níveis do sistema educacional e alcançar o fim da segregação acadêmica. Embora quotas não sejam mais aplicadas, há outras maneiras de assegurar que as minorias estejam representadas na educação superior.[40]

A última intervenção na comemoração de 26 de novembro não falou de quotas, mas é importante para conhecimento

---

40 *Summary Record* da sessão n. 2300, parágrafo 20, em 14 ago. 2014.

dos afrodescendentes na diáspora. Quem a fez foi a renomada ativista negra norte-americana Gay McDougall, ex-integrante do Cerd e reeleita para novo mandato a partir de 2016. Ex-relatora especial para minorias do Conselho de Direitos Humanos, que precedera a atual, Rita Izsák, McDougall havia sido convidada como expositora na qualidade de presidente do Conselho Diretor do Grupo Internacional dos Direitos das Minorias (Minority Rights Group International), rede de 150 organizações não governamentais atuantes na defesa de minorias étnicas em todo o mundo. Sua intervenção, elogiosa do Cerd, comitê que, em sua opinião, precisaria ser mais ouvido e fazer-se ouvir mais, foi relevante pelo eco que ela sempre obtém nas esferas das ONGs, dos órgãos de tratados, da academia. Nessa exposição, Gay McDougall, tal como Rita Izsák o fizera com sua experiência de mulher roma, recordou sua vivência pessoal de ativista afro-americana desde o tempo das "Leis Jim Crow", que mantiveram a segregação legal nos estados do Sul, antes escravistas, até a década de 1960. Além de qualificar sem hesitações o sistema prolongado por tais leis de "versão norte-americana do *apartheid*" – comparação que o mundo evitava fazer para não ofender os Estados Unidos –, a expositora assinalou que, para graduar-se em estudos de nível superior, precisou recorrer a instituição acadêmica exclusivamente negra, não integrada, observando, sem juízo de valor, que a instituição assim permanece até hoje.

AMERICANIZAÇÃO GLOBAL?

Pelo que se pode ver dos comentários pincelados, as críticas que faço ao Cerd se assemelham às críticas feitas no Brasil às posturas atuais do movimento negro. Resumidas em sua essência, elas giram em torno de um ponto comum: sua "americanização". Resta saber se é exatamente isso que ocorre no Cerd. E se haveria alternativa nas circunstâncias presentes.

Tal como qualquer órgão das Nações Unidas, o Cerd inexiste como entidade separada de seus integrantes. Nos órgãos de tratados os membros não são Estados, são indivíduos, que tampouco existem no vazio. Na qualidade de "peritos", refletem, mais do que os delegados oficiais, as respectivas culturas. Estas, no mundo globalizado pelas tecnologias de comunicação, pela informação instantânea superficial e parcial, assim como pela massa de produtos de "entretenimento" oriundos dos Estados Unidos, são todas "americanizadas". Sem contar aldeias isoladas ou casos de regressão a modelos medievais totalizantes, todas as culturas urbanas atuais, guardando as hierarquias e repressões próprias, parecem querer ser, sem o dizer, "americanas". É isso que produz o discurso hegemônico nas Nações Unidas e alhures desde o fim da Guerra Fria, mais do que o exercício do poder político de Washington, ou o velho imperialismo econômico, que os terceiros disputam.

Não se pode corretamente dizer do Cerd que seja "americanizado". Até porque, nos já quinze anos de minha participação como membro, dois dos três peritos norte-americanos de que fui colega até 2015 eram politicamente incorretos, contrários à "ação afirmativa", como o são muitos analistas e ativistas negros daquele país. O "purismo" multiculturalista pode ter sido difundido com força persuasiva por teóricos da academia e militantes de minorias dos Estados Unidos. Mas suas origens são outras: os ingleses do Império Britânico que se recusavam a conviver com "nativos"; os racistas de todo o mundo que pretendiam esmagar as diferenças; os pensadores franceses exagerados na desconstrução da modernidade; os canadenses que adotaram a primeira "Lei do Multiculturalismo" em 1988 para manter o Quebec unido; o obscurantismo em que têm decaído os relativistas ferrenhos e os defensores da pós-modernidade como superação das "grandes narrativas" – *metarécits*, no dizer de Lyotard[41].

Uma das exigências convencionais para que um candidato a membro de órgão de tratado seja aceito reside em sua "imparcialidade", vista como independência face ao Estado que o indica. Prevista para evitar o uso dos comitês como instrumentos de governos, a interpretação dessa exigência persiste sem adaptações. Não leva em conta o temor dos eleitos de desagradar aos setores que os escolhem, a credulidade excessiva diante de qualquer queixa, a subserviência perante organizações e

---

41   J.-F. Lyotard, *La Condition postmoderne: Rapport sur le savoir*, p. 7.

movimentos da sociedade civil. É mais comum ver peritos acusarem Estados poderosos do que fazerem questionamentos a ONGs que nitidamente exageram.

Desde os anos 1970 já se sabia que os órgãos das Nações Unidas compostos por "peritos" tendiam a privilegiar as posições não governamentais. Numa fase em que o Estado era instituição forte, e as ditaduras de esquerda e de direita abundavam, isso era necessário. As ONGs comprovavam-se imprescindíveis na área dos direitos humanos porque, movidas pela ética weberiana da convicção, constrangiam internacionalmente regimes violadores sem ética. Elas ainda são importantes. Algumas, admiráveis, salvam vidas, como as que agora ajudam diretamente migrantes e refugiados, ou orientam a juventude das favelas em caminhos para a cidadania. Delegados governamentais, por sua vez, dizia Celso Lafer em 1994, "não podem deixar de considerar a complexidade dos fatores políticos incidentes no assunto"[42], portanto, de atuar, com a ética da responsabilidade. Num período perigoso como o de hoje, os membros de órgãos de tratados, supostamente eleitos com base em sua "elevada estatura moral e reconhecida imparcialidade" (artigo 8º da convenção), não podem ser como os cristãos convictos apenas de sua fé, no exemplo de Max Weber, agindo bem e deixando as consequências nas mãos de Deus[43]. Todos os atores no campo social precisam equilibrar as duas éticas. Especialmente aqueles que compõem órgãos de tratados.

Evidentemente, os militantes de direitos de minorias não são criadores dos fundamentalismos. Como explicava, na virada do século, Zygmunt Bauman, formulador do conceito de "modernidade líquida" para expressar a pós-modernidade em tempos de globalização econômica, o recurso à diferença como proteção das pessoas é provocado pelo cerceamento individual e coletivo em que os diferentes se encontram[44]. Isso não impede que os excessos de cobranças em favor de minorias, de divisões em situações esgarçadas, de medidas fragmentadoras

---

42 Prefácio em J.A. Lindgren Alves, *Os Direitos Humanos Como Tema Global*, p. XXI.
43 Apud Giovanni Sartori, *Pluralisme, multiculturalisme et étrangers*, p. 166.
44 Cf. Zygmunt Bauman, *Community: Seeking Safety in an Insecure World*, p. 89-109.

de "sociedades líquidas", sirvam mais às lideranças, dos dois lados das disputas, do que aos grupos diferentes que devem ser protegidos.

É possível afirmar sem erro que o Cerd teve papel relevante ao longo dos cinquenta anos de existência da convenção. Além de constituir um observatório supranacional permanente, o comitê, com a legitimidade de que é investido, tem conseguido mudanças importantes nos Estados-partes. Elas não se limitam ao reconhecimento da pluralidade cultural da população e de ocorrências racistas contra a vontade do governo. A maior parte das modificações ocorre no âmbito legislativo e de políticas públicas. Muitos dos relatórios periódicos assinalam novas medidas e textos legais adotados a partir de recomendações do comitê. As áreas são diversas, abrangendo as regras de concessão de nacionalidade, a proibição de propaganda racista, a formação de juízes, o acesso à educação e a serviços públicos, o atendimento na área da saúde, outras iniciativas relativas a quase toda a gama de direitos humanos listados no artigo 5º da convenção. O que falta atualmente entre os membros é uma atitude corajosa contra excessos de reivindicações e posturas maximalistas. Em conversas privadas comigo, quase todos os colegas reconhecem os exageros e erros dos modismos em curso. Simplesmente os endossam para não parecerem "racistas".

O Cerd é parte integrante do sistema internacional de proteção aos direitos humanos. Suas posturas, com erros e acertos, reproduzem e retroalimentam o discurso dominante em cada fase. Desde meados da década de 1990 tal discurso se modificou, confundindo o entendimento dos direitos humanos como direitos de todos, que sempre haviam sido. Em lugar do igualitarismo universalista de antes, considerado "de direita" porque individualista e "eurocêntrico", o culturalismo particularista, que antes era "de direita" e hoje é proclamado "de esquerda", assumiu o proscênio. O Cerd passou a privilegiar as etnias, com foco no direito à diferença. Ao fazê-lo, quase abandonou as discriminações raciais "antigas", com base em cor. Ao optar pelas etnias, seguindo as ONGs e a militância vocal de minorias, optou também, desnecessariamente, pela rejeição a miscigenações, como se fossem maléficas. As palavras "mestiçagem", "sincretismo", "hibridismo" são raras, quase interditas nos trabalhos.

A defesa das identidades é, em princípio, positiva. Sua lógica é, porém, a mesma daqueles que agem contra minorias. Além disso, as identidades podem tornar-se fundamentalistas. Muitas são estimuladas a isso. Não é necessário encará-las como uma bomba relógio do terror. É inegável, no entanto, que os temores explicitados por Jean-Claude Kaufmann em seu instigante esboço de análise com esse título têm fundamento[45]. Diante do assassinato de jornalistas do *Charlie Hebdo*, em janeiro de 2015, e da violência continuada do Isis, aquele analista não hesita em afirmar que tudo começou com o processo de asserção das diferenças. Originalmente defensiva, tendo a religião como "roupagem exterior" (expressão de Kaufmann), a identidade islâmica dos jovens discriminados radicalizou-se. Da mesma forma, os oportunistas da direita se aproveitam dos medos do homem médio, não integrante de minorias, para forjar um nacionalismo racista, fazendo dos "outros" bodes expiatórios. A exacerbação desse processo seria, segundo ele, reminiscente do que os nazistas fizeram ao reinventar o ariano[46].

Não sou tão catastrófico com relação ao Cerd, mas tenho sérios temores do discurso hoje hegemônico. Ele não foi inventado por membros de órgãos de tratado, nem pelos relatores e grupos de trabalho do Conselho de Direitos Humanos. A criação tem paternidade dispersa, origem seminal em outras áreas, e é intrinsecamente associada a aspectos característicos do mundo contemporâneo. Os governos têm grande parcela de culpa. Muitos utilizam esse discurso em foros internacionais, em paralelo ao uso doméstico irrefletido. Se os Estados-partes da convenção o quisessem, poderiam controlar os excessos dos peritos. Bastaria exigir comedimento em resoluções da Assembleia Geral, contanto que demonstrassem equilíbrio também em suas posturas. O medo de parecer incorreto não ajuda intenções construtivas.

Falar de inclusão no mesmo tom em que se promove a asserção diferencial das culturas é uma contradição inerente ao capitalismo de hoje. O discurso multiculturalista hegemônico, falsamente liberal ou progressista, é ideologia aceitável pela competitividade econômica. O mosaico de etnias, em sociedades

45 Cf. *Identidades: Una Bomba de Relojería.*
46 Ibidem.

movidas pelo consumo, cria nichos para novas demandas. Estimula, porém, o segregacionismo, ativo ou reativo, que tende à agressividade. Com a precarização do trabalho, o desemprego encarado como fatalidade e os serviços sociais em ruínas, a criminalidade já alta se expande e a violência se banaliza. Acrescentar o ingrediente racial ou religioso é fácil. Daí aos fundamentalismos agressivos, às diferenças extremistas, ao terror como caminho para a salvação, o percurso é conhecido. A alternativa totalitária também.

Retomando os títulos temáticos dos dois painéis do seminário de 2015, é fácil concluir que, ao longo dos cinquenta anos da convenção, algumas práticas foram boas, mas as lições aprendidas, muito poucas. Diante dos desafios atuais, ninguém sabe indicar o melhor caminho para seguir adiante. Todos os que estão sendo trilhados no Cerd, nos Estados-partes e no discurso da ONU, longe de corrigirem situações problemáticas, vêm recriando problemas ou exumando tendências negativas antes amortecidas. Talvez seja oportuno retomar a ideia de integração universalista acima da afirmação de diferenças. A integração pode ser democrática, não forçada, sem excluir diferenças flexíveis. Diferenças culturais assertivas, ao contrário, são sempre, por definição, metanarrativas específicas, totalizantes para quem as invoca.

O Cerd, hoje mais fraco como todos os órgãos de direitos humanos, não tem como enfrentar grandes desafios. Poderia, porém, demonstrar mais atenção para os horrores imediatos, acrescentando sua voz para aquilo que sempre se tentou na área dos direitos humanos: constranger os responsáveis por violações maciças. Na conjuntura vivida, é importante que os esforços se dirijam a todos os que alimentam conflitos com apoio econômico e militar a facções antagônicas. Voluntária ou involuntariamente, tais apoios fortalecem também as sementes potenciais do terror, às vezes contra eles próprios. As guerras de facções na Síria, no Iêmen, na Líbia, com apoios e intervenções externas, já ultrapassam largamente, em duração e efeitos, as atrocidades do fim da Iugoslávia. A comemoração dos cinquenta anos da convenção foi uma oportunidade perdida de demonstrar consciência perante esses fatores de estímulo a discriminações e massacres. Teria sido um bom momento também para incentivar a correção de rumos nas orientações dos peritos. Para isso é preciso ter coragem de enfrentar os modismos, apontar exageros, tratar com adequação a pluralidade cultural existente em todo o mundo. Assim como o discurso dos direitos humanos passou do indivíduo às culturas ele pode e precisa mudar novamente, no sentido da Declaração Universal.

O direito à diferença é premissa básica de qualquer liberdade. As diferenças, contudo, não podem ser mais do que são: variações respeitáveis do humano, não sacralizações absolutas de tudo o que alguns consideram intocável. Tampouco se deve permitir a consagração de distorções, racistas e antirracistas, em nome de identidades ditas culturais. Diferenças são partes de um universal não imposto, construído gradativamente desde 1948, que a Conferência de Viena de 1993 confirmou. O universal precisa ser mantido. Sem esse objetivo bem claro, a proteção às culturas como valores em si é matéria certamente importante, da competência da Unesco, não do Cerd.

Sem correções no discurso da ONU, dos Estados, das ONGS, dos movimentos sociais, das universidades, prevalecerá a sensação genérica atual de que o sistema internacional de direitos humanos, gravemente desfocado, existe para uso dos próprios militantes, numa dimensão autista: funciona apenas para dentro, numa redoma de vidro.

A redoma é transparente. Pode ser retirada ou quebrada. Ainda nos cabe escolher.

4. A Hegemonia Liberal Culturalista no Discurso dos Direitos Humanos[1]

Qualquer pessoa que trabalhe com direitos humanos na área internacional há muitos anos certamente notará o declínio desse tema na agenda política. Comparado à força de mobilização que tiveram na última década do século XX, quando da preparação, realização e sequência da Conferência de Viena de 1993, tais direitos aparecem, no século XXI, como item secundário, quase expletivo, da lista de prioridades. Diante de fenômenos inesperados, como asserção amedrontadora de um novo "califado" islâmico, ameaças esperadas, como as trágicas consequências da mudança climática e a persistência de interesses econômicos imediatistas que se sobrepõem a qualquer ética, o cenário mundial contemporâneo afigura-se sombrio. Em contraste com a euforia que lhes propiciava a queda do Muro de Berlim em 1989, o conjunto atual de fundamentalismos e ganâncias não poderia deixar de afetar globalmente a esperança nos direitos humanos.

Isso não quer dizer que o sistema internacional de promoção e proteção aos direitos humanos tenha sido desativado, ou

---

1 Agradeço profundamente a Paulo Sérgio Pinheiro as sugestões que tornaram este texto mais legível. Publicado originalmente na coletânea organizada por Mário Lúcio Quintão Soares e Mércia Cardoso de Souza, *A Interface dos Direitos Humanos Com o Direito Internacional*, t. II, p. 101-127.

reduzido. Ao contrário, ele se tem expandido continuamente, além até do que deveria. Tampouco significa que os direitos humanos tenham sido descartados no âmbito de Estados que se propõem democráticos. O que tem ocorrido de visível é um contínuo descredenciamento de sua força ética e até jurídica como instrumento legitimador de políticas. O primeiro aspecto é observável na ligeireza com que Estados dados como modelares desconsideram regras de conduta que eles próprios inspiraram, ao praticarem e assumirem excessos violadores na luta contra o terrorismo ou no tratamento de imigrantes. O segundo se denota na naturalidade com que líderes de antigas potências europeias ameaçam abandonar jurisdições regionais para poderem reduzir a imigração, ao invés de irem à raiz dos problemas.

Enquanto essas formas de desconsideração são diretas, a elas se associam outros fatores, menos reconhecidos, que causam distorções. A maioria advém de áreas externas ao sistema, começando pela economia e pela obsessão com a competitividade. Por menos que se aceite a subordinação dos direitos civis e políticos – não os direitos econômicos e sociais – à situação econômica dos Estados, o desmonte das instituições de segurança social sempre viola direitos fundamentais de indivíduos. Outros fatores nocivos decorrem do abuso e consequente desgaste de expressões associadas à defesa de direitos humanos, como o "politicamente correto", o "assédio sexual", o *bullying*, em culturas fúteis e provocativas de sociedades assoladas por violência generalizada, corrupção e disparidades econômicas assombrosas.

Algumas distorções advêm de vícios dos operadores do sistema, Estados, ONGS e peritos, decorrentes do próprio discurso dos direitos humanos nos termos em que tem sido praticado. São essas distorções menos reconhecidas, internas ao sistema, que pretendo aqui abordar, com base no que tenho visto no Cerd ao longo de treze anos.

ALGUNS ESCLARECIMENTOS

Para quem não tem familiaridade com o sistema de proteção aos direitos humanos das Nações Unidas, esclareço, muito

A HEGEMONIA LIBERAL CULTURALISTA NO DISCURSO... 119

simplificadamente, que ele se compõe de órgãos políticos, mecanismos de acompanhamento, instrumentos jurídicos e órgãos de tratados. Os órgãos políticos, compostos por Estados, incluem desde a Assembleia Geral, em Nova York, ao Conselho de Direitos Humanos, em Genebra, que por sua vez dispõem de comissões, grupos de trabalho e mecanismos a eles subordinados. Os mecanismos de acompanhamento de direitos humanos atualmente são muitos, mais de quarenta, compostos de relatores temáticos e relatores ou representantes especiais para situações de países específicos. Todos esses mecanismos são estabelecidos por resoluções da Assembleia Geral ou do Conselho de Direitos Humanos, que não chegam a constituir instrumentos de Direito. Instrumentos jurídicos são os tratados, pactos ou convenções (praticamente sinônimos) de direitos humanos, adotados pela Assembleia Geral, a que os Estados se ligam soberanamente, por meio de ratificação ou adesão, às vezes com reservas. São eles que formam o Direito Internacional dos Direitos Humanos, com força obrigatória para os respectivos Estados-partes. Cada um dos principais instrumentos jurídicos desse sistema internacional conta com um comitê – "órgão de tratado" – por ele próprio criado, para a supervisão da aplicação de suas disposições. Diferentemente dos órgãos políticos, os órgãos de tratados têm funções definidas pela respectiva convenção ou pacto e são integrados por indivíduos, indicados como candidatos pelos governos interessados, mas eleitos em reunião do conjunto dos Estados-partes convocada para esse fim. Exercem suas funções a título individual, na qualidade de "peritos independentes", que devem atuar de conforme os ditames exclusivos de suas consciências.

O Cerd é o órgão de tratado da Convenção Internacional Sobre a Eliminação de Todas as Formas de Discriminação Racial, de 1965, primeiro dos grandes tratados de direitos humanos adotada pelas Nações Unidas[2]. Seu comitê de peritos, previsto no artigo 8º da Convenção, foi empossado pela primeira vez em 1970, tornando-se o primeiro órgão de tratado a funcionar e servindo de modelo aos demais. Seu funcionamento,

---

2   Resolução 2.106A da Assembleia Geral, de 21 de dezembro de 1965. Seu texto, assim como o de todos os demais documentos citados neste artigo, pode ser consultado, nas línguas oficiais da ONU, na *homepage* do Alto Comissariado Para os Direitos Humanos: <www.ohchr.org>.

sempre louvado, a par de avanços para o tratamento de discriminações, reflete distorções típicas de cada época, que ecoam e fortalecem contradições do discurso dominante na área dos direitos humanos. Algumas das contradições atuais, que não são exclusivas do Cerd, vão contra conceitos básicos e podem ter efeitos adversos aos objetivos perseguidos. A maioria resulta de alterações que foram impostas aos poucos à ideia dos direitos humanos como direitos de todas as pessoas físicas, cuja titularidade advém do simples fato de serem humanas.

Ao discorrer sobre essas distorções, não o faço como exercício intelectual distante, nem em ato de traição ao comitê. Nele venho assinalando tudo há anos, em plenário e em reuniões fechadas. Infelizmente, minhas observações têm caído em ouvidos moucos, ou então, como é típico em situações de hegemonia, são logo mal interpretadas. Apesar desses contratempos, não posso abrir mão de minhas posições. Se a crítica não for feita por quem se dedica com convicção ao tema dos direitos humanos, ela continuará monopólio de seus detratores. Estes obtêm receptividade fácil numa opinião pública decepcionada com a democracia e cansada do discurso humanista desgastado.

O presente estudo não tentará abordar toda a complexidade dos problemas. Limitar-se-á a indicar aspectos que se manifestam dentro do sistema, vistos de dentro do Cerd. E, para situar no tempo histórico o que digo, recordo que a sessão de agosto de 2014 do Cerd teve por pano de fundo uma série de acontecimentos chocantes. Nas três semanas em que os dezoito peritos iriam examinar, em Genebra, relatórios dos Estados Unidos e do Iraque, assim como de El Salvador, Peru, Japão e Estônia, a respeito da aplicação doméstica da Convenção Sobre a Eliminação de Todas as Formas de Discriminação Racial, os noticiários ostentavam matérias sobre motins raciais nos Estados Unidos, em reação à morte de jovem negro norte-americano por policial branco em Ferguson, Missouri, e sobre operações dos "jihadistas" que haviam proclamado um "Estado Islâmico" em territórios do Iraque e da Síria. Às imagens desses eventos "novos" naquela época, acresciam outras, impressionantes, de velhos conflitos, como os maciços bombardeios israelenses em Gaza, e da insurreição dos russos no leste da Ucrânia.

ORIGENS INTERNAS DOS DEFEITOS

De acordo com a definição do artigo 1º da Convenção Internacional, a expressão "discriminação racial" significa, para esse instrumento jurídico de direitos humanos, "qualquer distinção, exclusão, restrição ou preferência baseada em raça, cor, descendência ou origem nacional ou étnica..."

Com a cabeça da época em que a elaboraram, nos anos 1960, os redatores dessa convenção conheciam perfeitamente o sentido de cada um desses termos. Jamais lhes ocorreria que a palavra "raça", de conotação muitas vezes positiva, pudesse ser encarada como "politicamente incorreta": uma invenção da Europa para justificar a colonização dos afro-asiáticos. Nem se sonhava com a recente negação científica da raça, por meio da comparação de diferentes amostras de códigos genéticos. Muitos Estados europeus celebravam a Data Nacional como "Dia da Raça" para expressar as virtudes ímpares da nacionalidade respectiva. Tampouco se podia imaginar que "cor", algo tão perceptível, fosse expressão usada somente por elementos racistas para encobrir preconceitos e discriminações epidérmicas. De "etnias" e "culturas" falavam profissionais da antropologia para evitar menção a "tribos", sempre africanas, nativas ou orientais não "civilizadas". Nas populações dadas como civilizadas, "tribos" eram "nações", não deixando o mencionado texto de referir-se, ainda hoje corretamente, às discriminações com base em origem nacional.

Mais difícil de entender, porque polissêmica, era a discriminação por "descendência". Para democratas republicanos talvez esse tipo de discriminação fosse da nobreza e da aristocracia contra a plebe. Para socialistas e comunistas poderia decorrer de herança patrimonial burguesa e pertencimento a classe econômico-social elevada contra classes inferiores e o operariado sem classe. Há quem afirme, e assim parece constar dos registros, que a expressão "descendência" foi incluída no texto do artigo 1º por delegados da Índia que, em fase mais secular do que agora, desejavam ajudar o governo indiano nos esforços para abolir o sistema hindu de estratificação social por castas hereditárias – mantido pelo colonizador e defendido por Ghandi, hinduísta assumido. Os indianos atuais negam tal paternidade[3].

---

3   Reflexo das tendências pós-seculares ligadas à supervalorização das identidades na atualidade, os delegados e peritos indianos, além de negarem essa versão ▶

É PRECISO SALVAR OS DIREITOS HUMANOS!

"Cultura", com sentido etnológico, era algo a que as pessoas tinham direito "de participar livremente"[4], não um conjunto de características comunitárias que se impunham como marca de identidade. O significado mais comum do vocábulo era aproximado ao de "erudição", envolvendo artes e ciências. De "etnicidade" não se falava, pois é anglicismo de vulgarização recente. Muito menos de discriminação racial por religião, algo semanticamente absurdo.

Motivados de perto pelo movimento pelos direitos civis dos negros norte-americanos, pelas lutas anticolonialistas na Ásia e na África, pela mobilização internacional contra o *apartheid* sul-africano, inspirados pelo igualitarismo laico da Declaração Universal dos Direitos Humanos e desejosos de superar particularismos passíveis de impedir o desenvolvimento e a modernidade, os redatores da definição do artigo 1ª não incluíram discriminações "com base em religião". Ela não cabia no projeto nem parecia necessária. O antissemitismo, sobretudo após o Holocausto perpetrado pela Alemanha nazista, era considerado uma forma sinistra de racismo, mas não em função da religião hebraica. Muitos dos judeus na Diáspora, inclusive sionistas, eram resoluta e assumidamente ateus. A discriminação contra árabes e turcos, sempre associados mentalmente pela Europa ao inimigo histórico nas Cruzadas e no Império Otomano, é antiga. Os antagonismos religiosos, no Oriente Médio e no Ocidente, remontam a tempos bíblicos. Na Ásia e no Oriente eles também sempre existiram. Entretanto, a discriminação por motivo de religião, particularmente contra muçulmanos de todos os matizes, procedências e nacionalidades, disseminou-se como uma nova forma de racismo no então chamado Primeiro Mundo em tempos posteriores à adoção pela ONU da Convenção, em 1965.

Foi a partir da referência à discriminação "com base em origem étnica" do artigo 1º que os membros do Cerd expandiram e atualizaram substancialmente o mandato do comitê na década

> ▷ (sem maiores explicações), rejeitam, com argumentos lógicos, a competência do Cerd para tratar desse tipo de discriminação, não racial nem nacional nem étnica, de que são vítimas especialmente os dalit, antes chamados "párias".

4   Artigo 27 da Declaração Universal de 1948. Daí advém a expressão "direitos culturais", de que as pessoas – não as culturas – são titulares, em sequência ao direito à instrução, consagrado no artigo 28.

A HEGEMONIA LIBERAL CULTURALISTA NO DISCURSO... 123

passada. Interpretando a religião como um dos componentes da "etnicidade", ou seja, como um dos elos de identificação e do sentido de pertencimento a uma comunidade definida – equivalente a "Cristandade", não a "cristianismo" ou "judaísmo", o Islã é, por definição, a comunidade dos fieis "submissos a Deus" (muçulmanos) –, o Cerd passou a tratar também de discriminações "raciais" com base em religião.

Essa interpretação extensiva do termo "etnia" pelo comitê foi saudável, porque necessária para abordar, sem maior constrangimento jurídico, as formas contemporâneas de discriminação "racial" não previstas na Convenção, que, como já vimos, é de 1965. O Cerd foi, por sinal, o primeiro órgão do sistema das Nações Unidas a alertar, em declaração oficial, para os efeitos colaterais, em termos de ações e discriminações, que poderia ter a "guerra contra o terror" desencadeada por Washington em reação aos atentados de Onze de Setembro de 2001[5]. Graças a essa interpretação, explicitada pelos peritos na arguição às delegações, com assentimento implícito de quase todas, o comitê aborda não somente as discriminações contra muçulmanos e israelitas na Europa e nas Américas, mas também as restrições, discriminações e perseguições a seguidores de crenças minoritárias em qualquer país ou região. Com algumas objeções, o Cerd comenta e faz recomendações a respeito das limitações ao cristianismo na Arábia Saudita, a discriminações contra os bahai no Irã, a perseguições inter-religiosas e sectárias de qualquer teocracia ou país de religião oficial[6]. Graças a ela o Comitê pôde, em agosto de 2014, em procedimento de alerta e ação urgente, abordar a situação do Iraque atacado pelas forças do Isis.

A distorção da interpretação da discriminação "com base em etnia", assim como de outros aspectos do trabalho, ocorreu em

5   O texto da Declaração pode ser lido no relatório da 60ª Sessão, documento das Nações Unidas A/57/18, *Report of the Committee on the Elimination of Racial Discrimination*, 60th-61st Sessions, 2002, p. 106-107.

6   Esse tipo de atuação do Cerd não se confunde com o acompanhamento da liberdade de religião, consagrada na Declaração Universal e regulamentada pelo Pacto Internacional de Direitos Civis e Políticos. A supervisão dessa liberdade fundamental, que inclui o direito de mudar de religião ou crença, incumbe, como órgão de tratado, ao Comitê de Direitos Humanos. Fiz exame mais acurado da matéria em meu livro *Viagens no Multiculturalismo*, especialmente no capítulo v.

124 É PRECISO SALVAR OS DIREITOS HUMANOS!

fase recente, tendo se iniciado em ocasião difícil de identificar, certamente depois da virada do século. Seguindo a onda liberal de vertente culturalista que se expandia na esfera social desde meados dos anos de 1990, o Cerd passou aos poucos a dar mais atenção às etnias como comunidades a serem mantidas intactas do que às manifestações do racismo contra elas. Demonstrando mais preocupação com a proteção de minorias, com recomendações minuciosas sobre questões linguísticas, religiosas, até patrimoniais, essa tendência, que explicitarei adiante, atribui a grupos populacionais específicos caráter de coletividades de cultura intangíveis. Em função desse "essencialismo" cultural deslocado, mais de competência da Unesco do que de um órgão de direitos humanos, algumas das práticas recomendadas para situações específicas aparecem como se fossem regras uniformes, aplicadas a todos os casos, como se a realidade devesse sempre amoldar-se a um parâmetro nunca definido na convenção.

Recordo-me de dois momentos ilustrativos, dessa modificação de postura, assim como de minha inocência, quando, ainda relativamente novo no comitê, eu acreditava ser factível uma correção não problemática de rumos.

O primeiro ocorreu na sessão de inverno de 2004, quando a Espanha apresentou seu 17º relatório periódico, tendo cabido a mim a função de relator pelo Comitê[7]. Havendo escutado, junto com colegas, queixas de pessoas e ONGS acreditadas junto ao secretariado para isso, preparei, conforme me pareceu melhor, o anteprojeto de Observações Finais, com recomendações, a serem encaminhadas a Madri. Quando o plenário entrou no processo de aprovação das observações, um dos colegas indagou por que eu não havia incluído recomendação sobre queixa formulada por um grupo de pessoas procedentes de Valência, muito bem vestidas, com roupas luxuosas e joias, de que se consideravam discriminadas porque eram hispano-falantes e não podiam receber instrução em sua língua nas escolas públicas da região. Respondi que não o fizera porque não me

---

7 O relator, voluntário ou escolhido pelos pares, tem a tarefa de informar-se, com mais atenção do que os demais, sobre a situação do país, cabendo-lhe resumir oralmente o que lhe pareça mais importante, inclusive das queixas. Incumbe-lhe, também, a responsabilidade principal pelas Observações Finais, aprovadas pelo comitê e encaminhadas ao governo.

A HEGEMONIA LIBERAL CULTURALISTA NO DISCURSO... 125

parecia adequado ao Cerd, um órgão internacional de direitos fundamentais, envolver-se nesse tipo de controvérsia que não é necessariamente racista. Especialmente num Estado-parte democrático com problemas incomparavelmente mais graves, inclusive na acolhida ao enorme fluxo de migrantes irregulares, muitos dos quais já se afogavam na travessia do Mediterrâneo. Naquele momento minha explicação funcionou, e as Observações Finais seguiram como eu preferia. Hoje, dez anos depois, tenho dúvidas de que o conseguisse.

Outro momento de que me recordo bem ocorreu na 67º Sessão, em 2005. Desde que ingressara no Comitê, em 2002, diante de certas recomendações que me pareciam sem sentido, vinha eu insistindo na necessidade de realizarmos um debate interno sobre o que desejávamos quando falávamos de "multiculturalismo" e propúnhamos iniciativas enquadradas nesse conceito. Dizia eu que precisávamos saber se o comitê buscava, conforme a convenção, a integração das minorias na sociedade maior, guardando elas o essencial de suas culturas com observância às regras abrangentes, ou se preferíamos mantê-las separadas com suas culturas intocáveis. Parecia-me absurdo fazermos recomendações iguais a todos os Estados sem atentarmos para as diferentes situações e condições reais de cada um. Afinal, essa era a crítica tradicionalmente feita pelos marxistas históricos aos "direitos do Homem", que, sem atenção para a situação econômico-social, pareciam direitos de um homem abstrato.

Passei dois anos propondo esse tipo de debate. Ele finalmente ocorreu, em agosto de 2005, tendo por base texto informal que eu havia redigido e circulado entre os colegas seis meses antes[8]. A maioria pareceu concordar com minhas apreensões, renovadas pela ampla repercussão do assassinato do cineasta holandês antimuçulmano Theo Van Gogh por um cidadão neerlandês de origem marroquina, em novembro de 2004. Ao contrário, porém, do verificado em outros debates, por mais que o então presidente do Comitê (o perito argentino Mario Yutzis, humanista na melhor acepção do termo) recomendasse a preparação de um projeto de Observação Geral sobre o assunto, ninguém se dispôs a trabalhar comigo na redação de qualquer

8   Publicado como apêndice em meu livro *Viagens no Multiculturalismo*, p. 245-248.

126   É PRECISO SALVAR OS DIREITOS HUMANOS!

texto que orientasse os peritos e os Estados sobre matéria. Afinal, todos sabiam que o objetivo final da convenção, tal como o de seus inspiradores de primeira linha, como o Movimento Pelos Direitos Civis nos Estados Unidos e o ANC integracionista de Nelson Mandela, sempre fora a igualdade das pessoas acima de raças e culturas, não as diversidades comunitárias em coexistência pacífica. E todos se lembrariam do célebre discurso de Martin Luther King na Marcha sobre Washington de 1963, sonhando com o dia em que as pessoas seriam julgadas pelo conteúdo de seu caráter, não por sua cor. O "mosaico de etnias", de que se começou a falar na década de 1990, assemelhava-se demais ao sistema do *apartheid* para ter sido cogitado até então. Adaptado depois à linguagem antropológica das etnias, difundida sob a denominação imprecisa de "multiculturalismo", o modelo do mosaico ainda não era dogma em 2005, mas já se havia consagrado na doutrina do novo progressismo.

O "debate" no Cerd, realizado quase como monólogo, não conseguiu levar a nada. Hoje provavelmente ele nem seria realizado nos termos propostos, dissonantes da hegemonia formada.

AS DISTORÇÕES DAS RECOMENDAÇÕES GERAIS

Em funcionamento desde 1970, quando tomaram posse os primeiros peritos, o Cerd adota, desde 1972, sob a denominação de Observações Gerais, recomendações interpretativas destinadas a esclarecer termos da convenção e para consolidar práticas úteis a seu trabalho de aferição de discriminações nos países em pauta.

Vistas em retrospecto, acredito poder dizer que a mais importante de todas as Observações Gerais (antes chamadas "Recomendações Gerais") foi a segunda de 1972[9]. Ela esclareceu a necessidade de todos os Estados-partes descreverem, de acordo com o artigo 9º da convenção, as medidas adotadas contra a discriminação racial, não se eximindo delas aqueles cujas legislações não segregavam. Alguns países – entre os quais o Brasil – argumentavam que, como não dispunham

9   Cerd, Fifth Session, *General Recommendation II Concerning States Parties' Obligations*, cujo texto pode ser lido na *homepage*: <www.ohchr.org, 1972>.

de legislação segregacionista como a da África do Sul (ou as do Sul dos Estados Unidos até as décadas de 1950-1960), não precisariam adotar tais medidas. Com essa Observação Geral e a prática dela decorrente, consagrada ao longo dos anos, o Cerd foi fundamental para fazer ver ao mundo que a questão do racismo e das discriminações, muitas vezes praticadas por pessoas físicas e jurídicas de direito privado, era um problema universal, não se limitando aos sistemas constitucionais então em vigor na África Austral[10]. Em função da recomendação geral n. 2, o Cerd até hoje rejeita, com propriedade, afirmações de que no país examinado não existam discriminações raciais. Isso representa, sem dúvida, uma contribuição ponderável à consecução dos objetivos da convenção.

Outra Observação Geral com consequências sensíveis, mas díspares, foi a quarta, adotada em 1973, que solicitava aos Estados--partes a inclusão nos relatórios de "informações relevantes sobre a composição demográfica da população conforme referida nas estipulações do artigo 1º da convenção"[11], ou seja, o fornecimento de informações por setor divididas pelos segmentos passíveis de discriminação por motivo de raça ou cor, descendência, origem nacional ou étnica. Adotada numa fase em que muitos países negavam a existência de discriminação no âmbito doméstico – o Brasil se apresentava então como uma "democracia racial" e era assim reconhecido no exterior –, tal recomendação visava a permitir ao Cerd a observação comparativa de dados estatísticos desagregados entre cada categoria étnica ou racial da popula-ção. Instrumento útil para tornar mais visíveis desequilíbrios estruturais, especialmente socioeconômicos, que afetam grupos populacionais em condições de inferioridade, tais estatísticas, quando disponíveis, ajudam os Estados a adotar preferências temporárias, na forma de quotas ou outras, em setores como os de educação, emprego etc. "Medidas especiais" nessa linha, inspira-das na experiência então recente dos Estados Unidos (conhecidas pela expressão genérica "ação afirmativa", utilizada em discurso

---

10 O entendimento de que a convenção era voltada contra o *apartheid* e casos assemelhados, ou seja, contra aberrações, foi um dos fatores que levou a sua rápida aceitação, apesar do sistema de acompanhamento inédito e "intrusivo", por muitos signatários.

11 Cerd, Eighth Session, *General Recommendation IV Concerning Reporting by States Parties* (art. Iº of the Convention), 1973.

128 É PRECISO SALVAR OS DIREITOS HUMANOS!

do presidente Kennedy), são contempladas na convenção pelos artigos 1º, parágrafo 1, e 2º, parágrafo 2, em favor de "certos grupos raciais ou de indivíduos pertencentes a esses grupos", com a condição de que não se eternizem a ponto de gerar situação discriminatória em sentido contrário.

É evidente que estatísticas desagregadas, embora facilmente manipuladas, são úteis para os Estados que as adotam e para os movimentos sociais que as pleiteiam. É claro também que, quando disponíveis para atender necessidades domésticas, podem, em teoria, auxiliar o Cerd a aferir a situação do país examinado. Há, porém, pelo menos, dois tipos de casos em que a apresentação de tais estatísticas se revela problemática, tornando sua cobrança contraproducente. O primeiro tipo é mais comum na Europa e na Ásia; o segundo se aplica à África, onde os Estados são recentes e a nacionalidade, uma aspiração incipiente.

AS DISTORÇÕES EM RECOMENDAÇÕES À EUROPA

O primeiro grupo é composto por Estados que, conscientes da predisposição racista e chauvinista da população majoritária, entendem que a classificação da população por segmentos categorizados tende a aumentar os riscos de segregação, perseguição e violência. Nessa linha, a própria indagação sobre a autoidentificação de cada indivíduo[12] é desaconselhada pela União Europeia aos países membros, porque facilita o enquadramento em grupos objeto de preconceito e rejeição. Antes decorrente do interesse republicano na assimilação de minorias pelo modelo de Estado Nacional disseminado pela Revolução Francesa, e atualmente resultante de motivos preventivos, o fato é que quase todos os países europeus evitam indagar e indicar em documentos oficiais a identidade étnica ou a fé religiosa das pessoas. Quem faz tal rotulação, geralmente estereotipada, é a imprensa, ou o público, não os governos. A classificação de imigrantes e sua prole, quando existente, é feita somente pela

---

12 Único método legítimo para o Comitê, "se não houver justificação em contrário". Cerd, *General Recommendation VIII Concerning the Interpretation of Article 1, Paragraphs 1 and 4 of the Convention* –Thirty-Eighth Session, Report of the General Assembly, doc. A/15/18, 1990.

A HEGEMONIA LIBERAL CULTURALISTA NO DISCURSO...   129

nacionalidade de origem. Mas isso não satisfaz ao Cerd, que continua a exigir de todos dados desagregados também por raça, cor, etnia e descendência, em diferentes setores. Além de fazê-lo quando da consideração dos informes periódicos de cada um, recomendação nesse sentido se acha reiterada nas diretrizes para elaboração de relatórios, atualizadas em 2007 nos seguintes termos, em versão espanhola da ONU[13]:

Muchos Estados consideran que, al realizar un censo, no deben destacar factores como la raza para que esto no refuerce las divisiones que desean superar o afecte normas relativas a la protección de datos personales. Para evaluar los progresos alcanzados en la eliminación de la discriminación basada en la raza, el color, la ascendencia o el origen nacional o étnico (en adelante discriminación racial), es necesario que el documento específico para el Comité contenga alguna indicación sobre el número de personas que podrían ser tratadas de manera menos favorable a causa de esas características. Por consiguiente, se pide a los Estados que no reúnen información sobre esas características en sus censos que aporten información sobre las lenguas maternas que se hablan habitualmente o otros indicadores de la diversidad étnica, junto con cualquier información sobre la raza, el color, la ascendencia o el origen nacional o étnico que se obtenga mediante encuestas sociales. En ausencia de una información cuantitativa, debería proporcionarse una descripción cualitativa de las características étnicas de la población. Se aconseja y alienta a los Estados a que elaboren metodologías apropiadas para recopilar la información pertinente.[14]

A insistência do Cerd é, em princípio, instruída por intenções positivas. Por isso, sem pormenorizar o que entende por "indicadores" satisfatórios, nem explicitar o que seria uma "descrição qualitativa das características étnicas da população", o comitê continua a cobrar estatísticas desagregadas indiscriminadamente, inclusive daqueles que não fazem tal levantamento, como se elas fossem uma determinação estipulada no texto da convenção. Muitos dos Estados-partes sem recenseamento do tipo desejado já registram cálculos aproximados nos informes, além de descreverem programas e medidas especiais em apoio a imigrantes e integrantes de minorias, reconhecidas formalmente

13 Doravante, nas citações de alguns documentos, para garantir tanto a fidelidade do registro quanto a melhor compreensão do leitor brasileiro, utilizaremos as versões oficiais em espanhol.

14 Documento CERD/C/2007/1, parágrafo 11, distribuído em 18 de junho de 2008.

ou não. O Comitê, nesses casos, não leva em consideração as razões legítimas que induzem os Estados respectivos a evitar e até proibir tais censos. Nem parece notar que, ao fazer tal cobrança, juntamente com outras recomendações de estímulo às diferenças, está indiretamente dando força ao populismo que explora a presença de minorias como ameaças à nacionalidade. Tal populismo tem formas de expressão variadas, algumas legitimadas por sufrágio dito universal, em partidos que se servem de xenofobia e racismo como bandeiras políticas. Sem que eu pretenda aqui atribuir relações diretas de causa e efeito, o fato inegável é que todas essas manifestações etnocêntricas vêm-se intensificando perigosamente, assim como o fundamentalismo religioso de diversas crenças, em paralelo à intensificação do discurso diferencialista, originalmente liberal, hoje intolerante com as opiniões divergentes.

Apenas para utilizar exemplos recentes de recomendações principistas, decorrentes da obsessão cultural essencialista, cito duas amostras, envolvendo países europeus: Luxemburgo e Polônia. Em ambos os casos, a recomendação, ao evidenciar a alienação dos "peritos", tende somente a desacreditar o próprio Comitê.

Situado entre França, Bélgica e Alemanha, o pequeno país denominado Grão-Ducado de Luxemburgo, com somente 2.524 quilômetros quadrados e quase mil anos de história, é hoje remanescente moderno, democrático e multicultural do antigo sistema feudal predominante na Europa. Com população total de 524 mil habitantes, 229 mil ou 43,8% dos quais são estrangeiros, Luxemburgo tem idioma nacional luxemburguês e como línguas administrativas adicionais o francês e o alemão. Não faz levantamento estatístico nos termos previstos pelo Cerd, nem precisaria, de um ponto de vista lógico. Se o fizesse, nenhum dos peritos do comitê teria condições de examinar as características socioeconômicas comparativas de cada segmento étnico, distribuídas pelas 170 nacionalidades dos estrangeiros que lá residem[15]. Apesar disso, o comitê não hesitou ao adotar, em março de 2014, a seguinte recomendação a Luxemburgo:

---

15 Os números aqui citados são extraídos do informe de base do Grão-Ducado de Luxemburgo, que serve a todos os órgãos de direitos humanos; cf. Doc. HRI/CORE/LUX/2013, 22 Feb. 2013.

A HEGEMONIA LIBERAL CULTURALISTA NO DISCURSO... 131

El Comité toma nota de que, por razones filosóficas e históricas, el Estado parte no reúne datos de carácter étnico sobre la población que vive en su territorio. Sin embargo, el Comité observa con preocupación que en el informe del Estado parte no se facilita información sobre los indicadores socioeconómicos de los diferentes grupos de población que viven en su territorio, desglosados por origen nacional o étnico (art. 1).

De conformidad con los párrafos 10 a 12 de las directrices revisadas relativas al documento específicamente destinado al Comité (Cerd/C/2007/1) y teniendo en cuenta su Recomendación General N. 24 (1999) relativa al artículo 1 de la Convención, el Comité recomienda al Estado parte que reúna y publique datos estadísticos fidedignos, actualizados y completos sobre los indicadores socioeconómicos, desglosados por origen nacional o étnico, en particular sobre los inmigrantes y los refugiados, a partir de encuestas o censos nacionales basados en la autoidentificación, a fin de que el Comité pueda evaluar mejor el disfrute en Luxemburgo de los derechos amparados por la Convención.

El Comité recomienda igualmente al Estado parte que ponga en funcionamiento instrumentos de recopilación de datos y rinda cuentas de los avances logrados en este sentido en su próximo informe.[16]

A cobrança de "conformação" com os parágrafos citados das diretrizes nesse caso, muito mais do que a posição do Grão--Ducado constituiu, ela sim, uma distorção dos objetivos da Convenção. Conforme tenho assinalado sempre, para os colegas, a norma positiva cogente é a convenção, ratificada pelos Estados-partes, não observações e diretrizes aprovadas "consensualmente" pelos membros do comitê a título de orientação. Os "peritos" precisam, ao contrário, ater-se ao espírito da norma ao supervisionar sua aplicação em cada caso. Não cabe a eles – não digo "a nós" porque protesto contra isso – criar moldes uniformes para todas as situações. Não somos eleitos como juízes, nem podemos estabelecer "jurisprudência".

Enquanto com relação a Luxemburgo a insistência do Cerd produziu uma impropriedade inconsequente, com relação à Polônia a atitude foi mais grave. O comitê não atentou para a delicadeza do assunto nesse país populoso de história turbulenta, governado pela centro-direita desde o fim do regime comunista. Lá, como em outros países euroasiáticos, o Estado

---

16 Cerd, *Concluding Observations on the Combined Fourteenth to Seventeenth Periodic Reports of Luxembourg*, doc. CERD/C/LUX/CO 14-17, 13.03.2014 (par. 6). Adianto que nesta e em todas as demais citações de observações finais o grifo é do original.

faz questão de ressaltar sua "relativa homogeneidade"[17], sem ocultar o ressurgimento de manifestações racistas, neonazistas e antissemitas – com um aspecto *sui generis* da Polônia chamado "antissemitismo sem judeus". Desconsiderando os efeitos colaterais prováveis, em tais circunstâncias, de um recenseamento baseado na autoidentificação, cuja razão de não realização o governo já explicitara, e esmaecendo com isso recomendações oportunas para enfrentar os problemas, o Cerd iniciou as recomendações a Varsóvia, em março de 2014, nos seguintes termos:

El Comité lamenta la falta de información actualizada sobre la composición étnica de la población tras el censo nacional de 2011, en particular de indicadores socioeconómicos pertinentes que permitan evaluar el goce por todos, en condiciones de igualdad, de los derechos reconocidos en la Convención (arts. 1 y 5).

Si bien toma nota de la relativa homogeneidad de la población de Polonia, el Comité solicita al Estado parte que facilite datos estadísticos detallados y actualizados sobre la composición étnica de la población de conformidad con sus directrices revisadas para la presentación de informes (Cerd/C/2007/1). También le pide que informe sobre las conclusiones del estudio posterior al censo sobre la identidad nacional de la población. En relación con este, y a la luz de su Recomendación general N. 8 (1990) sobre la manera en que se define la condición de miembro de un determinado grupo, o grupos raciales o étnicos, el Comité destaca la importancia primordial de la definición hecha por las personas que pertenecen a un determinado grupo racial o étnico.[18]

Não parecem difíceis de entender os riscos que o cumprimento dessa recomendação poderia implicar para pessoas que o Cerd tem por mandato defender, na Polônia, como na Alemanha, nos Países Baixos, na Grécia, na Rússia, na Hungria, e em todos os demais países em que o fascismo vem reemergindo com apoio popular. Não seria mais lógico evitar esse tipo de recomendação cuja única justificativa é uma diretriz formulada pelo próprio comitê? A hegemonia "liberal" não o permite.

---

17 A Polônia tem 38,1 milhões de habitantes, numa área de 312 mil km². Pelo censo de 2002, esse Estado, autodeclarado "relativamente homogêneo", havia confirmado a existência de minorias expressivas alemã (147 mil pessoas), belarrussa (47 mil) e ucraniana (27 mil), assim como outras pouco numerosas, como a judia, com somente 1.055 pessoas; cf. Doc. HRI/CORE/POL/2012, 04.03.2013.

18 Doc. CERD/C/POL/CO/20-21, 19.03.2014 (par. 6).

A HEGEMONIA LIBERAL CULTURALISTA NO DISCURSO... 133

É essa mesma hegemonia da "tolerância pós-moderna" – despercebida por seus seguidores como em qualquer outra situação de hegemonia no sentido gramsciano do termo, nem por isso menos potencialmente nefasta – que leva o Cerd a manter a exigência de divisões populacionais por etnias a países africanos. Inclusive àqueles cujas divisões étnicas dos nativos, impostas pelos regimes anteriormente vigentes, haviam sido combatidas pelos mesmos liberais antirracistas: África do Sul e Namíbia[19].

AS DISTORÇÕES APLICADAS A PAÍSES AFRICANOS

Não é necessário recorrer a estudos aprofundados para entender que os atuais Estados africanos, assim como muitos dos asiáticos, resultam de divisões territoriais herdadas do sistema colonial. Todos tiveram suas fronteiras arbitrariamente traçadas pelas antigas "metrópoles" sobre áreas ocupadas por populações nativas. Daí a política realista adotada por todos os governos, após atingirem a independência, de construir "nacionalidades" acima das etnias existentes no território, utilizando como instrumento de comunicação geral o idioma do colonizador. Por

---

19 Para não tornar o texto demasiado pesado, cito nesta nota as observações aos dois países mais emblemáticos, cujos relatórios pós-*apartheid* foram examinados em 2006 e 2008, respectivamente:

África do Sul: "Si bien reconoce las razones históricas aducidas por el Estado Parte para no recopilar datos desglosados sobre los grupos étnicos que integran su población, el Comité señala que, en ausencia de información desglosada sobre la composición demográfica de su población, no puede obtenerse una imagen adecuada de la diversidad de la sociedad de Sudáfrica ni apreciarse de manera precisa si los distintos grupos étnicos disfrutan efectivamente de los derechos consagrados en la Convención (art. 1).

El Comité recomienda que el Estado Parte procure incluir, en su próximo informe periódico, una descripción cualitativa de la composición étnica de su población, en particular sobre los pueblos indígenas y los no ciudadanos..." (doc. CERD/C7ZAF/CO/3, distribuído em 19.10.2006, par. 11);

Namíbia: "El Comité observa con preocupación la escasez de datos socioeconómicos proporcionados en el presente informe, y subraya la importancia y el valor que confiere a esa información.

El Comité recomienda al Estado parte que adopte todas las medidas necesarias para garantizar que en el próximo informe se proporcionen datos socioeconómicos pertinentes para la supervisión de la aplicación de la Convención..." (doc. CERD/C/NAM/CO/12, distribuído em 22.09.2008, par. 9). O texto não chega a pedir "informaciones desglosadas" porque me opus veementemente a isso.

mais que tal política pudesse, em certos casos, implicar a supremacia de uma tribo sobre outras, não era falsa, nem causava constrangimento, a afirmação de que o tribalismo era um mal a ser extirpado, tão daninho quanto o colonialismo.

Na África, como nos demais continentes, acreditava-se seriamente, até o fim da Guerra Fria, que o desenvolvimento econômico tenderia a terminar com disparidades sociais. Não se tratava de uma crença marxista, alimentada pelos regimes comunistas no poder nem de um artifício de dominação manipulado por governos arbitrários. Era uma convicção logicamente bem fundada, que inspirava militantes sérios de direitos humanos de orientações variadas. Com base nela, os negociadores consequentes do sistema internacional estabelecido desde a Declaração Universal de 1948, havendo incluído direitos econômicos e sociais no rol dos direitos fundamentais, passaram a insistir na indivisibilidade, inter-relação e interdependência de todos os direitos humanos[20]. A rejeição a tal convicção, esboçada por intelectuais e estudantes da "contracultura" do Ocidente na década de 1970, somente se generalizou aos poucos, quando as ideias embutidas na teoria da "pós-modernidade" extravasaram dos *campi* universitários para movimentos sociais. Isso ocorreu em simultaneidade despercebida com a afirmação gradual do neoliberalismo econômico. Originada da experiência racialista norte-americana, acrescida de contribuições canadenses sobre o conceito de "multiculturalismo" – originalmente elaboradas para evitar a secessão do Quebec –, a rejeição a esse entendimento racional ganhou popularidade com o fim do chamado "socialismo real" e adquiriu vigor na metade da década de 1990. Nessa época, o "consenso de Washington" pregava ostensivamente o fim do "Estado de bem-estar social", formulado por Keynes em reação à crise de 1929. Hoje o "consenso" não precisa mais pregá-lo, apenas o executa, enquanto a rejeição ao racionalismo sociocultural desfruta de *status* hegemônico.

Em contracorrente a essa hegemonia, a maioria esmagadora dos Estados africanos, ao sul como ao norte do Saara,

---

20 Noção consagrada consensualmente na Conferência de Viena de 1993, que iria inspirar todas as demais grandes conferências das Nações Unidas na década de 1990; cf. J.A. Lindgren-Alves, *Relações Internacionais e Temas Sociais: A Década das Conferências*.

A HEGEMONIA LIBERAL CULTURALISTA NO DISCURSO... 135

ainda mantém, por necessidade e sem hesitação, a perspectiva de unidade nacional supracomunitária como objetivo legítimo. Cientes dos desequilíbrios tribais que já resultaram em conflitos violentos, todos se curvam à hegemonia discursiva, declarando--se multiculturais, ou "multiculturalistas", porque reconhecem a composição variada da respectiva cultura nacional. Demonstram, porém, compreensível ojeriza às divisões etnográficas de que antes se servia o colonizador. Recusam-se a apresentar estatísticas desagregadas, bem como a promover medidas especiais para grupos particulares, considerando improcedentes recomendações nesse sentido. A hegemonia "liberal" vigente, por seu lado, desconfiada de tudo o que soe a universalismo, desconsidera as posições desses Estados em prol da integração das etnias numa sociedade nacional.

As posturas contrárias à integração nacional na África, decorrentes de posições principistas ou destinadas a agradar militantes dos direitos de minorias, revelam-se hoje, no Cerd, irresponsavelmente fundamentalistas. Sem atinar para relações de causa e efeito, e com arrogância assemelhada à dos velhos colonizadores, descartam a possibilidade de boa-fé das lideranças nativas, algumas das quais sobreviventes de genocídio, e insistem em separações que, supostamente, estimulariam a "autoestima"[21]. Seu efeito prático, se as recomendações fossem seguidas, seria certamente o acirramento de disputas, que já levaram a conflitos violentos. Não é à toa que observadores sensíveis, de origens, especializações e orientações políticas diversas, alertam contra a "pureza cultural perigosa"[22], as "identidades assassinas"[23], a violência encoberta pela ideia de destino identitário[24]. Eles pensam em muitos casos, mas todos mencionam Ruanda e o genocídio de tutsis por hutus em 1994 por sua gravidade incomum. Por isso, para demonstrar as causas de

---

21 Uma prova adicional de que a obsessão cultural essencialista é hegemônica, no sentido que Gramsci atribuía ao termo: o relator para o exame do informe de Ruanda era perito africano, que nos corredores me garantia estar de meu lado quanto à necessidade de auxiliar os Estados na superação do tribalismo, e não notava o quanto recomendações desse tipo tendiam a estimular sua manutenção.
22 Cf. B.-H. Lévy, *La Pureté dangereuse*.
23 Cf. A. Maalouf, *Les Identités meurtrières*.
24 Cf. A. Sen, *Identity and Violence: The Illusion of Destiny*.

136   É PRECISO SALVAR OS DIREITOS HUMANOS!

minhas reservas, recordo aqui parte de três Observações Finais feitas a Ruanda pelo Cerd em 2011, após onze anos de falta de relatórios em função do genocídio que desarticulou o país:

Principales motivos de preocupación y recomendaciones

9. El Comité toma conocimiento de los esfuerzos realizados por el Estado parte para promover y lograr la reconciliación nacional y la cohesión social entre los distintos grupos que componen su población. También observa la orientación general del Estado parte marcada por el drama del genocidio de 1994, que consiste en renunciar a una percepción basada en las divisiones étnicas con el fin de lograr la unidad nacional. No obstante, el Comité se pregunta si la puesta en marcha de la reconciliación y la unidad nacional no es susceptible de resultar perjudicial para las características específicas de algunos grupos, en particular los batwa […]

10. El Comité toma nota de las explicaciones brindadas por el Estado parte en su informe (Cerd/C/rwa/13-17, párrafos 5 a 13), y confirmadas por la delegación del Estado parte, según las cuales los términos "batwa", "bahutu" y "batutsi" no se refieren a grupos étnicos sino a clases sociales. Además, se desprende de dichas explicaciones que la población ruandesa solo constituye un grupo étnico que comparte un mismo idioma y una misma cultura, por lo que no se puede determinar ningún dato étnico sobre su composición. No obstante, el Comité observa con preocupación la falta, en el informe del Estado parte, de datos estadísticos sobre la composición de la población, y sobre el número de no ciudadanos que residen en el territorio del Estado parte, así como sobre la situación socioeconómica de estos últimos.

[…] el Comité recomienda al Estado parte que facilite datos completos sobre el número de no ciudadanos que viven en su territorio y sobre su situación socioeconómica, desglosados por sexo y por origen nacional o étnico …

11. El Comité lamenta la posición del Estado parte de no reconocer a los batwa como un pueblo indígena.

Não quero, como se diz vulgarmente, "tapar o sol com a peneira". É evidente que muitos dos Estados africanos, senão todos, privilegiam os grupos e nações tribais daqueles que se encontram no poder – como ocorre com as elites oligárquicas das "classes sociais" hoje discursivamente renegadas, ou a velhas comunidades paroquiais, religiosas e regionais em quaisquer Estados. Como se fossem etnógrafos profissionais, peritos do Cerd prescrevem não somente a apresentação de dados desagregados para cada grupo, mas também outras iniciativas evidentemente fragmentadoras, contrárias à integração nacional desejada. A recomendação a Ruanda sobre o reconhecimento dos batwa como povo "indígena" (em francês, *autochtone*) não visa a proteger os direitos universais de seus membros, nem oferecer compensação por uma situação histórica de escravização ou algo parecido. Visa apenas a perpetuação desse grupo impreciso como etnia nativa, detentora de direitos coletivos, sem levar em conta a especificidade de um país que procura recompor-se de genocídio pavoroso. Da mesma forma, e sem levar em conta, pelo menos, os gastos exorbitantes que muitas das medidas recomendadas implicariam para países carentes, os peritos seguidores do credo hoje hegemônico exigem de Estados pobres iniciativas irrelevantes para quem quer que seja, baseadas em experiências de países ricos como os Estados Unidos, o Canadá ou a Irlanda – que decidiu exumar o gaélico como língua nacional. Demonstram, assim, uma obsessão diferencialista que os leva preconceituosamente a intuir preconceitos onde não se sabe se existem e a inventar diferenças onde elas praticamente inexistem.

Voltando agora a exemplo de 2014, para dar seguimento ao que acabo de dizer, refiro-me ao caso de Camarões, bem diferente de Ruanda, cujo último relatório periódico, ao se escreverem estas linhas, foi examinado na sessão de agosto.

Situado na África Central, entre o Golfo da Guiné, e o lago Chade, o Camarões tem fronteiras com o Chade, a República Centro-Africana, a Nigéria, o Gabão, a República do Congo e a Guiné Equatorial (país insular fronteiriço no Oceano Atlântico). Ex-colônia da Alemanha até a Primeira Guerra Mundial, foi depois atribuído pela Liga das Nações em protetorado à França e ao Reino Unido e, após a Segunda Guerra Mundial, às mesmas potências pelas Nações Unidas, em tutela; o Camarões independente, ou República dos Camarões, é laico e adota o francês e o inglês como idiomas oficiais. Na verdade, não haveria alternativa, em seu território de 475 mil quilômetros quadrados, onde coexistem 250 grupos com dialetos distintos e três religiões predominantes (católica 38,4%, protestante 26,3% e muçulmana 20,9%, sendo o animismo praticado por menos de 5%), perfazendo um total de 17,5 milhões de habitantes, segundo o censo de 2005. Chamada de "África em miniatura" em virtude

138 É PRECISO SALVAR OS DIREITOS HUMANOS!

de sua variedade geográfica, demográfica, religiosa e cultural, a atual república, para manter a paz dentro das fronteiras herdadas com tantos vizinhos problemáticos, segue uma política de "unidade e harmonia", necessária também para resistir a tendências separatistas dos anglófonos, 30% da população total. Os demais 70% são francófonos.

A República dos Camarões havia apresentado e defendido seu relatório anterior perante o Cerd em 2010, sem dados estatísticos classificados pelas etnias nativas, tendo sido criticada por isso. O novo relatório periódico, num cumprimento de prazos excepcionalmente pontual entre Estados-partes, foi encaminhado em 2013, circulado em janeiro de 2014 e defendido perante o comitê na sessão de agosto[25]. Neste, o governo prestava contas do que havia feito ou deixado de fazer com relação às recomendações feitas nas Observações Finais de 2010[26]. A propósito das estatísticas, o novo relatório confirmava que Camarões faz parte dos países que não levantam dados sobre raça e etnia nos recenseamentos e pesquisas sociais, uma vez que o levantamento de tais dados seria considerado discriminatório, além de pouco pertinente nas circunstâncias. As 250 etnias existentes são identificadas pelos dialetos respectivos e divididas em grandes grupos – bantus, semibantus e sudaneses –, cada qual composto de diversos subgrupos, distribuídos pelas regiões. A eles se acrescentam os pigmeus, habitantes nômades das florestas, de pequena estatura, que se dividem, por sua vez, em três etnias: *baka, bagyeli* ou *bakola* e *bezang*.

A simples menção a "pigmeus", no texto do relatório e em sua apresentação oral, em agosto de 2014, gerou mal-estar entre alguns peritos. Tentaram chamar o conjunto de *baka,* uma impropriedade, pois *baka* é autodenominação de apenas alguns desses grupos nômades de pequena estatura, enquanto todos se reconheceriam como pigmeus. Ou seja, o preconceito não estava embutido no nome usado pelo Estado, mas na atitude dos próprios peritos que evitavam usá-lo.

A propósito dos pigmeus e outras "minorias", desde as Observações Finais de 2010 o Cerd havia insistido para que

25 Cameroun: Dix-neuvième à vingt-et-unième rapports périodiques, Cerd/c/ cmr/19-21, 09.01.2014.
26 Doc. cerd/C/cmr/CO/15-18/crp.1, de 02.03.2010.

o Camarões adotasse legislação reconhecendo a categoria de "povos autóctones" no país, expressão alegadamente condizente com Recomendação Geral n. 23 (1997), em substituição ao conceito de "populações marginais", reputado "contrário ao espírito da convenção". Ao fazê-lo, o Cerd cometeu um dos casos mais flagrantes de tolice "politicamente correta". A República dos Camarões já adotava desde antes medidas especiais para o acesso à nacionalidade, à educação, a terras e aos recursos naturais, em favor dos nômades pigmeus categorizados como "população marginalizada". Diante de recomendação do comitê sobre a adoção de nova legislação genérica sobre uma categoria de "povos autóctones" que os envolvesse, os pigmeus poderiam até perdê-las. Conforme explicitado com pertinência no último informe, "o impacto das ações desenvolvidas pelo governo em favor dessa categoria da população se encontra alterado pelas dificuldades conceituais e práticas ligadas à definição de tais populações. [...] todo *camaronês* é autóctone em sua região de origem"[27]. Assim como é difícil apontar "minorias étnicas" entre 250 comunidades dialetais diferentes, é praticamente impossível saber quais são os habitantes originais daquele território antes da colonização europeia que o demarcou.

A Recomendação Geral n. 23, de 1997, à qual o Cerd fez referência em 2010 – e a que se associam hoje a Convenção 169 da OIT, de 1988, e a Declaração dos Direitos dos Povos Indígenas, de 2007 – dizia respeito às "populações indígenas", nativas das Américas – em função do engano hemisférico de Colombo, que pensava haver chegado à Índia. O vocábulo castelhano "indígena", ou inglês *indigenous*, tem semântica precisa que não corresponde ao termo "autóctone", *autochtone* como foi traduzido em francês, aplicável a qualquer região e sujeito a interpretações conflitantes. Aliás, por falar em semântica, não haveria razão para encarar negativamente, no contexto, a expressão "população marginal", apenas "fora do foco principal". Por isso, dadas suas diferenças físicas e culturais inquestionadas no país, para evitar prejuízo aos pigmeus e seus filhos, em favor dos quais a República do Cameroun adota medidas especiais, o governo decidiu, desde 2010, enquanto aguarda o

---

27 Cameroun: Dix-neuvième à vingt-et-unième rapports périodiques, doc. Cerd/C/CMR/19-21, par. 104-106.

140 É PRECISO SALVAR OS DIREITOS HUMANOS!

resultado de estudos conclusivos, qualificá-los como "populações autóctones vulneráveis", sendo o adjetivo final destinado a diferenciá-los de outros grupos étnicos que se consideram igualmente autóctones[28].

Malgrado todas essas explicações do relatório, reiteradas na apresentação pelo chefe da delegação, e apesar das evidências de boa-fé da República, sobre a qual não havia queixas recentes, o Comitê fez questão de incluir, nas Observações Finais, recomendações repreensivas sobre esses assuntos. Diziam elas:

1. Composição demográfica da população:

O comitê nota que o relatório do Estado-parte ainda não contém dados estatísticos recentes, fiáveis e detalhados sobre a composição étnica da população [...]

O comitê reitera sua recomendação ao Estado-parte de que recolha dados estatísticos [...] por origem étnica e por sexo, especialmente de grupos minoritários e autóctones, assim como dos imigrantes, a partir de levantamentos e recenseamentos nacionais baseados na autoidentificação. Isso permitiria ao Estado adotar medidas adequadas, inclusive medidas especiais para alvos específicos, e ao comitê avaliar melhor o exercício dos direitos consagrados na convenção.[29]

[...]

2-Minorias e povos autóctones:

Felicitando-se pelo reconhecimento, pela Constituição de Camarões, de minorias e populações autóctones, e pelas diversas medidas especiais adotadas pelo Estado-parte para promover e proteger seus direitos, o comitê se preocupa com a discriminação e marginalização de que continuam a ser vítimas esses grupos [...]

O comitê recomenda ao Estado-parte:

Acelerar a finalização do estudo visando à identificação dessas populações [...]

Finalizar a adoção de lei sobre os direitos dos povos autóctones [...]

Multiplicar seus esforços para continuar a garantir a participação dos povos autóctones, em particular dos pigmeus e bororos, no processo de elaboração da referida lei e das medidas dela decorrentes.

Incluir em seu próximo relatório informações detalhadas sobre a situação das mulheres e meninas pertencentes aos grupos minoritários

---

28 Ibidem, par. 118

29 Doc. cerd/C/cmr/co/19-21, par. 6. Tradução minha – o documento só está disponível em francês.

A HEGEMONIA LIBERAL CULTURALISTA NO DISCURSO...   141

e populações autóctones identificadas e sobre medidas para que elas possam exercer seus direitos.[30]

Irrealistas e deslocadas para um país carente de recursos, repleto de problemas graves e imediatos, entre os quais rebeliões religiosas e conflitos étnicos nos vizinhos, recebendo um influxo de refugiados além de suas possibilidades, temeroso da atuação terrorista do movimento "islamista" Boko Haram, assassino cruel e sequestrador de meninas, nas fronteiriças Nigéria e República Centro-Africana, tais recomendações, entre outras, soaram-me tão absurdas que, havendo eu pedido voto, sem êxito, num órgão que funciona "por consenso", decidi exigir que o relatório do Cerd à Assembleia Geral das Nações Unidas, pelo menos, registrasse minha oposição a essas recomendações. Espero que isso ocorra.

Na África, como na Ásia, na Europa e nas Américas, a "nação", como conceito político, sempre foi, é e será sempre, enquanto o conceito existir, um projeto em construção. Não hesita, para isso, como explica Hobsbawm, em "inventar tradições"[31], ou, no dizer de Benedict Anderson, em produzir "comunidades imaginadas"[32]. Políticas oficiais podem, efetivamente, conter aspectos de dissimulação para a dominação econômica, social, classista, racial, religiosa ou comunitária. Mas a Política, como o Direito, acima das motivações contingentes e independentemente da "desconstrução" pós-moderna, é um caminho sem o qual as sociedades se perdem na lei da selva. Se aqui defendo o "nacionalismo" abrangente dos governos africanos é porque vejo que o "comunitarismo" ou etnicismo proposto tende a ser mais perigoso, especialmente em sociedades instáveis, repletas de ameaças endógenas e exógenas muito concretas.

Embora todo este trecho tenha sido dedicado ao caso da África, continentalmente eloquente, distorções de ideias bem-intencionadas ocorrem também com alguns países asiáticos, que rejeitam estatísticas desagregadas e recomendações sobre grupos, por motivos assemelhados aos da República dos Camarões ou da Polônia. Na América Latina em geral essas

---

30 Ibidem, par 14.
31 Cf. E. Hobsbawm; T. Ranger (eds.), *The Invention of Tradition*.
32 Cf. B. Anderson, *Imagined Communities: Reflections on the Origin and Spread of Nationalism*.

142 É PRECISO SALVAR OS DIREITOS HUMANOS!

recomendações não criam problemas, pois quase todos os países já fazem tal levantamento. Ainda assim o Cerd sempre insiste em mais dados e mais categorias a serem identificadas. E às vezes atua bem, mas de maneira truncada, em função de preocupações excessivas com a linguagem politicamente correta. Esse quase foi o caso, por exemplo, de recomendações, em 2008, à República Dominicana, cuja delegação alegava não entender o que queríamos dizer com "discriminações contra afrodescendentes", num país onde afrodescendentes são todos. A solução que propus foi aceita a custo pelos colegas: dizer sem ambiguidades "dominicanos de piel oscura"[33].

O RELATÓRIO DOS ESTADOS UNIDOS

Na noite de 9 de agosto de 2014, dois dias antes do início da sessão estival do comitê e cinco antes do começo do exame do relatório periódico dos Estados Unidos, a morte do jovem negro Michael Brown em Ferguson, Missouri, em perseguição policial por um agente branco do qual recebeu seis tiros, constituiu estopim para protestos raciais no país como não se viam há muito tempo. Para o trabalho regular do Cerd, os motins e manifestações funcionaram como cenário distante; para as dezenas de ONGs que se haviam deslocado a Genebra para fazer *lobby* junto aos peritos, o desafortunado incidente representou elemento adicional de reforço para suas reivindicações.

A consideração desse relatório pelo Cerd propicia indicações importantes de distorções correntes do sistema internacional. Além de evidenciar falhas dos operadores no manejo de queixas e do documento oficial, o relatório do governo fornece esclarecimentos importantes, necessários aos ativistas dos direitos humanos na luta contra discriminações em qualquer parte. Afinal, os Estados Unidos ainda são encarados como principal propulsor de tais direitos e como modelo de práticas prevalecentes em todo o Ocidente, começando pela América Latina. Mais do que isso, pela óptica das instituições ou dos movimentos sociais, esse Estado poderoso e influente é também, para

---

33 Doc. CERD/C/DOM/CO/12, de 19.05.2008, recomendação n. 19.

o bem e para o mal, o *locus* de origem do discurso chamado "liberal", que se espalhou hegemonicamente.

Desde que aderiu à convenção em 1994, vencendo, para isso, barreiras políticas internas de longa data ao monitoramento internacional de sua situação, os Estados Unidos enviam delegações numerosas a Genebra para apresentar e defender os relatórios. Em agosto de 2014, a delegação tinha 34 integrantes, sendo 30 deles funcionários de diferentes órgãos da Administração federal (Departamentos de Estado, Justiça, Educação, Moradia, Trabalho, Interior, Segurança e Saúde, e da Agência de Proteção Ambiental), juntamente com quatro delegados de governos estaduais e locais. Enquanto essa quantidade de pessoas era quase o dobro dos membros do comitê, fato que, *per se*, já dificultava a realização de diálogo, ela se tornava pequena quando comparada às centenas de ativistas procedentes do Estado-parte que, desde dias anteriores, vinham prestando testemunhos, fazendo apelos e denúncias, em defesa de suas causas.

Reflexo da vitalidade e da relativa prosperidade da sociedade civil dos Estados Unidos, as várias dezenas de ONGs que acorreram a Genebra produziram nada menos do que 1.200 páginas de contrarrelatórios, envolvendo queixas e reivindicações para serem transmitidas pelos peritos a Washington. Registro esse número porque ele constitui contra-argumento à ideia antes propalada e ainda renitente de que as ONGs seriam criações de Estados poderosos para fazer acusações a terceiros. As ONGs de qualquer país ou internacionais são por definição maximalistas, geralmente monotemáticas e podem, por isso, com frequência ser irrealistas. Daí a encará-las como simples instrumentos de propaganda é, na melhor das hipóteses, um erro. Na pior, um disfarce a que apelam governos com sentimento de culpa. Por outro lado, da mesma forma que eu, como perito, pratico o requisito de independência funcional, tendo sido o primeiro proponente das reuniões semanais hoje estabelecidas para se ouvirem, com interpretação da ONU, as ONGs, não posso deixar de criticar os colegas que tudo digerem sem sentido crítico. Enquanto a massa de ONGs norte-americanas em Genebra extravasava de longe a capacidade dos dezoito peritos para apreender o que pediam, vários dos peritos – não todos –, em nome daquilo que alguns observadores de fora consideram

144 É PRECISO SALVAR OS DIREITOS HUMANOS!

sinal de independência, atuavam como simples porta-vozes de algumas delas, sem atentar nem um pouco para o que dizia o relatório do governo.

É, aliás, uma pena que o terceiro informe periódico consolidado dos Estados Unidos[34] quase não tenha sido analisado, nem tenha obtido divulgação junto ao público. Talvez a falta de repercussão tenha decorrido das características do tipo de informação e comunicação eletrônica hoje prevalecente: curta, quase telegráfica, sem análise de fundo ou relações de causa e efeito e sem apreensão do conjunto. Relativamente longo e pormenorizado, como requer o Comitê, mas politicamente franco e juridicamente bem elaborado, esse documento do governo Obama não somente respondia atentamente às Observações Finais feitas pelo Cerd em 2008, quando do exame de relatório anterior, como também, ao explicitar posições oficiais, deixaria ver o quanto a percepção geral sobre Estados Unidos pela militância externa é equivocada, sobretudo na América Latina. A começar pela interpretação de que "ação afirmativa" seria sinônimo de "quotas". Adotadas no passado em universidades e escolas públicas norte-americanas, as quotas raciais ou étnicas são atualmente proibidas nos Estados Unidos: abolidas na maior parte dos Estados desde o final dos anos 1990 e hoje declaradas inconstitucionais pela Suprema Corte. Isto não quer dizer que tenham sido inúteis. Ao contrário, foram responsáveis pela formação de importante classe média negra e mestiça – como, aliás, vem ocorrendo agora no Brasil.

Quanto às "medidas especiais" previstas na convenção, diz o relatório:

Con respecto al artículo 2, pár. 2, y al párrafo 15 de las observaciones finales del Comité, los Estados Unidos están comprometidos a utilizar todos los instrumentos de que disponen para afrontar las diferencias de resultados que, con arreglo a numerosos indicadores, afectan de manera desproporcionada a los miembros de minorías raciales y étnicas, y los Estados Unidos han establecido indicadores basados en la raza, así como indicadores que pueden estar basados en otros factores, como los factores económicos. De conformidad con la Constitución de los Estados Unidos, en algunas circunstancias se permite la clasificación

---

34 United States of America, *Seventh to Ninth Reports*, doc. cerd/c/usa/usa/7-9, de 3 out. 2013.

por razas para fines determinados, como la necesidad de eliminar la discriminación racial imperante en el pasado y promover la diversidad en entornos educacionales. Existe un número considerable de medidas paliativas de nivel federal, muchas de las cuales se describen a lo largo del presente informe, que pueden considerarse medidas especiales para los fines del artículo 2, párrafo 2. La utilización de medidas especiales se describe más detalladamente en los párrafos 197 a 206 del documento básico común.[35]

A menção aos "indicadores que podem estar baseados em outros fatores, como os fatores econômicos", que incidem de maneira desproporcional sobre os membros de minorias raciais, é interessante porque contesta a alegada visão exclusivamente racialista norte-americana. É, aliás, com explicações econômicas que o relatório do governo Obama refuta acusações e insinuações de racismo para os efeitos particularmente devastadores e prolongados para negros e membros de minorias éticas de desastres como o furacão Katrina, em 2005, e o vazamento de petróleo no Golfo do México, em 2010, assim como a eternização de escolas segregadas no país.

Necessariamente temporárias e destinadas a propiciar melhores condições de realização da igualdade jurídica, é ilusório imaginar que quotas ou outras medidas especiais, preconizadas pela convenção, destinadas a elevar a situação social de categorias historicamente prejudicadas, acabem com preconceitos e discriminações extralegais. Trata-se de fenômenos arraigados na história, na cultura e nas formas de produção econômica, que extrapolam a possibilidade de superação por simples meios legislativos. Eles podem até aumentar com as quotas, em função da maior competitividade e asserção daqueles antes cerceados, inclusive na forma de hipersensibilidade a atos de supostos ou reais antagonismos. Mas isso não é razão para se deixar de buscar corretivos de curto prazo, fundamentados na ideia de justiça.

A propósito de recomendação anterior de que os Estados Unidos utilizassem a Declaração dos Direitos dos Povos Indígenas, que não haviam apoiado quando de sua adoção pela

---

35 Ibidem, par. 33. A referência oficial aos parágrafos sobre medidas especiais no "documento básico comum" está equivocada. As medidas se acham descritas nos parágrafos 207 a 217 (doc. HRI/CORE/USA/2011, de 12.09.2012).

146 É PRECISO SALVAR OS DIREITOS HUMANOS!

Assembleia Geral das Nações Unidas, em 2007, como guia para a aplicação da Convenção Sobre a Eliminação de Todas as Formas de Discriminação Racial, o relatório esclarecia, de maneira lógica, ainda que demasiado ríspida:

los Estados Unidos no consideran que la declaración – que no es un instrumento jurídicamente vinculante sino una declaración de intenciones que no se negoció para los fines de interpretar o aplicar la convención – deba utilizarse para reinterpretar las obligaciones de las partes en virtud del tratado. No obstante, [...] los Estados Unidos subrayan su apoyo al reconocimiento incluido en el preámbulo de la declaración de que los indígenas tienen sin discriminación todos los derechos humanos reconocidos en el derecho internacional, y que los pueblos indígenas poseen ciertos derechos colectivos adicionales[36].

Estabelecia assim – à luz da confusão conceitual que hoje atrapalha o funcionamento dos sistemas da ONU e da OEA, assim como de Estados e ONGs militantes – clara distinção jurídica entre, de um lado, os direitos humanos, necessariamente universais, e, de outro, os direitos coletivos de grupos específicos. Estes últimos não deixam de ser direitos, mas não se confundem com os primeiros, regulados pelo Direito Internacional dos Direitos Humanos. Exatamente por isso, porque não correspondem aos "direitos culturais", consagrados no Artigo 27 da Declaração Universal, tenho sempre assinalado no Cerd que deveriam ser objeto de tratamento separado.

O relatório dos Estados Unidos é demasiado longo e substantivo para ser aqui analisado. Um fato importante a assinalar em favor de sua consideração pelo Cerd é que, se por um lado tenho olhos críticos para atitudes levianas de peritos, por outro reconheço que o Comitê não demonstra temor nem oferece tratamento diferente a qualquer potência. Não causa, assim, estranheza que as Observações Finais a Washington se estendam por catorze páginas e trinta recomendações com cobranças, enquanto os aspectos positivos foram registrados em seis alíneas de um único parágrafo[37]. As cobranças, que não podem

---

36 Ibidem, par. 176.
37 Cerd, *Concluding Observations on the Combined Seventh to Ninth Periodic Reports of the United States of America*, doc. CERD/C/USA/CO/7-9, distribuído em 25.09.2014.

ofender um Estado que já reconhecia e tentava explicar quase todos os problemas apontados em seu relatório, não se restringem a superficialidades, abrangendo desde o fim das chamadas "ações afirmativas" nas escolas ao *racial profiling* e vigilância discriminatória de certos segmentos da população pela polícia; desde o "discurso de ódio racista" ao impacto desproporcional da poluição ambiental em comunidades pobres e minoritárias. Da mesma forma, é criticada a persistência de segregação racial em bairros e moradias e, consequentemente, nas escolas, a discriminação social e daí racial no acesso à saúde, na aplicação de lei e da justiça. E em atitude creio que inusitada no sistema de direitos humanos das Nações Unidas, as observações do Comitê não deixam de mencionar criticamente o não cumprimento da promessa antiga do presidente Obama de fechar o centro de detenções de Guantánamo, atentatório também à convenção de 1965 por destinar-se a estrangeiros, recomendando que o faça "sem mais demora"[38].

O RELATÓRIO DO IRAQUE E O "ESTADO ISLÂMICO"

Enquanto a consideração do relatório dos Estados Unidos permitiu observar falhas de procedimento dos operadores do sistema de direitos humanos, o exame do caso do Iraque na mesma sessão do Cerd demonstrou que o comitê pode sacudir hegemonias poderosas se para tanto se dispuser com determinação. Isso ocorreu no tratamento da ameaça representada pelo Isis, recém-transformado então numa força organizada e devastadora. A inércia provocada pela rotina repetitiva do discurso é, porém, tão forte, que, também no caso do Iraque, as recomendações finais com base no relatório se enfraqueceram de maneira desnecessária.

Quando o Cerd iniciou sua sessão estival de 2014, no dia 11 de agosto, ainda pouco se ouvia falar do "Estado Islâmico", ou Isis, no norte do Iraque e na Síria. Sabe-se agora que o Isis já vinha atuando entre os muitos grupos armados de oposição na Síria, tendo sua origem distante no estabelecimento do Al Qaeda no Iraque em 2004. Passou a denominar-se "Estado Islâmico

38 Ibidem, par. 22.

148 É PRECISO SALVAR OS DIREITOS HUMANOS!

do Iraque", ou ISI, desde que aglutinou outros grupos "jihadistas" em 2006, tornando-se uma força organizada, quase militar, atuante em áreas povoadas do Iraque e da Síria em 2013[39]. Pela imprensa, o que se sabia até meados de agosto era que um dos até então chamados "movimentos rebeldes" na região havia tomado a "decisão curiosa" de proclamar um "califado", sob a liderança de um imã autodenominado Abu Bakr Al-Baghdadi. O presidente Bashar Al-Assad, da Síria, alauita, rotulado simplificadamente de xiita, era visto, tal como o governo do Irã, como o grande inimigo regional pelo Ocidente americano-europeu, que o combatia indiretamente, apoiando os insurgentes e estimulando o fornecimento de armas a eles pelos países vizinhos. O primeiro-ministro xiita do Iraque, Nuri Al-Maliki, chegado ao poder em Bagdá depois da invasão pelos Estados Unidos, destituído em eleições recentes, ainda se aferrava ao cargo.

Na qualidade de Estado-parte da convenção, o Iraque havia encaminhado seu 21º relatório periódico em 2013 e estava agendado para exame do Cerd em 2014, já havendo indicado sua intenção de enviar delegação para esse fim. Nessas condições, marcadas pela instabilidade com episódios de terrorismo, noticiada sobretudo, pela resistência de Al-Maliki a deixar o governo, o comitê se viu na obrigação de examinar esse relatório como qualquer outro. Seguiu assim, de início, a rotina: sessão com ONGS, que fizeram queixas habituais de discriminações contra ciganos e negros, de perseguições a assírios e outras minorias, inclusive na Região Federal do Curdistão, e com agências das Nações Unidas e do Comitê Internacional da Cruz Vermelha. Na véspera do início do exame do relatório, porém, o comitê se reuniu em sessão fechada para escutar testemunho do perito libanês, Melhem Khalaf, que estivera por outros motivos na área do Iraque vizinha àquela ocupada pelo Isis na semana anterior. As descrições da situação por ele vista foram impactantes. Não em função de cenas isoladas, mas pelo caráter maciço dos massacres e perseguições, exterminando aldeias inteiras, com violações de todo tipo, e provocando o deslocamento de populações de todas as etnias. O testemunho emotivo do perito libanês

---

39 United Nations, *Report of the Independent International Commission of Inquiry on the Syrian Arab Republic – Rule of Terror: Living under Isis in Syria*, 14.09.2014.

A HEGEMONIA LIBERAL CULTURALISTA NO DISCURSO...

se encerrou com um apelo emocionado aos colegas: "por favor, ajudem o Iraque, ajudem-nos, pois os terroristas nos querem matar a todos". O mesmo tipo de reação teve dois dias depois a delegação do Iraque, composta por dezesseis pessoas de diversas comunidades, inclusive cristãs, assírias e curdas, muitas das quais choravam ao descrever a ameaça que o país inteiro enfrentava. Naquele momento, em meados de agosto, segundo a delegação, mais de um milhão de pessoas já haviam fugido das áreas em que viviam para o Curdistão.

Com base nesses testemunhos, o Comitê decidiu tratar imediatamente do assunto em Procedimento de Alerta e Urgência, enquanto encerrava a consideração regular do relatório periódico. Todos os peritos sentiam que algo deveria ser feito, mas não sabiam o que fazer, dentro de sua competência. Depois de alguns breves debates, foi decidido que o Comitê adotaria uma Decisão, como às vezes já havia feito, a ser encaminhada pela alta comissária ao secretário-geral das Nações Unidas. A inovação foi dessa vez que as sugestões incluíam até o Conselho de Segurança. A decisão propunha: 1. convocação urgente do Conselho de Direitos Humanos para a designação de uma Comissão de inspeção sobre as causas do conflito, as origens e as ações das forças do Isis no Iraque (o Governo do Iraque já havia feito solicitação de Sessão Especial ao Conselho); 2. que o secretário-geral pedisse ao Conselho de Segurança o envio de uma força de paz à planície de Nínive, a fim de assegurar o retorno das pessoas deslocadas e de proteger as comunidades que vivem tradicionalmente na área. Por mais incomum que essa segunda ideia soasse, partindo de um órgão de tratado, tal tipo de comunicação ao secretário-geral e até ao Conselho de Segurança era contemplado no regulamento do procedimento de alerta e urgência[40].

A decisão do Cerd sobre o Iraque não mencionava a Síria, menos por motivos políticos do que pelo fato de se estar tratando do Iraque no item da agenda correspondente a seu relatório. Foi adotada em 22 de agosto[41]. A ela fez referência a

---

40 Originado na década de 1990 para atender à solicitação do secretário-geral Boutros-Ghali no âmbito das ideias de "diplomacia preventiva" contra casos como os da Bósnia e de Ruanda.

41 Cerd, *Prevention of Racial Discrimination, Including Early Action Procedures, Decision 1 (85), Iraq*, 22.08.2014.

150 É PRECISO SALVAR OS DIREITOS HUMANOS!

então alta comissária Navi Pillay ao convocar, pouco depois, o Conselho de Direitos Humanos, que estabeleceu Comissão de inspeção na linha sugerida. E o secretário-geral das Nações Unidas, por carta de seu chefe de gabinete ao presidente do comitê, agradeceu a decisão, comunicando que o Conselho de Segurança iria reunir-se proximamente para tratar do assunto. Provavelmente essas reuniões dos outros órgãos ocorreriam independentemente do Cerd, mas ele procurou agir com objetividade, rapidez e ousadia. Afinal, até a execução, gravada e difundida nos primeiros dias de setembro, do jornalista James Foley, seguida pouco depois por outros, norte-americanos e ingleses, os Estados Unidos e a Europa, mais interessados no fim do governo de Assad, ainda não estavam convencidos de que precisariam atuar contra o Isis. Nem reconheciam como agora, depois que se identificou o sotaque britânico do executor das primeiras decapitações divulgadas, que muitos dos "jihadistas" são cidadãos de grandes democracias, nascidos e criados dentro do modelo de um multiculturalismo forçado, anti-integrador e falsamente tolerante.

No que diz respeito à consideração regular do informe do Iraque, o relator para o caso, Marc Bossuyt, juiz belga e perito veterano em diversos órgãos da ONU, advertiu, logo no início, que o governo em Bagdá se achava "disfuncional", tendo perdido o controle de dois terços do território. Lamentava que a pluralidade de culturas e religiões houvesse quase desaparecido, observando que, dos 1,4 milhão de cristãos residentes antes da invasão norte-americana, restavam somente 300 mil. Apreciava os esforços para "estabelecer a paz e restabelecer o Estado de Direito", assinalando, porém, "o surto de insurgência sectária desde 2003", com ataques contra "membros de etnias e minorias etno-religiosas, seus lugares santos e seus negócios", mencionando turcomanos, assírios, caldeus, siríacos, shabaks, faili, curdos e iazidis.

Enquanto essas ressalvas eram necessárias e as análises do relator, oportunas, o irrealismo dos demais colegas estendeu as Observações Finais a Bagdá a um total de nove laudas[42]. De nada adiantou eu propor que, em atenção à situação conjuntural

42 Cerd, *Concluding Observations on the Combined Fifteenth to Twenty-First Periodic Reports of Iraq*, doc. CERD/C/IRQ/CO/15-21, distribuído em 29.08.2014.

A HEGEMONIA LIBERAL CULTURALISTA NO DISCURSO... 151

do Estado-parte, pelo menos omitíssemos as recomendações padronizadas, sobre ratificação de outros tratados, a implementação do Programa de Ação de Durban, a aceitação do exame de comunicações individuais pelo Cerd e outras do mesmo tipo. Por inércia mais do que por convicção, repetiram-se sugestões expletivas, particularmente descabidas num momento de tamanha dramaticidade. Se lidas dentro dos prazos, elas não poderão ser seguidas. Se o forem, nas circunstâncias em que se encontra o país, demonstrarão *a fortiori* seu caráter discursivo sem consequência real.

O CULTURALISMO COMO SEPARATISMO

Conforme já tive a oportunidade de registrar desde os anos 1990, a omissão da Declaração Universal dos Direitos Humanos, de 1948, em matéria de minorias, não foi casual. Decorria de dificuldades ligadas à consciência de que a entidade antecessora da ONU, a Liga das Nações, havia fracassado na proteção dos indivíduos integrantes de grupos minoritários, especialmente judeus e ciganos, dentro de sociedades dominadas por regimes baseados em ideias de superioridade racial[43]. As controvérsias em torno dos elementos constitutivos de uma "minoria" permanecem vivas até hoje, impedindo a definição do termo no Direito Internacional.

Para tratar das minorias, nunca definidas juridicamente, a antiga Comissão dos Direitos Humanos das Nações Unidas, antecessora do atual conselho, contava com um órgão técnico a ela subordinado, denominado Subcomissão Para a Prevenção da Discriminação e Proteção das Minorias (hoje substituída por um comitê assessor), composta de peritos (como os órgãos de tratados, eleitos pela Comissão), do qual provinham estudos e propostas variadas[44]. A subcomissão era, por sua vez, criticada por dar atenção maior à questão das discriminações do que à defesa das minorias. Hoje a situação é inversa: refletindo o

---

43 Cf. *A Arquitetura Internacional dos Direitos Humanos*, p. 233-238.

44 Foi dela a primeira recomendação que levou à Conferência de Durban de 2001 contra o racismo (Resolução 1994/2). Ver, sobre a matéria, J.A. Lindgren Alves, *Os Direitos Humanos na Pós-Modernidade*, p. 111-121.

152 É PRECISO SALVAR OS DIREITOS HUMANOS!

discurso particularista das culturas, o próprio Cerd, órgão da convenção específica sobre a discriminação racial, trata mais da proteção de minorias como comunidades do que das discriminações que afetam a igualdade de direitos das pessoas que as integram.

Quando a ONU, dando prosseguimento à codificação internacional dos direitos humanos, iniciada pela Declaração Universal e complementada pelos dois pactos[45], passou a elaborar convenções sobre temas como a discriminação racial (1965) e a tortura (1984)[46], e sobre segmentos da humanidade, como a mulher (1979) e a criança (1989)[47], o objetivo era de, com elas, obter condições de igualdade efetiva para a realização dos direitos de todos. Até mesmo a declaração de 1992 que trata especificamente das minorias denomina-se, no espírito da Declaração Universal, "Declaração Sobre os Direitos *das Pessoas* Pertencentes a Minorias Nacionais ou Étnicas, Religiosas e Linguísticas" [48]. Apesar dessa qualificação – que não é "individualista" nem anticoletiva, mas universalista –, omitida quando citado depois, esse documento, que delimita as minorias a que se refere, foi-se tornando conhecido como "Declaração dos Direitos das Minorias" na qualidade de sujeitos coletivos.

É significativo que, cogitada na década de 1970, essa declaração somente tenha sido finalizada nos anos imediatamente após o fim da Guerra Fria. E que os presidentes sucessivos do grupo de trabalho encarregado de sua elaboração, criado em 1978, tenham sido sempre delegados da antiga Iugoslávia, federação primeiramente esgarçada e depois esfacelada por nacionalismos étnicos, religiosos e liguísticos. Mais sintomático ainda é que essa declaração tenha sido adotada, após catorze anos de negociações emperradas, no mesmo ano em que a Eslovênia,

---

45 O Pacto Internacional de Direitos Econômicos Sociais e Culturais e o Pacto Internacional de Direitos Civis e Políticos, adotados em 1966, formam, juntamente com a Declaração Universal dos Direitos Humanos, de 1948, a Carta Internacional dos Direitos Humanos.

46 Convenção Sobre a Eliminação de Todas as Formas de Discriminação Racial (citada em todo este livro) e Convenção Contra a Tortura e Outros Tratamentos ou Penas Cruéis, Desumanos ou Degradantes.

47 Convenção Sobre a Eliminação de Todas as Formas de Discriminação Contra a Mulher e Convenção Sobre os Direitos da Criança.

48 Adotada pela Resolução 47/135 da Assembleia Geral, em 18 de dezembro de 1992. Grifo meu.

a Croácia e a Bósnia e Herzegovina, reconhecidas pela União Europeia e pelos Estados Unidos, foram acolhidas como membros pelas Nações Unidas, no auge das guerras que puseram fim àquele Estado socialista. Parecia demonstrar que a ONU, "dominada" pelo campo "liberal" do Ocidente rico, havia decidido apoiar movimentos de secessão em todos os países antes comunistas, especialmente na então recém-extinta URSS. Nesse caso, ela não teria atinado que separatismos não são exclusividades de regimes repressores: são fenômeno latente também em democracias, começando pela Europa. E que nelas, mais ainda do que em países de sistema ditatorial, os impulsos diferencialistas do discurso contemporâneo, reforçados por crises econômicas de graves efeitos sociais, tendem a incrementar tanto o vitimismo como o revan chismo, o comunitarismo como o chauvinismo, o independentismo de um lado e o conservadorismo de outro.

Depois da onda que separou institucionalmente tchecos e eslovacos no centro da Europa, russos, bielorrussos e ucranianos, no Leste, moldavos e romenos na costa do Mar Negro, armênios, azeris e georgianos no Cáucaso, e tentou separar outras etnias, como a do tchetchnos na Federação Russa, uma *Lega* independentista do Norte da Itália tentou proclamar uma "República da Padânia"; recrudesceram os atritos entre flamengos e valões da Bélgica; reemergiram línguas e costumes diferencialistas na Bretanha e outras regiões da França. Não causam mais surpresa movimentos que proliferam com novas vozes a exigir a independência da Escócia e até do País de Gales, no Reino Unido, da Catalunha, na Espanha. Sem falar do Sudão já dividido, das guerras entre o Norte e o Sul em países do Sahel, nas insurgências muçulmanas na Ásia e na África, do "califado" do Isis e de outros grupos delirantes. É difícil contar o número de conflitos que vêm ocorrendo nos dias de hoje. Todos têm origem na asserção de identidades baseadas em nacionalidade ou etnia, religião ou língua, fatores de que se serviram líderes políticos das repúblicas da antiga federação da Iugoslávia para rejeitar a coexistência na entidade maior, ou para expandir com "limpezas étnicas" o território da nação respectiva. O princípio da igualdade – malgrado as limitações classistas, a escravidão, a servidão e a exclusão de mulheres – e a perspectiva universalista, motivadores de revoluções que mudaram o mundo, como a americana, a francesa e a russa, estão ausentes das lutas de identidades religiosas e seculares atuais que se afirmam com violência. Dificilmente os peritos do Cerd terão deixado de pensar, como eu, em agosto de 2014, na rebelião dos russos do Leste da Ucrânia diante do relatório da Estônia, onde um terço da população é russa, sem cidadania local porque se recusa a aprender estoniano. As identidades narcísicas, contrárias à integração, encaixam-se mais do que as dóceis na proposta social pós-moderna do liberalismo cultural "tolerante". Foi para elas que se inventou o modelo multiculturalista do mosaico.

Quando, pouco depois de meu ingresso no Cerd, em 2002, comecei a propor a realização de um debate – já descrito acima – sobre o que queríamos com nossas recomendações sobre a valorização de línguas, tradições, religiões e práticas minoritárias, ou seja, sobre tudo aquilo que compõe a noção de multiculturalismo, sentia-me impulsionado por acontecimentos variados, todos ominosos. Entre eles se encontravam, obviamente, os atentados do Onze de Setembro e a "guerra ao terror". Quanto a fenômenos mais gerais, tinha eu em mente o retorno fundamentalista das religiões em todo o mundo; a legitimação do chauvinismo na Europa, do ultranacionalismo no Leste europeu e da xenofobia anti-imigração em todo o "Primeiro Mundo". Preocupavam-me simultaneamente a crispação comunitária das maiorias e a proliferação de cobranças em favor de minorias. Observava com receio a insistência com que o Comitê exigia respeito às culturas dos imigrantes, sem contrapartida de conformação pelos imigrantes à cultura do país de acolhida, a contradição entre a defesa dos véus chamados islâmicos e da liberdade da mulher, a proteção dos valores alheios e a autoflagelação dos valores do Iluminismo. Quando o debate ocorreu, em 2005, dois fatos então recentes me pareciam marcantes: a eleição do cardeal Joseph Ratzinger como papa, Bento XVI, e o assassinato, em Amsterdã, por um holandês muçulmano, do produtor de cinema Theo Van Gogh. O significado da escolha pelo Colégio Cardinalício de um teólogo ultraconservador para liderar a cristandade dispensa explicações. O significado da morte a tiros de um ativista antimuçulmano em cidade que é epítome do liberalismo requer esclarecimentos.

Personalidade provocadora conhecida, o cineasta Van Gogh havia feito um filme com imigrante somaliana em que denunciava o maltrato de mulheres no Islã e estava terminando outro, sobre o assassinato de político gay, que quase havia chegado a primeiro-ministro na Haia com plataforma contra a imigração. Por um ativista de direitos dos animais! Se a análise desses dois assassinatos fornecia, como dizia Ian Buruma a propósito do segundo filme, "uma imagem convincente da sociedade neerlandesa em toda sua confusão pós-multi-culti"[49], o que não dizer da cabeça dos imigrantes? O que podem sentir aqueles que para lá foram em busca de uma vida melhor, especialmente para seus filhos? O que não dizer dos efeitos do racismo renitente contra neerlandeses não "brancos" em país considerado tolerante? Ou dos efeitos provocados por um multiculturalismo não integrador, imposto em sociedades classistas, intrinsecamente racistas e religiosamente excludentes?

Não quero com isso dizer que a violência atual seja resultado do liberalismo ou da confusão pós-moderna projetada no culturalismo. Vejo sim que os excessos se alimentam uns aos outros. A origem do problema está no racismo não erradicado, apenas acomodado no modelo do mosaico. Mas o essencialismo precisa ser evitado para que o "vitimismo" das minorias não se transforme em extremismo nem justifique fundamentalismos contrários. O discurso culturalista não cria, *per se*, reações perigosas, mas ao estimular diferenças, em vez de conciliá-las com algum sincretismo equânime, certamente fornece insumos que alimentam o racismo e a segregação.

UMA CRÍTICA QUE PRECISA SER FEITA

Não seria agora a hora de se iniciar a sério uma crítica "de dentro" da ideologia social dominante? Não estaria a obsessão etnicista, com sua defesa de línguas e costumes arcaicos no seio de sociedades modernas, construindo mais ressentimento dos dois lados do que autoestima? Não seria este o momento de rever a rejeição por princípio ao Iluminismo?

---

49 *Murder in Amsterdam*, p. 38.

Ao invés de encará-lo somente pelo que propiciou de negativo, não deveríamos revertê-lo àquilo que de melhor sempre foi: a autocrítica mais completa e duradoura que qualquer "civilização" já realizou?

É evidente que os excessos não serão jamais superados somente com o discurso dos direitos humanos. Não é com o instrumental desses direitos que se vencerão preconceitos arraigados, exclusões profundas e desequilíbrios sociais gritantes. Como tampouco é com eles que se pode combater decisivamente a corrupção, a criminalidade, a concentração de riqueza e luxo do mundo contemporâneo. Os direitos humanos não são tudo. São valores racionais, construídos e universalizados[50], que dão orientação à ação política e, até mesmo, à religião em sociedades na Terra. Os outros são valores de grupos. Têm validade relativa.

Desde a Conferência do Rio de Janeiro Sobre Meio Ambiente e Desenvolvimento, a Rio-92, diz-se, a propósito de problemas planetários: "pense globalmente e aja localmente". O Cerd é apenas o lugar onde posso tentar agir. A militância em outros foros é igualmente importante. Muitos pensam como eu, mas não o dizem[51]. Se os peritos e delegados atuantes na área dos direitos humanos se mantiverem sempre calados diante do que sentem ser atualmente uma hegemonia repressora, em breve não haverá diálogo. Nem haverá sistema para pacificar identidades antagônicas.

Num mundo de fundamentalismos vitoriosos, ainda que sobreviva a expressão discursiva, não sobreviverá a noção de direitos humanos.

---

50 Pela Conferência de Viena de 1993. Já escrevi muito sobre a esse assunto, começando pelo livro *Os Direitos Humanos Como Tema Global.*

51 Depois de redigir esta frase, recebi de Paulo Sergio Pinheiro o artigo de Eric Posner "The Case Against Human Rights", de título excessivo, mas que constitui um sopro necessário de frescor, publicado no *The Guardian,* em 04 dez 2014.

5. "Direitos das Culturas" *Versus* **Direitos Universais**[1]

> *É possível que se aproxime o momento em que as diversidades históricas, sociais e culturais mostrarão violentamente as dificuldades da convivência; nosso futuro dependerá também de nossa capacidade de impedir que seja acionada a bomba do ódio e que novas batalhas de Viena transformem os homens em estrangeiros e em inimigos.*
>
> CLÁUDIO MAGRIS, *Danúbio*.

OS DIREITOS HUMANOS SÃO DIREITOS UNIVERSAIS

À primeira vista, uma afirmação como a do subtítulo acima, que nada mais é do que a premissa básica dos direitos fundamentais de toda pessoa humana, parece dispor-se a retomar a velha discussão sobre a universalidade real das disposições da Declaração Universal dos Direitos Humanos de 1948. Não é esse o objetivo que aqui se persegue. Formalmente ultrapassada na década de 1990, tal discussão é hoje anacrônica e limitada a especulações acadêmicas, de efeitos contraproducentes. O objetivo da presente reflexão é outro, atinente à *praxis* ocidental contemporânea desses direitos, contrária ao universalismo político e jurídico que sempre declarou defender. Centrada nas diferenças, ela particulariza a titularidade dos direitos a serem protegidos, corroendo o universalismo teleológico da noção de direitos humanos e, consequentemente, enfraquecendo sua

---

1 Texto redigido em 2012. Publicado originalmente na coletânea coordenada por L.O. Baptista e T. de Sampaio Ferraz, *Novos Caminhos do Direito no Século* XXI: *Uma Homenagem a Celso Lafer*.

158 É PRECISO SALVAR OS DIREITOS HUMANOS!

força diretiva. Entender essas distorções, geralmente inconscientes, e combatê-las de maneira construtiva representam o grande desafio para quem ainda crê em tais direitos como valores essenciais a todas as civilizações.

Para não deixar sem esclarecimento a afirmação sobre o anacronismo das dúvidas atuais a respeito do universalismo dos direitos humanos, recordo topicamente alguns fatos.

I. Em 1948, ao adotar a Declaração Universal dos Direitos Humanos, a Assembleia Geral das Nações Unidas era composta de apenas 56 países, dela não constando a maioria dos Estados atuais da Ásia, da África, do Caribe e da área do Pacífico, e, ainda assim oito dos membros presentes se abstiveram na votação do texto. A universalidade da declaração era, portanto, programática, estando mais no título do documento do que na realidade do planeta.

II. Se, de um lado, desde antes de 1948 se haviam iniciado discussões sobre a universalidade ideológica e cultural desses direitos e o nível de obrigatoriedade do documento fundador, de outro lado, a prática parlamentar das Nações Unidas e a prática constitucional dos países membros, assim como a daqueles que iam ficando independentes no processo de descolonização encampavam com entusiasmo a Declaração Universal dos Direitos Humanos. Para os Estados soberanos da época e para os líderes de movimentos anticolonialistas e antirracistas, a declaração logo passou a ser encarada como padrão obrigatório de referência, instrumento legitimador de reivindicações e inspiração para as lutas pela autodeterminação.

III. Na medida em que a declaração de 1948 havia consagrado também os direitos econômicos e sociais, postulados pelos socialdemocratas e comunistas em consonância com sua ideologia, estes adotavam o conjunto dos direitos humanos com as adaptações cabíveis (interpretando, por exemplo, o direito à propriedade como um direito que abrange a propriedade coletiva), enquanto os países não ocidentais, que queriam todos alcançar a modernidade, viam suas diferenças culturais como superáveis, sendo os elementos essenciais de cada uma protegidos pelas liberdades de expressão e de religião.

IV. Na Conferência Mundial de Direitos Humanos de 1993, em Viena, de que participaram todos os Estados de um mundo já praticamente sem colônias, sua declaração final, adotada por consenso, afirmou no artigo 1º que "a natureza universal desses direitos e liberdades fundamentais não admite dúvidas". Além disso, o artigo 5º asseverou que "(T)odos os direitos humanos são universais, indivisíveis, interdependentes e inter-relacionados", sendo obrigação dos Estados "promover e proteger todos os direitos humanos e liberdades fundamentais, independentemente dos respectivos sistemas políticos, econômicos e culturais". Politicamente, portanto, a questão da universalidade – que nunca se confundiu com a origem histórico-geográfica – acha-se resolvida desde então. Estados e líderes políticos que aludam às diferenças culturais para não seguirem as estipulações da Declaração Universal só o podem fazer, depois da Conferência de Viena, à custa da própria coerência, em contradição com o que os respectivos Estados endossaram, com algumas declarações explicativas. Quanto aos líderes religiosos variados, todos – exceto os extremistas que só reconhecem direitos outorgados por Deus – procuram atribuir à respectiva religião a origem dos preceitos que serviram de base aos direitos humanos consagrados em 1948.

v. Dando sentido prático à universalidade reafirmada, a conferência mundial de 1993 também legitimou, no artigo 4º, a preocupação internacional com a observância e realização dos direitos humanos dentro dos Estados, que deixou, assim, de ser encarada como intromissão em assuntos internos. Evitar manifestar-se sobre a situação dos direitos humanos em qualquer país não é mais, consequentemente, atitude governamental necessária, decorrente do respeito ao princípio da não intervenção.[2]

É evidente que governantes de todas as latitudes utilizam as "diferenças culturais" para justificar sua não observância de certos direitos consagrados na declaração de 1948. Afirmam, porém, quase sempre, que os respeitam e promovem em condições acordes com as respectivas tradições sistêmicas. Países de culturas e regimes tão variados como a Arábia Saudita, o Vietnã, as Filipinas, a Indonésia, o Irã, a China, a Federação Russa, a Confederação Helvética, a Bolívia plurinacional, o

---

2   Para uma análise mais pormenorizada da Conferência de Viena e para consulta ao texto completo da Declaração e Programa de Ação de Viena de 1993, ver meu livro *Os Direitos Humanos Como Tema Global*.

Canadá multicultural, o Líbano multiconfessional e os Estados africanos unitários e supratribais são partes de diversos pactos e convenções internacionais de direitos humanos. Enviam relatórios periódicos sobre sua situação aos órgãos de supervisão competentes (*treaty bodies*) e ao próprio Conselho de Direitos Humanos das Nações Unidas, no mecanismo de Revisão Periódica Universal (UPR), comparecendo diante desses foros para apresentações e explicações adicionais. Nenhum deles declara – nem creio haver jamais declarado – que os direitos humanos seriam uma exclusividade ocidental, inaplicável à respectiva cultura. Até porque, se o fizessem, endossariam a *hybris* eurocêntrica que considera os demais países inaptos para a democracia. É precisamente por causa desses fatos que a ligeireza atual e as distorções com que têm sido usados os direitos humanos, em todo o mundo, podem causar tanta estranheza.

Para tratar da situação paradoxalmente trágica em que eles se encontram nesta segunda década do século XXI muitas abordagens são possíveis: a econômica, analisando as crises financeiras semipermanentes e as características da globalização em curso; a ideológica, observando a evolução do capitalismo sem controles e seus efeitos devastadores em grandes áreas populacionais; a estratégica, confrontando as ações de conflito e de "aliança de civilizações"; a abordagem política, examinando a parcialidade e seletividade de cada ator, a demagogia anti-imigração atual, a arrogância dos poderosos associada à cegueira dos outros, sem falar de deturpações decorrentes de corrupção e abuso do poder. Para não entrar em áreas de análise praticamente infinitas, o presente texto ater-se-á ao campo cultural, que, aliás, parece ter-se tornado foco predileto de quem atualmente estuda e atua em questões sociais.

A FOTOGRAFIA COMO ARTE E DENÚNCIA

Logo que a imprensa publicou, no início de 2012, a imagem ganhadora do prêmio internacional de fotojornalismo, em que uma mulher inteiramente coberta de negro segura nos braços um homem caído, as reações foram variadas. Batizada de "Pietà Muçulmana" pelo autor e pelos que dela gostavam, a fotografia

"DIREITOS DAS CULTURAS" *VERSUS* DIREITOS UNIVERSAIS   161

feita pelo espanhol Samuel Aranda no Iêmen, em outubro de 2011, para o *The New York Times*, foi qualificada de símbolo da "Primavera Árabe". Ao mesmo tempo era criticada por motivos diversos: a pose teria sido montada; a beleza não era comparável à obra de Michelangelo; a escolha da cena e a premiação constituiriam manifestações de islamofobia. Com exceção da última alegação, todas as outras podem fazer sentido, mas não invalidam o impacto estético e simbólico da imagem. O homem derrubado não se encontrava ferido, apenas estonteado por gás lacrimogêneo. A pose deve, portanto, haver sido "arrumada" pelo fotógrafo, que se encontrava na mesquita transformada em enfermaria, durante o levante iemenita. Algumas das fotos emblemáticas do século xx, mais do que arrumadas, foram também, segundo consta, completamente montadas, sem perder a expressividade: a do republicano atingido por tiro na guerra civil espanhola, feita por Robert Capa; a do soldado russo ostentando a bandeira soviética no topo do Reichstag sobre Berlim em ruínas; a dos *marines* levantando a bandeira dos Estados Unidos em Iwo-Jima.

É evidente que a analogia da "Pietà Muçulmana" com a escultura no Vaticano não passa de uma comparação. Pertinente, a analogia é mais significativa do que se supõe. Quando comparada com a *Pietà* do século xv, essa fotografia recente, do século xxi, ressalta muitos aspectos de nossa época que podem até haver escapado ao fotógrafo. Pela óptica dos direitos humanos, mais do que ilustrar uma luta pela democracia, ela evidencia que a situação da mulher, em grande parte do mundo, regrediu não somente seis séculos, mas, em alguns aspectos, mais de dois mil anos. Por mais que a mãe de Jesus usasse um traje comum do Oriente Médio que lembra o xador do Irã, Maria, há 2012 anos, não precisava esconder o rosto. A ocultação total pelo *niqab* árabe, somente com fenda para os olhos, pela burca afegã, que esconde toda a face com tela, para não falar do *hijab* menos radical que cobre cabelos e pescoço, depois de quase suprimida, já é novamente corrente nas sociedades e comunidades muçulmanas. Indo um pouco mais a fundo, a denominação "Pietà Muçulmana" é errônea não tanto pela "Pietà" quanto pela "Muçulmana", palavra que dá a entender, no caso, que a islamita se encobre por obrigação religiosa. Como todos os correligionários não fundamentalistas reconhecem, esses trajes hoje associados à identidade islâmica não advêm do Corão. Aquele livro sagrado exige somente que a mulher se vista com modéstia[3]. Conforme explicita Frédéric Lagrange, estudioso do assunto, os véus parciais e totais são vestimentas pré-islâmicas e beduínas da Península Arábica, usadas há milênios, originalmente como prerrogativa de mulheres de nível social elevado[4]. Não obstante a generalização imprecisa da denominação "muçulmana", a imagem captada na foto é inegavelmente de um país árabe, islâmico e integrista, onde a televisão estrangeira, simpática às revoltas, mostra as manifestantes em passeata sempre cobertas de negro.

É fato que a participação das mulheres nas manifestações de rua, como havia ocorrido no Irã, em 1979, representava, em princípio, um avanço, em sociedades tradicionalistas e teocracias. Resta saber se tal avanço foi consequente em termos culturais ou sócio-políticos. Nem na Tunísia, nem no Egito, muito menos no Iêmen e na Líbia parece ter sido[5]. Não me refiro aqui às vitórias eleitorais de organizações integristas, como a Irmandade Muçulmana no Egito, nem às perseguições a cidadãos não islâmicos, amplamente divulgadas[6]. Refiro-me "apenas" à situação dos direitos da mulher nesses países onde tem havido insurgências supostamente democráticas, todos os quais declaram pretender

3 Ouvi esse esclarecimento, amplamente conhecido, em declaração pública, até mesmo do chefe da delegação da Arábia Saudita que defendeu o relatório nacional junto ao Cerd (ver nota 6 infra), em Genebra, em março de 2003. Duas delegadas sauditas, então vestidas "à ocidental", exibiam longos cabelos ondulados, com uma *écharpe* caída sobre os ombros. O mesmo me foi confirmado por meu colega egípcio no comitê, muçulmano fervoroso, quando lhe indaguei sobre o assunto. Ele chegou a acrescentar que nem as mulheres, nem as filhas de Maomé se ocultavam. Há, porém, dúvidas que perduram, objeto recente da trama do belo romance *Neve*, de Orham Pamuk, em função das interpretações variadas da semântica original das palavras e dos versículos de um longo texto árabe, supostamente eterno, do século VII.

4 F. Legrange, *Islam d' interdits, Islam de jouissance*, p. 142-143. A afirmação se confirma até biblicamente para a região da Palestina se lembrarmos de Salomé e sua "dança dos sete véus".

5 Para não me ater a simples notícias de jornais, ou testemunhos de vítimas ocidentais no país, sobre violências contra os cristãos coptas e contra mulheres em geral, um garçom egípcio em Munique contou-me, em julho de 2012, que sua família, cristã como ele, no Cairo, não podia mais mandar as jovens à universidade, porque, não se vestindo à maneira "muçulmana", as estudantes vinham sendo agredidas até com ácido.

6 Parece-me desnecessário ressaltar mais uma vez que o presente texto foi redigido em 2012, antes, portanto, da emergência do Isis, ou "Estado Islâmico", que, a partir de 2015, seria referência essencial.

"DIREITOS DAS CULTURAS" *VERSUS* DIREITOS UNIVERSAIS   163

adotar a *sharia* como fonte do ordenamento jurídico. As mulheres, afinal, constituem, pelo menos, a metade de todos os seres humanos detentores dos direitos consagrados na Declaração Universal de 1948, além de alguns outros, universalmente específicos desse sexo, definidos em ocasiões posteriores[7].

É desalentador observar que, enquanto uma parte das mulheres do planeta já conquistou e exerce todos os direitos humanos, grande parte das outras, depois de quase liberadas de tradições opressivas, voltaram a ser "culturalmente" perseguidas, agredidas em função da indumentária, podendo chegar à ocultação visual completa de sua individualidade como um "direito" diferencial livremente exercido. E tudo isso vem ocorrendo sem que os propugnadores dos direitos humanos protestem à altura, sem que os "liberais" e a autodenominada "esquerda progressista" se articulem contra, sem que os defensores verbais da democracia requeiram a mudança das leis, das práticas, dos costumes e até da *sharia* – que, mal ou bem, vinha sendo adaptada pelos líderes modernizadores pós--independência – às determinações dos direitos universais.

A acomodação se deve em parte à atual obsessão com o "direito à diferença". É ela que leva militantes de direitos humanos a criticarem a França e outros países europeus por proibirem a burca. É ela que faz o mundo agir de maneira tão hesitante diante do apedrejamento de "adúlteras" como punição legal. Quando o Cerd, extrapolando um pouco seu mandato, indagou do chefe da delegação do Irã que foi defender seu relatório nacional na área da discriminação racial, em agosto de 2010, sobre o caso de Sakhiné, condenada à morte por esse método de execução bíblico-islâmico, o embaixador iraniano aconselhou o comitê a "controlar a islamofobia" [*sic*][8]. Fê-lo ciente de que esse conselho desarmaria os radicais do "politicamente

---

7   Refiro-me aqui, sobretudo, aos direitos reprodutivos, consagrados na Conferência do Cairo de 1994 sobre População e Desenvolvimento, e aos direitos sexuais de controle do próprio corpo, discutidos e formalmente entronizados pela Conferência de Pequim sobre a Mulher, de 1995; ver sobre o assunto, os capítulos 5 e 7 de meu livro *Relações Internacionais e Temas Sociais: A Década das Conferências*.

8   Fui um dos peritos que indagaram sobre Sakhiné, lembrando, inclusive, que o presidente Lula havia sugerido acolhê-la como refugiada no Brasil, e me lembro perfeitamente da resposta. Mais tarde, no mesmo ano, o Brasil se absteve de criticar o Irã pela condenação de Sakhiné na Assembleia Geral das Nações Unidas.

correto", que encaram os direitos culturais como "direitos das culturas", desatentos para o fato de que tais direitos comunitários constituem antítese jurídica evidente dos direitos humanos[9].

Voltando à foto premiada, sei que comparar a imagem do sofrimento de uma muçulmana com o da mãe de Jesus, mulher mais venerada da cristandade, não pode ser uma ofensa. Mais provável é que o fotógrafo tenha tentado captar e transmitir o humanismo universal da mãe que sofre em função do sofrimento do filho. Interpretar a foto e a premiação como manifestações de islamofobia, além de um disparate, é atitude que poderia ser rotulada de cristianofóbica – *data venia* para os neologismos em moda, dos quais somente o primeiro é "politicamente correto". A imagem da fotografia é, sim, uma ilustração multifacetada do sofrimento humano e, no caso, uma denúncia indireta da violência fundamentalista que atinge homens e mulheres na "Primavera Árabe". Não constitui, porém, exclusividade étnica árabe, nem muçulmana, o regresso ao fundamentalismo religioso é nefasto para a mulher e para os direitos humanos em geral. A reversão às formas mais primitivas e intolerantes de crenças religiosas, àquilo que Olivier Roy denomina, com duplo sentido, "santa ignorância"[10], é comum ao protestantismo, de onde, aliás, emergiu a denominação *fundamentalista*, pela aceitação literal, não interpretativa, da *Bíblia*; ao judaísmo, com crescimento exponencial do número e da importância dos *haredim* em Israel desde as eleições de 1988[11]; ao catolicismo, de que a escolha do cardeal Ratzinger como papa foi o principal sintoma, assim como de outras religiões e cultos[12].

---

9   Ao perito francês e a mim, únicos que havíamos indagado sobre Sakhiné e não nos desorientamos com esse tipo de argumento, o embaixador, pelo menos, esclareceu que o caso ainda estava em julgamento, que o crime mais grave pelo qual ela estava sendo julgada era o de cumplicidade na morte do marido e que a pena de apedrejamento já não estava mais sendo cogitada.

10   Cf. *La Sainte Ignorance: Le Temps de la religion sans culture*.

11   I. Shahak; N. Mezvinsky, *Jewish Fundamentalism in Israel*, p. 23-43. Para uma descrição atual da renovada importância do fundamentalismo judaico dentro e fora de Isarel, ver a reportagem especial Judaism and the Jews, *The Economist*, 28 jul. -3 ago. 2012.

12   Ao se escreverem estas linhas, em julho de 2012, novos atos de violência antimuçulmana pelos hindus do Estado de Assam, na Índia, são noticiados. Enquanto isso, no Myanmar, em processo de reformas, as perseguições à minoria muçulmana pelos budistas têm levado milhares de fugitivos rohingya à situação de *boat people*, sem nenhum Estado que os acolha.

"DIREITOS DAS CULTURAS" *VERSUS* DIREITOS UNIVERSAIS 165

Em contraposição à foto de 2011, ninguém chamaria de islamofóbica a igualmente expressiva fotografia premiada em 2003, feita pelo fotojornalista francês Jean-Marc Bouju para a Associated Press. Nela se vê um prisioneiro dos norte-americanos no Iraque, encapuzado e sentado no chão de terra cercado de arame farpado, acarinhando o filho de uns dez anos deitado em seu colo, com a expressão apavorada. Por mais que a cena, real e espontânea, pudesse haver sido originalmente ocasionada por sentimentos islamófobos associados às preocupações com segurança dos Estados Unidos pós-Onze de Setembro, a fotografia parecia estar tentando denunciar algo mais grave no longo prazo do que fobias culturais. Talvez o menino, com medo, já intuísse aquilo que poderia ainda ser feito a seu pai, em matéria de torturas, nos presídios em território iraquiano, afegão ou em Guantánamo, assim como em terceiros países pela prática da *rendition* (entrega de prisioneiros dos Estados Unidos para interrogatórios "mais duros" em certos países). Pois a legitimação da tortura sob outro nome, pelos Estados ocidentais mais poderosos representa, de longe, a ameaça mais daninha a todo o sistema de proteção aos direitos humanos.

DIFERENÇAS EM MOSAICO OU INTEGRAÇÃO COM IGUALDADE

Contrariamente às afirmações daqueles que, por se darem bem com a situação atual, consideram o mundo globalizado pós-Guerra Fria melhor e mais pacífico do que o mundo bipolar de há três décadas, a quantidade de conflitos, quase todos inter-religiosos ou interétnicos, é atualmente tão grande que se torna impossível enumerar. Se nem mesmo a criação de novos Estados com supervisão das Nações Unidas tem conseguido acabar com as tensões e os atritos entre o Sudão e o Sudão do Sul, as comunidades sérvia e albanesa no Kôssovo, a Eritreia e a Etiópia; sem a intermediação da ONU tornam-se insolúveis os conflitos entre, por exemplo, tribos dos diferentes estados da federação etíope (dividida conforme as etnias dominantes em cada um), o Norte e o Sul do Chade e outros Estados do Sahel, os clãs de senhores da guerra na esfacelada Somália, onde até a pirataria marítima ressurgiu, e muitos outros. Enquanto as atenções do momento – julho/agosto de 2012 – se concentram na Síria com acusações de violações de direitos humanos voltadas preferencialmente contra o "governo alauita" de Bashar Al-Assad, até os Estados Unidos hoje reconhecem que a Al Qaeda já é força relevante da insurgência. E nesta se confundem jihadistas sunitas e xiitas, nacionalistas curdos e outros grupos de rebeldes, recebendo apoio em armas e outros recursos dos governos iraniano, turco, saudita e catariano, escandindo todos o brado de "Allah-u-Akhbar" (Deus é Grande) depois de cada disparo. Devem-se agregar à lista dos conflitos pós-modernos mais novos a insurgência integrista no Mali, acrescida de revolta tuaregue, de que participam jihadistas vindos de outras áreas, as ações terroristas do movimento islâmico Boko Haram na Nigéria, a violência talibã no Waziristão paquistanês, a continuação das agressões intertribais entre hutus e tutsis da região africana dos Grandes Lagos, que já haviam participado como algozes e vítimas do genocídio de Ruanda, hoje transpostas para o interior da República Democrática do Congo, assim como numerosas rebeliões asiáticas. É claro que tais conflitos têm raízes profundas e endógenas. A ONU e as agências internacionais pouco ou nada têm a ver com eles. Não se pode, porém, descartar a influência, pelo menos agravante, que a moda atual das "etnias", do culto radical das diferenças, do orgulho exagerado das identidades comunitárias, quando projetada na política e nas relações internacionais, pode exercer nessas e em outras situações.

Iniciada no mundo ocidental desenvolvido e importada pela América Latina e outras regiões culturalmente "globalizadas", a insistência no "direito à diferença" como forma de proteger os direitos de minorias raciais, nacionais e culturais, inclusive religiosas, acha-se incorporada pelas organizações não governamentais (ONGS), membros do secretariado das Nações Unidas, peritos de órgãos de tratados e delegados de Estados supostamente "progressistas". Quase todos se demonstram contrários a políticas de integração, insistindo em iniciativas que, longe de promoverem o convívio igualitário entre pessoas, grupos e nações, acaba incrementando o separatismo e a intolerância. E isso ocorre em todas as áreas do planeta. Pois, ao acentuar mais as diferenças do que tudo daquilo que os seres humanos têm de igual, o diferencialismo comunitário, útil para a

"DIREITOS DAS CULTURAS" *VERSUS* DIREITOS UNIVERSAIS   167

autoidentificação pessoal, tende a radicalizar-se em certas áreas, tornando-se ao mesmo tempo, e de par com problemas econômicos, causa e efeito do neofascismo que vem crescendo no Ocidente, insinuado ou incorporado por partidos políticos que ganham eleições em sufrágios democráticos.

Não quero, com isso, dizer que as diferenças culturais devam ser ignoradas ou anuladas, que não se possam adotar ações afirmativas em favor de minorias em situação de inferioridade social, que não se devam tomar medidas de proteção a grupos oprimidos, que não se deva valorizar a contribuição de cada grupo para a riqueza das culturas crescentemente heterogêneas. Essas medidas, que, para mim, compõem o quadro de um multiculturalismo político-social efetivo, são muitas vezes necessárias à integração de todos os segmentos populacionais no conjunto da sociedade nacional, como tem ocorrido no Brasil. O problema se encontra no "fundamentalismo diferencialista", no multiculturalismo segregacionista dos postulantes da identidade comunitária acima das outras identidades que todos os seres humanos em sociedade temos, entre as quais a cidadania estatal. Essa versão separatista modernamente oriunda do Canadá, mas historicamente britânica, inventada pelo colonialismo vitoriano para manter em universos próximos, mas separados, os brancos ingleses e a ralé nativa, por incrível que pareça, é a que hoje prevalece na área internacional e em certos meios acadêmico-sociais do Ocidente. Ao essencializar as diferenças, estimulando seu cultivo em separado, essa forma de multiculturalismo anti-integracionista fatalmente engendra um esgarçamento, provavelmente infinito, do Estado, que para os "liberais e progressistas" pós-modernos continua a ser encarado como fonte de todos os males.

Para ilustrar os exageros e as obsessões hoje dominantes em foros internacionais de direitos humanos, descreverei abaixo alguns episódios recentes entre as dezenas que venho observando semestralmente no Cerd – órgão de tratado no âmbito das Nações Unidas – do qual participo desde que fui eleito pela primeira vez, em janeiro de 2002, para exercer minhas funções como "perito" independente.

Embora não caiba aqui uma descrição detalhada desses comitês ou "órgãos de tratados", entre os quais o Cerd, que supervisionam as convenções internacionais de direitos humanos, para

168   É PRECISO SALVAR OS DIREITOS HUMANOS!

compreensão do que relatarei nos próximos trechos é importante saber que todos têm como mandato essencial o exame de relatórios dos Estados-partes das respectivas convenções, os quais se auto-obrigam, por dispositivos dos próprios instrumentos soberanamente subscritos, a apresentar periodicamente informes sobre sua situação. Não se trata, portanto, de relatórios acusatórios feitas por terceiros. Denúncias de violações são, contudo, também ouvidas, uma vez que os peritos, que não atuam em nome do respectivo governo, mas a título pessoal, na qualidade de "examinadores", têm necessidade de apurar em outras fontes, como as ONGS e movimentos sociais, ou de agências das Nações Unidas e outras organizações internacionais, a veracidade das informações prestadas, a eficácia das ações relatadas e as incorreções que fatalmente ocorrem, em todo e qualquer país. O exame se dá na forma de arguição à delegação do Estado em pauta que comparece para apresentar o informe e prestar esclarecimentos. Após esse exame em sessão pública, os comitês preparam observações com recomendações, negociadas entre os membros em sessão fechada, a ser enviadas ao governo correspondente.

Dada a inserção desses comitês no conjunto de componentes do sistema internacional de verificação da observância dos direitos humanos, sendo considerados os principais órgãos não governamentais de controle no âmbito da ONU, a participação em qualquer deles exige um mínimo de conhecimento do funcionamento geral e suas tendências.

O COMITÊ PARA A ELIMINAÇÃO DA DISCRIMINAÇÃO RACIAL COMO ILUSTRAÇÃO

Primeiro *treaty body* de direitos humanos constituído no âmbito das Nações Unidas, em 1970, o Cerd, integrado por dezoito membros e servido pelo secretariado do Escritório do(a) Alto(a) Comissário(a) para Direitos Humanos, das Nações Unidas, acompanha a implementação da Convenção Internacional Sobre a Eliminação de Todas as Formas de Discriminação Racial, de 1965, cujo artigo 8º determinou sua criação. As sessões ordinárias, geralmente de quatro semanas, ocorrem duas vezes por ano, em fevereiro-março e em agosto, no Palácio Wilson, em Genebra.

"DIREITOS DAS CULTURAS" *VERSUS* DIREITOS UNIVERSAIS

Embora sua função nominal diga respeito a discriminações *raciais*, a definição desse fenômeno no artigo 1º da convenção de 1965 é ampla, abrangendo "qualquer distinção, exclusão, restrição ou preferência baseada em raça, cor, descendência, origem nacional ou étnica". Para examinar se existem discriminações, o Cerd compreensivelmente exige que os Estados apresentem, nos respectivos relatórios, estatísticas desagregadas por cada segmento ou categoria populacional existente em seu território. Em princípio a partir daí, mas geralmente com bases em informações outras, como as queixas de militantes variados, aborda a ocorrência de disparidades ou não na realização de cada direito nas diferentes áreas arroladas na convenção. Estas envolvem desde o direito à nacionalidade até o tratamento acordado aos estrangeiros em matéria de direitos políticos, passando pela administração de justiça, pela distribuição da população carcerária, pelas liberdades de religião e de expressão, pelos direitos ao emprego, à habitação, à educação e à saúde, assim como por outros assuntos atuais correlatos, como a situação dos imigrantes e refugiados no país.

Em princípio, as perguntas e recomendações dos peritos deveriam propor aos Estados medidas acordes com cada situação para assegurar a igualdade de todos os cidadãos, entre as quais as "medidas especiais", de caráter temporário, para grupos e indivíduos específicos, previstas no artigo 1º, parágrafo 4º, e no artigo 2º, parágrafo 2º da convenção, no Brasil chamadas "ações afirmativas". Na prática, porém, como a maioria dos peritos é "diferencialista" na linha atual em voga, grande parte das propostas e recomendações, longe de pretender auxiliar a integração concreta e igualitária na sociedade nacional, visa apoiar a manutenção das diferenças. Inspirado nas experiências da Califórnia a outros Estados norte-americanos em defesa dos hispânicos, exige que os Estados-partes da convenção assegurem ensino oficial das línguas de cada grupo cultural, esquecendo que, para países pobres, o simples ensino gratuito da língua oficial a todos já é um desafio enorme. Estimulado por algumas experiências recentes latino-americanas com nações indígenas, e pela aceitação, ainda incipiente, da xaria islâmica em grupos muçulmanos no Canadá e alguns outros Estados ocidentais, apoia a aplicação do direito tradicional comunitário, em vez do sistema jurídico nacional, nas comunidades minoritárias. Orientado pelo multiculturalismo segregacionista e pelo direito contemporâneo europeu, cobra o reconhecimento *oficial* pelo Estado de todas as comunidades culturais diferentes como *minorias nacionais ou étnicas* com representação específica para cada uma em todas as áreas, começando pelos parlamentos. Isso tudo ocorre sem qualquer atenção para as peculiaridades dos Estados examinados, como a Namíbia e a África do Sul, egressos do *apartheid*, ou Ruanda e a Bósnia e Herzegovina, onde as divisões interétnicas já haviam chegado ao nível de genocídio, ou a Estados africanos acossados por divisões e conflitos intertribais. Os membros proponentes fazem-no e quase todos os demais aceitam, tanto por convicção pessoal, quanto por indução de funcionários do secretariado, sempre preocupados em atender as reivindicações maximalistas de delegados comunitários presentes, movimentos sociais e ONGs.

Todos os membros do Cerd dialogamos com as ONGs, tendo sido, inclusive, por minha sugestão ao Comitê, que os militantes não governamentais passaram a contar com uma sessão semanal formal, dispondo de serviços de interpretação simultânea, para apresentar suas queixas e postulações. Alguns, porém, são tão ávidos de agradar tais entidades que praticamente esquecem suas funções de peritos, independentes não só do Estado, mas também dessas organizações. Não avaliam o que muitas das postulações, compreensíveis pela óptica específica da militância, podem representar para o Estado e o conjunto da sociedade em que as minorias se encontram.

Para ilustrar minha interpretação de que tem sido exagerada e contraproducente a preocupação atual com as diferenças, descreverei o exame recente de alguns relatórios pelo Cerd, mencionando no contexto as atitudes mais marcantes de peritos. Começo, pois, pelas arguições do Quênia e do Reino Unido, em 2011, seguidas de outras, em 2012, todas relacionadas com as preocupações aqui expressadas.

Quênia

A 79ª sessão do Cerd, em agosto e setembro de 2011, examinou um total de nove relatórios. Detenho-me no caso do Quênia

"DIREITOS DAS CULTURAS" *VERSUS* DIREITOS UNIVERSAIS

porque, ciente dos contatos entre nossa Secretaria Especial de Políticas de Promoção da Igualdade Racial (Seppir) e entidades equivalentes dos países africanos, parece-me necessário que os brasileiros participantes de foros acadêmicos e políticos internacionais entendam as diferenças de posturas que se podem esperar de países defrontados por desafios tão diferentes. A começar pelo fato de que, na África subsaariana pós-colonial e pós-*apartheid*, as principais manifestações de racismo não mais ocorrem entre brancos e negros, mas entre as diferentes comunidades tribais, ou em situações em que o componente religioso das etnias se sobrepõe à cor. Primeiro informe periódico apresentado pelo país, o relatório do Quênia[13], com descrição das peculiaridades próprias e de políticas hesitantes entre o modismo diferencialista e um integracionismo anulador das diferenças, mereceria ser estudado como paradigma da situação atual de quase todo o continente africano.

De acordo com o informe, enquanto as minorias europeias e asiáticas no Quênia representam 10% da população, os africanos negros são 90%, mas divididos em 42 grupos étnicos, pertencentes a três famílias linguísticas: bantu (com maioria quicuios [kikuyu]), cuchita (principalmente somalis e oromos) e nilóptica (com maioria luo). Dentro desse quadro demográfico, representa um esforço de união considerável o simples fato de o Estado adotar e ensinar uma língua nacional (o kisuahíli) e uma língua oficial (o inglês) e não todos os idiomas tribais, como desejariam alguns membros do Comitê.

Antes ainda de entrar em considerações sobre a explosão de violência de 2008 em Nairóbi, decorrente das eleições de dezembro de 2007, o parágrafo 9º do relatório explicitava:

A etnicidade no Quênia é altamente politizada, fato que resulta em insegurança, conflitos étnicos e exclusão, marginalização e problemas de governabilidade. Há uma clara tendência entre as pessoas de ascendência africana de se identificarem pela etnia, não pela cidadania. Isso se torna mais pronunciado a cada cinco anos, durante as eleições nacionais, quando os votos seguem rigidamente as etnias. A imagem pública dos líderes políticos é associada à comunidade respectiva, não à qualidade de suas políticas.

---

13 Documento das Nações Unidas CERD/C/KEN/1- 4, distribuído em 13 de janeiro de 2011.

172 É PRECISO SALVAR OS DIREITOS HUMANOS!

As minorias de origem europeia e asiática, por sua vez, podem ser alvo de xenofobia nativa "em função da origem racial, cor, posses e estilo de vida"[14.]

O parágrafo 10 assinalava que "a religião é crescentemente percebida por algumas minorias no Quênia como principal fator na determinação da cidadania e para a aquisição de direitos". Os muçulmanos acham que o país é governado como um Estado cristão, e os animistas reclamam de o sistema britânico de leis ter precedência sobre o respectivo direito costumeiro. O parágrafo 11 ressaltava, por outro lado, que, com 45,9% da população em situação de pobreza absoluta, sendo 56% vivendo com menos de um dólar por dia, a pobreza permanece o principal problema. Diante desses números, acrescento eu, não é preciso ser filósofo para compreender que as explosões interétnicas no país têm como estopim não as culturas em si, mas a miséria e a manipulação política das divisões por tribo ou etnia.

Segundo o relatório, o Quênia se autodefine como multirracial, multiétnico, multicultural (não confundir com "multiculturalista", termo que denota a opção por políticas de valorização da pluralidade cultural) e multirreligioso. O documento afirma que as comunidades viviam antes em harmonia, passando a ter graves conflitos em função das táticas colonialistas de "dividir para imperar", tendo estas sido mantidas pelos líderes locais após a independência. A etnicidade e o tribalismo são hoje encarados como ameaças à unidade nacional. O governo considera a cidadania como "principal elemento da organização estatal" e não reconhece grupos étnicos como elemento de expressão política (parágrafo 31). Consequentemente, não há provisões legais baseadas em identidade étnica, linguística ou cultural. Até mesmo o uso de vestimentas típicas em lugares oficiais, como a Assembleia Nacional, é "desencorajado" (parágrafo 32). Considerada anátema pelo multiculturalismo internacionalmente dominante, essa não valorização das diferenças era compensada no relatório com a declaração de que o governo "reconhece que a afirmação das experiências, valores e crenças das pessoas faz parte da construção de um sistema de governança nacional democrática, rico e pluralista, e da

14   Ibidem.

"DIREITOS DAS CULTURAS" *VERSUS* DIREITOS UNIVERSAIS   173

manifestação cultural da identidade própria do Quênia como Estado-nação" (parágrafo 33). Por isso, o governo viria tentando educar o público, através dos *media*, sobre a necessidade de coletar informações "sobre a tribo/etnicidade, tendo em vista seu valor estatístico e cultural", para obter um quadro da diversidade e dos padrões de migrações no país. E um dos objetivos da reforma da Constituição, em 2010, seria assegurar respeito à diversidade regional e aos direitos comunais. O fato de não dar valor intrínseco às diferentes culturas, preferindo, aliás, a expressão "populações marginalizadas" aos termos "minorias" ou "povos indígenas" (desejado pelo Cerd para as comunidades nômades, pastoris e extrativistas, que habitam, no Quênia, terras áridas ou semiáridas), não impede o governo de propor ao parlamento medidas corretivas da "distribuição distorcida das terras com base em critérios raciais" (parágrafo 88), nem de adotar "ações afirmativas para grupos minoritários e povos indígenas" na área da educação (parágrafo 209 – a linguagem é, nesse caso, contraditória).

O país mantém ainda, reconhecidamente, práticas e leis retrógradas em muitas áreas, como as que não permitem a transmissão da nacionalidade pelas mães aos filhos; a impossibilidade de aquisição da nacionalidade queniana por crianças órfãs ou filhas de refugiados; a falta de um regime único de casamento e divórcio (regulamentados conforme as raças e religiões), para não falar da persistência da mutilação genital feminina (proibida por lei). A maior preocupação é, porém, com a erradicação das diferentes formas de segregação tribal herdadas do sistema colonial britânico. Uma delas, reminiscente do *apartheid* sul-africano, designava áreas de Nairóbi para os membros de cada etnia, sendo exigido que portassem carteiras de identificação (tribal), quando se locomoviam (parágrafo 76). Segundo o relatório, "após a independência, o Quênia permaneceu substancialmente segregado em termos raciais, até que o governo começou a pôr em prática políticas que procuraram reverter a discriminação, como, por exemplo, políticas que asseguravam acesso equitativo às terras para todos os quenianos". Algum progresso na forma de casamentos interétnicos e inter-raciais teria ocorrido. Teme-se, porém, que esses "ganhos" (*gains*, palavra do próprio relatório, que assinalo por causa das reservas de alguns militantes negros à mestiçagem) estejam sendo revertidos pela violência que se seguiu às eleições de 2007. Para mitigar o problema, o governo criou um departamento específico dentro do Ministério da Justiça: Coesão Nacional e Assuntos Constitucionais, para encorajar a integração, tornando ilegal a discriminação em bases étnicas (parágrafo 78)[15].

O chefe da delegação queniana às reuniões do Cerd dedicadas a seu relatório era precisamente o titular desse ministério. Toda a ênfase de sua apresentação e das respostas aos peritos concentrou-se no objetivo de unidade do Estado queniano, não na promoção e proteção das diferenças existentes. Estas são valorizadas, como em qualquer sociedade multicultural secular, como contribuições à identidade nacional. Apesar desse fato, parcela significativa das preocupações avançadas oralmente pelos peritos, algumas das quais reiteradas nas Observações Finais, insistia na necessidade de proteção cultural das minorias étnicas e na manutenção das diferenças. Também diferencialista na arguição de outros países, o perito tanzaniano, que foi o relator (membro do comitê incumbido de examinar mais a fundo o informe do governo, os contrainformes de oposição, as denúncias de ONG etc. e iniciar a arguição do país) para o Quênia, atuou de forma comedida, chegando a dizer publicamente que, com relação à África, compartilhava a visão oficial queniana de que a coesão nacional deve prevalecer sobre quaisquer tendências fragmentadoras.

Reino Unido

Uma tendência atual importante, não entendida corretamente pelos movimentos sociais, é a do esboroamento do modelo de multiculturalismo anglo-saxão, proponente do "mosaico de culturas", intrinsecamente segregacionista e antissocializante, em Estados expressivos. Tal tendência, observada e iniciada por políticos europeus variados, pôde ser notada em 2011 no relatório britânico, examinado durante os levantes populares londrinos, que se espalhavam pelo país.

15   Ibidem.

"DIREITOS DAS CULTURAS" *VERSUS* DIREITOS UNIVERSAIS   175

Preparado e encaminhado ao Cerd em março de 2010, muito antes dos tumultos de Tottenham e outras áreas da capital britânica, o 20º relatório periódico do Reino Unido[16] já dizia, no parágrafo 2º, que o país era favorável à "integração", palavra vista com reservas pelos culturalistas ferrenhos. Esclarecia, por isso, que a integração no Reino Unido não significava assimilação numa única cultura homogênea, implicando a construção de uma sociedade unificada e coesa "por meio da criação de um sentido de inclusão e de identidade britânica compartilhada, definido por oportunidades comuns e expectativas mútuas entre todos os cidadãos de contribuírem para a sociedade com respeito pelos outros". Refletindo declaração do primeiro-ministro David Cameron, ocasionada pela turbulência, de que o multiculturalismo tinha dado errado no Reino Unido – declaração que o perito indiano, relator pelo Cerd, considerou "pessimista" –, o chefe da delegação britânica, vice-diretor do Departamento das Comunidades e Governo Local, na apresentação oral do relatório, qualificou o país como "multiétnico e multirreligioso" – não como multiculturalista. Mais importante do que esses adjetivos, porém, foi sua informação oral de que cerca de 10% da população do Reino Unido já se identifica como pertencente a alguma minoria étnica, e uma em cada dez crianças é nascida em *mixed-race families* (famílias de raças misturadas). Diante dessa novidade, inegavelmente consequente para a evolução da sociedade britânica no sentido da superação de seu passado discriminatório, malgrado a denominação esdrúxula (e sintomaticamente inglesa) de *mixed-race*, indaguei se os censos britânicos contemplavam tal categoria distinta – chamada de "parda" pelo IBGE, mas conhecida pela população brasileira como mestiça, mulata, cabocla, marrom ou outro nome politicamente incorreto, mas certamente menos chocante do que "de raças misturadas". Para minha surpresa, dada a resistência de alguns teóricos de movimentos alegadamente progressistas à ideia de mestiçagem, a delegação confirmou a existência de tal categoria de autoidentificação censitária no Reino Unido, registrada sob a fórmula *mixed heritage* (de herança mista).

---

16   Documento das Nações Unidas, CERD/C/GBR/18-20, distribuido em 2 de agosto de 2011.

176 É PRECISO SALVAR OS DIREITOS HUMANOS!

Grande parte da apresentação oral e dos debates propiciados pelo relatório concentraram-se na interpretação dos motins em curso no país. Para a delegação oficial, eles não passariam de badernas, explosões de violência criminal gratuita, sem conotações sociais ou raciais, sendo sempre assinalado que os perpetradores e as vítimas da violência difusa eram igualmente brancos, negros e asiáticos. Quanto a isso o máximo que o Cerd fez foi levantar dúvidas sobre a propriedade das medidas adotadas, todas as quais se concentravam em práticas repressivas e punitivas, com alguns aspectos anti-imigrantes. Além desses pontos mencionados, o exame do relatório foi marcado pela atuação maciça de ONGs em atividade de *lobbying* junto aos peritos, muitas das quais eram dedicadas a assuntos muito específicos, como a persistência de discriminações por casta nas camadas hindus da população, no "sectarismo como racismo" da Irlanda do Norte, na situação dos *Travellers* e *Gypsies* (na Grã-Bretanha, os hoje chamados romani se autodenominam ciganos).

Depois das declarações de Angela Merkel, em 2010, de que o multiculturalismo havia falido na Alemanha (onde os turcos frequentemente nem querem estudar alemão, "justificando" com esse identitarismo inabalável os inegáveis preconceitos germânicos), das declarações nessa mesma linha de David Cameron no Reino Unido, da continuidade do racismo e da xenofobia em ascensão por quase todo o continente europeu, da performance eleitoral da direita anti-imigrante em quase todos os países euro-asiáticos, não sobram muitos governos, além do canadense, que ainda tentam promover a sério o modelo multiculturalista radical, de preservação das diferenças raciais ou etnoculturais intangíveis. Afinal de contas, era esse modelo que estava na base do sistema de exploração colonial britânico até, pelo menos, a Segunda Guerra Mundial. E, para não evitar o caso extremo, era esse modelo, de "desenvolvimento separado", que, até a década de 1990, oferecia fundamentação ideológica ao regime do *apartheid* na África do Sul.

Quando digo, como disse acima, que os movimentos sociais e a imprensa não entenderam o esboroamento do modelo dos "mosaicos culturais" na Europa, penso na massa de críticas sem sentido com que foram e continuam a ser referidas as declarações de Angela Merkel, David Cameron e muitos outros políticos. Estive na Alemanha pouco depois das declarações da

"DIREITOS DAS CULTURAS" *VERSUS* DIREITOS UNIVERSAIS 177

chanceler, em 2010, e pude entender que o que ela considerava falido era o modelo essencialista de multiculturalismo, que deixa as culturas dos imigrantes intactas, como quistos na sociedade germânica. A Alemanha sabe que precisa da imigração e já modificou substancialmente seu sistema jurídico, abandonando o rígido *jus sanguinis* em matéria de nacionalidade, para acolher como alemães os descendentes de imigrantes nascidos em seu território. O que a chanceler prefere, evidentemente, é integrá-los – não confundir com assimilá-los –, sendo para isso necessário que eles aceitem um mínimo de "germanismo". O mesmo tipo de interpretação se nota no Reino Unido, como se pôde ver pelo relatório ao Cerd. Não se trata, em teoria, de impedir a entrada de imigrantes, nem de continuar a segregá-los como integrantes de comunidades diferentes, mas de conferir-lhes condições e obrigações que os tornem culturalmente mais *British* e menos estrangeiros, ao mesmo tempo que a antes impermeável cultura britânica se disporia a tornar-se mais absorvente às contribuições de fora. Se isso vai funcionar realmente, ainda não se sabe. Mas é visível que os dois sistemas, alemão e inglês, passaram a assemelhar-se muito ao integracionismo republicano da França contemporânea, ainda visto erroneamente como oposto ao multiculturalismo em geral.

Canadá

Um dos países mais criticados na 80ª sessão do Cerd, em fevereiro/março de 2012, foi, surpreendentemente, o Canadá, precursor do multiculturalismo legal, que há várias décadas adota políticas particularizadas para cada comunidade[17]. Isso se deveu, sobretudo, à massa de ONGs canadenses que afluíram ao Palais Wilson durante vários dias para apresentar, formalmente e em *lobbying*, suas queixas e reivindicações aos peritos. As queixas, inclusive de afrodescendentes sobre sua situação de inferioridade social no país, foram muitas e algumas, muito

---

17 O relatório respectivo se acha no documento das Nações Unidas, CERD/C/CAN/19-20, distribuído em 8 de junho de 2011. Digo "surpreendentemente" porque o Canadá sempre procura cumprir rigorosamente suas obrigações internacionais e é geralmente visto como modelo em matéria de direitos humanos.

178   É PRECISO SALVAR OS DIREITOS HUMANOS!

graves. Causou impressão particularmente negativa a denúncia de que o Canadá vinha praticando entre comunidades indígenas e de imigrantes a retirada de crianças de suas famílias pobres para colocação em outros lares ou abrigos[18]. Nas respostas, a delegação oficial não soube esclarecer convincentemente o assunto, dizendo que a colocação das crianças sob custódia temporária visava a atender ao *best interest of the child* ("melhor interesse da criança", expressão usada na Convenção Sobre os Direitos da Criança, de 1990), quando o que o Estado deveria fazer era, evidentemente, auxiliar as famílias a mantê-las. Igualmente delicadas, em particular desde que o Canadá endossou, em 2010, a Declaração Sobre os Direitos dos Povos Indígenas, de 2007, foram as queixas de violações de terras pertencentes aos nativos por empreendimentos econômicos variados. Além disso, repercutiram referências dos indígenas a indicadores de desenvolvimento humano do PNUD que colocam o Canadá entre os primeiros países do mundo, enquanto pelos mesmos indicadores as nações autóctones de lá não passariam do 60º lugar[19].

Nada particularmente novo surgiu da apresentação do relatório pela delegação canadense, nem da introdução ao caso pelo perito-relator paquistanês, a não ser o fato de ele adiantar grande parte das queixas das ONGs, que seriam, em seguida, exaustivamente retomadas pela maioria dos peritos. Quanto à substância do relatório, ele continuava a referir-se ao Canadá como "país multiculturalista", cujas práticas se orientariam para a igualdade entre todos os cidadãos. Tão chocantes eram, porém, as críticas das ONGs, adotadas e repetidas *ad nauseam* por membros do Comitê, que o perito togolês chegou a dizer taxativamente, em plenário: "O Canadá é marcado pela desigualdade, apesar de seu multiculturalismo."[20] E eu indaguei à delegação governamental sobre o sentido e a finalidade atuais do multiculturalismo canadense – Ottawa assina acordos com as nações indígenas como

---

18 Prática assemelhada àquela comum da Austrália no passado e que já levou o então primeiro-ministro a publicamente pedir perdão aos aborígenes do país.

19 O índice para as nações indígenas contrasta, sem dúvida, com o do Canadá como um todo, que ocupa o 6º lugar do mundo. Mas é também elevado, na medida em que o Brasil está relacionado pelo PNUD entre os países de IDH alto, ocupando o 84º lugar, segundo estimativas para 2011 (ver Wikipedia).

20 No original, que anotei textualmente: "Le Canadá est marqué par l'inégalité, malgré son multiculturalisme".

"DIREITOS DAS CULTURAS" *VERSUS* DIREITOS UNIVERSAIS 179

se fossem Estados soberanos, além de adotar disposições legais particularizadas para cada grupo não "caucasiano", como a que aceita a aplicação da xaria islâmica, com algumas restrições, nas comunidades muçulmanas –, aparentemente incapaz de assegurar condições de igualdade efetiva entre as diversas partes de seu "mosaico de culturas"[21]. Em resposta a minha pergunta, a

21 Para que não se imagine que fiz tal pergunta gratuitamente e de maneira ofensiva, traduzo integralmente, do original em inglês, a intervenção que, em decorrência do esgotamento de tempo da reunião no primeiro dia dedicado a esse país tive a oportunidade de apenas adiantar sumariamente, e de elaborar por escrito no hotel, para ler no dia seguinte:

"Senhor Presidente,

Já que o senhor me permitiu adiantar minha questão ontem, uso esta oportunidade para expressar meu apreço pelo relatório do Canadá, e para saudar a delegação canadense. Li com atenção o informe. Não vejo qualquer problema na expressão "minorias visíveis", embora ela me pareça estranha num país tão preocupado com o politicamente correto. Além disso, compartilho a preocupação do Canadá com alguns dos métodos de trabalho deste comitê.

Como sabem todos os colegas que são membros deste comitê desde 2002, a ideia do multiculturalismo e os diferentes significados dessa expressão têm sido objeto de algumas de minhas principais atenções. A meu pedido, o Cerd chegou a realizar uma discussão fechada sobre o assunto, mas dela não emergiu a disposição de propor uma Recomendação Geral.

O Canadá foi o primeiro país a adotar uma "lei do multiculturalismo", nos anos 1960. Seu objetivo original era de acomodar as reivindicações do Quebec francófono. Desde então o sentido do multiculturalismo mudou tanto que ninguém mais parece saber o que ele realmente é. Não obstante, o modelo canadense do mosaico de culturas adequou-se tão bem à ideia acadêmica de pós-modernidade que ele se tornou uma espécie de molde para todas as sociedades.

Quando eu propus um debate no Cerd sobre o assunto, já sentia que o modelo do Canadá poderia ser útil em alguns casos, mas não em outros. Por isso sempre insisto no fato de que nossa convenção é que constitui o instrumento que todos os Estados-partes precisam aplicar, não cabendo ao Cerd impor modelos para sua aplicação. Além de existirem sociedades em que não se pode adaptar o mosaico de culturas separadas, há outro problema com o multiculturalismo que me preocupa. Ele se tornou uma espécie de ideologia hegemônica do mundo pós-Guerra Fria, adotada em todos os continentes, pelos órgãos de tratados e pelo Secretariado das Nações Unidas. Esse segundo aspecto do problema é relacionado ao fato de o multiculturalismo pós-moderno haver desconsiderado outras noções importantes, como a luta universalista contra a pobreza, a continuidade do abismo entre ricos e pobres, nacional e internacionalmente, e os desafios econômicos abrangentes, em favor de esforços segmentados para comunidades específicas. A situação hoje é tal que as diferenças culturais vieram a substituir as classes sociais, e os direitos de minorias ultrapassam preocupações com o conjunto.

Como se essas preocupações não fossem suficientes, o que nosso comitê tem escutado das ONGS canadenses parece indicar que o multiculturalismo como promessa de igualdade entre todas as peças do mosaico cultural falhou até no Canadá. Esta é a razão pela qual apresentei minha pergunta ontem à delegação: vocês ainda acreditam que o tratamento separado dos grupos funciona melhor ▶

180 É PRECISO SALVAR OS DIREITOS HUMANOS!

delegação canadense declarou, sem maiores explicações, que o multiculturalismo em seu país visa à integração de todos.

Parece bastante claro que a situação das minorias no Canadá atual não é nada pior do que em outros países. As queixas são mais acirradas em decorrência de seu modelo de multiculturalismo, exageradamente diferencialista, que cria novas expectativas, eleva o nível de reivindicações e torna as identidades crescentemente narcisistas. Esse fenômeno é praticamente inevitável. Nas palavras de um observador inteligente do processo histórico ocorrido com as minorias eslavas do antigo Império Austro-Húngaro: "Quem foi por longo tempo confinado ao papel de menor e teve que dedicar todos os seus esforços à determinação e à defesa da própria identidade tende a prolongar essa atitude mesmo quando ela não é mais necessária"[22].

Portugal

Também examinado no inverno de 2012, o relatório de Portugal[23] foi, de longe, o melhor de todos os informes submetidos à 80ª sessão. Trazendo amplos esclarecimentos e ilustrações concretas sobre as posições oficiais e as medidas destinadas a implementar cada artigo da convenção, o documento era, digamos, corajoso. Sublinhava que o objetivo de Portugal é de promover a plena integração dos imigrantes e que o Estado não reconhece minorias, pois não pretende tratar qualquer grupo como tal. Apesar de destoante da onda prevalecente, a política de Portugal em matéria de imigração, conforme assinalaram o relatório e a delegação do governo, já teria sido até reconhecida

> ▷ do que os esforços de integração? É claro que com integração eu não quero dizer assimilação total. A diversidade é hoje amplamente reconhecida como fonte de riqueza. Mas diversidade não requer separação. Eu acredito firmemente que o reconhecimento mútuo, a reciprocidade de influências e a miscigenação constituem a melhor –talvez a única – solução efetiva contra a discriminação racial. Conforme comprova a situação do mundo nos últimos vinte anos, a insistência na separação e nas identidades comunitárias têm levado mais a guerras e à criação de bodes expiatórios do que à paz e a condições de igualdade. Muito obrigado."

22 C. Magris, *Danúbio*, p. 249.
23 Documento das Nações Unidas, CERD/C/PRT/12-14, distribuído em 13 de setembro de 2011.

"DIREITOS DAS CULTURAS" *VERSUS* DIREITOS UNIVERSAIS   181

como a segunda melhor da Europa (após apenas a da Suécia) pelo British Council, e, pelo PNUD, como uma das melhores do mundo[24]. Tão bem feito era o documento, e tão positivamente francos os resultados apresentados, que a relatora pelo Cerd, perita irlandesa, diferencialista convicta ligada às ONGs, sentiu-se na obrigação de ser elogiosa e muito cuidadosa nas questões que formulava. A defesa do relatório, por sua vez, foi magistralmente exercida pela alta comissária para Imigração e Diálogo Intercultural, procedente de Lisboa.

Apesar da excelência do relatório e das boas políticas desenvolvidas por Portugal (o que não quer dizer que não haja discriminações, como eu próprio mencionei, referindo-me aos brasileiros barrados no aeroporto e expulsos arbitrariamente sem sequer entrar no país), reconhecidas por quase todos os peritos, alguns ainda criaram problemas com o fato de o informe não trazer estatísticas desagregadas por raça e origem das pessoas, não aceitando a explicação de que, desde a Revolução dos Cravos, é proibido em Portugal indagar sobre esses dados no censo, pois a categorização por raça ou cor era a base das discriminações do período colonialista[25]. Criticavam também o não reconhecimento formal de minorias nacionais e a opção integracionista (que a delegação explicou não dever ser confundida com assimilacionismo, pois Portugal se reconhece multicultural e racialmente plural)[26].

Quando da arguição à delegação portuguesa, o perito togolês, homem erudito, professor de filosofia e de latim, lamentou que o relatório não tivesse tratado especificamente da situação

---

24 Elogio a isso consta da parte introdutória das Observações Finais do Cerd, que, no parágrafo 8º, louva as "políticas inovadoras do Estado-parte" confirmadas no Relatório Sobre Desenvolvimento Humano de 2009 e no Migrant Integration Policy Índex.

25 Conforme já assinalei acima, as estatísticas desagregadas são úteis, mas não imprescindíveis, para se saber se um país tem práticas discriminatórias oriundas de racismo estrutural. Poucos países da União Europeia fazem perguntas censitárias sobre a raça, a etnicidade e a religião das pessoas, por entenderem que as perguntas e a classificação podem aumentar o racismo contra elas. Na verdade, ninguém precisou de estatísticas desagregadas para conhecer o racismo, sobretudo antissemita, dos nazistas. Ou para repudiar as leis Jim Crow do Sul dos Estados Unidos ou o regime do *apartheid* na África do Sul.

26 A título de curiosidade, observo que, segundo dados fornecidos oralmente pela chefe da delegação portuguesa a respeito do Estado de origem dos estrangeiros residentes no país, o maior grupo é de brasileiros, 190 mil ou 27% do total, seguido de ucranianos (17%), cabo-verdianos e romenos.

182 É PRECISO SALVAR OS DIREITOS HUMANOS!

de certas ilhas, cujo nome ele indicou e das quais eu nunca havia ouvido falar. A arguição prosseguiu normalmente até o fim da tarde. No dia seguinte, o mesmo perito usou novamente da palavra para pedir desculpas aos delegados de Portugal pela queixa que ele apresentara por engano, pois ela se referia ao México, também examinado na 80ª sessão. Pouco tempo depois, o perito guatemalteco, ele próprio líder indígena, que não estava presente quando da retratação do colega togolês, voltou a criticar a falta de informações separadas no documento português sobre as ilhas do Atlântico, de cujo nome ele não se lembrava. Quando, dias depois, circulou o primeiro projeto das observações finais ao Estado-parte, a cargo da perita irlandesa, notei que dele constava parágrafo reclamando da falta de informações sobre a situação da população dos Açores e da Madeira. Assinalei, então, informalmente à relatora do Cerd que, além de Portugal ser país politicamente unitário e integracionista, que não apresenta informações separadas sobre cada província, a população das ilhas portuguesas é essencialmente tão "branca" ou mestiça quanto, por exemplo, a de Lisboa ou do Alentejo, não fazendo sentido exigir esse tipo de "desagregação" estatística. A perita-relatora pareceu assentir. Mas quando o conjunto das recomendações foi adotado "por consenso", em momento em que eu estava ausente, lá se encontrava de novo, com redação mais branda, a seguinte observação: "Conquanto levando em conta a abordagem holística adotada pelo Estado-parte, o comitê gostaria de receber informações sobre as medidas para implementar a convenção na Madeira e nos Açores no próximo relatório periódico."[27] Apenas para tentar entender melhor essa insistência, indaguei privadamente ao perito guatemalteco de onde ele se inspirara para referir-se ao assunto na arguição à delegação portuguesa. Ele me respondeu que a "inquietação" constava das comunicações não governamentais que havia recebido (provavelmente de indígenas habitantes em alguma ilha mexicana). E, quando eu lhe expliquei que pedir isso a Lisboa era o mesmo que pedir a Brasília informações separadas sobre dois dos estados brasileiros, ele reagiu, inabalável e altivo, dizendo que não hesitaria em cobrar isso do Brasil, se tivesse recebido queixa.

27 Observação Final nº 25.

Vietnã, México e as Atitudes dos Peritos

Entre os outros relatórios nacionais examinados no início de 2012, merecem ainda menção, para ilustrar as tendências contemporâneas que prejudicam o sistema internacional de proteção aos direitos humanos, os casos do Vietnã e do México. O relatório do Vietnã[28] pareceria em tudo o oposto de Portugal. Descrevia um país de 85 milhões de habitantes, a maioria das quais de etnia kinh (85.7% do total), que reconhece a existência de mais 53 grupos étnicos. Estes estiveram representados antes por ONGS, que apresentavam as mesmas queixas habituais de todas as minorias em qualquer território, agravadas pelo que seriam perseguições do regime: contra os membros da comunidade hmong (católicos, utilizados pela CIA durante a guerra e ainda vistos como agentes do exterior); contra os khmer (que desejariam ser independentes), contra os chamados *montagnards* (habitantes das montanhas, em situação socioeconômica inferior à do resto da população, em princípio pelas dificuldades de acesso do Estado a eles). Em função da estatura histórica anti-imperialista do país, a que muitos peritos "de esquerda" se referiram, o Vietnã foi mais bem tratado do que a média. O relator pelo Cerd foi o perito chinês, que não deixou de criticar a situação de inferioridade em que subsistem as minorias reconhecidas no país. Quanto à substância do informe, foi significativa a observação de que, desde as reformas econômicas liberalizantes, o Vietnã tem crescido muito, mas a economia de mercado e a abertura do país têm tido efeitos negativos na disparidade entre as áreas rural e urbana e na integração de grupos vulneráveis, inclusive mulheres, crianças, pessoas com deficiências e minorias étnicas. Nem por isso o perito guatemalteco deixou de forçar a interpretação de fatos históricos amplamente conhecidos, declarando que, tendo lutado tão bravamente "em defesa de sua cultura", o Vietnã não podia deixar de atender aos reclamos de suas minorias. Independentemente da possível pertinência da conclusão, sua argumentação esquecia que a guerra do Vietnã, anticolonialista na primeira fase e anti-imperialista na segunda, não foi uma insurreição "culturalista", nem uma

---

28 Documento das Nações Unidas, CERD/C/VNM/10-14, distribuído em 21 de setembro de 2011.

184 É PRECISO SALVAR OS DIREITOS HUMANOS!

rebelião pós-moderna do tipo zapatista. Foi uma revolução de assumida inspiração marxista e sentido universalista, realizada e vitoriosa no contexto da Guerra Fria – hoje "adaptada" às condições da globalização capitalista.

O México, que teve como relator pelo Cerd o perito colombiano, apresentou um relatório[29] demasiado longo e, talvez, demasiado genérico. Falava muito de programas, novas leis e novos órgãos, com poucas ilustrações concretas, sendo disso advertido por quase todos os peritos. O documento continha boa descrição da política que atualmente embasa as ações do governo, sobretudo em matéria de educação intercultural nas escolas públicas e de educação bilíngue para grupos indígenas. Depreendia-se que, diferentemente do que se nota em outros países da América Latina, demasiado preocupados com a intangibilidade das culturas nativas, o México dirige sua atenção para o indivíduo indígena – não às coletividades –, a fim de que ele tenha igualdade de condições com os demais cidadãos[30]. Apesar desses aspectos positivos, e das explicações pormenorizadas que a delegação tentou fornecer, a escassez de casos concretos no texto, assim como o fato de o relator pelo Cerd, afro-colombiano, haver apresentado oralmente como suas todas as queixas e preocupações formuladas pelas ONGs, a impressão final que ficou foi de uma arguição pesada, mais dura do que a maioria das demais.

Quase todas as críticas ao Estado mexicano, enunciadas primeiramente por ONGs, foram incorporadas pelo Cerd nas recomendações ao país por iniciativa do perito indígena guatemalteco, endossadas integralmente pelo perito-relator colombiano. Afrodescendente militante que já exerceu, em Bogotá, funções equiparáveis às dos ministros brasileiros da

29 Documento das Nações Unidas, CERD/C/MEX/16-17, distribuído em 7 de dezembro de 2010.

30 Seu parágrafo 107 me pareceu tão adequado como orientação para o próprio Cerd que fiz questão de o ler em voz alta. Dizia ele, no original em castelhano: "La Coordinación General de Educación Intercultural y Bilingue pretende la formación de personas que reconozcan su propia identidad cultural como *una construcción particular* y que, en consecuencia, acepten otras lógicas culturales en un plan de igualdad y respeto, que intenten comprenderlas y *sean capaces de asumir una postura ética y crítica frente a todas ellas*. Esta tarea implica el reconocimiento y la dignificación de las culturas originarias, tanto para los pueblos indígenas, como para el resto de la sociedad mexicana." Grifos meus.

"DIREITOS DAS CULTURAS" *VERSUS* DIREITOS UNIVERSAIS   185

Seppir, o perito colombiano sempre procura, com êxito variável, estender os direitos coletivos reconhecidos aos povos indígenas a todas as minorias étnicas, em particular aos afrodescendentes em qualquer parte do mundo. O México não foi exceção.

Aqui me parece conveniente fazer uma observação que pode haver escapado a muitos ativistas: a Declaração das Nações Unidas Sobre os Direitos dos Povos Indígenas, de 2007, ao atribuir-lhes direitos coletivos, inclusive às terras e culturas ancestrais, encara como povos indígenas aqueles que vivem em sistema tribal. Esse é também o espírito e o próprio nome da Convenção 169 da Organização Internacional do Trabalho (OIT) (Convenção Sobre Povos Indígenas e Tribais), de 1989, único instrumento internacional cogente sobre a matéria. Foi com essa mesma lógica que o Brasil reconheceu o direito dos quilombolas a suas terras tradicionais, equiparando-os aos povos indígenas. Entretanto, esse não é o sentido que os indígenas "aculturados", inclusive habitantes de grandes centros urbanos, têm dado à expressão "povos indígenas". Para o perito guatemalteco e a maioria dos militantes de direitos de minorias, "indígena" é qualquer um que se autoidentifique como tal. Talvez seja dentro dessa lógica que o perito colombiano já propôs, sem êxito, em projeto de recomendação geral, a extensão dos direitos específicos dos povos indígenas também aos afrodescendentes em geral. O que isso poderia representar para qualquer país, se levado a sério, é inimaginável. Sobretudo diante de uma outra tendência que parece firmar-se a cada sessão do Cerd com maior consistência: a de cada grupo populacional diferente da maioria exigir reconhecimento oficial como minoria nacional ou étnica, e depois, uma vez obtido tal reconhecimento, passar a exigir tratamento como povo indígena ou população autóctone, com direitos coletivos às terras e à autodeterminação. Essa tendência foi particularmente sensível na 80ª sessão do Cerd entre as ONGs representantes de grupos minoritários habitantes de países asiáticos, cujos Estados reconhecem em seu território minorias étnicas ou linguísticas, mas não lhes atribuem o caráter de povos indígenas ou comunidades autóctones.

Os militantes que insistem em ações inviáveis aos Estados existentes podem fazê-lo bem-intencionados. Não tenho,

186   É PRECISO SALVAR OS DIREITOS HUMANOS!

francamente, qualquer motivo para duvidar do ânimo construtivo, em favor de comunidades e segmentos populacionais específicos, subjacente a qualquer das medidas propostas pelas ONGs, pela militância em geral, pelos peritos atuantes nos *treaty bodies*. Temo, porém, que, ao seguir posições, arraigadas na área dos direitos humanos, que veem o Estado sempre com desconfiança, esquecem a lição de Hannah Arendt sobre o direito de ter direitos[31], que, nas condições existentes no planeta, só pode ser assegurado pelo Estado.

Países Muçulmanos

Além das tendências assinaladas acima, que não são registradas exclusivamente no Cerd, nem são específicas dos peritos mencionados, é digno de nota o fato de todos os Estados muçulmanos do Magreb, do Oriente Médio e da Ásia Central, em todas as sessões do comitê e alhures, descreverem, com igual insistência, como principal ameaça "racista" ou equivalente à respectiva sociedade o sectarismo salafita radical que o mundo chama de "fundamentalismo islâmico". Na 80ª sessão do Cerd, três países muçulmanos tiveram relatórios examinados: o Kuwait, o Catar e a Jordânia. A exemplo do que já vinha sendo feito por governos de Estados correligionários há anos, os três informes e as respectivas delegações descreveram, com igual insistência, a interdição legal do sectarismo extremista em seus territórios como demonstração de cumprimento do artigo 4º da convenção, que condena e proíbe a disseminação do ódio racial e determina a proscrição de organizações baseadas em teorias de superioridade de uma raça ou grupo étnico.

Aí, nesse ponto, é importante ser bem claro: não é o salafismo – ou fundamentalismo literal islamita, de retorno aos valores e às formas de vida dos tempos do Profeta – em si, mas o sectarismo exacerbado de facções diferentes daquelas no poder que os governos, alguns dos quais ultraconservadores wahabitas, encaram como ameaça. Não se trata, portanto, de uma peculiaridade dos hoje chamados ditadores, antes adulados, combatidos

31   *The Origins of Totalitarianism*, p. 299-302.

na chamada Primavera Árabe, o temor e a interdição de grupos religiosos radicais. Nem chega a causar estranheza a repressão, geralmente dura e violenta, de todos os governos muçulmanos a tais facções. Afinal, é contra eles que os primeiros atentados se dirigem.

* * *

Antes de passar à conclusão, convém repetir que o Cerd e os casos citados neste texto, que não constituem a totalidade do trabalho desse *treaty body*, não passam de ilustrações de tendências. O trabalho do comitê, em muitas situações, tem tido efeitos positivos, levando à adoção de leis e práticas melhores na luta contra o racismo. Acredito até, que em certos casos, o diferencialismo que ele postula seja realmente o caminho mais útil para a obtenção de progressos. Além disso, não cabe ao Cerd ou a outros órgãos de tratados responsabilidade pelas tragédias da época. O maior problema que vejo decorre da possibilidade de que insistências de boa-fé, mas nefastas, possam contribuir para o aumento de tensões conducentes a tais tragédias.

CONFLITO DE CIVILIZAÇÕES
OU CONFLITO DENTRO DE CIVILIZAÇÕES?

Ao contrário do que pressupunha a ideia do conflito de civilizações, o grande conflito atual se desenvolve dentro das "civilizações", entre fundamentalistas e modernizadores, entre dogmáticos e secularistas, entre teocratas e humanistas, ainda que, nos segundos termos dos binômios, as posições ostentadas sejam mais de fachada. O extremismo é uma excrescência, terrível, mas repudiada por todos os não extremistas. O paradigma de Huntington para o mundo pós-Guerra Fria[32] pode ter sido importante como inspiração e estímulo à "Guerra ao Terror", em período de neoconservadores fundamentalistas em Washington, mas não corresponde à política do presidente

---

32 Cf. S. Huntington, The Clash of Civilizations? *Foreign Affairs*, verão de 1993, e *The Clash of Civilizations and the Remaking of the World Order*.

Barack Obama. A par dos desvarios terroristas e contraterroristas que persistem, o que existe de mais comum nestes tempos pós-modernos, essencialmente anti-iluministas, são conflitos *inter-* e intrarreligiosos que se acavalam a rivalidades políticas, intertribais e interétnicas. Tais rivalidades, transformadas ou não em agressões e contrarreações violentas, são estimuladas pelo diferencialismo cultural em moda, provindo do Ocidente e absorvido por quase todo o mundo. É bom não esquecer que grande parte dos contingentes jihadistas mais fanáticos, operantes nas mais diversas frentes, filhos de imigrantes ou bolsistas acadêmicos, são provenientes de países ocidentais desenvolvidos, onde vivem e estudam em ambiente simultaneamente discriminatório e politicamente diferencial. E tanto as discriminações reativas como o narcisismo das identidades separadas se têm agravado sem cessar.

No âmbito dos direitos humanos, os direitos culturais são direitos do indivíduo, de toda e qualquer pessoa humana, de participar da vida cultural e artística da comunidade, de beneficiar-se dos avanços da ciência (artigo 27, parágrafo 1º da Declaração Universal). O indivíduo também tem deveres com relação à comunidade, reconhecida como necessária ao "livre e completo desenvolvimento da personalidade" de cada um (artigo 28). Se algo mais existe na matéria, será o direito do indivíduo de deixar sua própria cultura, se esta se lhe tornar demasiado opressiva, violando direitos que ele tem reconhecidos. Nada na Declaração Universal de 1948 define "direitos das culturas". A estas, seja na forma do Estado ou de grupo, ou de uma só pessoa, não se reconhece qualquer direito de infringir os direitos e liberdades previstos naquele documento (artigo 30).

Certamente não será com estímulos à intangibilidade das culturas e com a aceitação "politicamente correta" de tradições absurdas, atentatórias a direitos e liberdades individuais fundamentais, que deixará de crescer o número das "Pietàs Muçulmanas" no mundo. Como não será pela força de arsenais bélicos imponentes e torturas legitimadas por leis duvidosas que deixarão de multiplicar-se os terroristas suicidas de motivação religiosa. Como dizia Marx na parte mais bonita e sempre omitida de uma de suas afirmações mais célebres: "A religião é o suspiro da criatura oprimida, o ânimo de um mundo sem

"DIREITOS DAS CULTURAS" *VERSUS* DIREITOS UNIVERSAIS

coração, a alma de situações sem alma."[33] Não causa surpresa, pois, que, nas condições quase apocalípticas de nosso mundo desprovido de esperanças seculares, ela funcione também, não como entorpecente opiáceo, mas como excitante radical fortíssimo, capaz de levar ao delírio extremo do terrorismo suicida, manifestado às vezes em operações espetaculares, cataclísmicas, mas sem sentido.

Em nível mais terra a terra, o que os propugnadores obsessivos do direito à diferença das culturas estão postulando e obtendo não é a consagração da liberdade dentro das comunidades e do Estado, nem a integração das minorias em condições de igualdade com a maioria. É, na melhor das hipóteses, uma multiplicação infinita, com outras fontes de identificação, da velha "questão judaica", provavelmente hoje superada se não fosse a eternização do conflito palestino-israelense e as várias formas de sua apropriação por terceiros. Não deve ser por acaso que os atuais militantes diferencialistas, pouco interessados no tema do antissemitismo e geralmente contrários ao Estado de Israel, recorrem tanto à expressão "genocídio", aos sofrimentos das etnias em "diáspora", à aglomeração forçada em "guetos", sem falar na tentativa malograda de países árabes na Conferência de Durban, em 2001, de qualificarem como "Holocausto" a situação dos palestinos. Da mesma forma que a direita israelense qualifica de "antissemitas" todos os opositores externos das políticas do governo atual. Nem chega a causar estranheza que a nova direita política fascistoide da Europa, vencedora de eleições consecutivas em diversos países, além de reencenar manifestações de seu velho antissemitismo, venha atribuindo aos "novos diferentes", aos imigrantes em geral, sobretudo muçulmanos, as causas de seus problemas. Sem falar dos movimentos marginais neonazistas, que, há pelo menos duas décadas, agridem indiscriminadamente judeus, árabes, ciganos, negros e imigrantes em geral.

Num mundo radicalmente tenso como o atual, os direitos humanos não podem servir de estímulo à radicalização das diferenças. Em curiosa inversão daquilo que Marx temia dos "direitos burgueses", o comunitarismo exagerado dos militantes de "direitos das culturas" está destruindo o direito dos

---

33 K. Marx, *Crítica da Filosofia do Direito de Hegel*, p. 146-147.

indivíduos dentro das sociedades[34]. E isso vem ocorrendo com base teórica nas doutrinas pós-modernas opostas a "narrativas totalizantes" – expressão usada para aludir ao marxismo, sem levar em conta que o racismo combatido e o chamado "racialismo" diferencial dominante também são "narrativas" desse tipo.

Mais do que nunca os direitos humanos precisam voltar a ser a utopia referencial diretiva da Declaração Universal de 1948. Tal utopia não totalitária não necessita, nem deve ser sequer totalizante, como parecem entender os militantes que se utilizam do discurso dos direitos humanos para tudo. Mínimo denominador comum de uma realidade que já é, e tende a tornar-se ainda mais, pluricultural, sincrética e mestiça em toda parte, tais direitos precisam voltar a ser encarados em sua universalidade programática, abordando a espécie como possível comunidade humana. A possibilidade de sua realização e observância universais, necessariamente iniciada dentro dos Estados, com ações afirmativas de diversos tipos para os grupos em situação desvantajosa, exige o retorno à busca da igualdade de todos, não o aprofundamento eterno da ênfase nas diferenças.

A crítica à modernidade iluminista pode ser boa como denúncia emancipatória de opressões disfarçadas. Mas a continuidade da *práxis* pós-moderna, particularista e relativizante de valores, além de contraditória em matéria de conceitos, é deslocada e daninha na esfera dos direitos humanos. Multiplica a probabilidade de mulheres sem direitos e sem face, com filhos feridos nos braços, de prisioneiros às cegas com filhos chorando no colo, de guerreiros, com ou sem uniformes, eternamente envolvidos em guerras santas.

---

34 Idem, *Sobre a Questão Judaica*, p. 48.

6. Tentativas de Correção de Rumos no Cerd

Desde que entrei para o Comitê Para a Eliminação da Discriminação Racial, em 2002, venho insistindo na necessidade de discussões a sério entre os membros desse órgão de tratado para definir o que o Cerd deve querer alcançar nos Estados-partes da convenção de 1965: igualdade real de todos os habitantes, ou separação definitiva entre os grupos e categorias componentes da população.

Muitas das posições do Comitê dadas como consensuais são reiteradas na forma de recomendações a todos os países, ainda que desnecessárias e inapropriadas em casos específicos. Envolvem iniciativas supostamente defensivas de minorias, destinadas a estimular as respectivas culturas, marginalizadas, com o objetivo de aumentar a autoestima, ou, ao contrário, evitar a autodepreciação de seus participantes. Compreensível nesses termos, em outros, com intenções exageradas, tais exigências, uma vez atendidas, nada acrescentam de positivo para as minorias respectivas, e, ao contrário, aprofundam antagonismos e reações contraproducentes em sociedades já fragmentadas.

A maior parte da atuação que tento desenvolver com intenção preventiva ou corretiva ocorre de improviso, na arguição pública às delegações que apresentam relatórios periódicos, na

192 É PRECISO SALVAR OS DIREITOS HUMANOS!

negociação de recomendações com os colegas e em outras discussões havidas em sessão fechada. Algumas vezes preparo textos que possam ser distribuídos ao secretariado e aos demais participantes da reunião, para esclarecer melhor minhas preocupações. Isso é procedimento comum e recomendado, até para auxiliar o difícil trabalho dos intérpretes. Por mais óbvios que me pareçam os pontos levantados, frequentemente as observações orais deixam de ser entendidas corretamente, seja por desatenção dos demais, por falta de clareza minha, ou pelas caraterísticas hegemônicas, adotadas de maneira acrítica, das posições dos demais.

A título de exemplo do que faço em defesa de minhas posições, reproduzo aqui dois textos que distribuí com intervalo de dez anos: em agosto de 2004, para um debate sobre o multiculturalismo, que terminou inconclusivo; em agosto de 2014, para uma discussão, que não chegou a ocorrer, sobre métodos de trabalho. Além deles, para que não se pense à primeira vista que sou apenas ranzinza, sem apresentar sugestões construtivas, transcrevo igualmente, como terceiro texto, a tradução de contribuição escrita que ofereci em 2011, quando a então alta comissária Para Direitos Humanos, Navanethem Pillay, sul-africana, tentava retomar a diretriz da Conferência de Viena de 1993, no sentido de promover maior coordenação, sem superposição de cobranças, entre os diferentes órgãos de tratados. Finalmente, como quarto texto, tendo em conta que dediquei à comemoração dos cinquenta anos da Convenção Sobre a Eliminação da Discriminação Racial o mais recente ensaio deste livro, acrescento a breve intervenção que fiz naquela ocasião.

SOBRE O MULTICULTURALISMO[1]

A expressão "multiculturalismo" é um neologismo na moda. Tal como o velho vocábulo "democracia", somente unívoco na Grécia clássica, a expressão recente é repetida por todos, com significações variadas.

Embora o multiculturalismo seja parte integrante do discurso mundial contemporâneo, suas origens estão ligadas de alguma forma ao Movimento Pelos Direitos Civis dos Estados Unidos nos anos 1950 e

---

1 Tradução do documento de trabalho circulado como Doc. CERD/C/AA/Misc. 8 (original em inglês) para discussão oral entre os membros, 2004.

1960. Na década de 1970, esse grande movimento mudou de escopo e natureza, dando exemplo e impulso a outros ativismos sociais, como o movimento das mulheres, dos indígenas, dos imigrantes, dos homossexuais e os das minorias em geral, particularmente as minorias étnicas e nacionais. Ao espalhar-se por todo o planeta em processo de globalização acelerada, o "multiculturalismo" tornou-se, por assim dizer, mais do que um fato positivo inelutável, uma "ideia universal" ou ideologia que ninguém se atreve a questionar.

Após o assassinato de Martin Luther King, o movimento dos negros nos Estados Unidos dividiu-se em basicamente duas vertentes, com visões radicalmente distintas: um grupo que ainda insistia na plena integração dos negros na sociedade americana, defendendo a "ação afirmativa" para elevar sua posição no contexto nacional. O outro, simbolizado pela facção de Malcolm X e dos "Panteras Negras", entendeu que não havia esperança de incluir os negros numa sociedade que sempre os havia excluído e propôs a separação das raças, promovendo ações violentas, o culto do *black power* e das tradições africanas. Em escala diferente e com atuação não necessariamente violenta, as mesmas atitudes foram adotadas aos poucos, com as adaptações necessárias, por setores radicais do movimento feminista e de outros grupos sociais. Nessa divisão entre integracionistas e separatistas, aqueles que defendiam a separação das "culturas", a saber raças, etnias e gênero, ao invés da integração abrangente, vista como descaracterização pela assimilação na cultura dominante, foram assumindo a liderança. Porque soavam mais "revolucionários", os separatistas eram associados às ideias de esquerda, sendo assim autodefinidos como "progressistas". Abandonavam, porém, no processo de asserção respectivo, as aspirações universalistas que sempre foram a essência da esquerda.

No mundo de hoje, como tudo mais, essas diferenças não são tão claras. Mas, com ajuda das ideias "pós-modernistas" vigentes, segundo as quais nada é universal, a verdade torna-se relativa, uma vez que somente pode ser apreendida no âmbito de cada conjunto estrutural de crenças. E o indivíduo somente pode alcançar autêntica "subjetividade" em sua comunidade de identificação primeira.

Nesse contexto particularista, as diferenças de origem adquirem natureza de totem. E a "identidade específica" se tornou sagrada. Não somente entre povos ditos primitivos.

Não há nada de mal em reconhecer o valor intrínseco das diferentes culturas. Pelo contrário, elas devem ser respeitadas, inclusive no âmbito do respeito aos direitos humanos universais. No entanto, dois problemas surgem quando se considera a "cultura" como algo monolítico, superior às pessoas que as integram. Algumas têm tradições, religiosas ou não, que discriminam ou violam os direitos humanos de alguns de seus integrantes. Em segundo lugar porque, se violam

194 É PRECISO SALVAR OS DIREITOS HUMANOS!

direitos fundamentais das pessoas, é evidente que, conforme a doutrina internacional prevalecente de tais direitos, essas tradições necessitam ser modificadas.

Nessas condições, pergunto eu aos colegas: as práticas culturais atentatórias podem ser aceitas como inalteráveis pelo Cerd? Deveríamos aceitar no comitê, por exemplo, independentemente do que pensam seus seguidores, o sistema hinduísta de castas? Trata-se, afinal, de um sistema religioso de uma cultura que abarca muitos milhões de pessoas. Se não aceitamos o sistema de castas, como tem sido o caso no Cerd, por que deveríamos aceitar as diferenças culturais de direitos entre homens e mulheres em certas sociedades, como as burcas, o *niqab* (que deixa os olhos de fora) ou o próprio *hidjab* (que tapa cabelo e pescoço) como indumentária obrigatória? E a violência contra a mulher praticada pelo marido, quando baseada em preceitos ou práticas antigas, não apenas muçulmanas? Se aceitarmos o aspecto supostamente intocável das culturas, como algo que não pode evoluir, nem incorporar elementos de outras, faz sentido lutar pela ideia de progresso social? Não é a própria ideia de progresso uma herança de tradições libertárias que rejeitam a estratificação religiosa? Os Estados devem evitar a incorporação de diferentes comunidades na sociedade em nome de seus valores e crenças antigas? De suas formas de vida tradicionais? Ou os Estados devem, ao contrário, empreender todos os esforços para integrar de forma não discriminatória esses segmentos demográficos numa abrangente comunidade nacional?

Para o Cerd, o que deve ser examinado são os efeitos negativos da hipervalorização das culturas – de maiorias e minorias – no contexto da luta contra a discriminação nos Estados-partes. Devemos ter uma abordagem lógica e realista do assunto, que não pode eludir a situação concreta de cada situação examinada.

Na Europa, onde o Estado-Nação foi inicialmente postulado como homogêneo, assim como em Estados asiáticos formados a partir das respectivas culturas, pode ainda fazer sentido a insistência no reconhecimento formal das minorias étnicas de culturas sólidas. Não se pode, porém, transpor a necessidade imperiosa de tal reconhecimento ao continente americano como um todo. As nações americanas foram formadas por diferentes minorias que se misturaram ao longo dos séculos e produziram a atual população.

Poderíamos fazer o mesmo questionamento *a fortiori* com relação à África, onde as fronteiras nacionais foram criadas ainda mais artificialmente pelas potências coloniais, sem atentar para as comunidades pré-existentes, estruturadas de longa data. Atualmente, como sabemos, por decisão política generalizada, os países africanos procuram sobreviver e se desenvolver como Estados acima de grupos étnicos que pouco ou nada tinham em comum, quando não eram inimigos. E é importante lembrar que o regime do *apartheid* baseava-se exatamente nas diferenças, não apenas entre negros e brancos, mas também das etnias em que se subdividiam as comunidades negras tradicionais.

[...]

Levando em conta outro aspecto das diferentes realidades concretas: pode o Cerd colocar sobre os ombros do governo de países muito pobres, como Suriname e Haiti, as mesmas obrigações relativas, por exemplo, ao ensino das línguas minoritárias, como faz com os governos dos Estados Unidos, do Canadá, do Chile e do Brasil? Ainda no mesmo continente, faz sentido verbalizar as mesmas recomendações de medidas para garantir o respeito às culturas das minorias para países como o Reino Unido e a Albânia, a Espanha e a Macedônia? Não estaremos estimulando a fragmentação política que todos os Estados, a União Europeia, as Nações Unidas e a OEA desejam evitar?

Uma última questão merece ser ressaltada: devemos nós, na qualidade de peritos, demonstrar tanta preocupação com o "politicamente correto", beirando o ridículo (como fizemos com recente recomendação para que Austrália alterasse o nome de um estádio de esportes)? Ou, pior ainda, encampar a possibilidade de aumento do ódio racial, cobrando da Europa o levantamento estatístico por etnias e religiões, quando a experiência demonstra que, naquele continente, isso aumenta o risco de discriminação contra os indivíduos de comunidades diferenciadas?

Estes são apenas alguns pontos de interrogação que o Cerd deveria ter em conta, para que suas recomendações não caiam no vazio, ou que soem perceptíveis apenas nos ouvidos daqueles que vão estimular intolerância. Ninguém é contra o multiculturalismo como forma de integração e convivência. Ao corresponder à pluralidade de culturas crescentemente onipresente no mundo globalizado, ele é um dos poucos avanços ideológicos que se pode exibir com relação ao passado recente. Mas um órgão de tratado de direitos humanos, composto por peritos de diversas origens e sistemas, não pode deixar de entender que as posições obsessivas e recomendações bem-intencionadas, quando abstraídas das circunstâncias concretas, podem ser prejudiciais para seus objetivos.

SOBRE MÉTODOS DE TRABALHO[2]

Sem tentar esgotar os assuntos, faço aqui uma pequena lista de casos em que minhas posições são diferentes das posições dominantes, não somente no Cerd. Sou levado a isso por convicções pessoais, ao perceber como, ao longo de anos recentes, o tema dos direitos humanos, que já constituíram uma espécie de última utopia consensual para os problemas sociais, foi decaindo.

2   Tradução do texto original em espanhol, não distribuído, que utilizei como base para intervenção oral.

196 É PRECISO SALVAR OS DIREITOS HUMANOS!

Hoje tais direitos se encontram num estado de confusão tão grande que quase precisamos desculpar-nos por ainda nos interessarmos por eles.

TEMA 1 – A LINGUAGEM POLITICAMENTE CORRETA

Quando se começou a falar da linguagem politicamente correta, a causa era legítima e compreensível. Em alguns casos ainda é. As mulheres, que exigiam que os direitos fundamentais fossem chamados "humanos", não "do homem", sabiam que não haviam sido incluídas nas declarações históricas de direitos. Quando se inventou, em Durban, o termo "afro-descendentes", sabia-se que os mestiços não gostavam de identificar-se com termos que alguns viam como ofensivos. Que em inglês, língua dos colonizadores que formularam a noção de "discriminação positiva" em favor da elite nativa, não existe sequer uma palavra vernácula para identificar os filhos de pessoas de cores distintas. Que em tempos da escravidão, para poder escravizar todos os não brancos, uma gota de sangue determinava que a pessoa era de "raça negra". Além disso, a palavra "negro" como metáfora sempre teve sentido negativo em línguas europeias (mercado negro, humor negro, ovelha negra), ainda que sem sentido racial. Mas daí a condenar como racistas escritores antigos porque usavam palavras banais e conceitos hoje considerados ofensivos é prova de intolerância ou incapacidade de entender o mundo.

Se considerarmos sempre uma ofensa falar de "raça" – conceito não científico que nenhum de nós aprova, mas todos sabemos o que é –, chamando-a erradamente de "etnia" – que poucos sabemos precisamente o que significa –, estaremos criando confusões inúteis para não tratar do concreto. E o excesso de preocupação com o politicamente correto é uma das razões pelas quais hoje soamos simplesmente ridículos para os homens e mulheres nas ruas.

Lembro-me, a esse respeito de como nossa querida colega sul-africana aqui presente – Nosipho January-Bardill – certa vez enfureceu-se com as preocupações politicamente corretas deste comitê, dizendo que quando se sentia discriminada na Europa era por ser negra, não por ser de etnia xhosa, algo de que europeus nunca haviam ouvido falar. Por isso, quando da consideração do relatório dos Estados Unidos, comecei indagando a seus delegados por que, no documento, eles escreviam "Blacks/African Americans" e "Hispanos/Latinos" se para eles os dois lados de cada expressão eram sinônimos. Todos riram, mas não me responderam. Por isso, insisti com nosso colega colombiano, relator para a República Dominicana, que, nas recomendações a esse Estado, onde todos são afrodescendentes, que, nesse caso, pelo menos falássemos em discriminação contra os cidadãos de "pele escura"[3].

---

3   A sugestão acabou sendo aceita, pois os delegados dominicanos haviam declarado, ainda que por astúcia, não entender que discriminação poderia haver contra afrodescendentes num país em que todos os habitantes o são.

TEMA 2- ESTATÍSTICAS DESAGREGADAS

Não sou sempre contrário a elas. Ao contrário, creio que podem ser realmente úteis, embora não essenciais, para a adoção de medidas especiais temporárias em favor de comunidades em situação de inferioridade social. Mas a experiência de treze anos neste comitê me prova que elas não são feitas nos Estados que mais as poderiam e deveriam fazer. Pois a União Europeia entende, certamente com suas razões, que as perguntas sobre raça, etnia ou religião às pessoas tende a gerar mais racismo e atitudes discriminatórias contra elas.

Vimo-nos, assim, no Cerd, numa situação curiosa: repetimos as mesmas recomendações a alguns Estados com a certeza de que não as vão seguir – casos da Europa e de muitos países asiáticos; exigimos mais estatísticas onde elas já são levantadas – países da América Latina, Austrália, Nova Zelândia etc.; insistimos na separação por etnias onde elas podem fragmentar ainda mais sociedades sem coesão – Estados africanos divididos por conflitos de etnias – ou já retalhados por nacionalismos e facções religiosas, quase todos da Ásia Central, dos Bálcãs (inclusive a Turquia) e Oriente Médio.

O comitê precisa repensar essa exigência. O que nos incumbe é garantir a aplicação da norma obrigatória, ou seja da convenção, pelos Estados-partes. Modelos de aplicação não são obrigatórios. Vivemos numa época em que todos os conflitos armados têm por base diferenças étnicas. O que necessitamos fazer é unir como iguais, não separar, os diferentes.

TEMA 3 – NOSSO CHAMADO "CONSENSO"

Gostaria de prosseguir com essa lista, mas isso tomaria muito tempo. De qualquer forma, creio que minhas posições e dúvidas são bastante conhecidas. Encerro, portanto, aqui minha intervenção, que faço para esclarecimento daqueles que ainda não me entenderam. Sei que não posso forçar colegas a mudarem de posição. Espero, porém, que respeitem as minhas. E porque esta troca de ideias ocorre numa sessão dedicada a nossos métodos de trabalho, peço a todos que aceitem a possibilidade de recurso a voto quando alguém tiver grave objeção ao que estiver sendo proposto. Sabemos que nosso "consenso" nas recomendações aos governos algumas vezes não existe. Já fui obrigado, nas negociações, a retirar objeções importantes em função de apelos constrangedores de alguns. Não é assim que um comitê de peritos deve atuar[4].

---

4   As discussões desse tipo e aquelas destinadas a aprovar recomendações aos governos, previamente programadas, ocorrem em reuniões fechadas ao público. Apenas o voto, se ocorresse, ou alguma anotação no relatório anual do comitê à Assembleia Geral, que poucos leem, poderiam demonstrar a falta de unanimidade das observações finais. Trata-se de um procedimento a mais que transforma as recomendações dos órgãos de tratados em fatores de reforço ao discurso dominante.

CONTRIBUIÇÃO AO PEDIDO DE SUGESTÕES SOBRE A COORDENAÇÃO DOS ÓRGÃOS DE TRATADOS (2011)

Quando as convenções e mecanismos de proteção aos direitos humanos mais importantes foram criados, o alvo principal eram ditaduras de esquerda e de direita que usavam o conceito de soberania como escudo para evitar o monitoramento de fora. Hoje, com poucas exceções, o acompanhamento de situações tornou-se comum, o recurso à soberania, raramente invocado, e a abertura para inspeções e diálogo, a regra, não a exceção. Não obstante essa notável mudança de atitudes pelo lado dos Estados, o sistema ainda parece funcionar como se ela não tivesse ocorrido. O resultado é que as convenções, órgãos de tratado e outros mecanismos de controle têm-se multiplicado tanto que quase nenhum Estado tem a possibilidade de cumprir adequadamente todas as obrigações, inclusive a de apresentar relatórios.

Os órgãos de tratados agora são tantos, a demanda de informes e pedidos de esclarecimentos tópicos tão abundantes que não somente os Estados se veem sobrecarregados. Os peritos individuais e órgãos coletivos se encontram incapacitados de ler, sem falar em avaliar como deveriam, tudo o que é produzido. O ato de responder parece haver substituído o objetivo de tornar reais os direitos humanos. A esse problema evidente deve-se aduzir a escassez de recursos das Nações Unidas para fazer funcionar toda essa maquinaria pesada.

A responsabilidade pela maior parte dessa situação permanece com os Estados. Entretanto, parte dela tem causas alheias, entre as quais a superficialidade de alguns peritos ao abordar os assuntos; uma ansiedade de agradar quem formule qualquer reivindicação; um pouco de desatenção, ainda que involuntária, pelo que afirmam as delegações dos Estados.

Se as Nações Unidas quiserem reconduzir os direitos humanos ao mesmo patamar de importância que tiveram no início dos anos 1990, é essencial que se faça uma revisão geral do sistema. Enquanto as reformas necessárias serão muito difíceis de realizar, há alguns remédios que poderiam trazer melhoras. Todas elas dependem de decisões firmes dos Estados, com apoio do secretariado. Elas seriam, entre outras:

a. unificação de todos os procedimentos de comunicações individuais num único órgão (a unificação poderia ser testada em base temporária, se o Conselho de Direitos Humanos ou a Assembleia Geral assim recomendasse, com vistas a deliberação posterior e possível processo de emenda às convenções respectivas);

b. observância estrita dos mandatos dos diferentes órgãos de tratado (que atualmente tendem a repetições e superposições desnecessárias);

TENTATIVAS DE CORREÇÃO DE RUMOS NO CERD

c. uso moderado de iniciativas extra convencionais (que tendem a transformar os órgãos de tratados em órgãos políticos, o que não deveriam ser);
d. independência e assunção de responsabilidades pelos peritos, não apenas com relação ao Estado de origem, mas também a outras fontes unilaterais de pressão.

Uma vez que a questão da imparcialidade dos peritos tem sido sempre invocada em tentativas de reformas dos órgãos de tratados, é preciso ter em mente algumas questões que costumam passar despercebidas. Enquanto no passado a ideia de independência era inspirada exclusivamente pelo temor de que os membros pudessem atuar sob instruções dos respectivos governos, hoje, no caso de cidadãos procedentes de Estados democráticos, a eventual dependência pode advir também de outras forças influentes, como a opinião pública, as redes sociais eletrônicas, as ONGs, os conselhos diretores de escolas etc. Não apenas diplomatas são funcionários governamentais e nem todos eles atuam teleguiados. A maior parte dos membros atuais de órgãos de tratado, assim como grande número de ativistas de direitos humanos em qualquer país, são funcionários públicos, de diversos setores, que agem com autonomia. Por outro lado, quase todos os peritos que não são necessariamente funcionários do Executivo, como juristas e professores, têm suas atitudes e inclinações certamente levadas em conta quando os Estados se dispõem a apresentar e defender suas candidaturas.

Não há, portanto, verdades absolutas que justifiquem, por princípio, recusar profissionais de qualquer ramo, cujo governo apresente para concorrer nas eleições para os comitês.

Os dois últimos parágrafos, explicativos da letra d, além de outras causas a que já me referi anteriormente, deviam-se em particular à retomada de uma velha intenção de se proibir a candidatura de diplomatas profissionais a órgãos de tratados. Além de me ofender na pele pela imparcialidade que sempre demonstrei no Cerd, a ideia, que, reconheço, nunca havia sido cogitada contra mim, foi aos poucos abandonada. Assim como o foi toda a tentativa de reformar os órgãos de tratado..

Em abril de 2015, novamente em esforço para fazer sentir aos colegas a necessidade de maior realismo nas recomendações que fazemos e decisões que tomamos, fiz nova intervenção, sem texto escrito, motivada especialmente pelos dois acontecimentos mais marcantes do ano, até então: de um lado, o atentado terrorista que primeiro matou jornalistas do hebdomadário *Charlie Hebdo* e, depois, simples frequentadores de um mercado *kosher*, em Paris; de outro lado, o aumento extraordinário dos fluxos de refugiados do Oriente Médio e da África que atravessavam o Mediterrâneo – ou naufragavam nele – a caminho da Europa. Em minha opinião expressada, o caso *Charlie Hebdo* não deveria nunca ser relativizado, como o foi por muitos analistas, em função da natureza provocativa do periódico. Foi uma brutal operação terrorista, homicida e injustificável, contra a liberdade de expressão, esteio necessário aos direitos humanos, seguida de agressão absurda antissemita. Num Estado democrático como a França existem meios legais a que têm recorrido os que se consideram ofendidos, já havendo muitas vezes obtido compensações. Por outro lado, como o próprio governo francês já dizia, o episódio tampouco poderia servir de causa para novas discriminações contra muçulmanos ou qualquer outra minoria. Lembrei aos colegas que o Cerd, na qualidade de órgão de tratado contra discriminações raciais ou étnicas, precisaria estar atento para as duas faces do problema, tendo em conta a possibilidade de outros casos assemelhados. A multiplicação incontrolável dos refugiados, por sua vez, à luz do que já representava como tragédia, precisava estar em mente dos membros do comitê inclusive pelas consequências que poderiam ter na forma de racismo incrementado nos países de acolhida.

Nas discussões todos concordaram comigo. A questão dos refugiados, náufragos migrantes e *boat people* também rejeitados na Ásia chegou a ser objeto de uma decisão especial em procedimento de urgência, simbólica, mas válida para chamar atenção para as vítimas. Quanto à questão da liberdade de expressão ameaçada, nada feito. Na sessão seguinte, em agosto do mesmo ano de 2015, colegas instigados por militantes de movimentos negros, procedentes do Caribe, já queriam condenar, e conseguiram que o comitê o fizesse, manifestações culturais evidentemente neutras, muito menos passíveis de enquadramento no "discurso do ódio" do que qualquer caricatura "blasfema", porque a hipersensibilidade de alguns as interpretava de maneira distorcida.

Foi em função desses fenômenos de maximalismo gratuito, representado particularmente nos casos do livro *Cocorí*, da Costa Rica, e da tradição natalina neerlandesa do "Black Pete", que se apresentaram em agosto – muito parecidas com casos semelhantes que se multiplicam no Brasil – que fiz, em 26 de novembro de 2015, na comemoração dos cinquenta anos da convenção de 1965, a intervenção abaixo – curtíssima, com omissões que eu próprio critico, resumindo ao mínimo meu recado. Não porque eu desse pouca importância à convenção. Porque, no final das contas, de todos os participantes, os membros do comitê fomos os que tivemos menos tempo para expor o que pensávamos (dois minutos para cada um).

SOBRE OS CINQUENTA ANOS DA CONVENÇÃO PARA ELIMINAÇÃO DA DISCRIMINAÇÃO RACIAL[5]

Esta comemoração é importante pelo que evoca: a adoção pela Assembleia Geral das Nações Unidas, em 1965, da Convenção Sobre a Eliminação da Discriminação Racial, primeiro instrumento cogente do Direito Internacional dos Direitos Humanos aprovado na sequência da Declaração Universal, de 1948.

Ao celebrar a Icerd[6] e o Cerd, podemos indicar fatos positivos que ambos conseguiram nestes cinquenta anos. O mais abrangente parece ser o entendimento, hoje generalizado, de que a discriminação racial é um fenômeno universal que dificulta o progresso humano em todas as sociedades. Um pouco graças ao Cerd, agora sabemos que o racismo e a discriminação não se confinam nos regimes do nazismo e do *apartheid*, nem são fatos isolados de apenas algumas culturas. Também compreendemos que o racismo não representa uma tendência inata. É uma construção social comum que às vezes inspira políticas maléficas, outras vezes escapa ao controle dos governos, algo difícil de erradicar e que precisa ser combatido.

Ao celebrar os avanços conseguidos pelo Cerd, devemos também aprofundar o exame de suas possíveis falhas, e garantir que o Cerd prossiga por linhas adequadas o acompanhamento da convenção. Em período de violência e ansiedade como o atual, o mundo parece mais inclinado para o racismo do que quando a Icerd foi adotada. Embora nenhum regime legal existente use a discriminação como seu fundamento ideológico, a verdade é que a maioria das sociedades parece agora mais afetada pelos males do racismo do que na segunda metade

---

5 Tradução do original em inglês, disponível na página do Alto Comissariado Para os Direitos Humanos, disponível em: <www.ohchr.org/EN/HRBodies/ Cerd/50/Pages/Contributions.aspx> (2015).

6 International Convention on the Elimination of Racial Discrimination, que, tal como ocorre com o Cerd, é conhecida pela sigla Icerd também em outras línguas.

do século passado. Isto deveria ser uma preocupação prioritária para todos os que lutam pelo avanço de minorias.

A maior parte das causas da situação corrente escapa à nossa capacidade de resolvê-las. Emergem de práticas estruturais que conformam políticas e culturas, engendrando negligência e intolerância. Juntamente com a ideia de competição mercadológica como único propulsor do desenvolvimento, o descredenciamento de valores universais e a promoção de particularidades introduziram uma era de fundamentalismos, narcisismo, egoísmo e terror.

Esses são aspectos do movimento de retrocesso atual que o Cerd deveria abordar. O comitê é um órgão com mandato que busca alcançar condições de igualdade. Igualdade significa aceitação de diferenças, não criação de diferenças. A aceitação dos diferentes nunca resultará da obsessão com as diferenças. A obsessão é um tipo de fundamentalismo que leva a outros fundamentalismos. A pergunta que qualquer perito ou militante deveria fazer a ele mesmo é: até que ponto minhas reivindicações estão melhorando a situação de minha comunidade? Com elas eu contribuo para maiores níveis de entendimento e tolerância ou para graus mais elevados de intolerância? Estamos nós apoiando as vítimas de discriminação a superar suas condições de inferioridade ou estimulando o ódio entre grupos diferentes num beco sem saída?

Essas questões são difíceis de responder, mas se não as levantarmos, não vamos promover nossa causa no mundo globalizado de hoje. E nossa querida convenção de meio século corre o risco de ficar esquecida.

Tendo sido eu um dos últimos oradores a falar, fui pouco depois procurado por funcionária do secretariado, que me pediu o texto para publicação em página do Alto Comissariado dedicada à comemoração. Disse-me que se tratava de uma intervenção "poderosa" (*powerful*). Certamente a qualificação não era correta. Essa funcionária, gentil e muito perspicaz, deve ter sido a única pessoa que me ouviu.

RESULTADOS?

Nenhuma dessas exposições teve resultado tangível. Nem podia ter, na medida em que permaneço publicamente isolado. Apenas o alerta sobre o êxodo de refugiados mereceu atenção num documento, redigido coletivamente na mesma sessão. Contudo, tendo em conta minha obstinação em tentar corrigir os excessos negativos e omissões sem sentido, parece-me interessante repetir algo que já enunciei alhures e pode algum dia servir de base a tentativas mais sólidas de correção de rumos. É que, reconhecendo privadamente os efeitos colaterais contraproducentes das recomendações que critico, seus postulantes, peritos, ONGS e instituições variadas, fazem questão de mantê-las, sem saber exatamente para quê.

Sinto que agem de boa-fé, com ânimo construtivo. Apenas não atinam que, ao nelas insistir de maneira inconsequente, estão seguindo uma ideologia que lhes foi imposta sem notarem. Sem notarem tampouco que vão contra os direitos humanos, estabelecidos como universais desde 1948, em Paris[7], e confirmados nessa qualidade em 1993, em Viena[8].

---

7   Foi na Assembleia Geral então reunida em Paris que ocorreu a adoção da Declaração Universal dos Direitos Humanos, em 10 de dezembro de 1948.

8   Foi a Declaração de Viena, adotada pela Conferência Mundial de Direitos Humanos, em junho de 1993, que afirmou sem rodeios: "A natureza universal desses direitos e liberdades não admite dúvidas".

7. Etnias e Mestiçagem, Vistas da Bósnia e Herzegovina[1]

Aqui em Sarajevo, onde atualmente vivo, tomei conhecimento de matéria publicada na Bolívia, segundo a qual a decisão governamental de manter a abolição da categoria "mestiço" no censo de 2012 estaria gerando controvérsias e descontentamento. Tal situação, no outro hemisfério do planeta, não deixa de me chamar ainda mais a atenção para as dificuldades que vejo aqui, na Bósnia e Herzegovina. Elas também são decorrência do repúdio à mestiçagem e à simples mistura de etnias na mesma vizinhança, cujo paroxismo foi a guerra de 1992-1995, com suas atrocidades. Mas os problemas não pararam aí. A própria paz obtida nos acordos extraídos em Dayton, Ohio, nos Estados Unidos, resultou na total "etnização" da política, que perdura até hoje e se mostra profundamente negativa para toda a população, engendrando tensões e impasses impossíveis de superar nas circunstâncias presentes.

Jornalistas ocidentais que cobriam as guerras na ex-Iugoslávia frequentemente diziam que as "etnias" ou "nacionalidades" sempre geraram problemas nos Bálcãs, em função de sua violência. É verdade. Como também geraram, com violência

---

1 Texto redigido em 2010. Publicado na revista virtual *Fevereiro*, n. 5, out. 2012.

semelhante, em todo o resto da Europa, para não dizer do mundo. O termo "balcanização", amplamente usado até hoje, é invenção preconceituosa do Ocidente contra esta área do continente europeu que foi parte do Império Otomano. E o preconceito é ainda mais visceral contra os turcos, herdeiros republicanos dos antigos conquistadores de Constantinopla, atualmente Istambul. Afinal, não foi o Império Otomano, nem sua herança cultural, que fragmentou a península em comunidades de identificação a guerrearem entre si[2]. Muito menos a ex-Iugoslávia de Tito, de que o povão e a intelectualidade da Bósnia sentem saudade assumida. Como explica brilhantemente a búlgara Maria Todorova, em seu livro *Imagining the Balkans*, os Bálcãs se espatifaram precisamente porque quiseram seguir o modelo dos "Estados-nações" da Europa, deles recebendo incentivo. Estes, como todos sabemos, só se aceitaram e acalmaram entre eles com o advento da União Europeia – ainda que internamente as tensões interétnicas ressurjam, em graus e formas diferentes, na Bélgica, na Espanha, no Reino Unido e alhures.

Os Acordos de Paz de Dayton, que, em 1995, puseram fim à guerra de mais de três anos e meio na Bósnia, forjaram uma constituição esdrúxula. Ela reconhece no Estado soberano da Bósnia e Herzegovina três povos constitutivos – muçulmanos (também chamados "bosníacos", já que muitos são seculares), croatas (supostamente católicos) e sérvios (supostamente ortodoxos) –, e duas entidades político-administrativas que não são Estados federados – a Federação da Bósnia e Herzegovina (FB&H) e a República Srpska. O traçado territorial dessas duas Entidades componentes do país tem linhas vertiginosas de alongamentos, circunvoluções e reentrâncias, que parecem as de um sismógrafo em período de terremoto, para acomodar por toda parte as etnias dominantes[3]. Internamente, a República

---

2　Conforme já expliquei alhures, quando era embaixador em Sófia, o sistema do *millet*, no Império Otomano, com todos os defeitos inerentes a qualquer domínio imperial, foi a primeira experiência "moderna" de um multiculturalismo na linha anglo-saxônica hoje dominante. Cf. Nacionalismo e Etnias em Conflito nos Bálcãs, *Lua Nova*, n. 63.

3　Às duas Entidades se acrescenta o pequeno Distrito de Brcko, autônomo, na fronteira nordeste, entre a Croácia e a Sérvia, onde não foi possível determinar uma etnia majoritária.

ETNIAS E MESTIÇAGEM, VISTAS DA BÓSNIA E HERZEGOVINA   207

Srpska é unitária, porque quase exclusivamente sérvia, como a maioria da população da Sérvia, país vizinho independente[4].

A FB&H, por sua vez, é subdividida em dez cantões, tendo cada um a sua maioria étnica, e respectiva chefia de governo cantonal, municipal etc., muçulmana ou croata.

A presidência do Estado da Bósnia e Herzegovina é integrada por três membros – muçulmano, croata e sérvio – que se alternam periodicamente na chefia. E toda a composição dos órgãos parlamentares, a nomeação de titulares para as pastas ministeriais e a distribuição de cargos dentro dos ministérios, agências e até embaixadas tem que levar em conta as três "nacionalidades" constitutivas, a que se acresce – menos na presidência – um representante para as "minorias" (judeus, ciganos, valáquios, ucranianos etc., sem incluir a mais natural de todas: aqueles, quase sempre mestiços, que ainda fazem questão de se dizerem iugoslavos).

O retalhamento do Estado entre as etnias, que se chamam "nacionalidades" e determinam, com base em religião, muitas vezes artificial e forçada, a composição de tudo, reflete-se tanto na etnização da política, como na radicalização das "diferenças" dentro da sociedade. Assim como os partidos cultivam os eleitores de sua etnia exclusiva (partidos croatas, partidos sérvios e partidos "nacionalistas" muçulmanos) ou de sua etnia dominante (caso do Partido Socialista Democrata, que congrega "bosníacos", croatas e sérvios não nacionalistas, e foi o impulsionador da ideia de uma Bósnia e Herzegovina abrangente, para todos), as aldeias e cidades, antes mescladas, vão-se tornando exclusivas de identidades específicas. Embora este segundo fenômeno seja mais notável no campo, a própria capital Sarajevo, ainda cosmopolita, tem hoje população com mais de 90% "bosníaca". Permanece pluricultural, com igrejas e sinagogas funcionando ao lado de mesquitas, porque é predominantemente secular, e muitos dos "muçulmanos" de toda a Bósnia, sobretudo urbanos, na verdade são agnósticos, ateus ou simplesmente desligados de cultos e manifestações de crença. Reconhecem-se "muçulmanos" pela ascendência e pelos

---

4   O povo da entidade "Republika Srpska" é considerado por terceiros "bosno-sérvio" ou "sérvio da Bósnia", qualificação que as autoridades de lá abominam. Para elas, o povo é apenas sérvio, como na República independente vizinha.

prenomes turcos "de batismo". Apesar dessa peculiaridade local, que não é somente dos "muçulmanos", mas também de católicos e ortodoxos, parte ponderável dos habitantes majoritários aos poucos se "islamizam": nos trajes de mulheres e homens, na abstenção de álcool e carne de porco, no número impressionante de novas mesquitas, no fortalecimento das escolas corânicas, na construção de centros culturais islâmicos, tudo com subsídios de correligionários de fora.

As religiões que, segundo consta, conviviam exemplarmente no passado, hoje repercutem e retroalimentam, pelas declarações provocativas de seus líderes, as acirradas disputas políticas, todas as quais tem fundamentação e conotação religiosa. Todos se declaram tolerantes, mas criticam, às vezes ofendem, as comunidades de fé antagônicas. Assim como os croatas, de origem católica, combateram os muçulmanos na maior parte da guerra, até se aliarem a eles contra os sérvios, os bispos católicos atuais reclamam do tratamento dado aos croatas pelos muçulmanos da Federação (FB&H). O patriarca ortodoxo de Sarajevo defende os sérvios, ortodoxos por definição legal, e a República Srpska criada por Radovan Karadzic como baluarte contra o temido "expansionismo" do Islã, sem gestos de simpatia tampouco para os "católicos". O *Reis-El-Ulemá*, líder supremo dos islamitas balcânicos (não somente da Bósnia, mas da Sérvia, da Croácia e do Montenegro), de linha sunita e voltado para a Turquia, critica com veemência as "perseguições" sérvias e croatas aos muçulmanos, no presente, mas se vê também acossado pelo fundamentalismo *wahabita*, assimilado dos mujahedins estrangeiros que vieram defender os bosníacos na guerra. Tais jihadistas estrangeiros foram depois expelidos, por pressão norte-americana[5], mas aqui deixaram sementes de crescimento visível[6]. Os políticos, pelo seu lado, com ou sem

---

5   Talvez seja muito em função disso que a embaixada dos Estados Unidos em Sarajevo é alvo de atentados islâmicos, como em outubro de 2010, quando um wahabita desferiu uma rajada de metralhadora contra o prédio. Aqui isso surpreende em particular porque os Estados Unidos se posicionam mais em favor dos "muçulmanos" ou bosníacos, do que de seus adversários.

6   A quem tiver interesse no assunto, recomendo vivamente assistir ao filme bósnio *No Caminho*, de Jasmile Zbanic, que vi pela primeira vez no Brasil, em 2011, no canal CULT da TV a cabo. Deve ser encontrado em vídeo, sob o nome original *Na Putu*, ou em inglês, *On the Path*.

ETNIAS E MESTIÇAGEM, VISTAS DA BÓSNIA E HERZEGOVINA 209

fé verdadeira, disseminam lendas religiosas, crendices e tradições rituais populares, às vezes recentemente inventadas, para divulgar uma imagem de devoção convincente.

Num país que sempre teve grande número de casamentos mistos (calculam-se em 20% do total, antes da guerra, nos anos 1990), as etnias hoje se retraem, isolam-se, rejeitam misturas e sincretismos. Nas famílias e comunidades, pretendentes e namorados de "nacionalidade" diferente são mal vistos. Pares de etnias distintas agora tentam emigrar para poder casar sem constrangimentos. Seus filhos não têm "etnia". A categoria "mestiço" não existe nos formulários de identificação. Tal omissão leva, por exemplo, minha secretária, filha de "muçulmana" com "católico" ateu da Bósnia, morto como civil no cerco de Sarajevo, a declarar-se muçulmana, conquanto não praticante de qualquer fé. Da mesma forma, outra funcionária da embaixada, filha de católica com ortodoxo que sempre se consideraram "bósnios", revolta-se por ter que se designar "croata" ou "sérvia" sem o ser.

A palavra "bósnio", gentílico da Bósnia, que deveria aplicar-se a todo o Estado, envolvendo as duas entidades, os três povos constitutivos, as minorias e, evidentemente os mestiços, não é uma nacionalidade nem etnia, muito menos religião. Não passa de um adjetivo de uso confuso, empregado por estrangeiros de maneira neutra, enquanto pelos "bosníacos" tem acepção contestável, vista como "expansionista" pelas demais culturas do país. É o caso da "comida bósnia", da "música bósnia" e, muito em especial da "língua bósnia". Sim, porque o bósnio passou a ser uma língua, não apenas um dialeto, usada somente por um grupo de pessoas sem localização definida, supostamente "muçulmanas". Em decorrência da guerra e de seus horrores, os bosníacos, bem europeus até nisso, decidiram que não podiam mais falar o idioma dos inimigos. Apesar de se haverem sempre comunicado em servo-croata, como os sérvios e croatas do local, havendo seu conterrâneo Ivo Andric ganhado nessa língua o Prêmio Nobel de Literatura em 1961, os bosníacos, inspirados ou não no exemplo gaélico dos irlandeses, no catalão dos catalães da Ibéria, no *euskera* dos bascos na Euskadi ("Países Bascos" foram os espanhóis que inventaram), optaram por recriar, com ajuda de centros de estudos linguísticos europeus, uma língua medieval que ninguém mais falava, de

210 É PRECISO SALVAR OS DIREITOS HUMANOS!

gramática imprecisa e, segundo me contam, complicadíssima, como língua oficial bósnio, ou simplesmente Bósnia, ensinada nas escolas "muçulmanas", com dicionário e gramática publicados em Oxford[7]. As escolas, por sinal, não somente por causa das três línguas (quase iguais, todos entendendo as três variantes faladas), passaram a ensinar tudo, até mesmo a história recente, sob enfoque étnico, em classes separadas por "nacionalidades". O sistema educacional público da Bósnia, antes integrador, passou a ter "três escolas sob o mesmo teto". Inovação ominosa para o futuro da sociedade, tal segregação num só prédio logo se reproduz nas brincadeiras e horas de lazer. Conforme tem sido avaliado e dito por especialistas na Bósnia, a compartimentação quando jovem invariavelmente leva à discriminação agressiva quando adulto.

Tudo isso poderia ser meramente curioso, se não tivesse decorrido de uma guerra sanguinária, com campos de concentração, estupros coletivos, cerco com bombardeio de cidades indefesas e atos de genocídio, inconcebíveis se não os víssemos filmados, documentados e amplamente divulgados no mundo inteiro. Poderia ser encarado de maneira impassível como hoje se veem distantes as cenas do Holocausto e do fanatismo nazista, se a possibilidade de um novo conflito estivesse totalmente descartada. Se as feridas e cicatrizes atuais não fossem tão profundas. Se as provocações interculturais fossem coisa do passado. Se não houvesse tantas armas e munições nas mãos da população. Se esta não fosse segmentada e etnicamente incitada a proteger a identidade por meio da rejeição aos diferentes. Se o país existente, disfuncional e dividido dezesseis anos após a guerra de 1992 a 1995, estivesse operando normalmente.

A verdade é que, em função da etnização da política, o Estado da Bósnia e Herzegovina permaneceu sem governo emergente das eleições gerais de outubro de 2010, até o momento em que se escrevem estas linhas, em fevereiro de 2012. Somente não afundou de vez porque os três presidentes eleitos, um sérvio, um muçulmano e um croata, conseguiram entender-se minimamente e mantiveram o conselho de ministros anterior

---

7   Da mesma forma que a Croácia, que também conta com dicionários de língua exclusiva croata (e deve ser o mesmo na Sérvia), acaba de impedir a exibição de um filme sérvio recente porque não tinha dublagem ou subtítulos locais.

em exercício. Em 28 de dezembro de 2011, os líderes dos seis principais partidos políticos (dois de cada povo constitutivo) chegaram finalmente a um acordo sobre a divisão das pastas ministeriais e a designação de um primeiro-ministro, cuja posse deverá ocorrer em poucos dias, com quinze meses de atraso.

Além, evidentemente, da necessidade um governo com o qual possa negociar, uma das condições impostas pela União Europeia para aceitar negociações de adesão com a Bósnia tem sido, há anos, a realização de novo recenseamento populacional. O último censo, de 1991, que serviu de base à divisão do território em Dayton, certamente está hoje ultrapassado, pelas "limpezas étnicas", pelos massacres da guerra, pelos deslocamentos que ela provocou, pelo não retorno ou estabelecimento alhures de refugiados, pela recusa de certos líderes a restituir aos antigos moradores as casas esvaziadas pela força e ocupadas por novos habitantes. As mesmas preocupações e interesses conflitantes dos políticos, que impediram, por tanto tempo, a formação do governo, barraram também projeto de lei sobre a matéria, submetido ao Parlamento desde meados de 2010.

Em 28 de dezembro de 2011, na mesma reunião que finalmente permitiu o entendimento interpartidário para formação de novo conselho de ministros, acertaram-se, igualmente, os pontos conflitantes para a realização de novo censo – previsto para ocorrer em abril de 2013. A mágica, neste caso, não poderia ser mais simples: acordou-se que, na consulta aos habitantes, a identificação da respectiva religião apenas será feita por decisão individual voluntária. Não se chegou a criar a categoria dos mestiços, mas se ofereceu uma saída que o multiculturalismo ideológico não prevê: a opção pela cidadania abrangente, ao invés da escolha obrigatória de uma identidade étnica, ou, na melhor das hipóteses, de duas etnias que se encontram, acasalam, proliferam, mas não se misturam.

Ao contrário dos anos 1930 e 1940, os horrores da guerra na Bósnia ocorreram com amplo conhecimento externo, informação instantânea, cobertura da televisão e passividade generalizada. Ocorreram em plena Europa, quando e onde se imaginava que nada disso pudesse voltar a acontecer depois da Segunda Guerra Mundial, especialmente no apogeu da "era

212   É PRECISO SALVAR OS DIREITOS HUMANOS!

dos direitos". Como hoje em dia, em plFena era dos "direitos das culturas", as sementes da barbárie se semeiam em muitos lugares, não somente na Europa, com apoio externo variado, em nome do direito à diferença, sob a capa do multiculturalismo distorcido e "politicamente correto" em voga. E tal atitude prossegue, por mais que a radicalização das culturas se venha convertendo em extremismos, a crispação das identidades subnacionais ameace a governabilidade do conjunto, e a reação ultranacionalista esperada eleja democraticamente políticos racistas, em sociedades longamente estabelecidas na Europa[8].

Segundo as informações que obtive de La Paz, o questionário do Instituto Nacional de Estatística da Bolívia oferece aos habitantes do país, para a autoidentificação respectiva, as categorias de afrodescendente ou integrante de uma de 54 nações indígenas. A par disso, oferece apenas a alternativa entre as opções "outras" ou "nenhuma". Ou seja, para atender ao indigenismo radical de um governo "de esquerda", sintonizado com o "progressismo" contraditório da intelectualidade liberal pós-moderna, que se reflete na militância multicultural atualmente hegemônica até nas Nações Unidas, a Bolívia se dispõe a denegar a miscigenação concreta que se vem realizando há séculos. Posso até compreender as razões da decisão boliviana. O que não aceito e me deixa indignado é ver que a esquerda intelectual da atualidade, que, aliás, pouca importância dá ao presidente Evo Morales, incentiva, através de ativistas "engajados", iniciativas anti-igualitárias com grande ligeireza.

Com base nas desgastadas posições racialistas de que a mestiçagem era usada para encobrir discriminações que hoje ninguém mais nega, o indigenismo boliviano no poder e o essencialismo étnico da Bósnia, além de descartar como irrelevantes as aspirações de importantes segmentos em ambos os países, entronizam um novo *apartheid* sem a categoria dos *coloureds*. Ao fazê-lo, em vez de enfrentarem as dificuldades

---

8   Para um conhecimento melhor desse caso emblemático da obsessão corrente com "identidades étnicas", forçadamente elevadas ao nível de "nacionalismos" – muito diferentes das lutas emancipatórias sob esse nome dos séculos XIX a XX –, permito-me sugerir meu pequeno livro *Os Novos Bálcãs*, também escrito em Sarajevo, pouco depois desta crônica.

ETNIAS E MESTIÇAGEM, VISTAS DA BÓSNIA E HERZEGOVINA

reais que assolam as populações desses dois países pobres, eliminam a noção de classes econômicas, novamente inquestionável com as adaptações pertinentes, e reincorporada no pensamento social contemporâneo até pelo Fórum de Davos.

Ainda bem que o Brasil resistiu às propostas de eliminação da categoria dos "pardos" nos censos do IBGE. Nossa própria experiência de luta antirracista comprovou que tal eliminação não era condizente com a vontade do povo, nem necessária sequer para a adoção de ações afirmativas. O possível mau uso do conceito de mestiçagem não pode justificar aquilo que José Murilo de Carvalho identificou como "genocídio estatístico"[9]. Este tampouco pode impedir que o mundo, globalizado pela economia e pelo fluxo permanente de pessoas, migrantes temporários e turistas, emigrantes e imigrantes, legais e indocumentados, traficados ou transferidos por livre e espontânea vontade, continue a miscigenar-se.

Talvez quando todos forem, como quase todos já são, obviamente mestiços em todo e qualquer país, os responsáveis pelas políticas de esquerda e pelas atividades mais necessárias no planeta resolvam finalmente dedicar-se a sério à igualdade entre os homens.

---

9 Genocídio Racial Estatístico, *O Globo*, 27 dez. 2004.

8. Coexistência Cultural e "Guerras de Religião"[1]

Para abordar esse tema nos tempos presentes, é melhor inverter a ordem dos conceitos e iniciar pelas "guerras de religião", adequadamente colocadas entre aspas. A razão dessas aspas é óbvia: diferentemente daquilo que as primeiras impressões fazem crer, nenhuma guerra de religião, no sentido normalmente atribuído a esse tipo de conflito, está ocorrendo agora[2], em 2009, pelo menos quando se pensa nos embates militares que obtêm mais atenção de todos. Nem é necessário que ocorra.

De fato, a menos que retrocedamos alguns séculos, é difícil encontrar uma típica guerra de religião, ainda que certas

---

1   Tradução expandida de apresentação em inglês na 20ª Conferência da Academia da Latinidade, realizada no Cairo, em outubro de 2009. O original foi publicado no volume *Post-Laicity and Beyond*. A presente versão em português foi publicada na *Revista Brasileira de Ciências Sociais*, v. 25, n. 72, fev. 2010.

2   Antes, portanto, do início dos conflitos "civis" na Síria e do aparecimento do autodenominado "Estado Islâmico do Iraque e da Síria", Isis ou Daesh, em "guerra santa" assumida contra os xiitas, os cristãos e todos os seguidores de qualquer fé, inclusive muçulmanos, que não se enquadrem em seu domínio salafita. Por mais que os "culturalistas" já qualificassem antes as ações militares do Ocidente em países do Oriente Médio e Norte da África como "nova cruzada" de cristãos contra muçulmanos, e por mais que alguns membros do governo norte-americano fossem protestantes fundamentalistas, as motivações que levaram às intervenções e invasões não eram realmente religiosas.

216 É PRECISO SALVAR OS DIREITOS HUMANOS!

situações como a da Argélia nos anos 1990 e a do noroeste do Paquistão hoje em dia pareçam aproximar-se daquele conceito. Depois da gigantesca expansão árabe-islâmica pela Ásia, África e Península Ibérica, das malsucedidas cruzadas medievais, ou da Guerra de Trinta Anos na Europa, que deu origem ao princípio internacional da não intervenção em assuntos internos, o conflito de ideologias que mais se assemelhavam a religiões foi a Guerra Fria. Parecido, mas não equivalente, com a guerra de religiões mais típica é o conflito árabe-israelense no Oriente Médio. Embora mantendo seus fundamentos étnicos e nacionalistas entre as duas partes adversárias imediatas – o Estado de Israel e os palestinos sem Estado –, essa questão não resolvida, apoiada com parcialidade por potências externas, alimenta substancialmente a arraigada disputa entre o judaísmo e o Islã em todo o mundo.

As guerras na antiga Iugoslávia, especialmente aquelas na Croácia e na Bósnia, assim como a Guerra do Golfo de 1991, que deram inspiração a Samuel Huntington em seu artigo de 1993, intitulado "Conflito de Civilizações?", apenas remotamente se assemelhavam a guerras de religiões. A razão pela qual jornalistas e acadêmicos imediatamente absorveram essa ideia pré-existente, atualizada e expandida por Huntington, foi precisamente sua abordagem simplista. O artigo parecia explicar, com seu título de três palavras, tudo aquilo que vinha sendo observado sem se entender. Pouco importava se muitas das premissas do autor estivessem erradas (existe uma "civilização" específica e unificada latino-americana ou africana?), conceitos, adaptados por redução (seria o mundo islâmico um monólito? a Grécia "ortodoxa" não seria parte do "Ocidente"?), e os fatos históricos, escolhidos à la carte por se amoldarem aos pontos a serem ressaltados. Afinal, erros, reduções e escolha arbitrária de fatos como ilustração são comuns a todos os ensaios.

Infelizmente, alguns intérpretes usaram a expressão – senão propriamente a descrição mais detalhada, conquanto distorcida, de Huntington – como o novo paradigma das relações internacionais. Certas ou erradas, as três palavras eram eficazes e tempestivas. Afinal, desde 1989 *scholars* e estudantes ansiavam por substituir o ultrapassado esquema da Guerra

Fria, ele próprio, por sinal, muito simplista, a que antes estavam habituados. Como quase todas as pessoas, tais intérpretes desconsideravam o ponto de interrogação usado no título do artigo. Viam e veem até hoje os conflitos contemporâneos como episódios de um combate inevitável entre duas grandes áreas culturais que se pressupõem intactas.

O problema maior, porém, materializou-se quando conselheiros políticos de governantes poderosos adotaram esse modelo epistemológico como guia de ação. Optaram por linhas de conduta que se enquadravam no padrão do "conflito de civilizações", tendo a palavra "civilizações" como sinônimo de "religiões", como Huntington tendia a encará-la. Ao fazê-lo, cometeram erros grosseiros, absurdos, que agravaram tragicamente a situação de todo o mundo.

GUERRAS DE RELIGIÃO E OUTROS CONFLITOS

Não se pode negar que a Guerra da Bósnia – que, aliás, estava apenas no início quando o texto de Huntington foi publicado – tenha tido um aspecto religioso importante. Na medida em que o principal elemento da "diferença bosníaca" na região era a religião islâmica, aquela herança histórica foi amplamente manipulada por líderes nacionalistas diversos da Bósnia e da Herzegovina, assim como por seus amigos e inimigos externos, próximos e distantes. "Bosníacos" nada mais eram do que os eslavos longamente estabelecidos naquela parte da Península Balcânica que se haviam convertido ao Islã sob o Império Otomano. Curiosamente, foi Tito, líder da Liga dos Comunistas da Iugoslávia, quem os reconheceu como "nação", equiparando religião com nacionalidade, e estabelecendo, para os muçulmanos e demais coabitantes, croatas e sérvios, da velha Bósnia e da região da Herzegovina, uma república federada, precursoramente "multiculturalista". Sabe-se, também, que, durante a guerra, no período 1993-1995, o apoio de grupos islâmicos de fora, em armas, dinheiro e pessoal de combate, foi importante para os bosníacos, ou muçulmanos – geralmente seculares – da Bósnia, único grupo efetivamente atingido pelo boicote de armamentos do Conselho de Segurança das Nações Unidas,

218 É PRECISO SALVAR OS DIREITOS HUMANOS!

vigente desde 1991, contra as partes em conflito nos territórios da ex-Iugoslávia[3].

A guerra de independência da Croácia, um pouco antes, também tivera conotação religiosa. Antiga parte do Império Austro-Húngaro, a Croácia, era historicamente católica, enquanto os sérvios, identificados por eles próprios e pelos outros com a Iugoslávia de antes e depois da Segunda Guerra Mundial, eram cristãos ortodoxos de origem. Essa diferença entre sérvios e croatas, mais virulenta do que aquela entre sérvios ou croatas e bosníacos – porque muito aguçada pelos nazistas ocupantes e locais em seu Estado-fantoche croata –, também foi alimentada por líderes políticos vários, como elemento demarcador das diferenças "nacionais". Contudo, o fato de os bosníacos e croatas da Bósnia se terem reunido no final da guerra respectiva e formarem uma "entidade" binacional comum, de que se separa a República Srpska, no novo Estado independente da Bósnia e Herzegovina, já é *per se* clara indicação de que os conflitos na ex-Iugoslávia não haviam sido "guerras de religião". Além do mais, quando aquelas guerras ocorreram, na primeira metade dos anos 1990, quase todos os indivíduos e grupos diretamente envolvidos tinham sido e ainda eram essencialmente ateus, pertencentes à mesma "civilização" representada pela ideologia irreligiosa marxista.

A primeira Guerra do Golfo contra o Iraque, simultânea àqueles conflitos pós-Guerra Fria nos Bálcãs, parecia ter tonalidade religiosa, porque foi, sobretudo, uma guerra da Otan contra um Estado muçulmano – que havia violado a fronteira e invadido outro Estado muçulmano, o Kuwait. Na verdade, em todos esses casos, assim como na guerra no Kôssovo – primeiramente interna, depois internacional em diversos sentidos –, as religiões foram usadas como pretexto, encobrindo outras razões[4]. Apa-

---

3   Os adversários imediatos dos bosníacos, croatas e sérvios da própria Bósnia e Herzegovina, não tinham problema para abastecer-se nas respectivas repúblicas étnicas vizinhas.

4   Convém lembrar que até os albaneses, convertidos ao Islã, como os bosníacos, durante a longa dominação otomana nos Bálcãs, desde o fim da Segunda Guerra Mundial até, pelo menos, 1989 eram ateus, dentro da Albânia e da antiga Iugoslávia. Foi com Slobodan Milosevic na liderança da Sérvia e com as guerras secessionistas da região, na década de 1990, que os albaneses do Kôssovo (e da Macedônia) voltaram a apegar-se à identidade muçulmana (assim como os nacionalistas croatas e sérvios voltaram a ser, respectivamente, católicos e ortodoxos "fervorosos").

COEXISTÊNCIA CULTURAL E "GUERRAS DE RELIGIÃO"

rentemente nobres em alguns casos, como a defesa do direito internacional e dos direitos humanos de populações envolvidas, essas razões não diminuíam os interesses políticos, estratégicos e econômicos, mais ou menos evidentes, como o controle de campos de petróleo, subjacentes à intervenção estrangeira. Ou a atração de apoio internacional para um grupo específico.

Atualmente, os conflitos são ainda mais complexos. Contrariamente às primeiras impressões, eles tampouco constituem guerras de religião no sentido regular do conceito. Em certa medida, pode-se até questionar se são realmente guerras.

Há, evidentemente, ataques brutais de grupos étnicos e segmentos religiosos de certas populações contra seus irmãos inocentes, assim como entre forças armadas de coalizões militares e grupos religiosos que se consideram em guerra em nome de Deus. Há também, com certeza, conflitos intersectários que vêm destruindo países específicos; antagonismo extremista de certos grupos de crentes contra correligionários supostamente desencaminhados; bombardeios de vários lados contra alvos encarados como símbolos do Mal; operações militares de vingança ou compensação sob a cobertura de prevenção a agressões, estimuladas por citações religiosas. Há, além disso, é claro, o conflito entre Israel e os palestinos, um choque de nacionalismos e pela sobrevivência coletiva, profundamente marcado pela religião.

Não obstante, nenhum dos conflitos armados correntes se encaixa no molde do "conflito de civilizações", tomando-se ou não a palavra "civilização" como significante de "religião". Acima e por baixo de todas essas manifestações de violência, o conflito essencial de nosso tempo se dá entre fanáticos de espécies variadas.

FUNDAMENTALISMO E TERRORISMO

Ultrapassa o escopo deste ensaio adentrar nas diferentes escolas de pensamento do Islã ou do cristianismo. Tal matéria requer um conhecimento especializado de que não disponho. Entretanto, pode ser útil apontar alguns fatos, às vezes desconsiderados, que geram confusões quando se abordam os principais aspectos dos conflitos de hoje.

Em primeiro lugar se coloca o crescimento generalizado daquilo que se chama "fundamentalismo" em todos os credos. A palavra, nas línguas ocidentais, vem do entendimento puritano anglo-americano, divulgado nos Estados Unidos, de que os crentes devem ater-se aos "fundamentos" da fé cristã: a Bíblia e suas "narrativas fundamentais". Sua origem remonta ao século XIX e à reafirmação de dogmas contra o chamado liberalismo cristão e o Iluminismo em geral. O fundamentalismo evangélico atual manifesta-se mais visivelmente na defesa do "criacionismo" bíblico, por oposição ao evolucionismo científico darwinista. Uma vez estabelecido o rótulo, não negativo, de "fundamentalista", para aquele que rejeita a interpretação de textos sagrados, observando-os em sentido literal, foi ele transferido dos cristãos anti-hermeneutas do século XIX aos defensores de posições assemelhadas em outras religiões. Com essa explicação em mente, não é sem sentido dizer, com adaptações, que não somente os protestantes, mas também os católicos romanos, assim como o Islã, o judaísmo, o hinduísmo e o budismo têm seus próprios tipos – no plural – de "fundamentalismo".

Evidentemente, nenhum seguidor convicto de qualquer religião aceitará o uso de tal palavra com conotação negativa, uma vez que a própria essência da fé requer a observância de tradições e ditames inexplicáveis pela razão. Além disso, o termo não se aplica aos ramos longamente estabelecidos do cristianismo, como a Igreja Ortodoxa – um nome que fala por si mesmo –, ou do Islã, como os xiitas por oposição aos sunitas. Similarmente ao que aconteceu com os primeiros protestantes e católicos – ou papistas –, suas diferenças se definiram ao longo dos séculos de maneira tão marcante a ponto de formarem cultos com hierarquias próprias, separadas e amplamente reconhecidas.

O significado contemporâneo do chamado "fundamentalismo", conquanto referente principalmente às religiões, aplica-se metaforicamente a outros campos. Os "fundamentalistas" se têm multiplicado por toda parte, e o "fundamentalismo" tornou-se a forma mais difundida de se "tomar posição", inclusive na mais material de todas as áreas: a economia. Desde o fim da Guerra Fria, a crença em preceitos chamados neoliberais, baseados na ideia do mercado como regulador benigno a distribuir justiça e sabedoria para todos, foi apresentada e imposta como um consenso universal, do qual não haveria escapatória. Na ciência econômica, a inspiração viria do *laissez-faire* do século XVIII e da confiança na "mão invisível" do mercado, com menos interferência estatal do que o próprio Adam Smith pretendia. O resultado dessa crença "fundamentalista" no livre mercado como único padrão valorativo aceitável levou não somente à crise econômico-financeira de 2008-2009, da qual parecemos estar-nos recuperando com intervenção estatal maciça, mas também a outras formas de confusão societária. Tais formas confundem o conceito de liberdade com comportamento antiético, democracia com corrupção, emancipação com provocação, livre-arbítrio secular com transgressão, individualismo com ganância sem limites.

Existem outros efeitos colaterais do tipo de "fundamentalismo econômico globalizado" como resultado dessas distorções. Um deles se manifesta na forma de uma revalorização de tradições como reação à indiferença social e ao consumismo desenfreado que o neoliberalismo tende a desenvolver. Juntamente com o novo apego a velhas regras, teoricamente superadas pelo "desencantamento" weberiano do mundo moderno, a religião reemerge, pela fé e pela razão, na cena política global. O renascimento religioso ocorre não somente em comunidades e países religiosos, mas também em Estados seculares. Ainda que com o objetivo de garantir alguma forma superior de controle para o conjunto, incontrolável por meio do direito e da aplicação policial da lei, governantes de Estados constitucionalmente seculares vêm também recorrendo à religião e a líderes religiosos, na defesa de objetivos comuns.

Fundamentalismo não é, certamente, terrorismo, especialmente na esfera da religião. Nem significa necessariamente a rejeição total de crenças e comportamentos diferentes. Entretanto, para fundamentalistas intransigentes do Oriente e do Ocidente, a diferença pode às vezes ser tolerada, mas entre "os outros", não entre os crentes da mesma comunidade. Embora as primeiras versões do fundamentalismo dentro de denominações protestantes e a *salafyyah* islâmica (o caminho dos "bons predecessores") remontem a épocas muito anteriores à

222 É PRECISO SALVAR OS DIREITOS HUMANOS!

cena presente, a recusa a formas "racionais" de crença constitui um dos ingredientes culturais típicos de nossos tempos. Mais apegada a símbolos exteriores de identificação, como códigos de indumentária, preces públicas, demonstrações místicas de arrependimento, exorcismos e outros ritos, do que à devoção íntima, à oração individual e às explicações teológicas para descobertas da ciência, o renascimento religioso de agora, em todas as fés, escolhe voluntariamente aquilo que Olivier Roy chama de "santa ignorância".

O segundo fenômeno da época que provoca confusões cognitivas é o chamado "terrorismo contemporâneo", expressão que logo traz à mente a destruição do World Trade Center, em Nova York, em múltiplas ações a um só tempo assassinas e suicidas. Que elas constituíram atos abomináveis de terrorismo, não há a menor dúvida e é importante não fazer confusão com isso. Ainda que tenham sido precedidas por muitos outros atentados de fanáticos, obcecados por fé distorcida, nenhuma ação anterior tivera a mesma dimensão espetacular dos golpes mortíferos de 11 de setembro de 2001 contra as torres gêmeas de Manhattan.

Alguns analistas políticos ainda relutam em utilizar aquele rótulo, de "terrorismo", primeiramente aplicado a uma fase da Revolução Francesa – o Terror –, apesar das numerosas convenções que se referem explicitamente ao terrorismo, sem que exista uma definição internacionalmente aprovada para o conceito[5]. No entanto, o uso do terror foi mencionado como terrorismo e condenado sob esse nome, sem reservas, até pela Conferência Mundial de Direitos Humanos de 1993, em Viena. Sua Declaração e Programa de Ação, adotada sem voto por todas as delegações, supostamente representando Estados de todas as religiões e sistemas políticos, afirmava:

Os atos, métodos e práticas terroristas em todas as suas formas e manifestações, bem como os vínculos existentes em alguns países entre eles e o tráfico de drogas são atividades que visam à destruição dos direitos humanos, das liberdades fundamentais e da democracia e que ameaçam a integridade territorial e a segurança dos Estados, desestabilizando governos legitimamente constituídos. A comunidade internacional

---

5 Entre elas a Convenção Internacional Para a Supressão do Financiamento ao Terrorismo, de 1999, e a Convenção Internacional Para a Supressão de Atos de Terrorismo Nuclear, de 2005, adotadas pela Assembleia Geral das Nações Unidas.

deve tomar todas as medidas necessárias para fortalecer a cooperação na prevenção e combate ao terrorismo.[6]

Sem entrar nos significados da palavra "terrorismo" e estando eu plenamente consciente de que o "terrorista" para alguns é o "herói", o "lutador pela liberdade", ou o "mártir" para outros – ou até para os mesmos, em circunstâncias diferentes –, o que torna a forma contemporânea de terrorismo tão desnorteante não são os atos de violência difusa por si próprios. O terrorismo, quaisquer que sejam a definição e os perpetradores, sempre visou a espalhar o medo e a insegurança, violando direitos humanos e liberdades fundamentais, ferindo e matando não combatentes. Foi com esse entendimento corriqueiro que a Conferência de Viena "universalmente" denegou legitimidade a ele, propondo cooperação internacional para combatê-lo.

É verdade que o terror no passado era considerado uma técnica usada por anarquistas e outros insurgentes contra o Estado, na qualidade de instituição demarcada, específica[7]. Com esse plano de fundo, não causaria surpresa a condenação do terrorismo por representantes de todos os Estados, como ocorreu em Viena[8]. Hoje, porém, as manifestações daquela "técnica" em atentados que ultrapassam quaisquer delimitações territoriais, políticas e religiosas.

Conquanto eu obviamente rejeite a implicação de que o terror possa ser intrinsecamente relacionado ao Islã, ao judaísmo, ao cristianismo, ao hinduísmo, ao budismo ou a qualquer outro sistema de fé transcendental, concentrarei aqui atenção nos aspectos do terrorismo contemporâneo que possam estimular a noção de um "conflito de civilizações": de um lado, explosão de bombas, bombardeios e tomadas de reféns civis pelos chamados jihadistas – não de indivíduos ou grupos insurgentes motivados por causas definidas mais concretas – e, de outro

---

6   Declaração e Programa de Ação de Viena, parte I, parágrafo 17.

7   Os revolucionários russos, Lênin inclusive, rejeitavam o terrorismo, não por motivos éticos, mas porque a técnica difusa seria incapaz de fazer avançar a causa dos trabalhadores.

8   Embora a primeira tentativa de definir e criminalizar internacionalmente o terrorismo, esboçada pela Liga das Nações como "atos criminais dirigidos contra um Estado", no projeto de Tratado de Genebra de 1937, nunca tenha entrado em vigor por falta de ratificações suficientes, e desde então nenhuma definição jurídica tenha sido aprovada.

224   É PRECISO SALVAR OS DIREITOS HUMANOS!

lado, muitas das ações militares ou de segurança doméstica de forças ocidentais e seus aliados[9].

Compartilho a percepção de Habermas de que acontecimentos como os do Onze de Setembro – seguidos das bombas detonadas nos metrôs de Londres e Madri –, desprovidos de objetivo minimamente realista, ficam sem conteúdo político[10]. Acredito, inclusive, que a aceitação ou atribuição da intenção de construir um califado planetário na Terra aos autores de atentados como os que destruíram o World Trade Center é um reconhecimento de legitimidade a eles que nenhum outro muçulmano lhes confere. Contrariamente ao que dão a entender certos estudiosos das diversas correntes do chamado fundamentalismo islâmico, nenhum dos teóricos muçulmanos inspiradores de movimentos radicais propôs ataques a inocentes, fossem estes "infiéis" ou correligionários, sem clara finalidade política. Assim, procurarei não utilizar o galicismo "islamista", nem o adjetivo "islâmico" ou qualquer outra expressão que automaticamente associe o Islã aos atentados variados. Observo, assim, postulação compreensível dos seguidores dessa religião, que lembram não serem chamados de cristão ou "cristianistas" os autores de outros atentados no Ocidente[11]. Por outro lado, abordarei também aspectos das formas correntes de combate ao terrorismo, com objetivos conhecidos evidentemente improváveis, que se equivalem, em termos práticos, a técnicas de terror.

O que caracteriza o terrorismo contemporâneo como um tipo *sui generis* de terrorismo não é a tecnologia empregada nas ações, nem a forma dos atos de violência *per se*. A tecnologia

---

9   Peço desculpas aos muçulmanos por empregar o esdrúxulo neologismo *jihadista*, pois, sem falar árabe, sei que o conceito de *jihad* (luta) em que se baseia é muito mais nobre em textos sagrados.

10 J. Derrida; J. Habermas, *Le "Concept" du 11 Septembre*. É claro que se poderiam agregar à lista, entre outros, o primeiro atentado contra o World Trade Center, em 1993, assim como a explosão em uma discoteca de Bali, e muitos outros golpes. Aqueles de Londres e Madri apenas se amoldam melhor à ideia de "seguimento" do Onze de Setembro.

11 Enquanto ninguém rotula com base em religião ou etnia os franco-atiradores que, nos Estados Unidos, "rotineiramente" fuzilam passantes, fregueses de supermercados e colegas de escola, quando, em novembro de 2009, um major psiquiatra norte-americano de nome árabe (Nidal Malik Hasan) matou treze companheiros em Fort Hoods, no Texas, todos assinalaram sua fé muçulmana, tendo algumas instituições logo qualificado seu crime como terrorismo.

modeníssima, com comunicação virtual e desterritorializada, de arregimentação de agentes é, sem dúvida, um de seus aspectos importantes. A outra maior "novidade" se encontra na incompreensibilidade dos objetivos últimos das ações perpetradas, assim como na reação que alguns países decidiram adotar contra elas.

OBJETIVOS TERRORISTAS

Embora a figura do homem-bomba constitua a imagem emblemática do terrorismo contemporâneo, o fenômeno do autossacrifício absoluto voluntário não constitui novidade. É fato que não se podem comparar atacantes-suicidas com os mártires religiosos de todas as fés ou heresias, que se submetiam a formas excruciantes de tortura e morte para afirmar sua devoção, sem causar dano aos demais. Sempre se poderão lembrar, porém, os *kamikazes* do fim da Segunda Guerra Mundial. Conduzindo avião ou torpedo, como o piloto-suicida ou homem-bomba de hoje, o *kamikaze* japonês tinha a intenção de carregar com sua morte a vida de inimigos. Mais recentemente, nos anos 1970 e 1980, os militantes da luta de independência da Palestina já vinham recorrendo a ataques suicidas em diversas operações. Nos casos dos *kamikazes* japoneses e dos homens-bomba palestinos, porém, o objetivo político-militar estratégico foi sempre evidente. Hoje, a situação é outra, mais difícil de interpretar ou apreender pela lógica a que estamos habituados.

Entre as já incontáveis histórias reais que se podem ler sobre os terroristas-suicidas atuais, uma publicada em agosto de 2009 pareceu-me particularmente eloquente. Envolvia uma mulher, de um grupo de dezesseis candidatas a suicidas-atacantes presas na província de Diyala, no Iraque, desde o começo de 2008, algumas das quais flagradas já com coletes de bombas no corpo. Visitada mais de uma vez pela jornalista autora da matéria, a prisioneira aparentemente desenvolveu alguma afeição pela entrevistadora. Não obstante, quando indagada se seria capaz de matar a própria jornalista, se recebesse instruções nesse sentido, a prisioneira, após breve hesitação, respondeu, conforme citado no texto: "Se eles insistissem, sim. Sendo você

226 É PRECISO SALVAR OS DIREITOS HUMANOS!

estrangeira, seria *halal* matá-la."[12] É verdade que a entrevistadora era americana, e que a mulher iraquiana tinha perdido seus cinco irmãos *mujahedin*, mortos pelas forças dos Estados Unidos. Além do mais, ninguém questiona o fato de que a Al Qaeda e outros grupos similares, organizados em redes de comunicação pela internet, repudiados pelos correligionários no poder em todo o Islã, consideram-se em guerra com o Ocidente, mirando agora suas ações particularmente contra as forças ocidentais no Iraque e no Afeganistão – assim como os Estados ocidentais e seus aliados se consideram em guerra contra esses grupos e redes extremistas. Mas quem propiciou e definiu esse objetivo prioritário inteligível, de expulsar as tropas de ocupação estrangeiras em territórios do Islã, não foram os homens-bombas suicidas ou seus mentores terroristas. Foram os Estados que para lá enviaram suas tropas. Dos terroristas contemporâneos as ações são continuam muitas vezes dirigidas a alvos menos compreensíveis, como as organizações humanitárias presentes, frequentemente integradas por pessoal local ou de origem oriental e muçulmana.

Sabe-se que alguns fundamentalistas islâmicos radicais têm, há tempos, teorizado em favor da violência contra outros muçulmanos – proibida pelo Corão – encarados por eles como traidores do Islã, logo "infiéis", com linguagem que remonta ao tempo das cruzadas. Fatos históricos comprovam com abundantes atentados em muitos países a colocação em prática dessas teorias – que, aliás, nunca foram exclusividade islâmica. Extremistas de diversas fés, causas e ideologias têm há muito perpetrado atentados políticos e massacres envolvendo seus irmãos mais próximos. Motivados pela religião ou por crenças não religiosas, a explosão do edifício federal em Oklahoma City em 1994 por norte-americano branco anglo-saxão, o assassinato de Itzhak Rabin em 1995 por judeu israelense, o ataque com gás venenoso no metrô de Tóquio, também em 1995, por japonês budista são apenas três exemplos dos inúmeros casos congêneres ocorridos fora do contexto do Islã. Lógica semelhante subjaz a outros atos, de feições superficialmente distintas,

12 A. Rubin, Determined to Die in a Suicide Blast, *International Herald Tribune*, 15-16 ago. 2009.

COEXISTÊNCIA CULTURAL E "GUERRAS DE RELIGIÃO"

como, por exemplo, os incêndios provocados por cristãos em clínicas norte-americanas que praticam o aborto.

Poucos dias após a publicação da matéria sobre as mulheres-bombas no Iraque, o mesmo jornal internacional relatava que um homem-bomba havia explodido em área limítrofe entre o Afeganistão e o Paquistão, no primeiro dia do mês de Ramadã, junto de guarda-fronteiras tribais, matando um total de 22 pessoas. Segundo uma testemunha, o suicida teria oferecido comida aos policiais, que se estavam preparando para a quebra do jejum religioso, pouco antes do crepúsculo, sendo convidado a unir-se ao repasto no gramado[13]. Se o atacante-suicida estava testando a devoção religiosa dos guardas antes que o último raio de sol daquele dia se apagasse, ou, mais provavelmente, se tinha sido simplesmente instruído a matar os guardas no contexto das guerras tribais afegãs, pouco importa. O que conta aqui, nesse atentado com mortes numerosas, hoje quase rotineiro, é o fato de o perpetrador não estar cometendo um ataque contra hereges, infiéis ou inimigos religiosos. Ele e seus instrutores estavam ou combatendo o "pecado", ou praticando um ato típico do terrorismo contemporâneo para realizar um assassinato coletivo tribal dentro da mesma esfera cultural e política. Afinal, não havia qualquer indício de que os tais "guarda-fronteiras tribais" estivessem ali sob ordens do Ocidente, que trabalhassem para os americanos, ou sequer que sua tribo fosse ligada à aliança militar liderada pelos Estados Unidos. Não disponho, aliás, de qualquer indicação de que as rivalidades étnicas no Afeganistão sejam especificamente baseadas em religião[14].

Se os episódios de violência atuais devem ser interpretados como práticas de uma guerra dentro de uma mesma religião, ou se constituem aspectos de uma guerra de religiões, envolvendo, de um lado, forças militares estatais e, de outro, extremistas religiosos, muitos dos quais oriundos dos mesmos Estados que combatem, é um ponto a ser discutido. De acordo com declarações de líderes de movimentos islâmicos que utilizam homens-bombas e pilotos-suicidas, eles têm plena convicção

13 I. Khan; P. Zhubair Shah, At Least 22 Dead in Pakistan Bombing, *International Herald Tribune*, 28 ago. 2009.

14 Embora o país tenha uma minoria xiita, a maioria absoluta da população é sunita.

de que se encontram em "guerra santa", uma forma extrema de *jihad* contra o Mal e os infiéis, de proporções planetárias. Posição simétrica parecem – ou, melhor, pareciam – ter os líderes ocidentais das coalizões militares formadas para combater esses movimentos. Alguns dos chamados neoconservadores dos Estados Unidos são, aliás, devotos de denominações evangélicas enquadradas no fundamentalismo cristão original.

Nem uns, nem outros, contudo, são suficientes para compor um verdadeiro "conflito de civilizações". Ao contrário, independentemente das convicções que possam, respectivamente, alimentar, de que se acham em *fitna* ou *jihad*, guerra civil ou resistência à ocupação estrangeira, guerra santa, cruzada, ou guerra preventiva, intervenção humanitária ou operação militar de vingança, os participantes dos conflitos atuais mais violentos contradizem o paradigma intercivilizacional disseminado por Huntington. Enquanto apenas um dos lados se afigura "irracional" a ponto de recorrer ao suicídio individual de correligionários como tática de uma estratégia sem finalidade, ambos constituem, na prática, independentemente dos objetivos de cada um, adversários extremos em combates "não civilizados" de fundamentalismos distintos. A menos que nos disponhamos a aceitar esses fundamentalistas dos dois lados como representantes legítimos do Ocidente e do Islã, admitindo que o Iluminismo seja pior que todas as tradições e se acha superado por uma pós-modernidade irremediavelmente regressiva, esse combate de dois grupos não configura uma verdadeira guerra de religiões.

O TERROR CONTRA O TERROR

Passando agora à forma de reação que alguns Estados decidiram adotar contra o terrorismo, as definições e rótulos são igualmente elusivos. Se levarmos em consideração as declarações bíblicas e maniqueístas, com conotação religiosa explícita, feitas por certos líderes ocidentais, especialmente na fase de consideração do curso de ação a adotar como resposta aos atentados do Onze de Setembro, a impressão que se tem é de que esses líderes, como a Al Qaeda, estavam convencidos de

COEXISTÊNCIA CULTURAL E "GUERRAS DE RELIGIÃO"

que se encontravam num conflito de religiões. Com o primeiro anúncio de uma "cruzada" contra aqueles que davam "santuário" aos terroristas e operações militares sob nomes como "Justiça Infinita" e quejandos, a reação parecia enquadra-se num plano transcendente, também numenal. Ecoavam a postura de seu inimigo mais procurado, líder de um movimento autodeclarado em guerra contra os "judeus" e "cruzados". Endossavam a posição do oponente de que os ataques do Onze de Setembro tinham "dividido o mundo em duas moradas: a morada dos crentes, onde não há hipocrisia, e a morada da descrença, que Deus nos livre dela!"[15] Embora as primeiras qualificações religiosas tenham sido rapidamente alteradas em aparente correção de um *faux pas*, substituídas por termos mais "apropriados" – na prática, tão ruins quanto os anteriores –, e apesar das afirmações e reiterações de que a coalizão comandada pelos Estados Unidos não estava em guerra com o Islã, mas contra o Terror, o contínuo uso de expressões bíblicas, associadas a outros fatores – como a utilização ofensiva do Corão para coagir prisioneiros em interrogatórios –, fortaleceu a sensação de que aquelas estratégias militares, questionáveis de todos os pontos de vista, ressaltavam a correção do paradigma de Huntington.

Pior do que qualquer impressão gerada por palavras e gestos simbólicos, os líderes ocidentais pareciam, com sua conduta e as peculiaridades que a cercavam, haver deliberadamente optado pelo tipo de reação desejada pelos próprios terroristas.

Morando nos Estados Unidos, ainda que não em Nova York, por ocasião do Onze de Setembro, eu próprio me recordo da perplexidade pavorosa que os ataques provocaram em todo o país. Em larga medida, também compartilhei do medo e da sensação de insegurança gerada por eles e amplificada pela imprensa, para não falar dos constantes alertas laranja e vermelhos emitidos pelas agências do governo. Lembro-me igualmente de como era fácil promover suspeitas, intolerância e "patriotismo" exaltado numa população ofendida e amedrontada, contra opiniões discordantes. Nunca esqueci como Susan Sontag foi boicotada depois de publicarem suas observações contrárias à interpretação de que os ataques haviam sido perpetrados contra a "civilização" e o

---

15 Primeira declaração pública de Bin Laden após o Onze de Setembro, apud As'ad AbuKhalil, *Bin Laden, Islam and America's New "War on Terrorism"*, p. 84.

"mundo livre", opinando que se dirigiam à "autoproclamada única superpotência do mundo, em consequência das alianças e ações americanas"[16]. Sem subscrever opinião tão contundente, por sinal também simplista, mas certamente sem submergir no clima de hipersensibilidade prevalecente, podia-se facilmente compreender que bombardeios a um país pobre e já destroçado em guerras anteriores não seriam nunca uma boa reação. Quanto mais se o país-alvo era muçulmano, com inclinações fundamentalistas! Ação militar era precisamente o tipo de reação que os mentores dos ataques ao World Trade Center e ao Pentágono deveriam desejar. Pois era bastante evidente que a força armada de per si não tem condições para desmantelar uma rede de fanáticos dispersos, que se coordenam pela internet e recorrem a operações suicidas. Quase ninguém ousava dizer isso abertamente. Quando alguma personalidade conhecida o fazia, o que diziam não era divulgado adequadamente nos principais meios de comunicação norte-americanos[17]. Indagado das razões pelas quais a Otan estava hesitando em unir forças com Washington para atacar os talibãs, o sempre indomável Noam Chomsky respondeu: "Ela reconhece, assim como qualquer um com conhecimento adequado da região, que um assalto maciço a uma população muçulmana seria a resposta às preces de Bin Laden e seus associados e levaria os Estados Unidos e seus aliados a uma 'armadilha diabólica', nas palavras do ministro do exterior francês."[18]

Na França, com uma perspectiva mais filosófica, mas não afastada da realidade, em novembro de 2001, Jean Baudrillard, para quem o terrorismo seria o fenômeno extremo decorrente da globalização, qualificava a ação militar como um falso acontecimento particularmente sem sentido. Explicava sua interpretação, acurada, invertendo a célebre definição de Clauzewitz, de maneira a descrever essa guerra contra o terror como "a continuação da falta de política por outros meios"[19].

---

16 Coluna Talk of the Town, observações publicadas pela revista *The New Yorker*, 24 set. 2001.

17 Jornais europeus, como *The Times*, contudo, faziam-no. Citações de analistas e políticos europeus podem ser encontradas *inter alia* nas entrevistas via e-mail dadas por Noam Chomsky em set.-out. 2001, reproduzidas em seu livro *9-11*.

18 *9-11*, p. 17.

19 Jean Baudrillard, *L'Esprit du terrorisme*, p. 45-46, publicado originalmente no *Le Monde*, em 3 nov. 2001.

COEXISTÊNCIA CULTURAL E "GUERRAS DE RELIGIÃO" 231

Enquanto as declarações políticas e operações militares contra os terroristas pareciam confirmar a noção de um conflito de civilizações, ainda que não exatamente uma guerra de religiões – um dos aliados vitais na *coalition of the willing* era o muçulmano Paquistão –, outras práticas contra o terrorismo levavam a crer na vitória daquilo que elas se dispunham a combater.

É difícil sumariar brevemente todas as medidas de segurança adotadas por países ocidentais a enviarem a mensagem de que "o Ocidente" havia decidido abandonar aquilo que sempre reivindicara como valores ocidentais. Muitas dessas medidas constituíam violações grosseiras de liberdades e direitos civis, histórica e doutrinariamente considerados como a primeira geração dos direitos humanos. Começando por detenções arbitrárias, feitas com base em estereótipos raciais e religiosos, seguidas de prisão extrajudicial prolongada, da recusa em obedecer às convenções de Genebra sobre o direito humanitário e do emprego de eufemismos ridículos para evadir definições legais pré-estabelecidas, as medidas de segurança, estendidas a práticas de vigilância crescentemente generalizadas, com escuta telefônica, gravações em áudio e vídeo etc., correspondiam à abolição não decretada do direito à intimidade de populações inteiras, com foco em grupos específicos. No degrau mais baixo da renúncia aos valores autoatribuídos como ocidentais se situava o recurso à tortura, muitas vezes associada à prática, igualmente infame, das chamadas *renditions*: entrega de prisioneiros para serem interrogados com "técnicas fortes" em países estrangeiros, numa "terceirização" do jogo sujo reminiscente das terceirizações privatizantes recomendadas pelo neoliberalismo. Tais absurdos ocorriam, por sinal, com ampla divulgação pela imprensa e conhecimento do público, denunciados como violações grosseiras de direitos humanos universais[20]. Em suma, desde a Segunda Guerra Mundial, nunca a visão de Giorgio Agamben de que o mundo vive atualmente num estado de exceção permanente[21] se afigurara tão acurada.

---

20 Pelas organizações não governamentais mais conhecidas, como a Anistia Internacional e a Human Rights Watch, mais do que pelos foros intergovernamentais competentes.
21 Cf. *Estado de Exceção.*

Chega-se assim à questão essencial: se, para termos êxito em batalhas específicas, precisamos abdicar dos valores que representam nossa identidade moral, quem, afinal, estará ganhando a guerra? Tal questão, que deve ter habitado o fundo de nossas mentes já há algum tempo, adquiriu sinistra atualização desde o recrudescimento de explosões coordenadas de bombas no Afeganistão, imediatamente antes das eleições presidenciais de agosto de 2009, juntamente com advertências e ameaças destinadas a manter, pelo medo, a população afegã distante das urnas[22].

Ademais do Afeganistão, dos talibãs e da Al Qaeda, permanece a questão da ocupação do Iraque. A esta altura, soa absurdo recomeçar a discussão das causas da ação militar decidida de maneira unilateral pela liderança ocidental de uma aliança *ad hoc*. Está hoje mais do que comprovado que as razões alegadas para o ataque eram erradas, a operação, injustificável, seus resultados finais, ainda instáveis e seus efeitos de longo prazo, imprevisíveis. Soa também irrelevante chamar a ação de "intervenção", "prevenção", "invasão" ou qualquer outro nome. O fato concreto hoje é que existe um novo governo no país, eleito pelos iraquianos, reconhecido no exterior, e esse mesmo governo favorece a retirada das tropas estrangeiras. Por mais que os terroristas ainda sacudam o cenário iraquiano inesperadamente, e malgrado o arremesso de sapatos humilhante contra seus patrocinadores, os atores políticos locais encontram-se hoje legitimados. Não há como negar, entretanto, que essa segunda intervenção militar no Iraque parece confirmar a impressão propiciada pela primeira, de que um conflito de civilizações está em curso.

A concentração prioritária de terroristas e homens-bombas, desde 2003, naquele país, facilita a interpretação de que se trata de forças de resistência à ocupação estrangeira. Por mais que algumas das correntes fundamentalistas extremadas venham ensinando, há muito, ser *halal* matar infiéis, a maneira pela qual a prisioneira potencialmente suicida de Diyala se via, e se reconhecia capaz de matar a entrevistadora norte-americana, era como resistente antiestrangeira, não como djihadista.

Não obstante, cabe perguntar se isso é realmente o que está acontecendo, se a visão dos terroristas e homens-bombas

---

22 O mesmo iria ocorrer meses depois, no início de 2010, por ocasião das eleições iraquianas.

COEXISTÊNCIA CULTURAL E "GUERRAS DE RELIGIÃO"   233

contemporâneos como resistentes, comparáveis aos *maquisards* e *partisans antinazistas* na Segunda Guerra Mundial, aos insurgentes argelinos na luta de independência em meados do século XX, ou aos milicianos palestinos atuais, é minimamente verdadeira. Não seriam os próprios iraquianos e afegãos comuns e inocentes os alvos principais da maioria dos ataques? Os orientadores dos terroristas suicidas seriam realmente "terroristas islâmicos", assim rotulados num Ocidente que não reconhece suas culpas?[23] Não são esses terroristas rejeitados e combatidos pelo Islã? Não são eles, muitas vezes, cidadãos nascidos e criados no Ocidente? Não estariam agora apenas provisória e majoritariamente reunidos em território iraquiano e afegão, deste extravasando as fronteiras com o Paquistão, onde parecem confundir-se com os talibãs na tentativa de construção de um califado virtuoso? Essa concentração geográfica não seria para eles uma fase necessária de um combate planetário contra as fontes terráqueas do mal, a envolver como inimigos todos aqueles por elas seduzidos? Se a resposta for positiva nesses casos significativos, eles certamente não configuram um conflito de civilizações, nem uma guerra de religião ou religiões de sentido habitual.

Para os muçulmanos em geral, "moderados" ou simplesmente não extremistas, independentemente da simpatia que muitos – assim como muitos não muçulmanos – possam ter com algumas ações, os agentes típicos do terror atual não são civilizados, nem integrantes do Islã[24]. Essa mensagem, reiteradamente transmitida por líderes reconhecidos, sunitas e xiitas, em todas as ocasiões, não tem chegado como devia aos ouvidos das comunidades islâmicas em territórios do Ocidente. Menos ainda atingem a consciência popular do "Primeiro Mundo", amortecida por notícias superficiais e análises irresponsáveis, amedrontada pela demagogia perigosa de alguns políticos

---

23 É sintomático que ninguém qualifique de "cristão" outros terroristas como Timothy McVeigh, que explodiu o prédio de Oklahoma City, ou o quase simpático "Unabomber", Theodore Kaczynski, norte-americano, que utilizava cartas-bombas em protesto contra o complexo tecnológico-industrial e a degradação ambiental.

24 Evidentemente, não incluo no "terrorismo contemporâneo", de objetivo impreciso, as operações, inclusive suicidas, inseridas em conflitos territoriais de longa data, como os da Palestina ou da Caxemira, inteligíveis e muitas vezes apoiadas no exterior.

234 É PRECISO SALVAR OS DIREITOS HUMANOS!

expressivos e crescentemente barricada contra os imigrantes em geral, aí inclusos os concidadãos de fé ou origem muçulmana. Da mesma forma que não convencem o mundo muçulmano em geral as declarações dos líderes ocidentais, envolvidos nas operações militares no Afeganistão e Iraque, de que não estão em guerra com o Islã.

COEXISTÊNCIA CULTURAL

Deixando de lado a ideia, no mínimo questionável, de que o mundo pós-Guerra Fria está fadado a viver num conflito de civilizações, é possível encarar a inevitável coexistência cultural de hoje de maneira mais racional. A interculturalidade não constitui objetivo que se escolha; ela é um fato. Ocorre, em graus variados, com recepção diferente, basicamente em toda parte. Rejeitá-la não faz sentido, assim como não faz sentido rejeitar o processo de globalização *per se*. O máximo que se pode decidir é a melhor maneira de lidar com esses dois fenômenos.

Antes de ser o funcionário brasileiro designado para a função de coordenador nacional dos aspectos governamentais da iniciativa das Nações Unidas denominada "Aliança de Civilizações", tenho participado, desde 2002, do trabalho do Cerd –, estabelecido para supervisionar a execução da Convenção Internacional Sobre a Eliminação de Todas as Formas de Discriminação Racial, de 1961. No comitê, em Genebra, ao dedicar-me à tarefa de examinar os relatórios periódicos dos Estados-partes da convenção, juntamente com as comunicações e queixas de indivíduos, grupos, organizações intergovernamentais e não-governamentais, tenho podido observar o quanto cada sociedade já se acha atualmente misturada. No século XXI, a heterogeneidade é feição comum a praticamente todos os países, de tal forma que o Cerd, integrado por peritos eleitos pelos Estados-partes, levando em consideração "uma distribuição geográfica equitativa e a representação das diferentes formas de civilização e dos principais sistemas legais"[25], regularmente

25 Convenção Sobre a Eliminação de Todas as Formas de Discriminação Racial, artigo 8º, parágrafo 1º.

se opõe a afirmações de qualquer governo de que sua população seja homogênea. Assim como rejeita a ideia de que não ocorram casos de discriminação no Estado-parte respectivo.

Enquanto os Estados vêm-se tornando continuamente menos homogêneos, e o mundo, crescentemente entrelaçado, o mesmo não ocorre com pequenas comunidades e grandes religiões. Ao contrário, seja como forma de autoafirmação de grupos não detentores do poder, seja como autoproteção étnica contra o consumismo amoral, inerente à globalização em curso, as culturas vêm-se revigorando – ainda que de maneira distorcida – a ponto de parecerem sagradas. Uma vez que as religiões sempre foram aspectos importantes das culturas, o renascimento religioso pós-moderno tem sido um dos aspectos marcantes da fase contemporânea, ao passo que a religião em si vem-se reapresentando como fator essencial da política, inclusive em Estados constitucionalmente seculares.

Há, certamente, diferentes maneiras de lidar com a composição pluricultural das sociedades contemporâneas, que poucos Estados ou partidos ainda insistem em negar. É possível dividir as atitudes correntes com relação à pluralidade étnica e racial em duas grandes linhas: aqueles que professam o "multiculturalismo" para lidar com a assimetria de condições entre comunidades distintas e aqueles que preferem a "integração"– vocábulo que não deve ser confundido com "assimilação". Comum em quase todos os Estados até o fim da Guerra Fria, a política de assimilação é hoje repudiada por lideranças acadêmicas e sociais como o esmagamento forçado da diversidade para absorção do diferente na cultura dominante.

Originalmente inventada no Canadá como sistema, para evitar o separatismo dos franco-falantes do Québec, "multiculturalismo" é um padrão de tratamento das diferenças raciais, étnicas, culturais e as origens nacionais, agora normalmente associado à tradição anglo-saxã, postulante da manutenção das diferenças sem misturas, na forma de mosaico de comunidades adjacentes. Do outro lado do espectro, ligado à tradição republicana francesa, encontram-se as políticas de integração – não exatamente "integracionismo", expressão encarada com desconfianças por trazer à mente políticas supostamente antiquadas dos "Estados nacionais homogêneos", usadas no

236   É PRECISO SALVAR OS DIREITOS HUMANOS!

passado para apagar, sem genocídio, os traços da identidade de minorias étnicas, ou, como se diz correntemente, contra o "direito à diferença".

Ambas as expressões, "multiculturalismo" e "integração cultural", são, como é usual na linguagem política, imprecisas, quando não voluntariamente enganadoras. Ambas podem ser positivas e negativas, conforme a semântica que se lhes atribua. O multiculturalismo, uma das principais tendências ideológicas de nossos tempos, será, com certeza, positivo, na medida em que se proponha a reconhecer e respeitar as diferenças existentes. Pode ser também contraproducente ou, mais diretamente, negativo, com ou sem boas intenções, se tratar as culturas como monólitos refratários ao sincretismo e à miscigenação, estimulando o chamado "racialismo" – maneira de enfocar as sociedades apenas pela óptica das raças – e, juntamente com ele, como efeitos colaterais do reconhecimento, a discriminação e a autossegregação. Menos na moda do que o multiculturalismo, e colocada sob suspeita por movimentos em defesa dos direitos de minorias, a integração constitui um objetivo positivo, contanto que promova condições de igualdade reais e respeite o direito de cada um a seus elementos de autoidentificação original. Quando a igualdade é afirmada pela força, com desatenção para as distinções existentes ou esmagando as individualidades que não queiram continuar com traços de identificação ancestrais, transforma-se em assimilação, majoritária ou comunitária, que geralmente viola direitos humanos universais. Por outro lado, muitos países adotam políticas de ação afirmativa, inclusive preferências e cotas, para grupos específicos, sem a estes se referir como "minorias" e sem se autodeclarar "multiculturalistas". Outros Estados se autoqualificam como "multiculturalistas" querendo dizer simplesmente que reconhecem as várias contribuições culturais e populacionais que compõem a nação, evidentemente misturada. Outros ainda continuam a declarar-se homogêneos em matéria de raça e religião, mas asseguram os direitos das pessoas e grupos diferentes presentes em seu território, sejam elas cidadãs ou estrangeiras.

Raramente se encontram hoje Estados que recusem aos etnicamente diferentes o direito de usar a língua materna, de professar a própria religião, de praticar os próprios cultos, contanto que nada disso viole a legislação local. Com isso não quero dizer que todos os líderes políticos e religiosos, agentes policiais, juízes, funcionários públicos em geral, executivos, comerciantes e as pessoas comuns respeitem os direitos dos "diferentes" todo o tempo. Quero dizer, sim, que, são raríssimos os governos estabelecidos que não empregam o discurso dos direitos.

Discurso e legislações à parte, uma das tendências contemporâneas mais marcantes, conforme já mencionado, consiste na radicalização dos extremos, não somente na esfera religiosa. A intolerância fascistoide, o racismo e a xenofobia, agravados pela competitividade acirrada dentro do capitalismo globalizado, assim como a negação pós-moderna de valores universais, correspondem a fenômenos correlatos. Conquanto aqui essa afirmação se refira às sociedades, ela se aplica igualmente ao contexto internacional. Não acrescento o terrorismo a essa lista de correlações atuais porque me recuso, moralmente, a qualificá-lo como natural. Ainda que em termos lógicos qualquer um, eu inclusive, possa subscrever a interpretação de Baudrillard – e de Derrida, entre outros analistas – de que o terrorismo contemporâneo é o vírus gerado pelo sistema econômico-tecnológico existente, que vem globalizando sua desumanidade intrínseca juntamente com suas próprias formas de terror.

A "ALIANÇA DE CIVILIZAÇÕES" DAS NAÇÕES UNIDAS

Em 2004, na esteira das explosões de Atocha, que mataram 192 pessoas na estação de trens em Madri, um novo governo foi eleito na Espanha. Enquanto outros governos de muitos países, que se haviam unido à reação militar ao Onze de Setembro e na posterior invasão do Iraque sob outros pretextos, continuavam sem pruridos nas duas alianças bélicas, o novo governo da Espanha imediatamente retirou o contingente espanhol do Iraque, mantendo somente uma participação quase simbólica na operação, corroborada pela ONU, no Afeganistão. Além disso, o novo presidente, José L.R. Zapatero, na primeira sessão da Assembleia Geral de que participou, propôs às Nações Unidas uma

238   É PRECISO SALVAR OS DIREITOS HUMANOS!

"aliança de civilizações" de cunho pacífico, preventivo, assim como a designação pelo secretário-geral de um grupo de alto nível para "impulsionar essa iniciativa"[26]. O nome soava bonito, positivo, em contraste com o "conflito de civilizações", mas a forma e o conteúdo dessa "aliança" precisavam ser inventados.

Aceitando a sugestão do chefe de governo da Espanha, com o copatrocínio do primeiro-ministro da Turquia, Recep T. Erdogan, em julho de 2005, o secretário-geral das Nações Unidas, Kofi Annan, lançou a "Aliança de Civilizações, destinada a construir pontes sobre as divisões entre sociedades, exploradas pelos extremistas."[27] Também anunciou a decisão de convocar um grupo de personalidades eminentes, para discutir a possível substância da iniciativa e apresentar relatório com recomendações e um plano de ação. O grupo de alto nível, integrado por vinte intelectuais de todas as áreas geográficas[28], manteve reuniões e debates, vindo a apresentar seu relatório em novembro de 2006[29]. Desde então esse relatório tem sido a fonte de referência para todos os planos e projetos implementados no âmbito da Aliança de Civilizações.

O relatório é direto, sem circunlóquios. Assinala *inter alia*: "[A] ansiedade e a confusão causadas pela teoria do 'conflito de civilizações' distorce de maneira lamentável os termos do discurso sobre as dificuldades que o mundo vem enfrentando"[30]. No item intitulado "A Emergência do Extremismo", o texto explicita: "A exploração da religião por ideólogos [...] tem levado à percepção equivocada de que a religião *per se* é a causa profunda de conflitos interculturais." A expressão "fundamentalismo" vem descrita como vocábulo "cunhado por cristãos protestantes [...] não adequadamente aplicável a outras

---

26   Statement by the President of the Government of Spain, Jose Luis Rodrígues Zapatero, at the Fifty-Ninth Session of the United Nations General Assembly, New York, September 24, 2004 (unofficial translation – Misión Permanente de España en las Naciones Unidas).

27   Press Release SG/SM/10004, 14 jul. 2005.

28   Entre os quais o brasileiro Candido Mendes, o espanhol Federico Mayor, o iraniano Seyyed Mohammad Khatami, o indonésio Ali Alatas e o sul-africano Desmond Tutu.

29   Publicado e distribuído pelas Nações Unidas em forma de livreto, o relatório, juntamente com informações sobre tudo o mais que diga respeito à Aliança de Civilizações, pode ser lido, em inglês, no portal www.unaoc.org e em seus *links*.

30   Report of the High Level Group, par. 1.3.

COEXISTÊNCIA CULTURAL E "GUERRAS DE RELIGIÃO"   239

comunidades". O relatório considera importante notar, a esse respeito, que movimentos assemelhados ao "fundamentalismo", nem sempre violentos, "existem na maioria das tradições [...]. O que há de comum a todos eles é um grande desapontamento e medo da modernidade secular, de que muitos tiveram a experiência como algo invasivo, amoral e desprovido de significação mais profunda." O extremismo, "não necessariamente religioso", tem o significado delineado como a advocacia de "medidas radicais para alcançar objetivos políticos"[31].

Composto de 102 Estados e organizações internacionais, em setembro de 2009, a aliança abrange grande variedade de parceiros privados – empresas, universidades, fundações e ONGs – e não tem implicações militares. Baseada no entendimento de que, para superar "percepções polarizadas, alimentadas por injustiças e desigualdades", agravadas por "guerras, ocupação e atos de terror" que têm exacerbado as suspeitas mútuas e o medo entre sociedades e dentro delas", é necessário "forjar a vontade política de abordar os desequilíbrios do mundo", a Aliança de Civilizações concentra suas ações em quatro prioridades: educação, juventude, migrações e meios de comunicação. Enquanto os Estados e organizações intergovernamentais são os membros constitutivos da aliança, a maioria dos projetos, que se espera tenham efeito multiplicador, são planificados, financiados e implementados pela sociedade civil, inclusive, evidentemente, instituições de ensino e pesquisa.

Havendo experimentado o terror causado por agentes internos no país, os socialistas da Espanha haviam optado desde antes pela negociação com o ETA basco, como um meio melhor do que a repressão, para aplacar a fúria extremista. O diálogo pode não ter saciado os elementos radicais já terroristas, mas certamente não terá estimulado um ressentimento generalizado capaz de facilitar a mobilização de novos agentes. Atitude semelhante inspira a Aliança de Civilizações. Ninguém espera que a iniciativa em si seja capaz de erradicar as causas do terrorismo contemporâneo. Nem sequer a crença determinista de que as culturas tendem a chocar-se. Ela pode, no máximo, ajudar a criar condições para um melhor entendimento mútuo.

31 Ibidem, par. 3.8 e 3.10.

240 É PRECISO SALVAR OS DIREITOS HUMANOS!

Ao procurar contrabalançar estereótipos, ela certamente não alimenta condições a excitarem aquilo que o escritor e pensador libanês Amin Maalouf chama de "identidades assassinas".[32]

O multiculturalismo é uma denominação para políticas sociais em voga. A realidade é, porém, multicultural, não multiculturalista, muito menos integracionista no sentido positivo da expressão. Não obstante, gostando-se ou não dessa realidade, o mundo, já interligado, continuará a aproximar literalmente as culturas ainda mais, colocando-as crescentemente lado a lado ou mesclando-as. É necessário fazer todo o possível para enfrentar a situação presente, em que as respostas predominantes à alteridade têm sido a intolerância fascistoide, o racismo discriminatório, a xenofobia agressiva, o terrorismo e outros tipos de extremismo.

Se, apesar das recaídas correntes, as maiorias em quase todas as sociedades entenderem que a diversidade é algo bom, e muitos Estados têm declarado que reconhecem o pluralismo cultural como riqueza, não como defeito, o mundo pode também, algum dia, dar seguimento a isso.

Talvez tal opinião não passe de uma expressão de otimismo ingênuo. Talvez não. Há pouco mais de um ano, um presidente mulato, ou negro, nos Estados Unidos era algo inconcebível. Há cerca de dois anos, ninguém leria da pena de um almirante norte-americano que preside o Estado Maior conjunto:

"Cada vez que deixamos de corresponder a nossos próprios valores [...] mostramo-nos mais e mais como os americanos arrogantes que nossos inimigos dizem sermos [...]. A comunidade muçulmana é um mundo sutil que não compreendemos plenamente, nem sempre tentamos compreender."[33]

Há já vinte anos que a Guerra Fria terminou. Antes da queda do Muro de Berlim, ao longo de quatro décadas, ninguém ousava prever que isso pudesse acontecer no tempo de sua vida.

---

32 Cf. *Les Identités meurtrières*.

33 Citação do almirante Mike Mullen em artigo no *Joint Force Quarterly*, feita por Tom Shanker em U.S. Message to Muslims Is Flawed, Admiral Says, *International Herald Tribune*, 28 ago. 2009.

POST SCRIPTUM[34]

Seis anos depois de eu haver escrito esse texto, já ninguém fala de aliança de civilizações. A iniciativa das Nações Unidas ainda existe com esse nome, funcionando quase exclusivamente como um foro de ONGs para projetos pouco ambiciosos. Os Estados que dela participavam até 2010 não se afastaram totalmente. Alguns até se aliaram militarmente para combater a maior ameaça que se torna crescentemente comum: o *jihadismo* terrorista, hoje corporificado e territorializado no chamado "Estado Islâmico", Isis, ou, Daesh, e seus equivalentes na África, no Oriente Médio, com ações de militantes e simpatizantes até da Austrália. Criado por movimentos insurgentes no Iraque pós-Saddam Hussein, e na Síria secular de Bashar Al-Assad, alimentados por auxílios externos às diversas facções, esse autodenominado "califado" funciona como ímã para *jihadistas* potenciais de todo o mundo. De início pouco levado a sério como inimigo ameaçador de toda a civilização, o Estado Islâmico, sunita salafita, considera-se, sim, em guerra de religião, contra os "pagãos" da Mesopotâmia, os "hereges" xiitas, os "infiéis" cristãos, os "inimigos" judeus, os correligionários sunitas vendidos ao Ocidente, contra todos os homens e mulheres de qualquer fé que possam representar obstáculo a seu domínio por todas as áreas que em algum tempo foram – e os líderes desse "califado" ainda encaram como – "Terras do Islã".

---

34   Redigido no final de 2015.

9. O Papa Bento XVI, o Islã e o Politicamente Correto

UM ESCLARECIMENTO PRÉVIO (2017)

A quem possa imaginar, pela leitura do título acima, que tenho qualquer simpatia com a figura de Bento XVI, com suas atitudes reacionárias e seus sapatinhos vermelhos, adianto que estará enganado. Para mim seu melhor ato foi com certeza a renúncia, em 2013, que abriu o caminho para o advento antinômico de Jorge Bergoglio como papa Francisco, única autoridade realmente de esquerda nos tempos presentes. Acho que a escolha do ultraconservador Josef Ratzinger, em 2005, pelo colégio cardinalício, foi apenas um sintoma do ultradireitismo retrógrado que recomeçava a se afirmar na Europa em reação aos efeitos desagregadores do neoliberalismo econômico associado aos excessos do "liberalismo" cultural no modelo norte-americano. Isso não significa que se necessite endossar tudo o que se dizia a seu respeito. O presente texto decorre em parte dos absurdos que eu já via alardeados como politicamente corretos, da aceitação de manifestações violentas de fanatismo contra suas posições, e da incongruência que explicava as declarações chocantes de Bento XVI como gafes, em contradição com a reputada alta intelectualidade e competência do antigo cardeal Ratzinger. Muitas

244 É PRECISO SALVAR OS DIREITOS HUMANOS!

declarações relevantes do mesmo pontífice, pouco divulgadas porque não chocantes, eram certamente muito bem pensadas.

INTRODUÇÃO[1]

Desde quando, na segunda viagem à Alemanha, em setembro de 2006, na Universidade de Regensburgo, o papa Bento XVI fez a citação, agora célebre, de obscuro imperador bizantino do século XIV sobre o legado de Maomé como uma tradição de violência e imposição da fé pela força, apesar da reação furiosa dos muçulmanos, tive a certeza de que ela não fora fortuita. Tampouco constituíra uma "gafe", como jornalistas e acadêmicos do Ocidente diziam. Guardei, por isso, a convicção de que o pontífice não se retrataria, por mais que o exigissem aqueles que se consideravam ofendidos. Não porque eu fosse admirador das posturas conservadoras do ex-cardeal Josef Ratzinger, muito menos, seguidor da doutrina da infalibilidade papal, inventada também no século XIV[2]. Nem porque eu tivesse simpatias por atos gratuitos que agridem crenças e descrenças de quem quer que seja. Exatamente por isso, porque, pertencendo a uma geração que se quis libertar de todas as amarras, não sou religioso convicto nem consistentemente agnóstico, ao mesmo tempo em que, desde 2002, procuro atuar internacionalmente, com coerência, contra as discriminações raciais como integrante do Cerd, acredito que possa abordar esse assunto, de grande importância simbólica, sem *parti pris* e com óptica diferente da habitual.

Não acho que Bento XVI, por ser egresso da chefia da Congregação Para a Doutrina da Fé nos tempos de João Paulo II e com motivação dogmática excludente, estivesse a fim de insuflar levianamente as iras dos islamitas num mundo já por demais inflamado. Tampouco suponho que fosse intenção desse intelectual alemão extremamente erudito, ex-professor universitário de

1 Texto de 2006, publicado em 2007, em *Lua Nova Revista de Cultura e Política*, n. 70, p. 13-38.

2 Informo-me sobre as posturas de Ratzinger e sobre essa doutrina medieva em Hans Küng, trad. John Bowden, *The Catholic Church: A Short History*. É de notar que a doutrina original medieva falava em "infalibilidade e irreformabilidade das decisões papais". A simetria com a *fatwa* islâmica, divulgada e atualizada pelo aiatolá Khomeini contra Salman Rushdie, parece-me evidente.

teologia, simplesmente demonstrar *urbi et orbe* a profundidade de seus conhecimentos histórico-filosóficos. A citação escolhida era realmente provocativa no bom sentido do termo, visando produzir reflexão e modificações de atitudes em várias áreas. Dispunha de lógica certeira, ouso dizer necessária, no contexto em que foi lembrada e na conjuntura em que vive o mundo, em particular a Europa.

Para quem possa surpreender-se com esta interpretação positiva para um ato que a muitos soou ofensivo de um pontífice mais "de direita" do que parecia o antecessor, começo por recordar que, na história moderna, sobretudo da América Latina, as posições mais emancipatórias às vezes se encontravam na Igreja, e não apenas entre os teóricos da Teologia da Libertação. Diferentemente dos sacerdotes que, diante da miséria do povo, buscavam conciliar os ensinamentos de Marx com os de Jesus, dom Helder Câmara não era "marxista" e dom Evaristo Arns não era "de esquerda" quando batalharam, cada qual à sua maneira, pelo respeito aos direitos humanos no Brasil do regime militar. Não acredito que seja necessário recorrer aos ensinamentos "subversivos" de Jesus e à lembrança das práticas igualitárias das comunidades cristãs primitivas, ortodoxas ou heréticas, como as dos bogomilos e cátaros, e à repressão dos romanos do Império e depois dos católicos papistas, para entender que o cristianismo, quando não confundido ou mancomunado com o poder temporal autoritário, carrega em si e exerce uma força "revolucionária" que outros credos não têm. Não é à toa que expoentes da esquerda atual esclarecida, como Alain Badiou e Slavoj Zizek, vêm insistentemente consultando a hagiografia e as epístolas do apóstolo Paulo em busca de inspiração para uma nova militância "de vanguarda", corajosa, universalista e minimamente consequente nestes tempos "pós-seculares", culturalmente regressivos.

Para que se compreenda o que aqui quero dizer, convém que não se descarte a sequência em que se insere o polêmico discurso do papa em Regensburgo.

BENTO XVI EM AUSCHWITZ

Porque não causou manifestações de protesto, ataques a pessoas e edifícios ou críticas e comentários na imprensa, passou quase

246 É PRECISO SALVAR OS DIREITOS HUMANOS!

despercebida uma outra alocução importante de Bento XVI, poucos meses antes, incomum e muito mais intrinsecamente "chocante" do que a aula na universidade. Em sua primeira viagem pontifical à Alemanha e à Polônia, quando visitou o campo de extermínio nazista de Auschwitz-Birkenau, em maio de 2006, o santo padre chegou a indagar de Deus, em questionamento repreensivo, como havia Ele permitido o Holocausto. Logo após assinalar o quanto era difícil "para um papa que provém da Alemanha" discursar naquele sítio sinistro, disse ele textual e emotivamente: "Num lugar como este as palavras faltam; no fundo só se pode guardar um silêncio de estupor, um silêncio que é um grito interior dirigido a Deus: Senhor, por que silenciaste? Por que toleraste tudo isto?"

Mais adiante disse ainda: "Quantas perguntas se impõem a nós neste lugar! Sobressai sempre de novo a indagação: Onde estava Deus naqueles dias? Por que Ele silenciou? Como pôde tolerar esse excesso de destruição, este triunfo do mal?"

Soando dessa forma, como se duvidasse da sapiência e da onipresença divinas, era como se o vigário de Deus na terra repetisse, a propósito dos sofrimentos insuportáveis de outros martirizados, mais recentes e simplesmente humanos, a pergunta-desabafo de Jesus Cristo na cruz, a respeito da qual o criador do detetive Padre Brown e profundo pensador católico G.K. Chesterton entendia que o próprio filho de Deus parecera ser ateu por um instante: "Pai, por que me abandonaste?"[3]

Na mesma ocasião, em Auchswitz, ao se referir às diversas lápides escritas nas línguas de todas as pessoas e etnias ali sacrificadas por seus compatriotas nazistas, o santo padre, diante da lápide em hebraico, afirmou conclusivamente: "Os poderosos do Terceiro *Reich* queriam esmagar o povo judeu em sua totalidade; eliminá-lo do elenco dos povos da terra. [...] Com a destruição de Israel[4], com a Schoah, queriam, no fim de contas, arrancar também a raiz sobre a qual se baseia a fé cristã, substituindo-a em definitivo pela fé em si mesmos, a fé no domínio do homem, do forte".

---

3   Apud S. Zizek, *The Puppet and the Dwarf: The Perverse Core of Christianity*, p. 14-15.

4   Evidentemente o povo judeu, não o Estado de Israel.

O PAPA BENTO XVI, O ISLÃ E O POLITICAMENTE CORRETO

Ou seja, sobre os judeus em geral, até o pontificado de João XXIII considerados traidores do "messias", Bento XVI completou o que o Concílio Vaticano II havia começado a fazer na década de 1960: diante da História e da doutrina da Igreja, ressaltou, para os ouvintes católicos e israelitas de todo o mundo, que, independentemente da localização geográfica original do povo hebreu, *o lugar cultural dos judeus é o Ocidente.* A asserção não surpreende a quem sempre aceitou o reverso da medalha: que a origem cultural do Ocidente, em seu sentido mais lato, incluindo, além da Europa, as Américas do Norte e do Sul, com todas as misturas, sincretismos e modificações históricas, é a tradição judaico-cristã. E que ela está na base igualmente do Iluminismo racionalista, dos direitos humanos e da modernidade atualmente contestada. Mas a maneira em que foi assinalada por esse supremo sacerdote católico, a respeito do qual se dizia não ter tido qualquer entusiasmo pelo *aggiornamento* da Igreja, foi notável.

Ainda nesse discurso, Bento XVI, sempre cuidadoso nas palavras, havendo-se referido às demais vítimas maciças do nazismo, manifestou solidariedade à outra etnia de origem geográfica não ocidental sacrificada com intenções genocidas, por meio de observação atualíssima: "Outra lápide que convida particularmente a refletir é a que está escrita na língua dos sinti e dos roma. Também aqui se pretendia fazer desaparecer um povo inteiro, que vive migrando entre outros povos. Ele estava inserido entre os elementos inúteis da história universal."[5]

Além de se referir aos ciganos com as designações ora correntes, não porque "politicamente corretas" (elas não são autoaplicadas por todos), mas porque assim se autodenominam realmente essas comunidades na Europa Centro-Oriental, o santo padre convidava à ponderação sobre a situação concreta, paradoxal porque simultaneamente segregada pelos outros e voluntariamente não integrada, dessa coletividade de indivíduos ainda encarada, em diversos países, mais ou menos como os nazistas o faziam: como *lebensunwertes Leben*, ou vida indigna de ser vivida (a expressão alemã nesse caso é usada de propósito nas versões em outras línguas do discurso, divulgadas pela Santa Sé).

5   Estes trechos e todos os demais de discursos do papa foram extraídos – e, em alguns casos traduzidos e remanejados por mim – da *homepage* do Vaticano (www.vatican.va).

248 É PRECISO SALVAR OS DIREITOS HUMANOS!

Vencida essa etapa necessária, mas não propriamente difícil na fase contemporânea, de reconciliação com os judeus, chamando atenção também para os demais povos vitimados pela pior doutrina de superioridade racial que o século XX abrigou – e o século XXI parece voltar a namorar –, o desafio de Bento XVI era então, e continua a ser, mais complexo: estabelecer um real diálogo de tolerância intercultural com os seguidores do Islã.

Ao contrário do que se costuma dizer, o diálogo com o Islã não é mais difícil em função da longa história de antagonismos, cruzadas, crueldades e morticínios praticados de ambos os lados. Antagonismo, perseguições e massacres o Ocidente sempre praticou – unilateralmente – contra os judeus. E, do ponto de vista religioso, tampouco se pode dizer que os judeus sejam mais próximos dos cristãos. Os muçulmanos reconhecem Jesus como profeta e encaram o *Corão* como continuação (final) do *Antigo* e do *Novo Testamento*. O parentesco da fé maometana com o cristianismo é, portanto, mais vinculante, porque duplo.

O diálogo cristão com o Islã é tarefa atualmente complexa porque as potências do Ocidente sempre se colocam do lado do Estado de Israel nos conflitos do Oriente Médio. E porque agora vivemos um momento em que islamismo é, para o ocidental comum do hemisfério Norte, amedrontado e mal-esclarecido, sinônimo de fundamentalismo, quando não de "terrorismo". Assim sendo, pelos dois motivos acima, ao medo e ao preconceito de uns correspondem a regressão tradicionalista e a hipersensibilidade dos outros.

A tarefa é difícil também por motivos gerados no seio do próprio Ocidente, com motivações que não se relacionam diretamente com o Islã. É que a cultura ocidental da racionalidade secular, necessariamente pluralista e tolerante, apresenta-se hoje tão autocrítica que parece rejeitar a si própria. Uma vez que a economia da Europa e da América do Norte não dispõe, mas não prescinde, de mão de obra barata, a ideologia do multiculturalismo diferencialista, propõe que as sociedades acolham, sem assimilar, os imigrantes juntamente com seus hábitos – alguns ilegais e, para os ocidentais, desumanos – como se fossem intocáveis. Partindo da noção *sui generis* e ocidentalíssima de que todas as culturas têm mérito igual, rotula como "intolerantes", "de direita" e "politicamente incorretos" todos aqueles que defendem a aplicação dos valores éticos do Ocidente a essas comunidades imigradas, assim como às sociedades de origem, para não dar azo a acusações de "imposição imperialista".

A CONFERÊNCIA DE REGENSBURGO

Por necessidade de vender a notícia, a imprensa e grande parte dos artigos analíticos divulgaram a alocução de Bento XVI em Regensburgo, no dia 12 de setembro de 2006, com ênfase ou exclusividade naquilo que seria mais polêmico: a citação de Manuel II, Paleólogo. Fizeram-no, evidentemente, sem qualquer tentativa real de inserir a citação em seu contexto: uma conferência filosófica proferida para "homens de ciência", crentes e ateus, docentes de grande universidade da Alemanha. Além disso, não mencionavam, talvez porque não entendessem, o verdadeiro teor dessa palestra difícil: a tentativa de conciliação teológica entre a fé religiosa do cristianismo e a razão clássica grega, que depois se desenvolveram na razão moderna do Iluminismo, como base essencial da cultura do Ocidente[6]. Somente tendo como premissa essa razão estendida, no entender do santo padre, seria possível estabelecer "o genuíno diálogo de culturas e religiões hoje tão urgentemente necessário"[7]. Antes de dirigir-se aos seguidores de outra fé, os destinatários imediatos da mensagem da conferência eram, portanto, os ateus e agnósticos do Ocidente, para quem "apenas a razão positivista e as formas de filosofia que nela se baseiam são universalmente válidas".

O primeiro e principal objetivo do papa era de identificar o cristianismo com o Ocidente, ou mais especificamente com a Europa, e vice-versa. Num segundo plano, não negligenciável, mas secundário, isso seria importante também para o diálogo intercultural e inter-religioso, pois "as culturas profundamente religiosas do planeta veem a exclusão do divino da universalidade da razão como um ataque contra suas mais profundas

6 É curioso notar como esse entendimento do papa quase se identifica com o do filósofo ateu Alain Badiou em *Saint Paul: La Fondation de l'universalisme*, retomado pelo igualmente ateu Zizek em livros recentes.

7 Esta expressão e demais citações da conferência são extraídas e traduzidas por mim da versão em inglês, também encontrada na *homepage* do Vaticano (www.vatican.va).

250 É PRECISO SALVAR OS DIREITOS HUMANOS!

convicções". E, sempre segundo Bento xvi: "Uma razão que seja surda ao que é divino e que relegue a religião ao reino das subculturas é incapaz de entrar realmente no diálogo de culturas".

Não me cabe aqui elaborar, nem questionar os argumentos do papa. É válido, porém, indagar por que ele escolheu, como ilustração para a irracionalidade não cristã, para a inaceitabilidade da relação entre religião e violência, a frase de Manuel ii, Paleólogo, em 1391, dita a douto interlocutor persa: "Simplesmente me mostre o que Maomé trouxe de novo, e lá você encontrará somente coisas más e desumanas, como seu comando de espalhar pela espada a fé por ele pregada".

A reação imediata de crítica por parte de líderes islâmicos não causa estranheza. Os atos de violência popular que se seguiram em diversos países tampouco. Menos duradouros do que aqueles ocorridos em protesto contra as caricaturas de Maomé na Dinamarca, eles envolveram passeatas, profanações e incêndios de igrejas, agressões a católicos e, possivelmente, o assassinato de uma freira na Somália (não se provou que o crime tenha sido praticado com essa motivação). Com a sensibilidade à flor da pele, os islamitas em geral, integristas ou "seculares", fundamentalistas ou "iluministas"[8], fanáticos da *jihad* e praticantes moderados, diante do fundamentalismo securitário e belicoso posto em prática por países do Ocidente rico no contexto da "guerra" contra o terrorismo, todos os muçulmanos reagem a qualquer gesto que possa ser ofensivo a sua fé e tradições. É como se, não podendo resolver concretamente o que é real, seja na esfera política, seja no campo econômico, os islamitas do Oriente e do Ocidente, sobretudo os instalados na Europa, não tivessem alternativa à defesa aguerrida do simbólico.

De qualquer forma, o que torna a citação e as comparações do Santo Padre ainda mais significantes é o fato de ele não ter pedido as desculpas desejadas. Conforme notado por muçulmanos e cristãos, poucos dias depois da conferência, Bento xvi lamentou a *reação* que suas palavras provocaram, não o fato de haver aludido à chamada "guerra santa". Depois voltou ao assunto, declarando-se *surpreso e entristecido* com o fato de trechos de sua conferência terem soado ofensivos, afirmando

8 Ver artigo de Nicholas Kristof, que comentarei mais adiante.

que suas citações haviam sido mal interpretadas. Mas expressão de arrependimento ele não chegou a verbalizar.

Por que Bento XVI pinçou, entre fontes tão abundantes, exatamente palavras de um soberano bizantino durante o cerco de Constantinopla pelos otomanos? Seria como metáfora de uma Cristandade atualmente cercada e em perigo? Seria para evocar o terrorismo atual, em sua vertente islamita? Ou seria, como ele diz, em nota de rodapé colocada *a posteriori* na *homepage* da Santa Sé para negar a interpretação de que ele próprio via o Islã como credo violento: "Ao citar o texto do Imperador Manuel II, desejei ressaltar apenas a relação essencial entre fé e razão. Neste ponto estou de acordo com Manuel II, mas sem endossar sua polêmica"? Deixo eu as respostas para quem quiser explicitá-las. Um ponto, porém, é evidente: o papa contrastou o irracionalismo do islamismo com a racionalidade teológica que descrevia como intrínseca ao cristianismo e depois *assumiu esse contraste*.

O "esclarecimento final" do pontífice para isso tudo iria ocorrer indiretamente, no encontro que manteve, em 25 de setembro, com embaixadores e líderes muçulmanos na Itália. Reconhecidamente provocado pela reação a sua fala, o encontro explicitou as bases daquilo que Bento XVI considera essencial ao diálogo inter-religioso – que João XXIII iniciara e João Paulo II prosseguira, mas no qual, segundo consta, o ex-cardeal Ratzinger nunca acreditara (e agora se entende por quê). Disse ele, então, textualmente:

As circunstâncias que motivaram nosso encontro são bem conhecidas. Já delas falei na semana passada. Nesta ocasião particular o que desejo é voltar a exprimir toda a estima e profundo respeito que tenho pelos crentes muçulmanos. [...] Num mundo caracterizado pelo relativismo e que com frequência exclui a transcendência da universalidade da razão, necessitamos com urgência de um diálogo autêntico entre as religiões e as culturas.

Como que respondendo às alegadas reservas de Ratzinger ao Concílio Vaticano II[9] e ao diálogo desde então desejado, fez ele questão de mencionar diversas vezes esse Concílio da década de 1960, citando trechos de suas decisões, entre as quais

---

9   Cf., *inter alia*, H. Küng, op. cit., p. 192.

a declaração que diz: "conquanto no transcurso dos séculos hajam surgido não poucas dissensões e inimizades entre cristãos e muçulmanos, o sagrado Concílio exorta a todos que, esquecendo o passado, pratiquem sinceramente a compreensão mútua, defendam e promovam juntos a justiça social, a paz e a liberdade para todos os homens".

Para tocar numa questão que ele próprio sempre considerara essencial, e para mostrar que esse entendimento não lhe era exclusivo, Bento xvi recordou João Paulo ii no Marrocos, citando sua observação de que "o respeito e o diálogo requerem reciprocidade em todos os terrenos, sobretudo no que concerne às liberdades fundamentais e em particular à liberdade religiosa". E, com um sentido de atualidade não explicitado, em aparente condenação do extremismo – terrorista ou não – que poderia ser lida nas entrelinhas, afirmou aos líderes islâmicos: "Enquanto aumentam as ameaças contra o homem e contra a paz, os cristãos e muçulmanos, reconhecendo o caráter central da pessoa e trabalhando com perseverança para que se respeite sempre a vida humana, manifestam sua obediência ao Criador, o qual deseja que todos vivam com a dignidade que lhes foi outorgada".

Não creio necessário analisar detidamente essa alocução de rejeição à violência, apoio aos direitos humanos, à liberdade em geral e em particular de religião (a xaria islâmica prevê pena de morte para a apostasia), e exigência de reciprocidade para que qualquer diálogo frutifique. Em outras palavras, Bento xvi assumiu tudo o que havia dito, declarou seu respeito ao Islã, mas cobrou tratamento recíproco, no caso em favor dos "cristãos", seja no mundo muçulmano (alguns países islâmicos não aceitam a liberdade de culto, nem, muito menos, o multiculturalismo do Ocidente), seja na Europa. Nesta, como nos Estados Unidos e no Canadá, descontados os preconceitos e xenofobia notórios, muitos dos militantes antiglobalização e defensores dos direitos humanos, em nome do multiculturalismo supostamente "de esquerda", não denunciam práticas atentatórias a esses mesmos direitos quando decorrentes de tradições não ocidentais.

Em Regensburgo e na sequência de declarações sobre a matéria, o papa, mais consistente do que "a esquerda" internacional relativista (se é que isso existe, podendo ser chamado de

O PAPA BENTO XVI, O ISLÃ E O POLITICAMENTE CORRETO 253

"esquerda"), para aceitar entrar em diálogo intercultural consequente, aboliu com seu exemplo as distorções do discurso "politicamente correto".

AS POSIÇÕES DO PAPA NOS DEBATES EM CURSO

É verdade que as palavras do papa em Regensburgo mais de um mês depois de pronunciadas ainda reverberavam em sentido negativo. Mas os atos de violência se concentravam nas mãos dos extremistas de sempre. Estes, islâmicos ou cristãos, israelitas, hinduístas, sikhs, xintoístas e pagãos, sem excluir os ateístas ideológicos variados, quando se supõem iluminados pela luz de uma fé deformada, nunca precisarão de pretextos especiais para a brutalidade. Para os não extremistas, porém, as palavras do papa hão de ter valido como causa de reflexão[10]. É, todavia, para o Ocidente, integrante ou não de seu rebanho, que a posição de Bento XVI sobre o diálogo de culturas pode estar tendo consequências.

Foi depois da conferência de Regensburgo que o ex-chanceler britânico Jack Straw, pela primeira vez assumiu de público sua opinião de que o véu ou *niqab* das muçulmanas, na Grã-Bretanha geralmente encobridor de todo o rosto exceto os olhos, constituía uma "declaração tão visível de separação e diferença" que poderia ameaçar a "harmonia social". Não se pode, evidentemente, estabelecer relação de causa e efeito entre as respectivas declarações. Mas a própria notícia mais circulante da posição assumida por Jack Straw as vinculava, assinalando que, "sem a proeminência das observações recentes do papa sobre o Islã",

---

10 Dentre as centenas de declarações de muçulmanos satisfeitos ou ainda frustrados com o pontífice divulgadas nas semanas seguintes ao discurso de Regensburgo, recolho, porque expressiva, a de Hasym Muzadi, líder da maior organização islâmica da Indonésia (com trinta milhões de membros), ainda antes do encontro com os embaixadores: "O papa se desculpou e isso é suficiente, portanto acalmemo-nos. Se continuarmos furiosos, ele será considerado correto"; Muslims Split on Pope's Apology: Protests Continue, but Some Urge Calm, *International Herald Tribune*, 19 set. 2006, p. 1, 7. Os integristas da Irmandade Muçulmana do Egito, por seu lado, após essa reunião de 25 de setembro, afirmavam nas palavras de Mohammed Habib: "Isso é mais uma tentativa de evitar as desculpas. Quando exigimos um pedido de desculpas, pedimos algo claro e honesto"; Muslim Brotherhood Objects, *International Herald Tribune*, 26 set. 2006.

os comentários do líder do governo britânico na Câmara dos Comuns haviam "acendido um debate feroz sobre questões de identidade religiosa e de correção política". Recordava também, nesse contexto, que o ministro do Interior (*Home secretary*), John Reid, havia instado os 1,6 milhões de muçulmanos do país a atentarem para a eventual emergência de "sinais de radicalismo" em seus filhos, uma proposta "politicamente incorreta", mas justificada por precedentes conhecidos. Lembrava ainda que, na mesma semana, o líder conservador, David Cameron, havia lamentado a existência no Reino Unido de "comunidades onde as pessoas de origens étnicas diferentes nunca se encontram, nunca se falam, nunca se visitam em suas casas"[11]. Assim, o país europeu com tradição mais antiga de políticas "multiculturalistas", na metrópole e nas ex-colônias[12], que tanto criticara a França pela lei que proíbe em escolas públicas o *foulard* magrebino ou *hijab* das meninas – que não esconde o rosto; apenas cobre os cabelos e o pescoço –, passou a questionar de várias formas a possibilidade de integração efetiva das minorias religiosas ostensivamente "diferentes" em sua sociedade.

Tão disseminado vem-se tornando o debate (não limitado ao véu em si) que o primeiro-ministro Tony Blair também teve que pronunciar-se. E o fez na mesma linha de Jack Straw, qualificando o *niqab* de uma "marca de separação" desconfortável para indivíduos de fora da comunidade islâmica. Para diferenciar-se da França, Tony Blair explicitou que não se trata de negar a quem quer que seja o direito de portar o véu. Mas afirmou ser essencial confrontar essa questão no contexto da integração na sociedade. Em suas palavras: "As pessoas querem estar certas de que a comunidade muçulmana em particular, e, na

---

11   Alan Cowell, Jack Straw Ignites a Debate Over Muslim Veil, *International Herald Tribune*, 7-8 out. 2006.

12   Consta que já tenham decorrido quarenta anos desde que Roy Jenkins, quando Ministro do Interior, estabeleceu que a imigração não precisaria seguir-se de um "processo achatador de assimilação" (*flattening process of assimilation*), devendo, ao contrário, exigir "oportunidades iguais acompanhadas de diversidade cultural" (Alan Cowell, Islamic Schools at the Heart of British Debate on Integration, *International Herald Tribune*, 16 out. 2006). Mas todos sabem que séculos antes da explicitação dessa fórmula, desde que se tornaram potência colonial, os ingleses sempre preferiram manter cada comunidade no seu canto, sem a mistura e mestiçagem dos portugueses e espanhóis, ou o intercâmbio cultural muito próximo dos franceses.

O PAPA BENTO XVI, O ISLÃ E O POLITICAMENTE CORRETO   255

verdade, todas as minorias em geral, precisam manter o equilíbrio adequado entre a integração e o multiculturalismo"[13]. Bem mais claro foi Romano Prodi, primeiro-ministro da Itália – país que testemunhou, em agosto de 2006, o assassinato de jovem paquistanesa pelo pai e pelo tio, porque se comportava e vestia à ocidental – ao afirmar que o tema do véu não passa de uma questão de bom-senso: "Não se trata de como a pessoa se veste, mas sim de ela apresentar-se ou não escondida"[14].

O porte do véu islâmico nunca deve ter constado das elucubrações de Bento XVI. Certamente não constou em Regensburgo. Mas, tanto pelo simbolismo como por afetar concretamente as muçulmanas, ele é parte relevante das discussões que se acentuam. Para alguns os debates se devem sobretudo ao medo de terrorismo praticado por imigrantes islamitas. Para outros – e este tem sido o meu caso no Comitê Para a Eliminação da Discriminação Racial, no âmbito da ONU[15] –, essas questões todas precisam ser abordadas precisamente em favor dos imigrantes, contra sua discriminação nas sociedades de acolhida. É significativo que os Países Baixos, que já assistiram ao assassinato de um político homossexual "de direita" e de um cineasta "de esquerda" que criticavam o Islã, com o consequente aumento de rejeição aos muçulmanos, tenham adotado um manual sobre os valores tolerantes da sociedade neerlandesa para os candidatos à imigração. No formato de DVD, o manual mostra *inter alia*, rapidamente, mulheres com seios de fora e dois homens se beijando. É, por sinal, um neerlandês membro do Parlamento Europeu pelo Partido Verde de Esquerda, Joop Lagendijk, quem melhor aponta o cerne de toda a questão:

Muita gente progressista – não me refiro a nacionalistas ou à extrema direita – está dizendo que essa religião vem desafiar as convicções que adotamos desde os anos 1960 e 1970. Tememos, portanto, ser

13 Alan Cowell, Blair Calls Use of Veil "a Mark of Separation": Debate Spreading Further in Europe on Muslim Integration, *Internattional Herald Tribune*, 18 out. 2006.

14 Ibidem.

15 Para quem possa ter curiosidade, posso indicar, entre os muitos textos que venho escrevendo há anos sobre isso, "Diferencialismo e Igualitarismo na Luta Contra a Discriminação Racial: Dossiê Sobre Racismo II", *Revista USP*, n. 69, mar.-abr.-maio 2006, e minha pequena monografia *Viagens no Multiculturalismo*.

256 É PRECISO SALVAR OS DIREITOS HUMANOS!

transportados de volta numa máquina do tempo, e precisamos explicar aos imigrantes que a igualdade entre homens e mulheres existe, assim como que os *gays* precisam ser tratados corretamente.[16]

Logo depois do Onze de Setembro, nos Estados Unidos, Noam Chomsky alertava para a necessidade de não se confundir o antiocidentalismo do milionário carola Bin Laden com o anti-imperialismo de esquerda[17]. Pela óptica sobretudo dos direitos da mulher, a jornalista francesa Caroline Fourest adverte para o mesmo absurdo de se confundirem posições libertárias de esquerda com a postura antiglobalização cultural adotada pelos muçulmanos integristas. Veementemente contrária ao "multiculturalismo diferencialista", que impõe o apoio da esquerda ocidental a todas as causas islâmicas, Fourest qualifica os seguidores dessa ideologia da moda como "idiotas úteis do relativismo cultural"[18]. E cita, entre outros, o caso de uma "feminista e antimundialista" no Forum Social de Londres, em 2004, a qual, em *workshop* intitulado "*Hijab*: O Direito da Mulher de Escolher", afirmara, sob aplauso dos presentes, que "sustentar a causa das mulheres com véu contribui para a luta contra o capitalismo liberal". Para essa equivocada militante, o véu seria um "instrumento de emancipação", e a "laicidade" francesa, um "sistema unicamente racista"[19]. Em reação a isso Fourest indaga: "O que é, afinal, esse diferencialismo racista que impede certos progressistas de exercerem seu espírito crítico contra o integrismo muçulmano, da mesma maneira que sabem tão bem fazer contra o integrismo cristão? É realmente possível sonhar com um mundo melhor aliando-se com totalitários?"[20]

16　D. Bilefsky; I. Fischer, Doubts on Muslim Integration Rise in Europe, *International Herald Tribune*, 12 out. 2006.

17　Cf. N. Chomsky, *9-11*, p. 31-32. Eu próprio tenho chamado atenção para essa incongruência, alertando, pelo choque que me causaram as camisetas com a efígie de Bin Laden como se fosse um Che Guevara portadas por participantes do Forum Social Mundial de Porto Alegre: "Quem carrega a figura de Bin Laden como insígnia de protesto contra o neoliberalismo dominante não está ostentando postura contrária aos Estados Unidos ou ao Ocidente imperialista. Está ingenuamente indo contra suas próprias aspirações"; *Os Direitos Humanos na Pós-Modernidade*, p. 181.

18　C. Fourest, Les "idiots utiles" du relativisme culturel, *La Tentation obscurantiste*, p. 105.

19　Ibidem, p. 135.

20　Ibidem, p. 141.

O PAPA BENTO XVI, O ISLÃ E O POLITICAMENTE CORRETO 257

Na medida em que a esquerda por definição, inclusive na de Norberto Bobbio no ainda oportuno *Direita e Esquerda*, sempre foi igualitária e universalista, na linha do Iluminismo do Ocidente, mais "de esquerda" do que os "relativistas culturais" criticados por Fourest foi o papa em Auschwitz e Regensburgo.

A IDENTIDADE DA EUROPA
(E, POR EXTENSÃO, DO OCIDENTE)

Grande parte do livro *La Tentation obscurantiste* (A Tentação Obscurantista) de Fourest é dedicado a questionar e responder às posições do intelectual suíço Tariq Ramadan, extremamente atuante (vi-o na televisão defendendo para seus correligionários as tradições mais retrógradas e o estudo de um livro do século XII – que, entre outros ensinamentos, justificava a morte dos homossexuais e explicava como um marido deve bater corretamente na mulher), a quem a mesma autora já dedicara uma outra obra, ironicamente intitulada *Irmão Tarik*. Pois é de Tarik Ramadan a crítica mais original à palestra de Bento XVI em Regensburgo de que tenho conhecimento.

Sob o título "O Papa e o Islã: Uma Luta Pela Identidade da Europa", publicado no apogeu da controvérsia, o texto de Ramadan reivindica para os muçulmanos boa parte dos elementos que formam a identidade europeia[21]. Por mais "elíptico, sem clareza, superficial e um tanto atrapalhado" que, em sua opinião, o discurso do papa tenha sido, ele não constituiria um insulto para o qual se exigisse um pedido formal de desculpas. Ramadan se refere à manipulação desse tipo de crise, artificialmente criada por "certos grupos e governos como válvula de escape". Em suas palavras, aqui particularmente esclarecidas:

Quando as pessoas são privadas de seus direitos básicos, é fácil permitir--lhes que exprimam sua ira contra caricaturas dinamarquesas ou contra as palavras do pontífice. [...] os protestos de massa a que temos assistido, caracterizados por um extravasamento incontrolável de emoção,

---

21 The Pope and Islam: A Struggle over Europe's Identity, *International Herald Tribune*, 21 set. 2006.

258 É PRECISO SALVAR OS DIREITOS HUMANOS!

terminam por fornecer comprovação vívida de que os muçulmanos não são capazes de participar de um debate razoável.[22]

Até como resumo da mensagem de Regensburgo, Ramadan é perspicaz:

Bento desenvolveu uma tese dual. Lembrou aos racionalistas secularistas, desejosos de livrar-se das referências do Iluminismo ao cristianismo, que tais referências são componentes integrantes da identidade europeia. Será impossível para eles (europeus) entrar no diálogo inter-religioso, se não puderem aceitar o embasamento cristão de sua própria identidade, sejam eles crentes ou ateus. Além disso, o papa tentou definir a identidade europeia como cristã pela fé e grega pela razão filosófica. O Islã, que aparentemente não tivera tal relação com a razão, seria assim alheio à identidade europeia construída sobre tal herança.[23]

Mais adiante, ele se refere à "memória seletiva que esquece as contribuições dos pensadores muçulmanos racionalistas como Al-Farabi (século X), Avicena (século XI), Averróis (século XII), Ash-Shatibi (século XIII) e Ibn Khaldun (século XIV), e que assim se engana a respeito de seu próprio passado". Se quiserem reapropriar-se de sua herança, os muçulmanos devem demonstrar que compartilham dos valores essenciais em que a Europa e o Ocidente se fundamentam. Assim, o que a Europa de hoje precisaria acima de tudo não seria do diálogo com outras civilizações, mas do diálogo com ela própria. Precisaria aprender a reconciliar-se com a diversidade de suas origens para lograr controlar o pluralismo inevitável do futuro. Os muçulmanos não deveriam esperar que Bento XVI se desculpasse por seu reducionismo: deveriam provar que estava errado. E o arremate não poderia ser mais brilhante: "Isso daria também aos muçulmanos um caminho para se reconciliarem com a criatividade imensa dos pensadores muçulmanos da Europa, os quais, no passado, dez séculos atrás, haviam conscientemente aceito sua identidade europeia."[24]

Não há como negar a inteligência desse texto de Tarik Ramadan. Mas não é difícil observar que o reducionismo apontado no discurso do Pontífice também se acha no raciocínio por ele

22   Ibidem.
23   Ibidem.
24   Ibidem.

desenvolvido. Se a Europa "esquece" a contribuição dos grandes pensadores muçulmanos na Península Ibérica e em paragens próximas (Ibn Khaldun não era europeu; era de Túnis), Ramadan também "esquece", de forma reducionista, que a Europa, por outro lado, viveu, assumiu e exportou para as Américas, evoluções como a Reforma, o Renascimento e, sobretudo, o Iluminismo, nunca experimentados pelo Islã, estancado no pensamento medievo e ainda fragmentado em lutas religiosas fratricidas.

HÁ SAÍDAS?

O jornalista norte-americano Nicholas D. Kristof, que quase sempre cobre assuntos importantes para os direitos humanos, afirma que a esperança se encontra dentro do próprio Islã, pois até nos Estados mais fundamentalistas há muçulmanos, sobretudo muçulmanas, que estariam atuando em defesa de uma Reforma Islâmica. Em apoio a seu ponto de vista, Kristof descreve iniciativas "modernizadoras" de mulheres islamitas que se opõem às críticas a sua fé, algumas até a seus véus. Esse seria o caso, por exemplo, de Rima Khoreibi, de Dubai, autora de livro infantil exitoso cuja estrela é uma super-heroína com véu e convicções religiosas profundas[25]. Menciona também as intérpretes do Corão para quem o livro sagrado, ditado por Alá a Maomé no século VII, somente permitia a poligamia – limitada a quatro esposas – para proteger quem cuidasse dos órfãos naquela época de muitas guerras. Isso significaria para elas que, pela lógica, superada aquela fase de frequentes batalhas tribais, a mesma prática estaria agora proibida[26]. Kristof cita ainda as árabes sauditas que defendem seu "direito de dirigir automóveis" com base no precedente de que a esposa de Maomé conduzia camelos[27].

---

25 Por mais que esse livro, *As Aventuras de Imã*, tenha sido sucesso de vendas naquele emirado, não consigo encará-lo como um passo importante para as mulheres muçulmanas, muito menos para a "reforma do Islã".

26 A interpretação é, no mínimo, curiosa, mas muito peculiar, não endossada pela maioria dos Estados e fácil de ser contestada, inclusive porque as lutas de facções não somente ainda abundam, como vêm sendo acirradas desde a invasão do Iraque.

27 N.D. Kristof, Looking for Islam's Luthers, *International Herald Tribune*, 16 out. 2006.

260 É PRECISO SALVAR OS DIREITOS HUMANOS!

Com todo respeito pelas mulheres que ele cita, entendo que a melhor parte do texto de Kristof nada tem a ver com seu argumento principal: "O Islã está crescendo pelas mesmas razões nas quais o cristianismo evangélico se está expandindo. Eles fornecem um código moral firme, confiança espiritual e ordem para pessoas vexadas pelo caos e pela imoralidade à sua volta. Além disso oferecem dignidade para os pobres."[28]

Sem qualquer intenção "moralista", acho que, realmente, o nível de descrédito da moral no mundo contemporâneo é tamanho, não apenas pela comercialização da pornografia e da provocação sexual ilimitada, mas também pela corrupção de políticos, a ganância incontida de empresários e a rotina generalizada de atentados à ética, que o indivíduo não enquadrado em nada disso se amedronta, no Oriente e no Ocidente, e busca algum tipo de defesa. Creio, porém, que é particularmente no final que esse parágrafo toca na matéria mais vital. A desatenção com o social nesta fase tecnológica e desumana da globalização é tão desesperadora que só pode depor contra essa "modernidade" e esse "Iluminismo" em que o Ocidente atual se baseia e o capitalismo neoliberal se reflete. Mantida essa situação de exagero nos costumes e transgressão como norma, de culpabilização dos pobres por sua própria pobreza, acentuada enormemente com o fim da Guerra Fria pela extinção do "outro lado", as pessoas agora só têm como alternativa o campo espiritual – ou então, como nós brasileiros sabemos amargamente, a opção pelo crime, pelas drogas, pela violência difusa.

Logo que o bloco comunista se desfez, e se esperava uma convergência de todos em torno da democracia "de mercado", havia muita esperança nos direitos humanos como instrumento para a consecução de um capitalismo liberal humanizado de dimensão planetária. A esperança se comprovou ilusória. Os direitos humanos foram corroídos aos poucos pelo mercado dessa democracia, pelas teorias econômicas que apenas visavam à eficiência imediata, pela evidência gradativamente comprovada de que a democracia *per se* não resolve os problemas de estrutura. Foram corroídos também, na superestrutura

28 Ibidem.

O PAPA BENTO XVI, O ISLÃ E O POLITICAMENTE CORRETO   261

cultural, pela contestação radicalizada do universalismo e do Iluminismo dentro do próprio Ocidente secular, pela assunção teórica da "pós-modernidade", pelas imposições exageradas do "politicamente correto" e pela crença ideológica num "multiculturalismo" diferencialista, que determina não se dever sequer tentar integrar os diferentes.

O resultado prático, conforme previsível, tem sido não a tão propalada "tolerância" com relação às minorias "diferentes", mas a discriminação agravada dos imigrantes, o racismo exacerbado com atos de violência – que agora são revidados de maneiras variadas – e uma nova inferiorização conceitual do chamado Terceiro Mundo pelo Primeiro, ainda que involucrada num paternalismo duvidoso. Essa inferiorização preconceitual é, por sua vez, rebatida entre os não ocidentais pelo reforço integrista das tradições respectivas, mas internalizada de maneira masoquista pelos países em desenvolvimento que também sejam ocidentais na geografia e nos valores. Detentores das mesmas mazelas "culturais" dos Estados afluentes, sociedades como a do Brasil e outras da América Latina, veem-se como deformações do Ocidente desenvolvido e se retratam como "casos perdidos".

Cá por mim, estou convicto de que a integração é imprescindível para um multiculturalismo viável, que não dê mais munição à direita, à xenofobia, ao racismo crescentes. Integração, em princípio, não exige uma assimilação tão completa que leve a se esquecerem as origens. Mas para que a integração ocorra é preciso que as culturas se adaptem, ao menos minimamente – como, aliás, sempre o fizeram, pois nenhuma cultura é naturalmente monolítica. No caso do Islã, o véu nunca foi essencial. Se o fosse, a muçulmana Turquia, ao decidir ser moderna, não teria sido o primeiro país a proibi-lo por lei. A própria poligamia praticada por Maomé, no século VII, se fosse tão importante para a sociedade islamita, não teria sido abolida na Tunísia, que nunca foi secular como a Turquia republicana. Não é necessário, nem próprio, que as sociedades do Ocidente legalizem para os imigrantes exceções que lhe são absurdas: a inferiorização da mulher, a poligamia muçulmana, a clitoridectomia africana, o sistema de castas hinduísta etc. Tampouco devem ou precisam cercear a liberdade de expressão não

262 É PRECISO SALVAR OS DIREITOS HUMANOS!

racista para atender aos pruridos de uma única religião[29]. Essencial para os integrantes de culturas diferentes é poder praticar suas crenças no que nada tenham de nocivo para a sociedade de acolhida. Ao contrário do passado histórico, quando o Islã era o lado tolerante[30], a Europa e o Ocidente inteiro permitem a construção de mesquitas, pagodes, sinagogas e outros templos, enquanto o Oriente nem sempre oferece reciprocidade aos cristãos – muito menos a ateus e a religiões que não seguem os "livros sagrados": a *Torá*, os *Evangelhos* e o *Corão*. Quanto ao Brasil, se não importasse modismos, poderia concentrar-se em resolver seus problemas já gravíssimos, não em criar outros novos. Mestiçados e sincréticos, mais integrados cultural e racialmente do que os europeus, norte-americanos e canadenses os brasileiros sempre fomos. Não deveríamos negligenciar esse ativo.

Talvez seja útil lembrar que a fase mais promissora do diálogo entre Oriente e Ocidente ocorreu quando os dois lados desejavam ser modernos e democráticos. Para isso os "orientais" e a esquerda ocidental aliada não brandiam, como no presente retrógrado, promessas de céu sem sentido. Propunham experiências socializantes, usando o conceito de secular de direitos econômicos e sociais entre os direitos humanos, iguais e universalistas, como instrumento para alcançar a independência, a autodeterminação, o desenvolvimento e o progresso das sociedades. Isso tudo foi soterrado pelo capitalismo sem controles, dado como sem alternativa e globalizado com auxílio da fragmentação "pós-moderna", do multiculturalismo não integracionista e do discurso "politicamente correto".

Se, de alguma maneira, as palestras e pregações do papa, as discussões ora em curso numa Europa de população variada, os esforços libertários de mulheres muçulmanas sem véu e com

29 Refiro-me aqui, evidentemente, à celeuma causada pelas famosas caricaturas de Maomé na Dinamarca. Considero salutar que o tribunal acionado pelos islâmicos em Copenhague tenha entendido que tais caricaturas, por mais que uma ou outra relacionassem o islamismo com o terrorismo atual, não constituíam propaganda anti-islâmica. Se o fossem, a imprensa ocidental secular seria sobretudo anticristã, pois sempre abundou em críticas e caricaturas das figuras mais caras ao cristianismo.

30 Foi no Império Otomano que se instalaram os judeus expulsos da Espanha, no mesmo ano em que esta completava a Reconquista e, com Cristóvão Colombo, descobria o Novo Mundo.

véu, o evangelismo não fanático e o Islã não fundamentalista voltarem de alguma forma a dialogar a sério sobre os direitos humanos, não sobre direitos divinos, é possível que ainda se encontre, à distância, alguma saída. É possível, até mesmo, que o Oriente religioso ajude a moderar a comercialização da moral do neocapitalismo selvagem.

A tarefa é particularmente difícil num momento em que o Ocidente se dispõe a vencer com guerras o terrorismo extraterritorial e impreciso, quase sempre germinado em suas próprias entranhas, utilizando linguagem de inspiração religiosa. Ainda mais quando o próprio Ocidente, sob efeito dessa "guerra", nega o Estado de Direito pela prática deliberada de violações que condena: a detenção arbitrária, sem causa ou indício de culpa; o julgamento de suspeitos por tribunais de exceção; o envio de prisioneiros para serem interrogados fora do território, com métodos duvidosos; o sancionamento de leis que legitimam a tortura. Nega, portanto, a si mesmo a razão que, como lembrou Bento XVI, devia ser sua essência.

Falar de razão hoje em dia é ato subversivo. Por isso os discursos do papa que tocam nessa matéria, em Regensburgo e alhures, muito mais que ofensivos ou "chocantes" ao Islã, são provocativos para todos. É que eles trazem de fato, para audiências diversas, propostas "revolucionárias" nestes tempos que vivemos, em que, por medo de soar antidemocrático, quase ninguém mais fala o que pensa.

10. Os Direitos Humanos e os Refugiados em Tempo de Globalização e "Guerra ao Terror"[1]

Ao resgatar este texto comemorativo dos dez anos de vigência no Brasil do Estatuto dos Refugiados outros dez anos depois de sua redação, vejo, com tristeza e preocupação, que, com exceção dos números citados, seu conteúdo permanece atual em condições muito agravadas, sendo a questão dos refugiados, ligada a guerras que então se iniciavam, o maior dilema humanitário com que hoje se defronta a maioria dos Estados em todos os continentes. Cálculos do Alto Comissariado das Nações Unidas Para os Refugiados (Acnur) amplamente divulgados em fins de 2016 já apontavam 65 milhões de pessoas refugiadas, candidatas a refúgio e deslocadas por conflitos armados. Somente naquele ano, na travessia do Mediterrâneo em balsas infláveis e embarcações precárias fornecidas com alto custo por traficantes de gente, 4.500 migrantes se afogaram. Eram em sua maioria candidatos a refúgio e emigrantes foragidos da miséria, majoritariamente embarcados nas costas da Líbia, país "protegido" por uma operação militar "humanitária", no

---

[1] Texto originalmente escrito em 2007, em Budapeste, e publicado na coletânea coordenada por João Carlos Carvalho Rocha et al., *Direitos Humanos: Desafios Humanitários Contemporâneos, 10 Anos do Estatuto dos Refugiados* (*Lei n. 9.474, de 22 de julho de 1997*.

exercício de uma nova "responsabilidade de proteger", correlativa ao anterior "direito de ingerência".

CONFLITOS, ASSISTÊNCIA E INGERÊNCIA

Na década de 1990, enquanto os direitos humanos se transformavam numa espécie de última utopia da ação política, num mundo que parecia menos ideológico e mais apto a superar problemas globais, a continuação de velhos conflitos e a eclosão de novas guerras, todas internas, interétnicas ou inter-religiosas (algumas intrarreligiosas), contrastavam com as expectativas otimistas, triunfalistas ou ingênuas. As ações anticurdos no Iraque, a anomia da Somália retalhada por clãs, a violência dos fundamentalistas islâmicos na Argélia, os nacionalismos belicosos na antiga Iugoslávia, a matança que se eternizava em Angola ou o surto de genocídio em Ruanda, e outros acontecimentos congêneres, além de contradizerem as visões idílicas do fim da Guerra Fria, trouxeram, mais do que nunca, a questão dos refugiados ao centro das atenções internacionais, inclusive, evidentemente, dos órgãos de direitos humanos.

Para se ter uma ideia do aumento do problema no mundo, ao longo daqueles anos de maior entusiasmo com os direitos humanos o número de indivíduos "sob responsabilidade" do Acnur, que era de 13 milhões em 1989, passou a 17 milhões em 1991, a 23 milhões em 1993, e chegou a 27 milhões em 1995[2]. Não é de estranhar, assim, que o assunto fosse abordado com ênfase pela Conferência Mundial de Direitos Humanos de Viena, em 1993. Tampouco é de surpreender que tanto a Assembleia Geral da ONU, como a Comissão dos Direitos Humanos (hoje substituída pelo Conselho de Direitos Humanos), assim como os organismos regionais e órgãos de supervisão de tratados (*treaty bodies*) a ele passassem a dedicar mais tempo e resoluções.

---

2 Acnur, *La Situación de los Refugiados en el Mundo – 1995*, p. 19. O Acnur dá proteção aos refugiados ou candidatos a refúgio (que cruzam as fronteiras em fuga de seu país), às chamadas "pessoas deslocadas" (que fogem de suas terras de origem, mas permanecem dentro das fronteiras) e aos repatriados (ex-fugitivos de conflitos que regressam a sua terra depois das guerras).

A Declaração de Viena, principal documento da Conferência de 1993, que se refere a questões de ordem humanitária em vários trechos, dedica o longo artigo 23 ao tema dos refugiados e à aplicação da Convenção de Genebra de 1951, modificada pelo Protocolo de 1977, principal instrumento jurídico internacional vigente sobre a matéria. O artigo 23 apontava a "complexidade da crise mundial de refugiados", para ressaltar a necessidade de um "planejamento abrangente" e esforços de coordenação de atividades entre os Estados e as organizações atuantes, "levando em consideração o mandato do Alto Comissário das Nações Unidas para os Refugiados". Acrescentava, de maneira aparentemente anódina, que esse planejamento deveria incluir "estratégias que abordem as causas e efeitos dos movimentos de refugiados e outras pessoas deslocadas"[3], assim como o "fortalecimento da preparação e de mecanismos de respostas para emergências". Embora não chegasse a falar num "direito de ingerência", nem a atribuir ao Conselho de Segurança das Nações Unidas competência genérica sobre o assunto, a menção explícita à "preparação" e a "mecanismos" para respostas emergenciais a crises humanitárias era um reflexo das ideias construtivas do secretário-geral a respeito da necessidade de uma "diplomacia preventiva", sugerida à consideração da Assembleia Geral. Também podia ser lido como registro e endosso, em linguagem consensual, da noção, então muito discutida e controversa, de um dever internacional de intervenção. Oposto ao princípio da não intervenção em assuntos internos consagrado no artigo 2º, parágrafo 7º, da Carta da Nações Unidas, tal dever, como contrapartida de um "direito de ingerência", visaria exclusivamente a pôr fim às causas humanas não estruturais – portanto não econômicas –,

---

3   Não há uma definição jurídica internacional para as "pessoas deslocadas" (*displaced persons*). A expressão se aplica aos grupos de indivíduos que, em decorrência de conflitos armados e com motivos assemelhados aos dos refugiados, deixam suas casas e suas terras em debandada para outras áreas do próprio país. Os números desses deslocados vinham crescendo tanto, nessa primeira fase do período pós-Guerra Fria, que, desde 1992, a Comissão dos Direitos Humanos da ONU já havia solicitado ao secretário-geral a designação de um representante para acompanhar o assunto. E foi a partir de 1993, ano da Conferência de Viena, que o Acnur passou a tratar dessas pessoas, que não se enquadram na definição de refugiado da Convenção de 1951.

268 É PRECISO SALVAR OS DIREITOS HUMANOS!

dos grandes fluxos de refugiados: violações maciças de direitos humanos ou guerras de qualquer tipo[4].

A expressão "direito de ingerência" não era nova, nem implicava necessariamente operações bélicas, embora estas também estivessem na mente de seus defensores e opositores. Havia emergido na ONU, no contexto de debates e consideração de projetos de resolução da Assembleia Geral sobre situações específicas de países com insurreições, em função dos empecilhos que os governos muitas vezes antepunham ao fornecimento de assistência às vítimas, sobretudo quando do campo antagônico. Formulada em 1988 como um "direito de acesso às vítimas de catástrofes naturais e outras situações de urgência da mesma ordem", a ser exercido por organizações não governamentais de ajuda humanitária, como os Médicos Sem Fronteiras, com ou sem autorização dos governos dos países afetados, essa forma de "ingerência" foi pela primeira vez sacramentada pela Resolução 45/131, de iniciativa francesa e adotada por consenso. Mas esse novo "direito", de clara inspiração humanitária na forma em que foi aprovado, mudou de sentido, destinatários e, até, de titularidade com os desenvolvimentos propiciados pelo fim da Guerra Fria. Hoje, ele se reveste sempre de roupagem militar e é regularmente exercido da maneira que os opositores da noção mais temiam: por decisão praticamente unilateral de potências. Nem é sequer objeto de discussões diplomáticas político-doutrinárias, num mundo que parece viver em estado de emergência permanente, sem previsão de normalização.

Uma das fontes da mudança conceitual do "direito de ingerência" ou "dever de intervenção humanitária" foi a Resolução 688 do Conselho de Segurança. Ela *exigia* do Iraque, em 1991, permissão para o acesso imediato da ajuda aliada aos curdos, perseguidos por Bagdá quando terminou a guerra ocasionada pela invasão iraquiana do Kuwait. Com base nela, os "vencedores" dessa primeira guerra no Iraque jogavam comida e outros mantimentos de paraquedas aos formigueiros de gente em fuga que se amontoava nas fronteiras montanhosas do país. A partir

4 Para um exame um pouco mais detido do "direito ou dever de ingerência" conforme debatido na época, permito-me remeter aos trechos pertinentes de meu livro *Relações Internacionais e Temas Sociais: A Década das Conferências* (capítulos 2 e 9).

OS DIREITOS HUMANOS E OS REFUGIADOS EM TEMPO DE GLOBALIZAÇÃO... 269

dela e aos poucos, o nunca regulamentado "direito de ingerência" passou a significar um difuso e supostamente ético "dever de intervenção armada internacional" contra ações persecutórias de governos, milícias ou movimentos rebeldes. Autorizado pelo Conselho de Segurança, com timidez excessiva e fragoroso fracasso na guerra da Bósnia e Herzegovina até meados de 1995, além de muito protelado por motivos pouco convincentes durante genocídio de tutsis em Ruanda, o exercício desse "direito de ingerência" transformado em "dever de intervenção humanitária" foi atingir seu apogeu na guerra do Kôssovo, em 1999. Dessa feita, porém, a intervenção se deu propositalmente sem consulta ao Conselho de Segurança, pela ação militar da Otan contra a Sérvia, que se propunha continuadora da Iugoslávia, envolvendo o bombardeio aéreo de pessoas e instalações civis, inclusive em Belgrado. Inaugurou-se, assim, na virada do milênio, com fundamentação ainda humanitária – pois a intervenção esmagadora e aérea, sem baixas do lado atacante, visava a defender os direitos humanos de kossovares perseguidos, modelo de operação militar ideal que se iria desenvolver e ampliar neste início ominoso do Século XXI, agora com baixas e justificação mais preventiva e punitiva do que minimamente humanitária.

Também ao aumento exponencial, na década de 1990, dos fluxos de refugiados externos e deslocados internos no contexto de conflitos armados deve-se, em grande parte, o impulso definitivo para a da criação de um tribunal penal internacional, no âmbito das Nações Unidas. Discutida com desconfianças nas instâncias de direitos humanos desde a proclamação da Declaração Universal de Direitos Humanos em 1948, inclusive na Conferência de Viena de 1993[5], a constituição desse tribunal somente foi aprovada, mas não por unanimidade, em 1998, pela Conferência de Roma, que adotou seu estatuto. Estabelecido e empossado concretamente em Haia em 2003, mas vigorosamente boicotado pela maior potência do planeta, o tribunal mal tem podido atuar.

---

5   Na Conferência de 1993, falava-se sobretudo de um "Tribunal Internacional Para Direitos Humanos", que a Declaração e Programa de Ação de Viena não endossou. O máximo que se conseguiu foi recomendar à Comissão de Direito Internacional que continuasse seu trabalho de elaboração de um Código de Crimes Contra a Paz e a Segurança da Humanidade; sobre o assunto, ver J.A. Lindgren Alves, *Os Direitos Humanos Como Tema Global*, p. 33-34.

UM POUQUINHO DE DOUTRINA

> *Só conseguimos perceber a existência de um direito*
> *a ter direitos [...] e de um direito de pertencer a*
> *algum tipo de comunidade organizada, quando sur-*
> *giram milhões de pessoas que haviam perdido esses*
> *direitos e não podiam recuperá-los devido à nova*
> *situação política global.*
>
> HANNAH ARENDT, *As Origens do Totalitarismo*

Na medida em que os direitos humanos, conforme observado por Hannah Arendt, são de fato "direitos nacionais" que somente podem existir quando uma comunidade se dispõe a proteger seus titulares[6], o objetivo do Direito Internacional dos Refugiados é de garantir a indivíduos desprovidos da proteção de seus respectivos Estados a titularidade da maior parte dos direitos humanos declarados universais em 1948, por meio de atos de reconhecimento e proteção realizados por outros Estados.

Nessas condições, em termos de doutrina, o Direito Internacional dos Refugiados sempre foi considerado uma disciplina irmã – melhor seria dizer uma "filha" – do Direito Internacional dos Direitos Humanos. Ela seria "irmã mais nova", na medida em que a Declaração Universal dos Direitos Humanos, de 1948, precede de três anos o instrumento de base do Direito Internacional dos Refugiados em vigor: a Convenção de Genebra de 1951, que a ela faz referência, como fonte, no Preâmbulo. Além disso, pode ser encarada como sua primeira extensão jurídica, para as pessoas enquadradas na definição de refugiadas[7], ou como explicitação regulatória do artigo 14, parágrafo 1º, da Declaração Universal ("Toda pessoa, vítima de perseguição, tem o direito de procurar e gozar de asilo em outros países"),

---

6 Cf. H. Arendt, *As Origens do Totalitarismo*. Na época em que ela escreveu, a comunidade organizada referida era o Estado nacional; não confundir com a então muito incipiente "comunidade das Nações Unidas", menos ainda com os conceitos de "comunidade" postos em voga pela ideologia atual do multiculturalismo segregacionista pós-moderno.

7 A Convenção de 1951 sobre a condição de refugiado antecede os dois pactos internacionais de direitos humanos – o Pacto Internacional Sobre Direitos Civis e Políticos e o Pacto Internacional Sobre Direitos Econômicos, Sociais e Culturais, ambos de 1966 –, assim como a Convenção Sobre a Eliminação de Todas as Formas de Discriminação Racial, de 1965, primeiro instrumento jurídico de direitos humanos *stricto sensu*.

OS DIREITOS HUMANOS E OS REFUGIADOS EM TEMPO DE GLOBALIZAÇÃO... 271

portanto "filha" desse ramo do Direito Internacional inaugurado em 1948[8]. Mais comum é, porém, a interpretação de que o Direito Internacional dos Refugiados, cuja agência executora é o Acnur (Alto Comissariado das Nações Unidas para Refugiados), juntamente com o chamado "Direito Humanitário"[9], das Convenções de Genebra de 1949 e seus protocolos adicionais, que tem como coordenador e "prestador de serviços" o Comitê Internacional da Cruz Vermelha (uma entidade suíça, fora do sistema da ONU), formam o Direito Internacional Humanitário em sentido mais amplo.

Na verdade, as "Convenções de Genebra" de 1949, que correspondem a um esforço jurídico para a manutenção de algum "direito na guerra" (*jus in bello*), destinado a proteger os prisioneiros e vítimas de conflitos bélicos[10], integram, juntamente com a Convenção Sobre o Estatuto do Refugiado e com todo o volumoso *corpus* do Direito Internacional dos Direitos Humanos, as três vertentes da proteção jurídica internacional à pessoa humana. Elas são diferentes nas fontes legais e nas causas, mas não no espírito, nem na titularidade dos direitos: os indivíduos ou grupos de indivíduos, não os Estados – que antes eram os únicos sujeitos do Direito Internacional. E o que a Declaração de Viena de 1993 fez claramente, com suas recomendações atualizadas até então sobre as três disciplinas correlatas, foi a reafirmação de que esses três aspectos da proteção aos direitos humanos, quando estes são objeto de violações e ameaças maciças dirigidas a certos indivíduos ou grupos, colhidos ou não em meio a ações bélicas já deflagradas, não podem ser separados.

8   Para uma análise das diferenciações e semelhanças dos institutos do asilo (este essencialmente latino-americano) e do refúgio, ver *inter alia* "O Direito de Asilo e a Proteção Internacional dos Refugiados" em F. Piovesan, *Temas de Direitos Humanos*, e G.A. de Almeida, Asilo e Não-Violência, em N. de Araujo; G.A. de Almeida (orgs.), *O Direito Internacional dos Refugiados*.

9   Nome que me parece um oximoro, pois, uma vez estabelecido como tal, direito é direito, cuja titularidade e exercício doutrinariamente não depende da compaixão ética ou emotiva de ninguém.

10 Não confundir com o antigo "direito da guerra", *jus ad bellum*, ou direito de fazer a guerra, codificado em Haia e tornado obsoleto pela Carta de Nações Unidas, que declara a guerra ilegal - exceto para as ações de segurança coletiva, legítima defesa e no contexto de lutas de libertação nacional; ver G. Peytrignet, A Proteção da Pessoa Humana nas Situações de Conflitos Armados..., em A.A. Cançado Trindade et al., *A Incorporação das Normas Internacionais de Proteção aos Direitos Humanos no Direito Brasileiro*, p. 133.

Não cabe aqui entrar em pormenores sobre a vinculação intrínseca dessas simplificadamente chamadas "três vertentes" do direito internacional protetor da pessoa humana, que já se acha amplamente exposta por especialistas de todo o mundo, inclusive brasileiros[11]. O que aqui acima se diz já torna bastante óbvio que a desatenção deliberada com uma delas é caminho que se abre à violação das outras. E é isso que se vê crescentemente como o padrão de atuação dos Estados mais desenvolvidos nesta fase de "guerra ao terrorismo" ou combate generalizado a esse fenômeno. Caberia, por outro lado, recordar alguns dados essenciais da evolução da matéria, com ênfase no Direito dos Refugiados. Eles são necessários para se compreender até que ponto a situação mundial presente ainda que não anômica é já quase totalmente ajurídica: encontra-se numa regressão avançada ao "estado da natureza" visualizado por Hobbes para justificar a existência do Estado – na época, por coincidência (será?) o Estado absolutista. Ao fazê-lo, é importante manter sempre em mente que o Direito Internacional dos Refugiados tem por objetivo assegurar, pela via de terceiros (países e comunidades, nacionais e internacionais), para as pessoas desprovidas da proteção de seu Estado ou "comunidade organizada" de origem, o mais elementar dos direitos da pessoa humana, identificado por Hannah Arendt ao examinar a situação dos judeus na Alemanha nazista (que lhes cassou a cidadania, mantendo uma nacionalidade de segunda classe): o direito de ter direitos.

A AMPLIAÇÃO DA TITULARIDADE DOS SUJEITOS DESPROVIDOS DO "DIREITO DE TER DIREITOS"

Muito antes da extensão da proteção do Acnur às "pessoas deslocadas", fenômeno típico pós-Guerra Fria não definido pelo

---

11 Aqui não posso deixar de destacar a volumosa e exaustiva obra de Antônio Augusto Cançado Trindade, cuja relação de textos e livros publicados esgotaria o limite de páginas deste artigo. Cito apenas, pela abrangência, seu *Tratado de Direito Internacional dos Direitos Humanos*, em três volumes, de cujo primeiro consta o capítulo VIII, significativamente intitulado As Três Vertentes da Proteção Internacional da Pessoa Humana: Aproximações e Convergências Entre os Direitos Humanos...

direito internacional, a própria definição de "refugiado" sofreu alterações importantíssimas nos primeiros anos de vigência da Convenção de Genebra sobre o Estatuto de Refugiado.

Redigida e aprovada numa época em que os países em desenvolvimento ou ainda viviam sob domínio colonial, ou eram pouco expressivos em número e capacidade de articulação internacional, essa convenção, de 1951, foi inspirada, em essência, pela massa de pessoas deslocadas na Europa fora das respectivas fronteiras ao término da Segunda Guerra Mundial: mais de 1.200.000 em campos e abrigos provisórios ou a vagar sem rumo. Por isso, seu texto definia o termo "refugiado", no artigo 1º, letra A, como aplicável a pessoas já previamente qualificadas como tal por instrumentos internacionais anteriores (parágrafo 1º) e, sobretudo, àquelas:

2. Que, em consequência de acontecimentos ocorridos antes de 1º de janeiro de 1951, e receando com razão ser perseguida em virtude de sua raça, religião, nacionalidade, filiação em certo grupo social ou de suas opiniões políticas, se encontre fora do país de sua nacionalidade e que não pode ou, em virtude desse temor, não quer valer-se da proteção desse país, ou que, se não tem a nacionalidade e se encontra fora do país no qual tinha sua residência habitual em consequência de tais acontecimentos, não pode ou, devido ao referido temor, não quer voltar a ele.

Além disso, o mesmo artigo 1º, na letra B, dizia que, para os fins daquela convenção, as palavras "acontecimentos ocorridos antes de 1º de janeiro de 1951" poderiam ser entendidas alternativamente como "acontecimentos ocorridos na Europa", ou "acontecimentos ocorridos na Europa ou alhures". Se escolhida a segunda opção, ou seja, sua aplicação decorrente de acontecimentos fora da Europa, seria necessário que o Estado-parte (o termo então utilizado, hoje arcaico, é "Estado-contratante"), explicitasse essa escolha "por meio de uma notificação dirigida ao secretário-geral das Nações Unidas". Ou seja, o eurocentrismo da convenção era duplo: além de destinar-se automaticamente a europeus ou eventuais não europeus na Europa, caso algum país de acolhida quisesse escapar desse automatismo previsto, estendendo a interpretação a outros continentes, precisava informar por escrito à ONU e por ela, indiretamente, aos demais "Estados-contratantes".

274 É PRECISO SALVAR OS DIREITOS HUMANOS!

Foi necessária, portanto, a entrada maciça nas Nações Unidas, na década de 1960, das nações de independência recente, sobretudo afro-asiáticas, para que o próprio sistema da ONU notasse que os fluxos de refugiados não são exclusividade, nem prioridade, europeia, assim como, infelizmente, não o são as perseguições, ameaças e temores que levam pessoas e indivíduos a abandonarem suas casas e nações em busca de asilo e, se possível, refúgio seguro e reconhecido, em outras terras. Em consequência, o protocolo de 1967 à convenção de 1951, em redação confusa que, por isso, evito reproduzir, eliminou a chamada "reserva geográfica" que privilegiava os europeus, assim como a limitação temporal, que aplicava a convenção apenas a casos decorrentes de episódios anteriores a 1951. Com isso a Convenção Sobre o Estatuto ou a Condição de Refugiado tornou-se finalmente universal, portanto afinal condizente com a Declaração Universal dos Direitos Humanos. Com o Protocolo à Convenção Sobre a Condição de Refugiado os seres humanos em qualquer parte puderam, quando ameaçados, ser igualmente reconhecidos como titulares do direito de ter direitos e merecer proteção.

Na esfera internacional planetária, a definição de refugiado, corrigida pelo protocolo de 1967, é, portanto, o da convenção de 1951, sem limitações temporais ou geográficas. E é nela que se baseia o trabalho do Acnur, inclusive de seus escritórios espalhados pelo mundo. Mas essa definição é ainda limitada, porque relacionada à ideia de um fundado temor de perseguição. Outros desenvolvimentos jurídicos decisivos para a atualização dessa definição se devem a instrumentos regionais, elaborados em função de acontecimentos ocorridos nas próprias regiões. Entre esses instrumentos se destacam a Convenção da Organização da Unidade Africana (OUA) de 1969 e, no contexto latino-americano, a Declaração de Cartagena, de 1984. A primeira adquire particular importância ante a triste realidade de que a África é o continente onde se produzem os maiores fluxos de refugiados da atualidade. Por isso, sem excluir as hipóteses previstas no instrumento universal, de Genebra (possíveis perseguições por motivos de raça, religião, nacionalidade, grupo social ou opiniões políticas), a Convenção da OUA relaciona a definição diretamente a conflitos – agressão,

OS DIREITOS HUMANOS E OS REFUGIADOS EM TEMPO DE GLOBALIZAÇÃO... 275

ocupação ou dominação estrangeira, ou acontecimentos que perturbem seriamente a ordem pública –, estendendo a proteção a todas as pessoas compelidas a cruzar a fronteira de seu país de origem ou residência habitual, para escapar de desastres causados pelo homem, já iniciados ou ocorridos, independentemente do temor de perseguições específicas[12]. Assemelhada a essa definição africana em função dos verdadeiros êxodos forçados de centro-americanos nos anos de 1970 e 1980, a Declaração de Cartagena Sobre os Refugiados, aplicável aos países da América Latina, recomenda que a definição de refugiado na região abranja também "as pessoas que fugiram de seus países porque sua vida, segurança ou liberdade foram ameaçadas pela violência generalizada, a agressão estrangeira, os conflitos internos, *a violação maciça de direitos humanos* e outras circunstâncias que tenham perturbado gravemente a ordem pública"[13]. Volta-se a fechar assim, textualmente, na América Latina (e, consequentemente, na legislação brasileira adotada) o círculo que conectava diretamente o Direito dos Refugiados e o Direito Internacional dos Direitos Humanos, círculo que não se deve, nem se pode tentar reabrir, sem prejuízos jurídicos e políticos em qualquer direção que se mova.

O BRASIL E ESSA MATÉRIA

Aqui já é bom ressaltar que o Brasil ratificou a Convenção de Genebra de 1951 sobre a Condição de Refugiado em 16 de novembro de 1960, com a "reserva geográfica", que privilegiava os europeus, e duas outras, incidentes sobre o artigo 15, concernente ao direito de associação para fins sindicais e não políticos, e sobre o artigo 17, a respeito da igualdade com os nacionais no exercício de atividade profissional remunerada. Quanto ao protocolo de 1967, a ratificação brasileira ocorreu em 7 de abril de 1972, mantendo, porém, por longo tempo, a limitação "geográfica" original do texto e as duas reservas adicionais que adequavam a convenção à legislação nacional vigente. Apenas em 19 de

---

12 Cf. F. Piovesan, O Direito de Asilo e a Proteção Internacional dos Refugiados, *Temas de Direitos Humanos*, p. 122; grifo nosso.

13 Ibidem.

dezembro de 1989, pelo Decreto n. 98.602 do presidente José Sarney, o Brasil levantou a "reserva geográfica", e em 29 de julho de 1991, pela Portaria Interministerial n. 394, dos ministérios da Justiça, das Relações Exteriores e do Trabalho e Previdência Social, no governo Collor, pôs fim às ressalvas aos artigos 15 e 17 concernentes aos direitos trabalhistas dos refugiados[14].

Pela simples observação das datas, vê-se que a ratificação desses instrumentos, conforme tradição antiga do Itamaraty, terá sido proposta e conseguiu realizar-se não muito depois da respectiva adoção pela ONU. Mas a retirada das reservas, inclusive a restrição espacial que prejudicava indivíduos oriundos de países em desenvolvimento como o nosso, não era aceita, como não o era praticamente nada do que vinha sendo construído em matéria de proteção internacional aos direitos humanos durante o período militar. Foi somente após a adoção de nossa "Constituição Cidadã", de 1988, no contexto de asserção da sociedade civil brasileira e no bojo do movimento de valorização dos direitos humanos, que se acelerava simultaneamente no exterior e no Brasil, que as reservas foram retiradas.

Uma vez isso alcançado, na sequência de nossa adesão aos pactos e convenções de direitos humanos, dos esforços para a apresentação dos relatórios que devíamos aos órgãos de tratado e aos mecanismos de monitoramento da ONU e da formulação do abrangente Programa Nacional de Direitos Humanos, de 1996, do qual constava expressamente como objetivo de curto prazo, a elaboração do projeto de lei, que se iria transformar no nosso Estatuto do Refugiado, deixou de ser problemática. Envolvendo membros do Executivo, parlamentares, expoentes dos direitos humanos no Brasil, com assessoramento do escritório do Acnur no Brasil, a Lei 9.474, com definição ampliada, refletindo o espírito da Declaração de Cartagena, foi afinal aprovada na Câmara e no Senado, em seguida sancionada e promulgada pelo presidente da República, Fernando Henrique Cardoso, em 22 de julho de 1997. O Comitê Nacional Para Refugiados (Conare), que ela

14   G. de A. de Almeida, *Direitos Humanos e Não-Violência*, p. 115-125. Para as datas de ratificação a fonte foi Jaime Ruiz de Santiago, O Direito Internacional dos Refugiados em Sua Relação Com os Direitos Humanos e em Sua Evolução Histórica, em A.A . Cançado Trindade, G. Peytrignet e J. Ruiz de Santiago, *As Três Vertentes da Proteção Internacional dos Direitos da Pessoa Humana*, p. 274-275.

OS DIREITOS HUMANOS E OS REFUGIADOS EM TEMPO DE GLOBALIZAÇÃO... 277

prevê como órgão responsável pela elegibilidade dos casos individuais e pela elaboração e implementação de políticas públicas para refugiados, sediado no Ministério da Justiça e integrado por vários representantes ministeriais, da polícia e de organização não governamental dedicada ao tema, tomou posse na data magna de 7 de setembro de 1998 – ano do 50º aniversário da Declaração Universal dos Direitos Humanos – e realizou sua primeira sessão de trabalho em outubro do mesmo ano. Nela reconheceu como refugiados no Brasil, com as devidas proteções e direitos garantidos pelo Direito Internacional dos Refugiados, quinze candidatos africanos: uma mulher da Somália, uma de Serra Leoa e treze homens desse segundo país.

Com a aprovação do Estatuto e o funcionamento regular do Conare, o escritório do Acnur no Brasil, aberto em 1977, com limitações de atuação e as dificuldades políticas na fase dos "anos de chumbo", pôde dar, afinal, sua missão por cumprida[15].

A GLOBALIZAÇÃO ECONÔMICA E SEUS "EFEITOS COLATERAIS"

> *Sempre houve refugiados, desde de Moisés e da saída do Egito. Mas eles nunca haviam sido tão numerosos. E jamais se havia tido o sentimento que eles constituíam a tal ponto, e como anunciava Hanna Arendt, um tipo de humanidade.*
>
> BERNARD-HENRI LÉVY

São amplamente conhecidos, analisados e teoricamente absorvidos, com pouco questionamento ou medidas concretas para contrabalançá-los (exceto os protestos dos "anti" ou "alterglobalistas"), os "efeitos colaterais" da globalização neoliberal no período pós-Guerra Fria. Sabe-se que, entre eles, com o fenômeno do enfraquecimento do Estado, decorrente de políticas impostas

---

15 Até então o Brasil já acolhia pessoas perseguidas e foragidas de suas terras de origem, geralmente em situação de conflito, na África e ex-Iugoslávia, mas sempre recorria a expedientes alternativos, como a concessão de vistos temporários, outros estatutos migratórios, asilo, reconhecimento como refugiado com base na Declaração de Cartagena etc. (as informações que tento resumir neste trecho são de G.A. de Almeida, *Direitos Humanos e Não-Violência*, Parte 3).

nos anos de 1990 pelo FMI e outras agências internacionais financeiras componentes do chamado "consenso de Washington", os direitos humanos, tão incentivados no início da última década do século XX, foram aos poucos perdendo a ascendência como inspiração de políticas e programas governamentais.

Primeiro a decaída se verificou nos direitos econômicos e sociais, deixados de lado como complicadores da competitividade empresarial, buscada por meio dos famigerados "cortes de gordura", ou "medidas de racionalização" ou *downsizing*, todos os quais eram expressões eufemísticas para a eliminação de postos de trabalho. A demissão em grande escala era e ainda é feita sem qualquer preocupação com o que ocorreria com essa "gordura cortada". E o desemprego, maciço em todos os rincões do globo, passou a ser descrito como elemento "estrutural", logo natural e aceitável, sem alternativas plausíveis no neoliberalismo vigente. Junto com os cortes de empregos, a decaída atingiu os direitos sociais, demolindo as construções da previdência social, os sistemas públicos de assistência aos mais pobres, de educação e saúde para todos, particularmente, mas não exclusivamente, nos países em desenvolvimento. Com sistemas anteriormente já precários, tais países do Terceiro Mundo agora em processo real de subdesenvolvimento, que a terminologia ideológica passou a chamar de "emergentes" sem ligar para a chocante ironia, seguiam as orientações recebidas das instituições financeiras, porque a "competividade nacional" precisava ser assegurada a todo custo no novo mundo-mercado.

A decaída refletiu-se, também, nos direitos políticos, decrescentemente exercidos nos Estados afluentes – onde o voto não é obrigatório – e exercidos com descrença e desinteresse no funcionamento da democracia nos demais – onde o voto é obrigatório. Com tal descrédito popular nos segmentos políticos, em jogo de mútua influência, não é difícil a demagogos e indivíduos simplesmente cabotinos elegerem-se. Até alguns indiciados por crimes aproveitam-se para ser eleitos e, assim, protegidos por mandatos que os colocam acima da lei. A globalização neoliberal refletiu-se ainda nos direitos civis pelo corte das verbas já escassas e o agravamento da situação e da credibilidade das instituições que os garantem, como a polícia, a justiça e os serviços públicos mais elementares.

OS DIREITOS HUMANOS E OS REFUGIADOS EM TEMPO DE GLOBALIZAÇÃO... 279

O resultado disso tudo, igualmente conhecido, foi a emergência de uma nova classe de "excluídos", não desprovidos da cidadania jurídica, mas dela não participantes, porque marginalizados ou totalmente eliminados da economia e do mercado. E é claro que tudo isso produziu um crescimento impressionante da criminalidade comum, organizada ou episódica, o aumento incontido das migrações de áreas pobres para as ricas, assim como a multiplicação de situações de conflito, quase sempre na órbita interna. Causados pelo que se rotulava de "nacionalismos" separatistas, "limpezas étnicas", regressões religiosas de cunho salvacionista e "integrismos fundamentalistas" atuantes com recurso a métodos de terror, tais conflitos, no fundo, eram e são ainda disputas pelo que restou em migalhas de uma época também injusta, mas em que se cria no progresso para um futuro melhor.

Essa situação genérica do mundo pós-Guerra Fria viu crescer exponencialmente os fluxos de refugiados e pessoas deslocadas em todas as partes, assim como as resistências para acolhê-los, ainda que temporariamente. Em 1995, mapa publicado pelo Acnur apontava, como as principais regiões onde essa agência da ONU proporcionava ajuda a um total de 27,4 milhões de indivíduos, o território da ex-Iugoslávia (com 3,7 milhões de deslocados, sendo 2,7 milhões só na Bósnia e Herzegovina), a Europa ocidental como um todo (que desde o final de década de 1980 recebera 5 milhões de pedidos de refúgio), o Cáucaso (cujos conflitos já haviam provocado o deslocamento de 1,5 milhões de pessoas entre a Armênia, o Azerbaijão, a Geórgia e a Federação Russa), Myanmar (com 250 mil refugiados temporários no paupérrimo Bangladesh), a Palestina (para a qual a ONU dispõe de uma agência especial, a UNRWA, com 2,8 milhões de pessoas registradas), Libéria e Serra Leoa, na África Ocidental (cujos conflitos internos haviam gerado o êxodo de 1 milhão para exílio na Guiné e na Costa do Marfim), Ruanda e Burundi (com 2,2 milhões de deslocados internos e expelidos para a Tanzânia, Uganda e Zaire, sendo que somente no Zaire, em 1994, foram parar 1 milhão de ruandeses "num dos maiores e mais rápidos movimentos de refugiados jamais visto"), o chamado "Chifre da África" Oriental (Somália, Etiópia, Eritréia, Djibuti e Sudão, com 1,6 milhão de refugiados). Do mesmo mapa constavam como situações que melhoravam, estando o Acnur assistindo os reassentamentos voluntários de parte das pessoas

280 É PRECISO SALVAR OS DIREITOS HUMANOS!

que haviam fugido, a Guatemala, o Haiti (que depois se deterio-
raria novamente), Moçambique (mais de 1,6 milhão já haviam
regressado desde 1992), o Afeganistão! (metade dos 4,5 milhões
de refugiados dos anos 1980 já haviam então regressado – não
se podia imaginar então o que ocorreria seis anos depois), Sri
Lanka (pelo menos 30 mil pessoas retornaram) e, finalmente,
o Vietnã (com ainda 40 mil *boat people* foragidos e sem asilo
por todo o Sudeste Asiático, conquanto 70 mil já estivessem de
volta e reassentados)[16]. A mesma publicação já observava que,
ao contrário da abertura desejada para a concessão de asilo e o
non-refoulement (não devolução das pessoas, contra a vontade, a
seus países de origem), princípios básicos do Direito Internacional
dos Refugiados, os países "de acolhida" passaram a adotar ações
destinadas a barrar a entrada dos emigrantes, candidatos ou não
a refúgio. Como dizia Sadako Ogata, então alta comissária das
Nações Unidas Para os Direitos Humanos:

Los refugiados se enfrentan a un rechazo y una exclusión cada vez
mayores. Com harta frecuencia se ejerce presión para contener a las
poblaciones desplazadas dentro de las fronteras de su propio estado
o para hacerles regresar a su tierra natal, sin consideración a los peli-
gros que hayan de arrostrar allí. [...] Durante muchos años el Acnur y
sus socios operativos tuvieron que esperar a que los refugiados cruza-
ran una frontera internacional antes de prestarles protección y ayuda.
[...] Las limitaciones de estas soluciones tradicionales, añadidas a la
creciente dimensión del problema de los refugiados y a la cambiante
naturaleza del orden político y económico a escala internacional han
urgido al Acnur a desarrollar un nuevo enfoque. [...] En lugar de cen-
trarse exclusivamente en los países de asilo, se ocupa igualmente de
las condiciones en estados que realmente están generando refugiados
o que pudieran hacerlo. Y además de brindar protección y ayuda a los
refugiados, busca la forma de reforzar la seguridad y libertad con que
cuentan otros varios grupos: personas internamente desplazadas, refugiados que han retornado a su propio país; comunidades afectadas por
la guerra y aquellas que están en peligro de ser desarraigadas.[17]

Em que pesem as boas intenções do Acnur e as palavras
de sua titular naquele momento, elas soam demasiado positivas diante das imagens dos campos de refugiados e outros

16   Acnur, op. cit., p. 12-13.
17   Ibidem, Prólogo, p. 9.

OS DIREITOS HUMANOS E OS REFUGIADOS EM TEMPO DE GLOBALIZAÇÃO... 281

deslocados diariamente estampadas na imprensa e nas telas de televisão. Os deslocados internos, agrupados em tendas e acampamentos assemelhados a campos de concentração ao ar livre, passaram a ser o contingente mais visível que ocupava a agência da ONU e as organizações não governamentais humanitárias, com números que se elevavam a treze milhões de pessoas[18].

Se a essas multidões de pessoas deslocadas pela violência bélica, acampadas precariamente por anos em países vizinhos, quase sempre no Terceiro Mundo, forem somadas aquelas que por falta de condições econômicas em suas terras de origem emigram, muitas vezes em condições desesperadoras, para o Norte, abarrotado de riqueza e com populações decrescentes, nota-se que os migrantes miseráveis constituem o verdadeiro emblema que não pode e não quer ser visto da globalização que prossegue. Contra eles se erigem muros quilométricos, de concreto ou de policiais armados, nas fronteiras Norte-Sul, tão vergonhosos para o "sistema" hoje dominante e único, com sua iniquidade absurda, quanto o "Muro da Vergonha" o foi para o stalinismo e a Alemanha do Leste. A diferença é que antes o Muro de Berlim, os soldados de vigia, os cães e o arame farpado acusavam o lado do qual se tentava escapar, sob o risco de morte, prisão, tortura e internamento em *gulags*. O muro de concreto atual, na fronteira do Rio Grande na América do Norte, assim como o da vigilância anti-imigrantes nos países da União Europeia, é vergonha que clama contra os dois lados: aquele dos miseráveis que tentam escapar da fome e o dos empanturrados que se cercam para defender à bala sua afluência excessiva. Ou, melhor, acusa a todos que compartilham e aceitam, sem buscar alternativas, o mundo "globalizado" de agora.

VOLTANDO AOS DIREITOS HUMANOS E AO DIREITO DOS REFUGIADOS

Não é preciso repetir neste trecho que o Direito Internacional dos Refugiados, na qualidade de "irmão", "filho" ou simples "vertente", assim como o *jus in bello* das Convenções de Genebra de 1949, é

18   Ibidem, gráfico 1.1, p. 20.

indissociável do Direito Internacional dos Direitos Humanos. Mais importante é notar que, desses três ramos do direito chamado humanitário, cujo titular é a pessoa humana, não os Estados, as corporações ou outras entidades atuantes na esfera transnacional, apenas o dos direitos humanos conta com órgãos internacionais legítimos de supervisão. Não me refiro a ONGs, nem a órgãos da ONU, nem a seminários de especialistas que costumam reunir-se em cidades agradáveis do mundo para discutir matérias importantes. Refiro-me aos chamados "órgãos de tratados" (*treaty bodies*), estabelecidos pelos próprios pactos e convenções que formam o instrumental jurídico, emanado da Declaração Universal de 1948, do Direito Internacional dos Direitos Humanos.

Conforme o entendimento de todos, os principais tratados de direitos humanos e seus respectivos órgãos de monitoramento são seis (possivelmente prestes a tornar-se sete):

- o Pacto Internacional Sobre Direitos Civis e Políticos, com seu ainda denominado "Comitê de Direitos Humanos" (nome aberrante que indica *per se* a prioridade, senão exclusividade, que a ONU, por impulsão dos Estados Unidos na década de 1950, atribuía aos direitos civis e políticos sobre os direitos econômicos e sociais);
- o Pacto Internacional Sobre Direitos Econômicos, Sociais e Culturais, com seu Comitê de Direitos Econômicos, Sociais e Culturais (esse pacto, adotado pela ONU junto com o anteriormente citado em 1966, é o único instrumento cujo texto original não um comitê especial, ficando seu acompanhamento por conta do Conselho Econômico e Social [Ecosoc], até a constituição desse comitê em 1985, por decisão do próprio Ecosoc);
- a Convenção Internacional Sobre a Eliminação de Todas as Formas de Discriminação Racial, com seu Comitê Para a Eliminação da Discriminação Racial (conhecido pela sigla inglesa Cerd);
- a Convenção Sobre a Eliminação de Todas as Formas de Discriminação Contra a Mulher, com seu Comitê Para a Eliminação da Discriminação Contra a Mulher (conhecido pela sigla inglesa Cedaw);

- a Convenção Contra a Tortura e Outros Tratamentos ou Penas Cruéis, Desumanos ou Degradantes, com seu Comitê Contra a Tortura;
- a Convenção Sobre os Direitos da Criança, com seu Comitê dos Direitos da Criança.

Um sétimo instrumento jurídico, a Convenção Sobre a Proteção dos Direitos de Todos os Trabalhadores Migrantes e Suas Famílias, adotada pela Assembleia Geral da ONU em 18 de dezembro de 1990 (Resolução 45/158), entrou em vigor em 1º de julho de 2003, contando ainda com poucas ratificações[19]. Ela também previa um comitê de monitoramento, o Comitê Para Proteção dos Direitos dos Trabalhadores Migrantes, que foi empossado e realizou sua primeira sessão em março de 2004. Por se tratar de algo muito novo, de aceitação limitada, é difícil avaliar a importância real que esse instrumento e seu *treaty body* terão. Em princípio, ele tem tudo para tornar-se tão relevante – ou irrelevante – quanto os demais tratados de direitos humanos, pois se dedica a um dos problemas mais delicados da atualidade, aparentado ao problema dos refugiados e das pessoas deslocadas. Só que, envolvendo migrantes motivados pela penúria individual num contexto de falta de oportunidades econômicas do país de origem, seus objetivos se chocam de frente com os dos beneficiários do sistema existente. E isso, evidentemente, os propulsores da "globalização neoliberal", que é liberal apenas para empresas, finanças e produtos seus em terras dos outros, não gostam de discutir.

Todos os "órgãos de tratados" aqui citados são compostos de peritos, eleitos pelos Estados-partes, que atuam a título individual (não como representantes de seu Estado de origem ou adoção) e examinam o nível de cumprimento do respectivo pacto ou convenção com base em relatórios periódicos que os Estados-partes se comprometem a submeter. Ao fazê-lo, normalmente comparam as informações do governo com aquelas disponíveis de outras fontes variadas, pedindo esclarecimentos e recomendando ações.

---

19 Conforme já visto anteriormente, depois entraram em vigor dois outros instrumentos importantes: a Convenção Sobre as Pessoas Com Deficiências e a Convenção Contra os "Desaparecimentos".

Não posso falar com segurança a respeito de todos os comitês, mas posso assegurar, por minha experiência já de seis anos no Cerd, que esse órgão de supervisão da convenção sempre dedica atenção à questão dos refugiados ao examinar cada relatório. Da mesma forma que tem dedicado atenção crescente, às vezes quase exclusiva, ao tratamento acordado aos imigrantes em geral, sobretudo oriundos do Terceiro Mundo, nos países do Primeiro. Além de cobrar medidas que assegurem a não discriminação contra imigrantes e refugiados em cada país examinado, o Cerd, que adota recomendações gerais a serem seguidas pelos Estados-partes e por ele próprio, já adotou uma Recomendação Geral (número XXII), em 1996, especificamente dirigida aos refugiados e pessoas deslocadas. Em seu preâmbulo essa recomendação manifesta-se consciente das "correntes maciças de refugiados e deslocamentos de pessoas provocadas por conflitos" e recorda o princípio da não discriminação da Declaração Universal dos Direitos Humanos, a própria convenção que determina seu trabalho, a convenção de 1951 e o Protocolo Sobre o Estatuto dos Refugiados "na qualidade de instrumento principal do sistema internacional para a proteção dos refugiados em geral". Em seguida, na parte operativa, chama a atenção dos Estados-partes para sua obrigação de aplicar o artigo 5º da Convenção Contra a Discriminação Racial (artigo que enumera os direitos civis, políticos, econômicos, sociais e culturais cujo gozo os Estados têm obrigação de garantir sem discriminações), insistindo, finalmente, nos direitos particulares de todos os refugiados e pessoas deslocadas "de regressar livremente a seu lugar de origem em condições de segurança". Ao fazê-lo, lembra a obrigação dos Estados-partes de respeitar os princípios da "não devolução" (*non-refoulement*) e da não expulsão; o direito dos refugiados e deslocados de, uma vez reassentados, terem seus bens restituídos ou compensados por indenização, sendo nulos os compromissos feitos sobre esses bens sob coação; o direito dos refugiados e deslocados, uma vez reassentados no lugar de origem, de participarem plenamente e em condições de igualdade de todos os serviços públicos, assim como de receberem assistência para a reabilitação. Ao realizar, portanto, suas funções previstas no respectivo tratado de direitos humanos, esse órgão de monitoramento – tal como suponho seja feito pelos outros – concretiza, também, automaticamente, a vinculação entre os direitos humanos e o Direito Internacional dos Refugiados.

OS DIREITOS NA ATUALIDADE VIVIDA

> *o essencial, em todo caso, é que, toda vez que os refugiados não representam mais casos individuais, mas, como acontece hoje mais e mais frequentemente, um fenômeno de massa, tanto essas organizações quanto os Estados individuais, malgrado as solenes evocações dos direitos "sagrados e inalienáveis" do homem, demonstraram-se absolutamente incapazes não só de resolver o problema, mas até de simplesmente encará-lo de modo adequado.*
>
> *A separação entre o humanitário e o político que hoje presenciamos representa a extrema fase de separação entre os direitos humanos e os direitos dos cidadãos.*
>
> GIORGIO AGAMBEN [20]

Tudo isso soa bem, mas destoa radicalmente daquilo que os filósofos alemães chamam *Lebenswelt*, o mundo da vida[21]. É que neste, diferentemente da esfera jurídica, onde a igualdade é premissa e a universalidade não pode ser seletiva, o real tem tramas impostas que anulam a trama tecida.

Já vimos como a globalização capitalista, desenfreada pelo desaparecimento de sistemas alternativos – os países "comunistas" restantes na década de 1990 (talvez com as exceções de Cuba e do Vietnã) só o eram no nome do partido – e acelerada na forma de um neoliberalismo sem qualquer preocupação social, ao mesmo tempo em que permitia a asserção dos direitos humanos como última utopia, destruía esses mesmos direitos, inclusive nas categorias dos direitos civis e políticos. Nessas condições, não era de estranhar que à obsessão materialista do capital correspondesse a busca de alternativas espirituais que dessem algum

---

20   *O Homo Sacer: O Poder Soberano e a Vida Nua*, p. 140.

21   Evito usar a expressão "mundo real", ou "realidade concreta", ou qualquer outra parecida, para não dar a impressão de que considero o Direito Internacional uma criação abstrata irrealista. Uma vez positivadas, as normas existem de fato, ainda que não sejam seguidas nem disponham de poder coercitivo.

tipo de conforto aos menos aquinhoados de sociedades ricas e aos "danados da terra", do mundo subdesenvolvido. Seitas de todos os tipos, que já existiam antes como modismos norte-americanos que o mundo sempre gostou de importar, passaram a proliferar, na forma de novas igrejas, inclusive evangélicas. Os novos gurus e "bispos" se multiplicaram, em substituição aos terapeutas psicanalistas de antes, sempre caros e inacessíveis ao vulgo, e aos líderes revolucionários que se propunham mudar a situação de pobres e ricos na terra. Desesperançados desta vida, os indivíduos, em atitude que lembrava a frase meio chocante de certo filósofo atualmente malquisto, voltavam-se para o céu, quando não para doutrinas orientais conformistas recicladas na Califórnia, com ou sem ajuda de drogas. Não era, pois, de surpreender que entre os crentes inconformados com a situação do mundo material, liderado pelo Ocidente, alguns, sobretudo da segunda – ou primeira – maior religião em número de seguidores, de cultura não ocidental, passassem a atuar como "mártires" em operações de "guerra santa", as quais lhes dão a "certeza" de acesso ao paraíso do espírito.

O terrorismo fundamentalista, não somente islâmico, mas também judaico, hindu ou sikh, para não falar de seitas assassinas menores, como o Cercle du Soleil na Suíça e na França, sem esquecer dos neonazistas "brancos e cristãos" ainda em moda, foi uma constante em toda a década de 1990. Nela ocorreu inclusive um primeiro atentado idealizado e feito por integrista islamita, de efeito reduzido, mas de importância simbólica, contra o World Trade Center, em Nova York. Embora o país que mais sofreu até hoje por causa do terrorismo islâmico tenha sido a muçulmana Argélia, com seus 200 mil mortos na guerra entre o governo e os chamados *fous de Dieu* (loucos de Deus)[22], o acontecimento que realmente inaugurou o século XXI com as características de hoje foi a destruição espetacular e completa das torres do World Trade Center, em ataques perpetrados em território dos Estados Unidos, usando aviões de transporte de passageiros, que atingiram até o Pentágono.

É claro que os mortíferos atentados foram atos monstruosos em si, produzindo uma solidariedade mundial, justificada,

---

22 Incomparavelmente mais, portanto, que os 32 mil civis e 3 mil soldados norte-americanos registrados como mortos no Iraque desde 2003 até janeiro de 2007.

espontânea e inédita, com o país agredido. Por mais que eu próprio já o tenha citado em outros textos, não deixo de recordar novamente o editorial do francesíssimo *Le Monde*, de 12 de setembro de 2001, interpretando o ocorrido na véspera como agressão da barbárie à civilização como um todo, sob o título: "Somos Todos Americanos!" (*Nous somme tous Américains*!). E na verdade a solidariedade com a terra do Tio Sam dessa vez foi planetária, envolvendo Oriente, Ocidente, Norte e Sul.

Nunca houve, dessa forma, um momento tão propício para disseminar com coerência e vigor os melhores valores ocidentais no mundo, entre eles, evidentemente, os da liberdade, da democracia e dos direitos humanos. Podia ter sido o momento de fazer os dois lados do conflito na Palestina, por exemplo, sentarem e resolverem de uma vez o diferendo, com as concessões recíprocas que todos sabem necessárias. Podia ter sido a ocasião para se refletir seriamente sobre o que vinha produzindo o aumento do terrorismo. Podia ter dado margem às mudanças necessárias no sistema que estava causando tantos "danos colaterais" à humanidade. Infelizmente a escolha foi a pior possível: o uso de força esmagadora em operação vingativa, para caçar, no Afeganistão, o indivíduo apontado como autor intelectual dos ataques. A escolha pode ter sido norte-americana, mas a ela se associaram todas as potências do Ocidente, com o apoio – um tanto forçado, é verdade – de vizinhos orientais muçulmanos. E, como atualmente se sabe por informações diárias, essa operação de aliados, a maioria dos quais muito ricos e bem equipados, contra um país miserável, dividido entre tribos guerreiras, sem exército nem armamento avançado, de início muito louvada como exitosa em tempo recorde, hoje se comprova derrotada: o Afeganistão triplicou a produção de heroína, as mulheres afegãs, em suas burcas, continuam a viver sem direitos, o terrorismo no país recomeça e os talibãs continuam a mandar nas áreas sob seu domínio, que já voltou a estender-se.

Mas isso não é o pior para o tema de que aqui se trata. Mais grave foi a adoção imediata de legislação no Ocidente contrária aos direitos humanos que o próprio Ocidente divulga. Não vou repetir neste texto as estipulações do U.S. Patriot Act, nem de legislações aparentadas na Europa, na "guerra contra o terror". Recordo, sim, os sofismas utilizados para justificar a não

288 É PRECISO SALVAR OS DIREITOS HUMANOS!

aplicação do direito humanitário aos cativos do Afeganistão transferidos para Guantánamo, a recusa em enquadrá-los na definição de "prisioneiros de guerra" da Convenção de Genebra de 1949, a própria escolha de Guantánamo, no território de Cuba, para o campo de detenção, por ficar fora dos Estados Unidos, assim não sujeito às leis territoriais norte-americanas. Recordo, sim, mais uma vez, a observação da Anistia Internacional, em resposta aos sofismas "neoconservadores", de que todos os indivíduos detidos no contexto da "guerra contra o terrorismo", fosse em território americano, fosse em prisões no exterior, além de protegidos pelo Direito de Genebra para as situações de conflito, eram pessoas humanas titulares dos direitos fundamentais regulados no Pacto Internacional de Direitos Civis e Políticos. Não poderiam ser submetidas a maus tratos como prisioneiros de qualquer espécie, conforme dispositivo não passível de suspensão nem em estados de emergência[23].

Quando falei em capítulo anterior que o Direito dos Refugiados e o Direito Internacional dos Direitos Humanos formam um círculo fechado, que não se pode tentar reabrir sem prejuízos jurídicos e políticos em qualquer direção que se mova, mais do que na definição de refugiados, pensava na situação em que hoje se encontram os direitos humanos no mundo. A chamada "guerra contra o terrorismo", declarada por Washington com endosso formal do Congresso, contra um inimigo difuso, rompeu violentamente esse círculo. A ruptura se deu de forma mais evidente ao descredenciar a "terceira vertente" do Direito Humanitário, dos prisioneiros de guerra, ao abrigo da Convenção de Genebra de 1949. Fê-lo, também, na mesma época, violando direitos humanos civis de não cidadãos considerados suspeitos, indefinidamente detidos nos Estados Unidos e fora deles, sem indiciamento, *habeas corpus*, processo judicial ou direito de defesa. Essas violações não podiam sequer ser denunciadas sem que logo se acusasse o denunciante de colaborador antipatriótico dos terroristas[24].

23 Para uma análise mais detida desses episódios, ver J.A. Lindgren Alves, *Os Direitos Humanos na Pós-Modernidade*, especialmente o capítulo 8.

24 Como observou o Paul Chevigny, da Universidade Nova York, em palestra no Instituto Brasileiro de Ciências Criminais, em São Paulo, em 2003: "As atitudes atuais do governo norte-americano não são comparáveis à repressão, legal e extralegal, existente no Cone Sul de vinte anos atrás. Mas algumas delas são ▶

Ultrapassada essa primeira fase de instauração de uma espécie de estado de exceção não declarado[25], com medidas de emergência (nos Estados Unidos ao abrigo da noção de um "estado de guerra" contra o terrorismo, em seus aliados alhures, com gradações variadas, sem ela), com suspensão não expressa de direitos fundamentais, já não causam espanto as denúncias rotineiras de torturas (ilustradas muitas vezes com fotos "divertidas", não apenas em Abu Ghraib), "prisões clandestinas" ou "voos secretos" para o transporte de prisioneiros, inclusive em território e espaço aéreo da Europa. Tampouco causou condenação internacional manifesta a sanção protocolar e pomposa, em 2006, de lei que autoriza, com outro nome, a tortura, exibida na televisão de Washington para o mundo. Afinal, pior do que ela, ou mais cínica, era a prática reconhecida e muito aplicada da *rendition*: "terceirização militar" dos maus tratos inquisitoriais por meio da entrega de prisioneiros a países onde as normas de interrogatórios seriam "menos rígidas".

Faço aqui um parêntese para ressaltar minha repulsa ao terrorismo, onde quer que ocorra, assim como meu entendimento de que é preciso combatê-lo com determinação e firmeza. Não aceito a assimilação intelectual absurda de fanáticos religiosos, irracionais e pudibundos, de qualquer crença, a revolucionários anticapitalistas que combatem a exploração ocidental. Os atentados são, em geral, realmente tão chocantes que inspiram, em qualquer pessoa, ganas de retaliação à altura. Mas o Estado de Direito não pode agir por impulso. Ao decidir violar direitos fundamentais arduamente conquistados e, afinal, consagrados em normas internacionais consistentes, o combate ao terrorismo – que não é instituição, nem pessoa, mas fenômeno que tem suas causas – destrói simultaneamente a noção de democracia e Estado de Direito, que o Ocidente propunha-se espalhar pelo mundo. Quem ganha são os terroristas, inimigos convictos e assumidos de tais valores iluministas. E nem de dissuasão isso serve para indivíduos dispostos ao martírio.

     ▷ aflitivamente familiares para muitos"; A Repressão nos Estados Unidos Após o Atentado de 11 de Setembro, *Sur – Revista Internacional de Direitos Humanos*, ano 1, n. 1.

25   Até porque, como explica Giorgio Agamben, a doutrina anglo-saxã, ao contrário da alemã, não utiliza essa terminologia, usando apenas expressões como *emergengy powers* ou *martial law*; Estado de Exceção, p. 14-15.

Não posso dizer com certeza que a violação das duas aqui citadas vertentes do Direito Internacional dos Direitos Humanos, a Convenção de Genebra de 1949 e o Pacto de Direitos Civis e Políticos de 1966, tenha acarretado violações dos dispositivos literais estabelecidos em normas do Direito dos Refugiados, mas suspeito seriamente que sim. A operação aliada relâmpago no Afeganistão produziu uma onda gigantesca de fugitivos. No início de 2003 seu número, conforme registro do Acnur, chegava a 2.500 milhões afegãos, a maioria dos quais concentrados no Paquistão[26]. Entre os muitos muçulmanos arbitrariamente detidos em diferentes países, alguns devem ter sido, suponho, pessoas a quem se reconhecera antes a condição de refugiado, conforme a convenção de 1951. De qualquer forma, o espírito da convenção tem sido seriamente violado, pois os Estados passaram a rever sua sistemática de concessão de asilo pelo ângulo da segurança, adotando mais procedimentos restritivos. Além disso, a prática da *rendition*, envolvendo refugiados ou não, é usada precisamente para que o prisioneiro seja interrogado com tratamento cruel, muitas vezes em sua terra de origem. Ela constitui, assim, o *refoulement* elevado à última potência. Pior que isso tudo, porém, é o efeito-demonstração que essas arbitrariedades têm tido em outras situações, gerando fluxos novos de refugiados.

Não se pode ter certeza de que a invasão do Afeganistão tenha influenciado diretamente a Palestina. Sua situação *per se* sempre foi causa e efeito de terrorismo e repressão violenta. Contudo os bombardeios no Afeganistão, no final de 2001, com o intuito de desbaratar a Al-Qaeda, pode haver influenciado a violência incomum deslanchada na mesma época nos territórios ocupados. A segunda guerra no Iraque nada teve a ver com a chamada "ingerência humanitária". Desde que se falou no célebre "eixo do Mal", ela pareceu uma continuação natural das ações militares aliadas no Afeganistão. Somente quando se comprovou que a motivação de segurança alegada – a acumulação clandestina de armas de destruição em massa – era falsa, nunca se tendo afirmado que Saddam Hussein tinha algo

---

26 United Nations High Commissioner for Refugees, *2003 Global Refugee Trends*, Genebra, 15 de junho de 2004, p. 3. Em 2003, o Afeganistão continuava a ser o país de origem do maior número de refugiados ou pessoas "objeto de atenção" do Acnur.

OS DIREITOS HUMANOS E OS REFUGIADOS EM TEMPO DE GLOBALIZAÇÃO... 291

a ver com Al-Qaeda, é que se passou a dizer que o Iraque fora ocupado para salvar os iraquianos de um brutal ditador. O efeito-demonstração de toda essa violência há de ter inspirado Israel no bombardeio desproporcional do Líbano, na guerra contra o Hizbollah do verão de 2006, causando, milhares de vítimas civis e, segundo cálculos da época, um milhão de refugiados ou deslocados internos. Assim como vem inspirando os surtos de terrorismo e o recrudescimento do fundamentalismo em todas as comunidades islâmicas que antes pareciam secularizadas em países ocidentais e alhures. O que virá na sequência do Afeganistão e do Iraque não é difícil de prever: o alvo do discurso agressivo agora é o Irã, mas outros serão inventados. Se não preferirem, como opção estratégica, concentrar-se numa única área ocupada, como é o caso do Iraque em 2006/2007, os *mujahidins* fanáticos se espalharão ainda mais.

Curiosamente, em paralelo às ações militares "preventivas" e punitivas, "ingerências" humanitárias e não humanitárias, calamidades naturais e catástrofes de causa humana que se multiplicam em áreas diferentes, o número de pessoas "sob responsabilidade" do Acnur tem diminuído nos últimos anos. Havendo chegado ao recorde de 27,4 milhões em 1994, dez anos depois, em 2004, ele se situava na casa do 17,5 milhões. Mas esses números, registrados pelo Acnur em seu relatório de 2006, eram por ele próprio considerados enganadores. Referem-se apenas aos refugiados, deslocados, retornados voluntários ou apátridas que são objeto de sua atenção. No mesmo ano de 2004, o número total do conjunto de pessoas em fuga era estimado em 25 milhões[27]. Isso porque a maior parte é de deslocados internos aos quais o Acnur não consegue ter acesso. Do Iraque, por exemplo, "apenas um pequeno número conseguiu escapar para o exterior". Esses são os casos também de Uganda, com 1,4 milhão, da República Democrática do Congo, com 1,5 milhão, e do Sudão, com 6 milhões de pessoas deslocadas, todas por conflitos internos. Além disso, mesmo quando o fugitivo das guerras consegue cruzar a fronteira, raramente é acolhido com simpatia. Conforme o mesmo relatório, "a hostilidade com refugiados e solicitantes de asilo aumentou com

---

27 UNHCR, *The State of the World's Refugees, 2006: Human Displacement in the New Millenium*, p. 153.

o fim da Guerra Fria [...] Em várias emergências recentes os Estados têm fechado suas fronteiras" Na explicação de António Guterres, atual alto comissário das Nações Unidas para Refugiados, três causas principais podem ser apontadas para a redução do número de refugiados: a. em conflitos predominantemente internos, as pessoas que normalmente escapariam são muitas vezes forçadas a permanecer dentro das fronteiras; b. os Estados de acolhida vêm adotando medidas crescentemente restritivas por motivo de segurança; c. muitos candidatos a asilo se misturam aos emigrantes econômicos, sendo objeto da mesma intolerância de que os segundos são vítimas[28]. Ou seja, a diminuição presente nos números de refugiados, longe de significar uma diminuição do problema, indica tão somente uma mudança de configuração. Infelizmente, como é o caso com quase tudo neste século, a mudança tem sido para pior.

O pensador Giorgio Agamben, filósofo italiano da melhor cepa, agora "descoberto" e popularizado, foi buscar no *homo sacer*, figura do direito romano arcaico, mais do que a metáfora, a origem da condição humana na fase contemporânea. Simultaneamente "sagrado" e "maldito", o *homo sacer* não serve para sacrifícios rituais, mas pode ser morto a qualquer momento sem que isso configure um crime. Pensando-se na definição de Hannah Arendt, do homem sem cidadania, reduzido a sua vida nua, meramente natural, passível de eliminação "como se fosse um piolho", tal como Hitler dizia[29], o *homo sacer* parece, em primeiro lugar, o candidato ao refúgio ou deslocado das guerras, desprovido de proteção para poder ter direitos. A análise de Agamben vai, porém, mais longe: vivendo em estado de exceção permanente, deliberadamente escolhido, o *homo sacer* é o homem contemporâneo comum, maldito com seus direitos, "sagrados" porém suspensos, em toda e qualquer latitude. Seu campo de detenção é o mundo. Em suas palavras terríveis, mas tenebrosamente pertinentes:

O estado de exceção, hoje, atingiu exatamente seu desdobramento planetário. O aspecto normativo do direito pode ser, assim, impunemente eliminado e contestado por uma violência governamental que, ao

28 Ibidem, p. X.
29 *Homo Sacer: Le Pouvoir et la vie nue*, p. 125.

ignorar no âmbito externo o direito internacional e produzir no âmbito interno um estado de exceção permanente, pretende, no entanto, ainda aplicar o direito.[30]

ESPERANÇAS TEIMOSAS

Para não encerrar com uma visão tão funérea, apesar disso tudo que eu disse, e das análises profundas, atualíssimas, de Agamben, prefiro recordar, ao contrário, alguns fatos positivos, nesse contexto gravemente adverso.

A existência do Acnur é um deles. Apolítico, de inspiração humanitária, o Alto Comissariado das Nações Unidas Para os Refugiados não resolve a questão, nem ter qualquer pretensão de fazê-lo, nem pode evitar as crises. Ele tampouco confere cidadania, que tanto Agamben como Arendt consideram o alicerce do direito de ter direitos. Esforça-se, contudo, por minorar as desgraças de quem a perde ou não a pode exercer. E muitas vezes tem êxito em conseguir proteção emprestada àqueles que só dispunham, pela fuga de suas terras, da natural "vida nua". O Acnur também ajuda os chamados "retornados", ex-refugiados que voltam voluntariamente, depois de passada a ameaça, a suas terras de origem. É, portanto, entidade coerente e não panfletária, com escritórios mantidos em 115 países, que também auxilia as pessoas a readquirirem cidadania. O antigo escritório do Acnur no Brasil, fechado, como já vimos, com sua missão cumprida após a criação do Conare num país redemocratizado, ajudou a redigir, aprovar e sancionar a Lei 9.474, de 22 de julho de 1997, acorde com a Convenção de Genebra, nosso "Estatuto dos Refugiados", que agora completa dez anos.

O Brasil recebe poucos refugiados, cerca de 2,5 mil no ano da virada do século[31]. Mas não está fechado a eles. E já exportou um bom número na época dos governos militares. O Brasil tampouco tem conflitos e terrorismo dos tipos que se veem cá fora. Por isso muito do que aqui foi dito pode soar distante, remoto, sem propósito. Garanto que é pertinente, pois o Atlântico e as distâncias são insuficientes para nos permitir isolamento num

30 *Estado de Exceção*, p. 121.
31 Cf. G.A. de Almeida, op. cit., p 114.

294 É PRECISO SALVAR OS DIREITOS HUMANOS!

mundo já tão interligado. Nem nos interessa obtê-lo. Hoje já não exportamos exilados, candidatos a asilo e refúgio, mas viramos um país de emigrantes, que muitas vezes se arriscam para ganhar a vida, com menos dificuldades, lá fora.

Com visão muito diferente de rincões mais poderosos que, ameaçados ou não, descredenciam os direitos humanos com suas práticas atuais, o Brasil, e creio poder dizer quase toda a América Latina, acredita nos direitos humanos como utopia para ajudar a nós mesmos. Os problemas são imensos, mas os direitos se mantêm como meta teleológica – como aliás é o caso em partes mais "avançadas" do mundo. O movimento nacional em sua defesa pode andar desarticulado, mas ainda mobiliza esforços para protegê-los. Se os resultados são poucos, é porque a realidade interna é difícil, e a externa, exasperante. Além disso, a inspiração bem-intencionada de fora, quando existe, demonstra-se tão inadequada à situação nacional que frequentemente acaba por deturpar os objetivos que precisamos perseguir. Ainda assim é importante que o Brasil continue a valorizar o Direito Internacional dos Direitos Humanos, dialogando com os órgãos e mecanismos de proteção, recebendo os relatores da ONU, cumprindo escrupulosamente as sentenças da Corte Interamericana de Direitos Humanos. Para nós, esses instrumentos judiciais e políticos não representam uma arma de provocação para utilização contra outrem; constituem uma forma de auxílio, para as vítimas e para o governo, que precisa estar vigilante[32].

Somos um país democrático, com eleições periódicas de correção incontestes. Disso devemos orgulhar-nos. Mas somos também, os cidadãos brasileiros, *homines sacri* em nossas sitiadas metrópoles. Não temos estado de sítio, do ponto de vista jurídico, decretado ou disfarçado, nem medidas de emergência internas que firam nossos direitos. Mas eles ainda são em geral muito pouco observados. O estado de exceção em que vivemos

---

32 É dentro dessa lógica que se insere a aprovação pelo Congresso Nacional, em dezembro de 2006, do Protocolo Facultativo da Convenção Contra a Tortura, que permite visitas não anunciadas de inspeção a centros de detenção brasileiros por órgão independente internacional e órgão independente nacional, como meio de prevenção. Ao se escreverem estas linhas, o Brasil estava prestes a ratificar esse novo instrumento (aprovado pela Assembleia Geral das Nações Unidas em 18 de dezembro de 2002).

não advém do Estado; advém da falta dele, de erros e omissões do passado e do presente, com efeitos que alguns comparam em números aos de grandes conflitos armados. Se não atuarmos na base que gera o crime, com políticas consistentes de melhoria social e estratégias legais, repito, legais, de combate à criminalidade, terminaremos sendo por inteiro aquilo de que já somos o esboço: titulares de cidadania, mas prisioneiros de campos de concentração gigantes, com medo de nosso extermínio por criminosos à solta.

11. Cinquenta Anos da Declaração Universal dos Direitos Humanos:

três "colunas" como prelúdio retrospectivo ao que vinha

DIREITOS HUMANOS:
PARADOXOS DO FIM DO SÉCULO XX[1]

Um dos fatos mais característicos deste fim de século consiste na força extraordinária com que os direitos humanos vêm-se afirmando na agenda internacional. Evidência e vetor dessa tendência, a Conferência de Viena de 1993, inserida na sequência de grandes conferências da década de 1990, logo após o ECO-92, sobre o meio ambiente e o desenvolvimento, influiu decisivamente em todas as demais – a do Cairo, sobre população, a de Copenhague, sobre o desenvolvimento social, a de Pequim, sobre a mulher, e a de Istambul, sobre os assentamentos humanos –, de tal forma que todas elas passaram a referir-se aos direitos humanos, mais do que como um objetivo em si, como um instrumento essencial à consecução dos objetivos nas outras áreas.

Pela óptica conceitual, a Conferência de Viena equacionou com êxito as difíceis questões da soberania e da legitimidade da preocupação internacional com a matéria, assim como da

---

1 *Juízes Para a Democracia*, ano 3, n. 9, out. 1996, caderno periódico da associação homônima em São Paulo

eterna disputa entre universalismo e particularismo. Conseguiu, também, conferir caráter efetivamente universal aos direitos consagrados na Declaração Universal de 1948, aprovada na época por apenas 48 dos 56 países que integravam a ONU – sem a participação, portanto, dos dois terços da humanidade, então sob domínio colonial. Fê-lo por meio da aprovação consensual pela comunidade de nações – em 1993 já totalmente independente – de seu documento final: a Declaração e Programa de Ação de Viena. Nele se afirma que a natureza universal dos direitos humanos "não admite dúvidas"; que as particularidades nacionais e regionais devem ser levadas em consideração, "mas é dever dos Estados promover e proteger todos os direitos humanos e liberdades fundamentais, independentemente de seus sistemas políticos, econômicos e culturais"; e que a promoção e proteção de tais direitos são "objetivo prioritário das Nações Unidas e preocupação legitima da comunidade internacional".

Se, por um lado, do ponto de vista normativo, os direitos humanos se acham agora consensualmente universalizados e as cobranças internacionais legitimadas, por outro, as ameaças concretas a esses mesmos direitos vêm-se avolumando de maneira assustadora. Os horrores perpetrados na Bósnia e em Ruanda só ficam aquém da Alemanha nazista em termos quantitativos. O fundamentalismo religioso, intolerante e com feições brutais, não cessa de estender-se por todo o mundo muçulmano. A agressividade do racismo volta a assolar os Estados Unidos, reavivando a prática da queima de igrejas. A xenofobia massacra imigrantes na Europa. A violência criminal e policial impune aterroriza o quotidiano brasileiro. O "integrismo do mercado" faz crescer constantemente os contingentes de excluídos.

As origens dessa contradição são múltiplas, mas sua essência pode ser localizada no próprio âmbito dos direitos humanos. Quando pensamos em tais direitos, o que logo nos vem à mente são direitos civis e políticos ou, mais particularmente, suas violações: torturas, discriminações, atos e omissões contra a vida, a liberdade e a segurança física das pessoas. Não obstante, a Declaração Universal de 1948 consagrou também outra categoria de direitos, econômicos, sociais e culturais, compreendendo os direitos ao trabalho e à remuneração justa, ao repouso e a férias remuneradas, a um padrão de vida adequado à saúde e ao bem-estar, à instrução gratuita nos graus elementares, à participação cidadã na vida da comunidade. E a ONU vem há muito assinalando um ponto não negligenciável que a Conferência de Viena reiterou: a inter-relação, a interdependência e a indivisibilidade de todos os direitos humanos.

A noção de direitos revigorada com o fim da Guerra Fria não tem sido, na realidade, a de todos os direitos consagrados na Declaração Universal de 1948. Os direitos econômicos, sociais e culturais parecem ter sido esquecidos. É verdade que um dos principais fatores da desintegração dos regimes de chamado "socialismo real" foi sua incapacidade de reconhecer a importância elementar e vital dos direitos civis e políticos, esmagando as liberdades individuais intrínsecas à própria noção de modernidade. Não foi, porém, a vitória do liberalismo democrático sobre o comunismo que provocou a presente desconsideração dos direitos econômicos e sociais em escala planetária. Foi, sim, a disseminação generalizada da ideologia não assumida do neoliberalismo, excludente e indiferente, contra o chamado "Estado Providência". A linguagem em voga, dentro da própria ONU, do desenvolvimento humano é útil, sem dúvida, em contraposição à do desenvolvimento econômico *tout court*. Todavia substitui na prática contemporânea o conceito mais cogente dos direitos em sua dimensão social.

A luta internacional pelos direitos civis e políticos é justa e necessária. A ela o Brasil democrático se tem dedicado com empenho. Desde 1992 completamos nossa adesão a todos os pactos e convenções da ONU e prestamos conta a seus monitores dos esforços e dificuldades do país. Resultado de amplas consultas entre o governo e a sociedade, em particular a comunidade de ONGs dedicadas à matéria, o Programa Nacional de Direitos Humanos lançado pelo presidente da República representa passo importante, cuja implementação exigirá a participação de todos: governo, congresso, magistratura e sociedade civil, nos três níveis de nossa federação. Faz-se necessário, para isso, que a sociedade civil organizada saiba agora redirecionar suas ações e pressões para todos os atores que devem, incontornavelmente, intervir no processo.

De um modo geral, em todo o mundo, as ONGs de direitos humanos formulam denúncias e cobranças sempre ao Poder

Executivo central. E concentram suas atenções, quase exclusivas nos direitos civis e políticos. Isso porque se acostumaram a confrontar ditaduras, para cuja abolição muito contribuíram. Naturalmente, as cobranças de atitudes ao Executivo central continuam válidas nos sistemas democráticos, pois com ele permanecem a primeira responsabilidade e o poder de iniciativa para a correção das deficiências nacionais. Mas, em democracias, o Executivo não é todo-poderoso. É imprescindível que, uma vez acolhidas as reivindicações legítimas pelo Executivo, as ONGs saibam atuar sobre os demais poderes e agentes, estendendo suas pressões e sugestões a todos os níveis da administração, levando em conta a complexidade inerente ao exercício do poder num Estado de Direito. No caso do Brasil, algumas iniciativas importantes do Executivo federal, muitas vezes tomadas em função de alertas das ONGs, perdem-se nas mãos de outros agentes ou outros níveis da administração pública e privada, com os quais as ONGs pouco ou nada interagem.

Enquanto na esfera interna a parceria governo-sociedade é hoje reconhecidamente essencial para a consecução de objetivos comunitários, na esfera internacional não se pode esquecer que os direitos econômicos, sociais e culturais requerem cooperação. Assim estipulam o respectivo pacto internacional de 1966 e os demais documentos das Nações Unidas sobre a matéria. E se a cooperação internacional era necessária na década de 1960, ela o é *a fortiori* na fase atual de globalização.

Temos visto, hoje em dia, uma grande e justa mobilização planetária contra o trabalho infantil e outras formas de trabalho assemelhadas à escravidão, conduzida pelas instituições governamentais e ONGs de direitos humanos. A mobilização na forma de denúncias é, como sempre, válida e necessária, sobretudo para impulsionar ações governamentais, quase sempre punitivas. Mas não são apenas os governos que precisam agir contra o fenômeno. Sem iniciativas voluntárias ou induzidas dos demais atores socioeconômicos, principalmente empresários, a repressão governamental será inócua para os fins desejados.

A batalha pelos direitos humanos é não apenas uma característica, mas também, sem dúvida, o mais positivo desenvolvimento histórico do mundo pós-Guerra Fria. Ela precisa, contudo, ser abrangente. E ajudar a florescer também maior

CINQUENTA ANOS DA DECLARAÇÃO UNIVERSAL DOS DIREITOS HUMANOS 301

racionalidade social no campo econômico, ainda que contrária as razões do mercado. Afinal, todos sabemos que os direitos civis e políticos não se realizam no vácuo.

Tanto no âmbito nacional quanto no internacional, neoliberalismo e direitos econômico-sociais são termos antinômicos. Como assinala a Declaração de Viena, dificuldades na área econômica não podem servir de escusa à violação de direitos civis e políticos. Por outro lado, se todos os direitos são indivisíveis, a luta internacional pelos direitos humanos sem atenção para com as injustiças econômico-sociais não ultrapassará o nível de um paradoxo: longe de solucionar os problemas dos direitos civis e políticos, continuará a propiciar os surtos da miséria e exploração, que, adicionados a outros fatores, tendem a gerar os fundamentalismos, a discriminação, as guerras e a violência difusa, também característicos deste fim de século.

O 50º ANIVERSÁRIO DA DECLARAÇÃO UNIVERSAL DOS DIREITOS HUMANOS[2]

No dia 10 de dezembro, a Assembleia Geral das Nações Unidas celebrou, em Nova York, o 50º aniversário da Declaração Universal dos Direitos Humanos, proclamada por aquele mesmo órgão, em Paris, em 1948. No contexto de tal comemoração, todos os Estados, organizações governamentais e não governamentais, assim como os homens e as mulheres de todos os continentes terão refletido, espera-se, sobre o significado daquele documento – um documento extraordinário, que inspirou o estabelecimento de direitos constitucionais na maioria dos países, lançou as bases do Direito Internacional dos Direitos Humanos e modificou o sistema "westfaliano" das relações internacionais ao erigir a pessoa física em sujeito de direitos *erga omnes*.

Havendo a Carta das Nações Unidas, assinada em São Francisco, EUA, em 1945, entronizado a promoção dos direitos humanos e liberdades fundamentais entre os propósitos

---

2 *Juízes Para a Democracia*, ano 5, n. 15, out.-dez. 1998, edição comemorativa do meio século da declaração.

da organização, uma de suas primeiras preocupações foi a de definir esses direitos e liberdades a que fazem jus todos os indivíduos pelo simples fato de serem humanos. Uma definição internacionalmente acordada era necessária porque, embora a ideia de direitos fundamentais pudesse ser indiretamente depreendida de diferentes religiões em diversas culturas, poucos Estados – e apenas do Ocidente – haviam-na incorporado, até então, ao direito positivo e, menos ainda, a suas práticas políticas.

Preparada e aprovada no tempo recorde de dois anos e meio, a declaração foi resultado de delicadas negociações entre os membros da Comissão dos Direitos Humanos das Nações Unidas (desde 1946, principal foro internacional para a matéria) e da Assembleia Geral (então composta de 56 Estados, predominantemente ocidentais, liberais e socialistas). Fundamentados no "reconhecimento da dignidade inerente a todos os membros da família humana", os trinta artigos da declaração compõem uma relação de direitos "iguais e inalienáveis", a serem observados como "o ideal comum a ser atingido por todos os povos e todas as nações". A lista, precedida pela proibição de discriminações de qualquer tipo entre os seres humanos, inicia-se no artigo 3º, pelo direito à vida, à liberdade e à segurança pessoal (o que nega *ipso facto* a esdrúxula, mas hoje corrente interpretação de que os direitos humanos são "direitos de bandidos"). A declaração proscreve a escravidão e a tortura; proíbe a prisão, detenção e exílio arbitrários; estipula o direito de todos a remédios jurídicos para violações sofridas; determina o direito a julgamento justo; consagra as liberdades de movimento, consciência e expressão; prescreve o direito de se participar do governo do respectivo país, diretamente ou por meio do voto, assim como os direitos socioeconômicos ao emprego, à educação e à satisfação de muitas outras necessidades imprescindíveis a qualquer ser humano concreto, inclusive "a um padrão de vida capaz de assegurar a cada um e a sua família saúde e bem-estar" (artigo 25).

Constituindo originalmente pouco mais do que uma recomendação aos governos, a declaração de 1948 pôs em marcha, desde o primeiro momento, uma série incessante de atividades, dentro e fora das Nações Unidas, com o objetivo de garantir a aplicação dos direitos por ela definidos. Na esfera normativa,

CINQUENTA ANOS DA DECLARAÇÃO UNIVERSAL DOS DIREITOS HUMANOS 303

serviu de base à elaboração de todos os demais documentos e tratados internacionais de direitos humanos, obrigatórios para os Estados-partes, os mais importantes dos quais são os dois pactos de 1966 sobre Direitos Civis e Políticos e sobre Direitos Econômicos, Sociais e Culturais; a Convenção Sobre a Eliminação da Discriminação Racial, de 1965; a Convenção Sobre a Eliminação da Discriminação Contra a Mulher, de 1979; a Convenção Contra a Tortura, de 1984; a Convenção Sobre os Direitos da Criança, de 1989. Pela óptica da supervisão de sua observância, forneceu o quadro original de referência para o conjunto de relatores, grupos de trabalho e outros mecanismos de acompanhamento gradativamente criados pelas Nações Unidas para monitorar a situação de países específicos ou as violações de determinados direitos em escala planetária.

Em junho de 1993, em Viena, na Conferência Mundial Sobre Direitos Humanos, os direitos e liberdades proclamados pela Declaração Universal receberam reforço extraordinário. Com a participação de mais de 170 países, representando praticamente todas as sociedades de um mundo já sem colônias, a Conferência de Viena reafirmou, por consenso, em seu documento final, o "compromisso solene de todos os Estados de promover o respeito universal e a observância e proteção de todos os direitos humanos e liberdades fundamentais", cuja natureza universal "não admite dúvidas" (artigo 1º da Declaração de Viena). Nenhum Estado pode, portanto, desde então, coerentemente, recusar-se a aceitar suas obrigações nessa área, ainda que não tenha tido participação direta na elaboração da Declaração Universal e sua proclamação.

Ao se olhar em retrospecto para o difícil caminho percorrido para a asserção internacional dos direitos humanos, os avanços conceituais decorrentes do documento de 1948 parecem impressionantes. Isto não significa que a declaração seja respeitada em toda parte, nem que os direitos nela definidos sejam firmemente protegidos em qualquer lugar. Os desafios permanecem graves na vertente econômico-social, assim como na esfera dos direitos civis e políticos. Os efeitos colaterais da globalização provam-no amplamente, tanto pela crescente exclusão social, quanto pelos fundamentalismos vigentes em todo o mundo. É importante lembrar, porém, que, não obstante as ameaças ostensivas e dissimuladas, a Declaração Universal já representou, por meio século, um instrumento emancipatório importante para os oprimidos de todos os continentes. Não é absurdo, pois, encará-la, no turbilhão do fim do século xx, como o manifesto abrangente de uma utopia totalizante – a última que sobrou – para a construção de um mundo menos cruel, num futuro mais humano. Por ser hoje consensual e legitimamente integrada ao discurso contemporâneo, talvez ela possa representar o antídoto necessário ao "eficientismo" da competição excludente de outros proclamados "consensos" ora predominantes.

O CERD COM CARICATURAS EM TREVAS[3]

No período atual de terror e maniqueísmo, de detenções arbitrárias em democracias, de relegitimação da tortura, de trevas crescentes em tudo aquilo que não seja tecnologia, o "reencantamento" antimoderno do mundo transforma o banal no crucial, em detrimento do que é concreto e relevante. Assim, a 68ª sessão do Cerd, em Genebra, de 20 de fevereiro a 10 de março de 2006, teve por tônica a insistência de alguns peritos muçulmanos em obterem uma condenação normativa às caricaturas de Maomé publicadas na Dinamarca. Aparecido no *Jyllands Post* em setembro de 2005, o desenho de um indivíduo representando o profeta do Islã com um turbante em forma de bomba havia sido, junto com outros, reproduzido e multiplicado alhures, em solidariedade provocativa com o jornal de Copenhague, precisamente em função da celeuma que causara.

Servindo-se da definição da "discriminação racial" dada pelo artigo 1º da Convenção Sobre a Eliminação de Todas as Formas de Discriminação Racial, que abrange a distinção com base na origem étnica, e do entendimento do próprio Cerd de que a religião costuma ser um dos componentes da "etnicidade", desejavam esses peritos que o Comitê enquadrasse os *cartoons* nos dispositivos do artigo 4º, que determina a proibição e punição da propaganda racista. Por iniciativa do membro

---

3   *Juízes Para a Democracia*, ano 10, n. 37, mar.-maio 2006.

CINQUENTA ANOS DA DECLARAÇÃO UNIVERSAL DOS DIREITOS HUMANOS   305

paquistanês, tentaram eles primeiramente obter a condenação como resultado de um debate genérico, a exemplo daqueles antes promovidos sobre a situação dos ciganos ou roma, sobre as castas, sobre os direitos dos não cidadãos etc. Mas, dada a especificidade do caso, logo ficou evidente que o debate geral havia sido forçado. Apesar do silêncio dos europeus (exceto o dinamarquês), não se logrou maioria, e muito menos consenso, sobre a interpretação de que os *cartoons* constituiriam "propaganda racista", num Estado secular. Afinal, como se vê no Brasil e demais países onde haja liberdade de expressão, todas as religiões, minoritárias ou majoritárias, são submetidas a galhofas, podendo até oferecer inspiração para "obras de arte" pornográficas e agressivas. Não haveria, assim, como, nem porquê, num foro multicultural de direitos humanos, censurar ou proibir caricaturas de Maomé, como de Jesus, Abraão, Buda ou Confúcio, pela óptica do racismo, por mais que o Islã interdite a simples representação da figura humana.

Quando o assunto parecia encerrado, o caso voltou à discussão pela voz de quem menos deveria trazê-lo: o relator da ONU para o racismo contemporâneo, Doudou Diène. Convidado a falar para o Cerd sobre suas atividades, pois o mandato dele, estabelecido em resolução da – agora extinta[4] – Comissão dos Direitos Humanos, e o nosso, definido em tratado internacional, têm campo e objetivos comuns, esse relator temático, oriundo do Senegal, normalmente equilibrado e brilhante, voltou à carga. Talvez por ser muçulmano e ter-se sentido insultado, talvez com a intenção pragmática de conseguir uma forma de satisfação internacional compensatória, com vistas a pôr fim às explosões de violência entre seus correligionários, o fato é que Doudou Diène já havia condenado os *cartoons* em declaração conjunta com dois outros relatores da ONU: a paquistanesa encarregada do tema da liberdade de religião e o queniano monitor da liberdade de expressão. Não surpreendeu, portanto, que Diène opinasse dever o comitê adotar atitude firme contra

---

4   Substituída, desde 2006, pelo atual Conselho de Direitos Humanos, subordinado diretamente à Assembleia Geral, com o objetivo de elevar seu nível de importância na estrutura das Nações Unidas. A velha Comissão era subordinada ao Conselho Econômico e Social (que, por sua vez, respondia à Assembleia Geral).

306 É PRECISO SALVAR OS DIREITOS HUMANOS!

essa manifestação de "islamofobia" (sic). Em contrapartida, Diène, antes sempre louvado, teve de ouvir a réplica de que sua interpretação era parcial, pois muito mais grave que os *cartoons* como estímulo anti-islâmico era a utilização que deles faziam os fundamentalistas para instigar o fanatismo, com ataques até a embaixadas da Dinamarca em diversos países[5].

Foi nesse clima desagradável, e sob pressões inaceitáveis de alguns governos islamitas a procurarem aliciar outros peritos independentes, que o Cerd conseguiu, a custo, na 68ª sessão, cumprir suas tarefas: examinar os relatórios de Estados-partes da convenção de 1965 (dessa vez México, Lituânia, Bósnia e Herzegovina, Guatemala, El Salvador, Uzbequistão, Guiana e Botswana); deliberar sobre as comunicações individuais acolhidas; examinar casos em procedimento preventivo de urgência (*early warning, urgent procedure*). E foi dentro desse tipo de atividade não prevista na convenção que o assunto das caricaturas voltou ao plenário, na enésima hora do último dia.

Incentivado pelas palavras de Diène e pelas gestões de alguns governos, o perito paquistanês, com apoio do argelino, decidiu apresentar, em "procedimento de urgência", um anteprojeto de recomendação geral sobre os *cartoons*. Se aprovado, o texto teria tornado o Cerd o primeiro órgão vinculado às Nações Unidas a postular a censura por motivos religiosos. Mas o anteprojeto não chegou a ser considerado para adoção. Finalmente sensibilizados, os peritos ocidentais, em contraste com o mutismo anterior, dessa feita intervieram em peso, juntamente com outros de diversas regiões. Com delicadeza para não soarem ofensivos, todos assinalaram a inaceitabilidade da proposta por um comitê destinado a proteger a não discriminação e não o dogma de qualquer religião. E, o que foi fator decisivo, os peritos muçulmanos da África subsaárica apelaram ao autor do anteprojeto para que o retirasse em prol da unidade da luta contra a discriminação racial.

O Cerd foi, assim, poupado de um grave constrangimento. Se algo precisar ser feito na linha das preocupações muçulmanas, que isso ocorra em órgão apropriado. Num momento em

---

5 Consta que o próprio Doudou Diène, relator competente e personalidade internacional muito respeitada, tenha mais tarde reavaliado e corrigido sua posição.

que o racismo readquire feições ominosas nos mais diversos rincões, não cabe a um comitê antirracista composto por peritos censurar e proibir manifestações *per se* irrisórias. Censuras desse jaez, por mais "politicamente corretas", não auxiliam a causa da não discriminação. Além de poderem funcionar em sentido oposto ao desejado, fortalecendo ainda mais os preconceitos, elas vão contra a essência universal e iluminista de todos os direitos humanos, inclusive do direito à diferença embutido na liberdade de religião.

12. Sessenta Anos da Declaração Universal:

a declaração dos Direitos Humanos pela ONU no discurso diplomático brasileiro[1]

Pensar no impacto que teve – e tem – no Brasil a Declaração Universal dos Direitos Humanos é tarefa a que se deveriam dedicar, se pudessem, todos os brasileiros. Afinal, poucos documentos internacionais repercutiram tanto e ainda repercutem na vida de cada um. Não somente porque, no passado recente, ela foi fonte de inspiração e referência normativa para as lutas pela redemocratização nacional e, consequentemente, para as "cláusulas pétreas" de nossa Constituição. Também porque, em caráter mais permanente, desde sua adoção pela ONU, em 1948, a Declaração Universal dos Direitos Humanos sempre se revelou, na ordem doméstica e no exterior, instrumento político convincente e constrangedor. Precisamente por sua força respaldada na ética, ela é brandida como arma de propaganda para ataques e contra-ataques entre países, partidos e facções adversárias, bem como para a consecução de avanços sociais variados. No cenário atual do Brasil democrático, ela tem sido

---

1 Publicado, em 2008, na coletânea do Itamaraty comemorativa *60 Anos da Declaração Universal dos Direitos Humanos: Conquistas do Brasil*. As notas e menções a autoridades são as do original, não de 2016/2017.

invocada, há anos, como fator de conscientização cidadã e referência legítima para reivindicações de medidas, programas sociais e políticas públicas.

A Declaração Universal dos Direitos Humanos, que ora adentra a "terceira idade", na qualidade de mãe e avó de outras normas, ostenta uma vasta prole. Origem do ramo do direito internacional mais regulado de todos – o Direito Internacional dos Direitos Humanos –, ela gerou dois pactos, várias convenções e outras declarações de escopo focalizado, assim como uma gama continuamente crescente de mecanismos de supervisão e controle. Com esse conjunto de instrumentos jurídicos e quase jurídicos, ela provocou forte reviravolta na doutrina tradicional do Direito, ao introduzir a pessoa humana como sujeito, numa esfera antes exclusivamente dos Estados. Por este aspecto mais do que qualquer outro, a Declaração Universal dos Direitos Humanos é considerada uma ruptura revolucionária no sistema westfaliano das relações internacionais.

Contrariamente ao que se alega, a Declaração Universal e o Direito Internacional dos Direitos Humanos não representam uma limitação imposta às soberanias. Muito menos uma manifestação de poder imperialista do Ocidente sobre o resto do mundo. Os Estados, quaisquer que forem seus sistemas políticos e culturais, aderem aos instrumentos internacionais de direitos humanos, como aos das demais vertentes do Direito Internacional, em decisão autônoma, por livre e espontânea vontade. Contudo, uma vez que os direitos humanos se realizam dentro das jurisdições nacionais, ao efetuarem a adesão, os Estados concordam com certas regras a serem seguidas por eles próprios na legislação e nas práticas internas. Não porque, caso contrário, corram o risco de serem invadidos, hipótese nunca abrigada em qualquer pacto ou convenção do ramo. Fazem-no porque, salvo exceções aberrantes, todos desejam naturalmente ser vistos como respeitadores de direitos tão essenciais à existência humana.

Além dos efeitos que teve em leis e práticas domésticas em todo o planeta, ademais das normas internacionais que propiciou, a Declaração Universal dos Direitos Humanos, ao estabelecer os direitos fundamentais inerentes ao ser humano simplesmente em função de sua humanidade, independentemente de *status*

SESSENTA ANOS DA DECLARAÇÃO UNIVERSAL DOS DIREITOS HUMANOS 311

político e econômico ou de qualquer condição, serviu de apoio decisivo às lutas contra o colonialismo e o *apartheid*. Expressamente ou não, com variações de intensidade, foi nos direitos entronizados na Declaração Universal que se inspiraram as grandes conferências da ONU nos anos de 1990, sobre o meio ambiente (a Rio-92, sobretudo seu documento final, a Agenda 21), os próprios direitos humanos (Viena, 1993), a questão populacional (Cairo, 1994), o desenvolvimento social (Copenhague, 1995), a situação da mulher (Pequim, 1995), as cidades e demais assentamentos humanos (Istambul, 1996), assim como a Conferência de Durban, contra o racismo, em 2001. Na qualidade de primeiro documento internacional a reconhecer o direito de toda pessoa "a um padrão de vida capaz de assegurar a si e a sua família saúde e bem-estar, inclusive alimentação, vestuário, habitação, cuidados médicos e os serviços sociais indispensáveis" (artigo 23), ela é referência igualmente importante para as Metas do Milênio, da ONU e para iniciativas posteriores que a elas se vinculam, como a "Ação Contra a Fome e a Pobreza", lançada pelo Brasil.

Dito assim, sem qualificações, é verdade que o impacto da Declaração Universal dos Direitos Humanos se apresenta demasiado róseo, dissociado da realidade concreta, em particular no momento atual. Depois da primeira fase pós-Guerra Fria, quando representavam uma espécie de utopia não ideológica para o progresso social, os direitos humanos parecem haver entrado em fase de declínio. Um arrefecimento do entusiasmo do período 1989-1995 já se notava na segunda metade da década de 1990, em decorrência do denominado "pensamento único", enquanto, em esferas distintas, radicalizavam-se os fundamentalismos. A tendência declinante acentuou-se no novo século, em função, sobretudo, dos ataques terroristas nos Estados Unidos em 11 de setembro de 2001. Neste ano de 2008, em que a Declaração se torna sexagenária, ainda mais do que quando, já combalida, completou seus cinquenta anos, os direitos por ela consagrados se afiguram fora de moda no planeta, para não dizer, mais radicalmente, anacrônicos.

As razões dessa conjuntura adversa são numerosas. Algumas, bastante óbvias na área externa, decorrem de práticas que propugnadores poderosos dos direitos humanos têm adotado na prevenção e punição do terrorismo. Dificilmente os ativistas, governamentais ou não, podem crer a sério que quem, em doutrina de segurança nacional, reminiscente de nossa própria infame doutrina, determina detenções arbitrárias, legaliza a tortura sob sofismas semânticos, envia prisioneiros para serem torturados no exterior e inflige agressões variadas à integridade física e mental de qualquer indivíduo, tenha preocupação efetiva com direitos fundamentais alhures. Outras causas, profundas e globalizadas, da situação difícil em que se encontram os direitos humanos decorrem da competitividade sem limites no neoliberalismo econômico, do relativismo inerente à noção de pós-modernidade, de distorções interpretativas que fazem outros direitos, que pouco têm em comum com a declaração de 1948, passarem à frente dos direitos universais à igualdade, à liberdade e à solidariedade social. Isso tudo sem falar de intervenções unilateralmente decididas, que nada têm a ver com a ideia do Direito.

O presente texto procurará descrever o impacto da Declaração Universal dos Direitos Humanos na política externa brasileira, tomando por base as intervenções de nossos representantes no debate geral plenário das sessões anuais da Assembleia Geral das Nações Unidas. Consideradas indicadoras principais de nossas posições de política externa em todos os governos, elas, evidentemente, não cobrem toda a gama de efeitos da Declaração Universal no país, nem na diplomacia brasileira. São, porém, marcos significativos, que orientam e refletem o desenvolvimento de nossas atitudes[2].

VARIAÇÕES ANTES DA "LONGA NOITE"

O anteprojeto da Declaração Universal foi obra da Comissão dos Direitos Humanos das Nações Unidas, criada por resolução do Conselho Econômico e Social (Ecosoc), em 1947, a partir

---

2 Esse levantamento é hoje extremamente facilitado pelo trabalho de divulgação da Fundação Alexandre de Gusmão (Funag), que recentemente publicou versão atualizada da valiosa tese de Luiz Felipe de Seixas Corrêa, apresentada com o título de *A Palavra do Brasil na* ONU e defendida, quando o autor era conselheiro da carreira diplomática, no Curso de Altos Estudos do Instituto Rio Branco. A nova versão se intitula *O Brasil nas Nações Unidas, 1946-2006.*

SESSENTA ANOS DA DECLARAÇÃO UNIVERSAL DOS DIREITOS HUMANOS 313

de recomendação da chamada "Comissão nuclear", composta por nove peritos, designados em 1946 para proporem recomendações sobre as disposições da Carta de São Francisco relativas aos direitos humanos. Órgão intergovernamental de que o Brasil somente passou a fazer parte em 1977, a Comissão dos Direitos Humanos era então integrada por dezoito Estados-membros da ONU eleitos pelo Ecosoc, a saber: Austrália, Bélgica, Estados Unidos, França e Reino Unido, pelo Grupo Ocidental; Chile, Panamá e Uruguai, pela América Latina; Bielorrússia, Ucrânia, União Soviética e Iugoslávia, pela Europa Oriental; China (Nacionalista, não confundir com a República Popular da China), Índia, Irã, Líbano e Filipinas, pela Ásia; e apenas o Egito pelo Grupo Africano[3] (grupo muito pequeno numa época em que a maior parte do continente permanecia sob domínio colonial). Por isso, quando se pensa no processo preparatório desse documento, logo vêm à mente nomes como os da norte-americana Eleanor Roosevelt, presidente da Comissão, considerada a principal responsável pelo documento; do chinês de Formosa P.C. Chang, vice-presidente, que usando citações confucianas, recordava a necessidade de a declaração não se ater a preceitos do Ocidente; do libanês Charles Malik, relator da Comissão, cristão ortodoxo, também considerado fundamental nos trabalhos; do francês René Cassin, jurista e filósofo, ex-consultor de De Gaulle na resistência, que depois iria ganhar o Prêmio Nobel da Paz; do canadense (não delegado) John Humphrey, secretário da Comissão, que selecionou e consolidou em 408 páginas o conjunto de contribuições recebidas de diversas fontes como base para os trabalhos[4]. Há, porém, outros nomes, menos conhecidos, que deveria ser lembrados, como os da indiana Hansa Mehta, militante recém-egressa da luta anticolonial em seu país; do coronel australiano Hodgson, veterano da Primeira Guerra Mundial, que defendia os direitos dos Estados não poderosos; do professor social-democrata belga

3   Relação fornecida por Howard Tolley Jr. em quadro sobre a composição da comissão no período 1947-1954, *The U.N. Commission on Human Rights*, p. 15.
4   As fontes diretas e indiretas sobre os *travaux préparatoires* da Declaração Universal são praticamente inesgotáveis. Aqui foi utilizado o texto facilmente legível de G. Johnson, Writing the Universal Declaration of Human Rights, em *The Universal Declaration of Human Rights – 45th Anniversary – 1948-1993*, em particular a seção intitulada The Players, p. 17-21.

Fernand Dehousse[5]; do soviético Vladimir Koretsky, principal responsável pela inclusão dos artigos concernentes aos direitos econômicos e sociais[6] – mais importantes com o passar do tempo, para todo o mundo, do que ele próprio ou os ocidentais poderiam supor.

Enquanto todos esses são nomes de redatores e negociadores do projeto no âmbito da Comissão dos Direitos Humanos, há um nome brasileiro, de fora desse órgão, que também deve ser recordado: o da Austregésilo de Athayde. Principal delegado do Brasil à Terceira Comissão, ou comitê (*Third Committee*), da III Assembleia Geral das Nações Unidas, reunida em Paris de setembro a dezembro de 1948, o eminente advogado e jornalista que iria presidir por muitos anos a Academia Brasileira de Letras ajudou ativamente, *ex-officio* e por convicção própria, em nome do Estado brasileiro, a adoção da Declaração Universal. Nos três meses de negociações na Terceira Comissão da Assembleia sobre o projeto oriundo da Comissão dos Direitos Humanos, o representante brasileiro participou da discussão de seus artigos, intervindo em diversas oportunidades. A mais expressiva de todas as intervenções foi curta, mas de enorme significado. Refletindo posições então defendidas pela América Latina[7], acordes com sua biografia de resistência à ditadura, Austregésilo de Athayde registrou: "A delegação do Brasil teria preferido que, ademais da declaração, o pacto e as medidas para sua execução fossem discutidas e aprovadas o mais cedo possível."[8]

Conforme reconhecido por outros grandes nomes de fora do Brasil, entre os quais René Cassin e Eleanor Roosevelt, a atuação de Austregésilo de Athayde foi de valor inestimável

---

5 Ibidem, p. 23.

6 Nome omitido da maioria dos livros, possivelmente porque "ideologicamente incorreto", que obtive diretamente do Secretariado das Nações Unidas em Genebra.

7 Nessa época, a América Latina, dentro e fora do contexto interamericano, encontrava-se na vanguarda da promoção dos direitos humanos. Adotada pela Nona Conferência Internacional Americana, em Bogotá, a mesma que estabeleceu a Organização dos Estados Americanos (OEA), em abril de 1948, a Declaração Americana dos Direitos e Deveres do Homem antecedeu a Declaração Universal, fornecendo estímulo à finalização do projeto na Comissão dos Direitos Humanos da ONU.

8 Relatório da Delegação do Brasil à Assembleia Geral, Parte VIII b/1948/Anexo 20, Paris, 1948, texto datilografado.

SESSENTA ANOS DA DECLARAÇÃO UNIVERSAL DOS DIREITOS HUMANOS   315

para a aprovação sem oposição substantiva – as resistências se limitaram, na votação, a oito abstenções – da Declaração Universal dos Direitos Humanos pelas Nações Unidas em 10 de dezembro de 1948[9].

Enquanto isso ocorria na Terceira Comissão – mais precisamente um pouco antes, na abertura do debate geral da mesma Assembleia, em 21 de setembro –, os direitos humanos eram citados no plenário pelo chefe da delegação do Brasil, o então chanceler Raul Fernandes, nos seguintes termos:

> Por último, quero saudar a inclusão dos direitos fundamentais do homem na categoria dos que merecem proteção internacional. É uma proposta progressista e que muito honrará nossa geração. O secretário de Estado Marshall, em seu grande e generoso discurso de outro dia, nos falava sobre o calvário das liberdades individuais em certas regiões de um mundo que se diz civilizado, e ressaltou que entre os membros das Nações Unidas que sinceramente se esforçam para viver de acordo com a Carta estarão, de fato, os Estados que desejam manter e proteger a dignidade e a integridade do indivíduo.[10]

Se de um lado o representante brasileiro na Terceira Comissão adotava postura clara em defesa dos direitos humanos por seu valor intrínseco, de outro o ministro das Relações Exteriores do governo Dutra, naquela fase de acirramento da Guerra Fria incipiente (bloqueio soviético a Berlim e consequente ponte aérea ocidental, assunção do poder pelos comunistas na Tchecoslováquia e prisão do cardeal Mindszenty na Hungria),

9   Fabio Leon Moreira conta que, em 1968, quando recebeu da Academia Sueca o Prêmio Nobel da Paz, por ocasião do 20º aniversário da Declaração Universal, René Cassin declarou aos jornalistas presentes: "Quero dividir a honra desse prêmio com o grande pensador brasileiro Austregésilo de Athayde, que ao meu lado, durante três meses, contribuiu para o êxito da obra que estávamos realizando por incumbência da Organização das Nações Unidas", *Austregésilo de Athayde: O Brasileiro Essencial*, site da Secretaria Especial de Direitos Humanos, 18 de agosto de 2008 (disponível em : <www.direitos.org.br>). O próprio Austregésilo de Athayde, em entrevista a Daisaku Ikeda, além recordar elogios recebidos de Robert Schuman, então ministro das Relações Exteriores da França, na sessão em que se aprovou a Declaração Universal, registrou textualmente as palavras que ouviu da Eleanor Roosevelt pouco depois: "A democracia não sobreviveria sem o pensamento puro e nobre das pessoas que se sacrificam com paixão. As palavras do representante do Brasil me fizeram lembrar o discurso de Gettysburg proferido por Abraham Lincoln", A. de Athayde; D. Ikeda, *Diálogo: Direitos Humanos no Século XXI*, trad. Masato Ninomiya, p. 129.
10   Apud L.F. de Seixas Corrêa, op. cit., p. 55.

316 É PRECISO SALVAR OS DIREITOS HUMANOS!

utilizava os direitos humanos, pensando evidentemente apenas nos direitos civis e políticos, como instrumento de crítica anticomunista. Com essa manipulação da noção de direitos fundamentais, nas palavras do embaixador Seixas Corrêa, "Raul Fernandes inaugura uma prática que seria seguida em quase todos os discursos até 1955, quando o texto dos pactos negociados na Terceira Comissão passaria a ser inaceitável para o Brasil."[11]

De fato, dando seguimento à preferência, exposta por Austregésilo de Athayde, de que a Declaração Universal fosse logo acompanhada de instrumento que conferisse caráter de obrigação a seus dispositivos[12], em 1949 o embaixador Cyro de Freitas Valle, chanceler interino, recordou em Plenário a "Resolução 217 (III) da Assembleia Geral, proclamando a Declaração Universal dos Direitos Humanos, [a ser] seguida pela Convenção Sobre Direitos Humanos e medidas de implementação, e pela Codificação do Direito Internacional"[13]. Em 1952, o ministro João Neves da Fontoura se referia às "mudanças legais necessárias para que o respeito às soberanias encontre o seu complemento natural no reconhecimento dos direitos humanos"[14]. E em 1954, o representante permanente junto às Nações Unidas, embaixador Ernesto Leme, pouco após o suicídio do presidente Getúlio Vargas, ainda declarava o apoio e cooperação do país "ao trabalho do Terceiro Comitê (da Assembleia Geral) que, embora possa parecer vago e idealista, é de valor inquestionável para o alcance gradual dos objetivos das Nações Unidas". Acrescentava, ainda:

A preocupação que sentimos a respeito dessas questões está na tradição – na verdade, vou até mais longe ao afirmar que é a essência – de nossa cultura democrática, latina e cristã. O respeito pela dignidade humana e pelas liberdades fundamentais do homem é, ao nosso ver, uma condição necessária para a coexistência pacífica não apenas de indivíduos, mas também de nações. Nossa posição nesse campo é fundamentada mais em um conceito moral do que político. A violação das liberdades e direitos

11 Ibidem.
12 Ver supra nota 7. Nessa época, ainda se esperava um único pacto ou convenção que abarcasse todos os direitos consagrados na declaração. Somente em 1952, diante das acirradas discordâncias sobre o valor dos direitos econômicos, sociais e culturais como direitos humanos, a Assembleia Geral resolveu que o instrumento cogitado seria separado em dois pactos, com tantas provisões semelhantes quanto possível.
13 Apud L.F. de Seixas Corrêa, op. cit., p. 64.
14 Ibidem.

fundamentais, onde quer que ocorra, constitui um ataque e uma ameaça à integridade de cada um de nós como indivíduo. Também ameaça os fundamentos dos direitos e liberdades em cada um de nossos países.[15]

Note-se que, não obstante a ingenuidade da primeira afirmação, relativa à "cultura democrática, latina e cristã", hoje "politicamente incorreta", o restante dessa assertiva feita em 1954 é extremamente moderno, ajustando-se à doutrina hoje predominante na esfera jurídica (os direitos humanos como direitos são *erga omnes*) e na Declaração de Viena de 1993 (os direitos humanos como tema global, logo objeto legítimo das preocupações internacionais). E ela constituiu também, indiretamente, gesto de apoio não negligenciável à aspiração de se conferir obrigatoriedade jurídica aos direitos definidos na Declaração Universal, num momento em que os Estados Unidos, por determinação da Emenda Bricker de 1953, haviam abandonado as negociações.

Em 1955, porém, diante dos dois anteprojetos de pactos, de direitos civis e políticos e de direitos econômicos, sociais e culturais, elaborados na Comissão dos Direitos Humanos e encaminhados à consideração da Assembleia Geral, considerados por muitos países intrusivos nas soberanias dos Estados, o chefe da delegação do Brasil, o embaixador Cyro de Freitas Valle, referiu-se ao assunto, dizendo, numa reviravolta:

No campo dos direitos humanos, o Brasil não teve a oportunidade de participar mais ativamente do projeto dos pactos propostos, uma vez que não estava representado nos grupos que executaram essa tarefa. Meu governo gostaria, contudo, de chamar a atenção para o fato de que qualquer transformação de tais pactos em declarações radicais e fantasiosamente idealistas deveria ser evitada. Está bastante claro que os próprios Estados que tradicionalmente sempre preservaram estes mesmos direitos fundamentais serão impedidos de assinar declarações desse tipo.[16]

Os pactos foram ainda objeto de discussões e desentendimentos no âmbito da Assembleia Geral por mais de dez anos, até 1965. O Brasil, quase como regra, deixou de referir-se aos direitos humanos nos discursos em Plenário. As exceções ocorreram em casos especialíssimos. Em 1960, por exemplo, o chanceler

15   Ibidem, p. 100-101.
16   Ibidem, p. 110.

318 É PRECISO SALVAR OS DIREITOS HUMANOS!

Horácio Lafer, sem mencionar tais direitos, assinalou que o Brasil se associara ao pedido de inclusão do tema da discriminação racial na agenda, declarando:

Tem o Brasil sempre apoiado todas as recomendações que tramitaram nas Nações Unidas contra as políticas de segregação, baseadas em distinções de raça, cor ou religião, que repugnam a consciência do povo brasileiro e são condenadas pela Carta da Organização. [...] Neste sentido, quero lembrar que o Brasil assinou e ratificou a convenção internacional contra o genocídio aprovada em 1948 pela Assembleia Geral das Nações Unidas. A perseguição racial é contrária ao espírito e aos fins das Nações Unidas, e o Brasil, com o mundo civilizado, a condena de forma mais veemente.[17]

Foi somente em 1961, no contexto da política externa independente do presidente Jânio Quadros, mantida, após sua renúncia, pelo presidente João Goulart (tendo como primeiro-ministro, no sistema parlamentarista instaurado *ad hoc*, Tancredo Neves), que o Brasil retomou o tema dos direitos humanos. Fê-lo pela voz do chanceler Affonso Arinos de Mello Franco, em exposição tão didática e atual, que poderia ser repetida hoje, sem prejuízo da validade, apesar de toda a evolução que o Direito Internacional dos Direitos Humanos experimentou desde então. Disse o ministro das Relações Exteriores em sua intervenção de 22 de setembro de 1961:

A ação internacional deve ser sempre levada a efeito de boa-fé, embora sem exclusão de sua flexibilidade. A relativa homogeneidade ideológica e institucional dos Estados componentes da comunidade internacional é coisa do passado, quando a comunidade de povos soberanos era muito mais restrita. Hoje os contatos entre os Estados, da muito aumentada comunidade internacional, se estabelecem através das mais diversas formas de governo.

É claro que, devendo os governos serem feitos na medida dos homens, e não estes na medida daqueles, o ideal que temos a defender é o de universalizar, em todos os tipos de governo, as leis garantidoras da liberdade e da dignidade humanas.

A crença e a prática desses valores não exigem, porém, que façamos uma política rigidamente doutrinária, no plano externo, inclusive porque ela levaria fatalmente ao choque com as nações que não os conhecem, ou os aplicam em escala diferente, situação que impossibilitaria a

17 Ibidem, p. 144.

SESSENTA ANOS DA DECLARAÇÃO UNIVERSAL DOS DIREITOS HUMANOS 319

negociação persuasiva, única capaz de levar ao reconhecimento gradativo dos direitos humanos. Ainda aqui se conclui que a paz é condição necessária à instauração da justiça.

Por outro lado, os direitos humanos não são apenas individuais. Estes representam o elemento necessário à afirmação da dignidade espiritual do homem. Mas os direitos humanos são também sociais e, por isso, o Brasil reconhece a necessidade de transpor para o plano social direitos humanos que antigamente nos pareciam inerentes ao âmbito individual. A liberdade humana e a paz mundial dependem necessariamente do progresso social.[18]

A pertinência das palavras de Affonso Arinos se mantém diante dos eternos fantasmas e problemas renovados nesta década. Amolda-se à excessiva multiplicação pós-Guerra Fria de Estados nominalmente independentes, não mais emergentes da descolonização, mas do esfacelamento de unidades maiores, provocado por micronacionalismos exacerbados de fora. Revigora-se *a fortiori* no mundo contemporâneo, em decorrência da noção de pós-modernidade, que desloca a forma de entendimento das normas de direitos humanos num sentido que privilegia o local sobre o nacional, a comunidade imediata sobre a universalidade.

Na medida em que a política exterior não se realiza isolada dos fatores internos e externos que a condicionam, esse substancioso discurso de 1961 foi o último que discorreu sobre a visão brasileira dos direitos humanos como valores em si antes de março de 1964. Entre a renúncia de Jânio Quadros e o golpe que alijou João Goulart da presidência, num clima de forte confrontação ideológica fora e dentro do país, o Itamaraty, cioso da independência que a política externa do Brasil adquirira e deveria manter, optou por privilegiar outros temas. Entre estes sobressaíam "os três Ds", de desarmamento, desenvolvimento econômico e descolonização, indicados pelo embaixador João Augusto de Araújo Castro, em célebre discurso em plenário da Assembleia Geral de 1963. Com exceção de breve *interregno* nos primeiros tempos do regime militar, esses três temas permaneceriam como principais balizas atemporais orientadoras da diplomacia brasileira. Ao defini-los como prioridades, Araújo Castro referiu-se, porém, aos direitos humanos e à Declaração Universal, em apoio a sua argumentação, nos seguintes termos:

18 Ibidem, p. 152-153.

320 É PRECISO SALVAR OS DIREITOS HUMANOS!

1. A luta pelo Desarmamento é a própria luta pela Paz e pela igualdade jurídica de Estados que desejam colocar-se a salvo do medo e da intimidação. A luta pelo Desenvolvimento é a própria luta pela emancipação econômica e pela justiça social. A luta pela Descolonização é a própria luta pela emancipação política, pela liberdade e pelos direitos humanos.[19] [...] Uma imensa parte da humanidade ainda vegeta em condições humilhantes incompatíveis com a dignidade humana, e milhões de criaturas ainda se encontram privadas da liberdade e dos direitos humanos, sob formas degradantes de opressão política e colonial. [...]

2. [Em defesa de uma declaração sobre segurança econômica coletiva, a ser adotada pela Unctad, então prestes a reunir-se.] A analogia que melhor se presta para definir esse desiderato é a Declaração dos Direitos Humanos. Num corpo sintético de enunciações básicas atinentes ao mais complexo dos temas – o homem – reduzimos de forma luminosa e perdurável toda uma programação futura para a construção do homem de amanhã pelo homem de hoje. Não seria possível, destarte, chegarmos a essa declaração outra, que trataria do segundo mais controverso tema do mundo social presente – o das relações econômicas entre as Nações?[20]

Depois desses dois discursos o tema dos direitos humanos praticamente desapareceu de nossas intervenções definidoras de posições de política externa. Nem poderia ser diferente no período que se iniciava em nossa história, período que José Sarney, primeiro presidente civil da República após vinte anos de governos militares, iria qualificar perante a Assembleia Geral da ONU, em 1985, como uma "longa noite".

DE 1964 A 1984

O impacto da Declaração Universal de 1948 na realidade brasileira de 1964 a 1985, até a promulgação da Lei de Anistia em 1979 e o consequente regresso de ex-exilados, era nulo ou se dava em sentido contrário. Primeiro pela supressão das liberdades

19 Por essa assertiva, que qualquer Estado africano ou asiático de independência recente em 1963 endossaria sem hesitar – e muitos disseram reiteradamente o mesmo, por muito tempo –, já se vê a falácia pós-moderna de considerar os direitos humanos da Declaração Universal um reflexo exclusivo do modo de pensar ocidental, postulando preferencialmente o "direito à diferença das culturas", inclusive as repressoras.

20 Apud L.F. de Seixas Corrêa, op. cit., p. 173 e 181-182.

SESSENTA ANOS DA DECLARAÇÃO UNIVERSAL DOS DIREITOS HUMANOS 321

civis, detenções arbitrárias e suspensão de direitos políticos de inúmeros cidadãos. Em seguida, depois de 1968, pela repressão violenta à oposição ao regime. Esta, sem canais institucionais de manifestação, encontrava-se legalmente inerme, quase impotente, ou então, refletindo o idealismo revolucionário de esquerda da época, recorria à clandestinidade e à luta armada. As denúncias de torturas e outras violações, por outro lado, feitas por brasileiros ou estrangeiros dentro e fora do país, coordenados ou não em organizações diversas, como as Comissões de Justiça e Paz de Arquidioceses Católicas, ou em organizações não governamentais (ONGS) como a Anistia Internacional, sempre recorreram à Declaração Universal dos Direitos Humanos como respaldo normativo. A postura internacional do Brasil na matéria, silente ou de cunho defensivo, somente iria modificar-se com a eleição do país, em 1977, para a Comissão dos Direitos Humanos das Nações Unidas.

Fazer discursos altissonantes sobre os direitos fundamentais em época de arbítrio e autoritarismo é, evidentemente, um contrassenso. Por mais que outros Estados disso não se furtassem, o Itamaraty, no Plenário da ONU, optou por evitar o tema – embora sobre ele tivesse que atuar alhures, na defensiva. A omissão discursiva não foi, porém, absoluta. Em alguns momentos particulares, os direitos humanos, mais especificamente alguns deles, foram objeto de iniciativas e menções, propagandísticas, mas úteis.

Exemplo dessa atitude pode ser vista nas referências do ministro Juracy Magalhães, na Assembleia Geral de 1966, à assinatura pelo Brasil da Convenção Internacional Sobre a Eliminação de Todas as Formas de Discriminação Racial (ICERD), adotada em 1965 – sem qualquer alusão aos projetos dos dois pactos de direitos humanos, que iriam ser aprovados pela Assembleia Geral pouco depois naquela mesma sessão. Disse ele:

No campo dos problemas sociais e das relações humanas, o Brasil orgulha-se de ter sido o primeiro país a assinar a Convenção Internacional Sobre a Eliminação de Todas as Formas de Discriminação Racial, aprovada pela última sessão da Assembleia Geral. Dentro das fronteiras do Brasil, na realidade, tal documento não seria tão necessário, uma vez que o Brasil é há muito tempo um exemplo proeminente, e eu diria até o primeiro, de uma verdadeira democracia racial, onde muitas raças

322 É PRECISO SALVAR OS DIREITOS HUMANOS!

vivem e trabalham juntas e se mesclam livremente, sem medo ou favores, sem ódio ou discriminação. Nossa terra hospitaleira há muito tem estado aberta aos homens de todas as raças e religiões – ninguém questiona qual possa ter sido o lugar de nascimento de um homem, ou de seus antepassados, e ninguém se preocupa com isso – todos possuem os mesmos direitos, e todos estão igualmente orgulhosos de serem parte de uma grande nação. Embora a nova convenção seja, portanto, supérflua no que concerne ao Brasil, nós a recebemos com alegria para servir de exemplo a ser seguido por outros países que se encontram em circunstâncias menos favoráveis. E eu gostaria de aproveitar esta oportunidade para sugerir que a tolerância racial fosse exercitada por todas as raças em relação a outras raças: ter sido vítima de uma agressão não é motivo válido para se agredir ou a outros. Que o exemplo do Brasil, e a moderação sem esforços, tolerância serena e respeito mútuo em nossas relações raciais sejam seguidas por todas as nações multirraciais.[21]

Primor de "incorreção política" para quem a lê com olhos de hoje, essa passagem do discurso de Juracy Magalhães, além de ir contra tudo que o Movimento Negro sempre afirmou, já que seus membros sentiam "na pele" a inverdade de nossa "democracia racial", trazia também algumas declarações anódinas difíceis de comprovar. Até a assertiva de que o Brasil foi o primeiro país a assinar a convenção – em 7 de março de 1966 – pode ser relativizada, na medida em que oito outros Estados a assinaram nessa mesma data[22]. A assinatura da ICERD, numa época em que as elites brasileiras e estrangeiras, com poucas exceções, consideravam o Brasil realmente isento de racismo, era facilitada também pela inexistência, até então, de mecanismos internacionais para a supervisão de direitos humanos. O Comitê Para a Eliminação da Discriminação Racial (Cerd), previsto no artigo 8º dessa mesma convenção, foi o primeiro do gênero, criado por instrumento jurídico. O Cerd, por sua vez, somente foi concretamente instalado em 1970, e quando começou a funcionar não dispunha de apoio político, nem de jurisprudência própria, para avaliar os relatórios de cada Estado-parte (obrigação determinada pelo artigo 9º da Convenção) à luz de informações de outras fontes. Tal fato permitiu que o Brasil e muitos outros Estados, em seus

21 Ibidem, p. 221.
22 Os países foram Bielorrússia, Filipinas, Grécia, Israel, Polônia, República Centro-Africana, Ucrânia e União Soviética. Ver Sílvio José Albuquerque, *Combate ao Racismo*, nota 106, p. 283.

SESSENTA ANOS DA DECLARAÇÃO UNIVERSAL DOS DIREITOS HUMANOS 323

relatórios periódicos ao comitê, reiterassem que o fenômeno da discriminação racial inexistia em suas jurisdições. De qualquer forma, conquanto motivadas por interesse eticamente duvidoso, a assinatura da convenção e a referência a ela foram úteis. A assinatura, no longo prazo, por motivos óbvios. O anúncio da assinatura, no curto prazo, porque, feito na abertura do debate geral plenário da Assembleia Geral da ONU, há de ter ecoado na imprensa brasileira, ajudando a divulgar internamente um instrumento de direitos humanos importante e nosso apoio a ele. Independentemente de sua motivação, esse apoio constituiria um ato precursor[23].

Com a situação ainda mais gravada em 1968, o silêncio brasileiro a respeito dos pactos internacionais de direitos civis e políticos e de direitos econômicos, sociais e culturais, aprovados pela ONU em 1966, perdurou. A própria questão do racismo e da discriminação racial somente foi exumada em intervenções do Brasil na Assembleia Geral a partir de 1974, pela voz do chanceler Azeredo da Silveira, durante o governo Geisel, na forma de condenações ao *apartheid*. Estas procuravam dar consistência à política de aproximação com a África, propiciada pela independência das ex-colônias portuguesas, no contexto do chamado "pragmatismo responsável", após muitos anos de apoio brasileiro ao colonialismo português. Foi, porém, somente em 1976, que, como maneira mais sólida de reagir às críticas que o regime recebia na matéria desde 1964, que o governo do presidente Ernesto Geisel, empenhado que estava na distensão interna, adotou uma decisão de política externa verdadeiramente consequente na área dos direitos humanos: lançou a candidatura do Brasil à Comissão dos Direitos Humanos das Nações Unidas[24].

Eleito pelo Ecosoc em 1976, o Brasil começou a atuar nesse foro em 1977, fato a que o chanceler Antonio Francisco Azeredo da Silveira aludiu expressamente, naquela que foi até então a referência mais longa aos direitos humanos feita pelo Brasil em plenário da Assembleia Geral. Ocupando sete parágrafos

23 A ratificação pelo Brasil dessa convenção, adotada pela ONU em 21 de dezembro de 1965, ocorreu em 27 de março de 1968, e a promulgação foi feita pelo Decreto 65.810, de 8 dezembro de 1969.

24 Para uma descrição mais detalhada das causas e efeitos dessa decisão, ver J.A. Lindgren Alves, *Os Direitos Humanos Como Tema Global,* em especial o capítulo 6, "O Brasil e a Comissão dos Direitos Humanos da ONU", p. 87-93.

densos e elaborados do texto escrito, ela definiu a doutrina oficial na matéria por muitos anos – com algumas modificações gradativamente incorporadas à luz da evolução do tema no Brasil e no mundo.

Disse Silveira, essencialmente, em 1977 (sem a numeração aqui adotada, que em certos casos desmembra parágrafos originais, para facilitar os comentários), em asserções eloquentes, muitas das quais, sem a motivação defensiva da época, seriam perfeitamente aplicáveis à "pós-modernidade" presente:

1. [...] a cooperação, à qual a Carta das Nações Unidas nos estimula, pressupõe como requisito básico o respeito à identidade nacional e à soberania dos Estados.

2. A Carta coloca o tema dos Direitos do Homem precisamente no campo da cooperação internacional [...]

3. O tratamento dessa questão, no nível multilateral, poderá concorrer para a criação de condições favoráveis ao exercício desses direitos, que, a nosso ver, abrangem aspectos, quer civis e políticos, quer econômicos e sociais, como o direito à alimentação, à educação, à cultura, ao trabalho, a uma vida livre da miséria, ao amparo na velhice. Todos esses temas devem ser tratados dentro de uma perspectiva integrada e ampla.

4. O primeiro componente desse patrimônio (conceitual comum, adquirido no exame internacional da matéria) é a convicção de que a questão dos direitos humanos é predominantemente ética [...] Muitas vezes, o tema é tratado com intuitos distintos do desejo sincero de proteção dos direitos da pessoa humana.

5. Um segundo componente de nosso patrimônio comum é a convicção de que a questão dos direitos humanos tem caráter universal. Justificar tratamento discriminatório, com base no interesse nacional, é destruir o próprio fundamento da defesa dos Direitos do Homem.

6. [...] seria irrealista imaginar que essas questões estejam, na prática, desvinculadas da consideração de outros problemas que afligem a comunidade das nações. A criação de condições propícias ao respeito generalizado pelos Direitos do Homem dependerá da melhora substancial da segurança política e econômica, em nível internacional [...]

7. [...] A negativa em facilitar o estabelecimento de uma ordem econômica internacional mais justa e mais estável, e que atenda aos reclamos da segurança econômica efetiva para o desenvolvimento, é fator que não pode ser desprezado ou obscurecido, no interesse do respeito aos direitos humanos.

SESSENTA ANOS DA DECLARAÇÃO UNIVERSAL DOS DIREITOS HUMANOS   325

8. [...] a solução das questões dos Direitos do Homem é da responsabilidade do governo de cada país.

9. Num mundo ainda marcado por atitudes intervencionistas, abertas ou veladas, e pela distorção de determinados temas, a nenhum país ou conjunto de países pode ser atribuída a condição de juiz de outros em questões tão sérias e tão íntimas da vida nacional.

10. Com esse patrimônio conceitual em mente, o Brasil acaba de associar-se aos trabalhos da Comissão dos Direitos do Homem, o que lhe permitirá contribuir de maneira mais efetiva, no plano de normatividade internacional, para a promoção desses direitos.

11. Os mecanismos e procedimentos de que já dispõem as Nações Unidas para a consideração da problemática dos direitos humanos parecem-nos amplos e suficientes para que a tarefa prossiga no ritmo que a complexidade da matéria requer e a salvo de fatores e circunstâncias passageiras.[25]

De todas as afirmativas aqui numeradas, tornaram-se obsoletas, parcial ou integralmente, diante do que viria ocorrer no âmbito brasileiro e na esfera internacional, as de número 9 e 11. A nona porque ficou claro, em função da importância da mobilização externa para salvar vidas e como adjutório para o restabelecimento da democracia no Brasil, que os direitos humanos não constituem uma questão "tão íntima da vida nacional". A 11ª porque o trabalho normativo e a criação de mecanismos de controle, com participação das delegações brasileiras, prosseguiu incessantemente, no entendimento de que os procedimentos disponíveis não eram suficientes. Adquiriram sentido diferente, no quadro do multiculturalismo atual, a pressuposição de que "o respeito à identidade nacional e à soberania dos Estados" constitui requisito à cooperação (afirmação n. 1), a convicção de que "a questão dos direitos humanos tem caráter universal", juntamente com a rejeição a "tratamentos discriminatórios com base no interesse nacional" (afirmação n. 5 – o multiculturalismo ideológico dominante[26] defende o estabelecimento de condições para a autossegregação identitária,

25   Apud L.F. de Seixas Corrêa, op. cit., p. 346-347.
26   Não confundir com o reconhecimento do pluralismo cultural como elemento intrínseco à integração natural, conquanto essa multiculturalidade unificadora da comunidade maior seja chamada também, imprecisamente, de "multiculturalismo" por muitos atores sociais, em especial na América Latina.

rejeitando a ideia de integração[27]), assim como a noção de que condições propícias aos direitos humanos dependerão da "melhora substancial da segurança política e econômica, em nível internacional" (afirmação n. 6 – malgrado sua veracidade evidente, tal posição é vista como uma condicionalidade inventada por Estados autoritários para desrespeitarem os direitos civis e políticos de seus próprios cidadãos). As demais premissas permanecem válidas, por menos que sejam observadas ou sequer postuladas na atual "condição pós-moderna" – no dizer de Lyotard[28] – como superestrutura cultural do neoliberalismo ou *late capitalism* – no dizer de Fredric Jameson[29].

Até o final do período militar os representantes do Brasil no Plenário da Assembleia Geral das Nações Unidas não voltariam a tratar de direitos humanos em suas intervenções de abertura do debate geral. Mas isso não fazia grande diferença na política externa, nem, muito menos, na situação interna do país. Nesta última, os direitos humanos já se haviam tornado, pelo lado da sociedade civil, o embasamento discursivo comum de todo o processo de redemocratização, o qual iria influir, do lado dos governos, na progressão evolutiva da "distensão" do general Ernesto Geisel para a "abertura gradual e segura" do general João Baptista de Figueiredo. Não havendo logrado o resultado pretendido na campanha pelas "Diretas Já", malgrado a gigantesca mobilização popular, o processo culminou com a eleição, ainda indireta, de dois civis, Tancredo Neves e José Sarney, para respectivamente presidente e vice-presidente da República. Enquanto isso, na Comissão dos Direitos Humanos e alhures, a atuação externa brasileira evoluía também para uma "abertura" crescentemente receptiva às normas e mecanismos internacionais de proteção aos direitos humanos, sem descredenciar as premissas da doutrina exposta em 1977 pelo chanceler Silveira. Essa abertura externa, que se entrevia na própria atividade dos delegados brasileiros à Comissão dos

---

27 A quem tiver pouca familiaridade com o assunto, e bastante interesse, recomendo leitura atenta de *Multiculturalism*, do canadense Charles Taylor, considerado "papa" na matéria, seguida, por exemplo, de *Identity and Violence: The Illusion of Destiny*, do excelente intérprete indiano Amartya Sen, Prêmio Nobel de Economia de 1998.

28 Jean-François Lyotard, *La Condition postmoderne: Rapport sur le savoir*.

29 F. Jameson, *Postmodernism, or the Cultural Logic of Late Capitalism*.

Direitos Humanos, recebeu impulso importante, no que tange à aceitação de normas internacionais, quando o Brasil assinou a Convenção Sobre a Eliminação de Todas as Formas de Discriminação Contra a Mulher no mesmo dia de sua aprovação pela Assembleia Geral da ONU: 18 de dezembro de 1979.

DA ABERTURA EXTERNA
À VALORIZAÇÃO DO SISTEMA

Em 1985, quando foi participar pessoalmente, pela primeira vez – a segunda foi em 1989 –, da abertura da Assembleia Geral da ONU, o presidente José Sarney pronunciou a intervenção que representaria a maior ruptura jamais registrada no discurso diplomático brasileiro na área dos direitos humanos. Para marcar que seu governo "de transição", conquanto resultante de eleição indireta e de ocorrência fortuita – o falecimento do presidente-eleito –, nada teria a ver com o autoritarismo do regime anterior, o novo presidente da República declarava nas primeiras passagens: "O Brasil acaba de sair de uma longa noite. Não tem olhos vermelhos de pesadelo. Traz nos lábios um gesto aberto de confiança e um canto de amor à liberdade."

Nesse canto de amor se enquadrava claramente o que seria dito – e feito – logo depois:

A Declaração Universal dos Direitos Humanos é, sem dúvida, o mais importante documento firmado pelo homem na história contemporânea. E ele nasceu no berço das Nações Unidas.

Com orgulho e confiança, trago a esta Assembleia a decisão de aderir aos pactos internacionais das Nações Unidas sobre Direitos Civis e Políticos, à Convenção Contra a Tortura e Outros Tratamentos ou Penas Cruéis, Desumanos e Degradantes, e sobre os Direitos Econômicos, Sociais e Culturais. Com essas decisões, o povo brasileiro dá um passo na afirmação democrática do seu Estado e reitera, perante si mesmo e perante toda a comunidade internacional, o compromisso solene com os princípios da Carta da Onu e com a promoção da dignidade humana.

Nessa tarefa, destaco a promoção dos direitos da mulher, que no Brasil acaba de ganhar impulso com a criação do Conselho Nacional de Defesa dos Direitos da Mulher. A decisiva participação da mulher na transformação por que passa a sociedade brasileira articula-se, em nível mundial, com o extraordinário movimento de afirmação feminina,

328 É PRECISO SALVAR OS DIREITOS HUMANOS!

cujo impacto vem renovando em profundidade as relações humanas deste fim de século.[30]

Foi, portanto, na sequência natural desse discurso, que o próprio presidente da República assinou, na sede das Nações Unidas, nessa mesma ocasião, em setembro de 1985, a Convenção Contra a Tortura, adotada um ano antes pela Assembleia Geral. Pouco tempo depois, conforme anunciado, ele encaminhou, em 1986, ao Congresso Nacional, a proposta de adesão do Brasil aos dois pactos de direitos humanos, que, desde antes do período militar, governantes e representantes do Estado brasileiro tanto relutaram aceitar.

Depois dessa alocução os direitos humanos deixaram de ser citados nas intervenções em plenário da Assembleia Geral da ONU até o final dos dois mandatos do presidente Sarney. Os efeitos do discurso repercutiram, porém, na forma de atuação do Brasil na Comissão dos Direitos Humanos, onde nossos delegados começavam a dialogar com organizações não governamentais, já não temiam denúncias de violações e assumiam que o sistema internacional de proteção aos direitos humanos pode ser adjutório importante aos esforços nacionais. Nem poderia ser diferente, diante da influência que estavam tendo as normas e declarações para órgãos do governo e entidades da sociedade civil, estas em ação sobretudo junto aos parlamentares que redigiam o projeto da nova Constituição. Além disso, o cenário internacional se modificava substancialmente, com as reformas de Gorbachev na União Soviética, os entendimentos entre a URSS e os Estados Unidos e a evolução liberalizante em toda a Europa Oriental, culminando com a queda do Muro de Berlim

Coube, assim, a Fernando Collor, na qualidade de primeiro presidente eleito em sufrágio popular após o período militar, a oportunidade de dar maior definição à nova política brasileira de direitos humanos, esboçada no início do governo "de transição" e impulsionada pela Constituição de 1988. Fê-lo em 1991, num momento de grande mobilização para o tema, no contexto gerado pelo fim da Guerra Fria, que permitiu àquela mesma sessão da Assembleia Geral da ONU convocar uma conferência

30 Apud L.F. de Seixas Corrêa, op. cit., p. 450.

mundial de direitos humanos: a Conferência de Viena de 1993. A mobilização de governos e sociedades não era, aliás, exclusiva para os direitos humanos e a democracia liberal. Incidia sobre vários assuntos erroneamente chamados "novos temas", começando pelo do meio ambiente. Este seria tratado na conferência que o Brasil já se preparava para sediar em 1992: a Rio-92.

Disse Collor, *inter alia,* sobre os direitos humanos, numa abordagem que pela primeira vez incluía expressamente as comunidades indígenas:

Com o alastramento dos ideais democráticos, será cada vez mais incisivo e abrangente o tratamento dessa questão [dos direitos humanos em geral].

O Brasil apoia essa tendência. Cremos mesmo que estamos às vésperas de um salto qualitativo a respeito. As afrontas aos direitos humanos devem ser denunciadas e combatidas com igual vigor, onde quer que ocorram. Neste campo, uma de minhas preocupações fundamentais é com a preservação da vida e dos costumes das comunidades indígenas do Brasil. Para tanto, meu governo tomou medidas drásticas que constituem atitude de respeito absoluto e de proteção intransigente dos direitos de nossos indígenas.

A comunidade internacional muito poderá concorrer para que se criem condições mundiais de garantia do respeito aos direitos humanos em sua mais abrangente concepção.[31]

A exemplo de seu antecessor, que assinara a Convenção Contra a Tortura, o presidente Collor, na mesma ocasião, assinou pessoalmente na sede da ONU a Convenção Sobre os Direitos da Criança. Por outro lado, em oportunidades distintas antes e depois da alocução na ONU, tomou iniciativas inéditas. Recebeu em audiência relatores da Anistia Internacional que haviam criticado o Brasil. Incentivou dessa forma contatos entre o Estado e as organizações não governamentais brasileiras e estrangeiras, assim como seminários e outros foros de consulta e articulação do governo com a sociedade civil. Foi no governo Collor que, uma vez obtida a aprovação do Senado, o Brasil ratificou os dois pactos de direitos humanos, as convenções da ONU e da OEA contra a tortura e a Convenção Americana de Direitos Humanos (Pacto de São José da Costa Rica).

31 Ibidem, p. 528.

O processo constitucional de *impeachment* e a renúncia do presidente, longe de representarem ameaça a nossa democracia, constituíram um teste decisivo para as instituições, que se fortaleceram. Valorizaram-se, assim, ainda mais, a democracia, o conceito de cidadania e o respeito aos direitos humanos. Antes, porém, que a crise política nacional chegasse ao desfecho, o chanceler Celso Lafer, então pela primeira vez ministro das Relações Exteriores, iria atualizar na Assembleia Geral das Nações Unidas o conjunto de premissas e posições brasileiras na área dos direitos humanos. Integrante do chamado "grupo ético" ministerial daqueles momentos difíceis, o chanceler logrou refletir a evolução interna e externa na matéria, adiantando, em setembro de 1992, posições em vigor ainda hoje. Disse ele, fundamentalmente, em excertos:

A democracia que hoje vivemos em toda sua plenitude no plano interno constitui garantia de estabilidade e coesão. Ensina-nos a conviver com as diferenças e as disparidades de uma sociedade plural. Permite-nos enfrentar crises e vicissitudes dentro da legalidade constitucional, ao mesmo tempo em que nos encoraja a defender seus princípios e métodos também no convívio com as demais Nações.

[...]

O aperfeiçoamento da cooperação internacional para o tratamento adequado e eficaz dos temas globais, como os de caráter humanitário e ecológico, é objetivo que deve ser buscado dentro de parâmetros compatíveis com os princípios básicos do Direito Internacional, entre os quais se destaca o respeito à soberania dos Estados.

No campo dos direitos humanos, desenvolve-se felizmente uma nova percepção da necessidade de proteção especial aos grupos mais vulneráveis em cada país. As minorias culturais, religiosas e étnicas, as crianças, os refugiados, os imigrantes são grupos frequentemente expostos à intolerância e ao desrespeito dos seus direitos mais elementares.

[...]

A fruição plena dos direitos individuais requer condições objetivas de organização econômica e social, alicerçadas na ideia de justiça.

A realização, em 1993, da Conferência Mundial Sobre os Direitos Humanos, assim como a projetada Cúpula Mundial Sobre o Desenvolvimento Social serão oportunidades para reforçar a proteção e a promoção da dignidade do ser humano.

[...]

Entre as tarefas mais prementes das Nações Unidas estará a de promover em todos os países uma campanha firme e enérgica contra todas as formas de discriminação. É tempo de reafirmar a noção clássica da

SESSENTA ANOS DA DECLARAÇÃO UNIVERSAL DOS DIREITOS HUMANOS 331

tolerância como elemento construtivo da boa convivência na sociedade. A igualdade só é real quando se respeita o diferente, o heterogêneo.

O respeito aos direitos humanos e a igualdade de todos perante a lei são valores absolutos. Políticas de separação racial são sempre odiosas, sob qualquer denominação. A ideia de que uma nação ou grupo social será de alguma forma superior se for etnicamente homogêneo é falsa, moralmente condenável, e inaceitável politicamente.

O mundo não viveu os horrores de uma Guerra Mundial, os temores de 45 anos de Guerra Fria e a agrura de conflitos que feriram a consciência da Humanidade para ver ressurgir o espectro da xenofobia, dos nacionalismos excludentes e da intolerância étnica, cultural ou religiosa. Não podemos admitir que o conceito de Nação venha a servir a práticas de opressão.

O Brasil, como país multirracial, orgulhoso de suas raízes e da acolhida que sempre deu a povos de todo o mundo, repudia essas atitudes infamantes para o gênero humano.

[...]

As liberdades públicas e os direitos do indivíduo, a tolerância e o pluralismo, o estado de direito e a cooperação internacional, a paz e o desenvolvimento são e devem ser a filosofia insuperável de nosso tempo.[32]

A ênfase com que Celso Lafer falava de proteção às minorias refletia tendência que se afirmava no Direito Internacional dos Direitos Humanos de uma vez regulamentados os direitos universais pelos dois grandes pactos de 1965, concentrar o foco de atenções em grupos vulneráveis, estabelecendo normas específicas para garantir seus direitos. Tendo por precursoras a convenção de 1965 contra a discriminação racial e a convenção de 1979 sobre os direitos da mulher, seguidas em 1990 pela convenção sobre direitos da criança, essa tendência se acentuava no mundo pela ação de organizações não governamentais em favor dos indígenas, pelas reivindicações de minorias sexuais, nacionais e culturais organizadas, tudo isso tendo por fundo as chocantes limpezas étnicas iniciadas na ex-Iugoslávia. Foram as apreensões com a situação nos territórios separatistas da Iugoslávia de Milosevic que levaram à conclusão na Comissão dos Direitos Humanos e aprovação pela mesma sessão ordinária da Assembleia Geral, em 1992, da Declaração Sobre os Direitos das Pessoas Pertencentes a Minorias Nacionais, Étnicas, Religiosas e Linguísticas,

32 Ibidem, p. 553-563.

332 É PRECISO SALVAR OS DIREITOS HUMANOS!

cujo projeto vinha sendo elaborado desde 1978, com grandes dificuldades[33]. No mesmo discurso, quase profético, do Brasil se entreviam igualmente preocupações com o recrudescimento da xenofobia no mundo desenvolvido, da direita ultranacionalista na Europa, de grupos neonazistas em várias partes do mundo, fenômenos que desde então se radicalizaram.

As posições assinaladas em 1992, em vez de sofrerem alterações com o afastamento do presidente Collor, foram reforçadas no ano seguinte, pelo embaixador Celso Amorim, pela primeira vez nas funções de ministro das Relações Exteriores, nesse caso do presidente Itamar Franco. Em notável demonstração da continuidade da política externa independente também na área dos direitos humanos, na sessão de 1993 da Assembleia Geral, o chanceler Amorim, que atuara nessa direção quando representante permanente em Genebra, na preparação da Conferência de Viena, abordou o assunto logo no início da alocução. Para isso, atualizou os já citados "3 Ds" a que se referira o embaixador Araújo Castro em 1963:

Há exatamente trinta anos, outro chanceler brasileiro, diplomata de carreira como eu, embaixador Araújo Castro, assinalava que as Nações Unidas podiam ter suas tarefas resumidas numa tríade, a que chamou de os "3 Ds" – desarmamento, desenvolvimento, descolonização. Hoje praticamente superados os últimos resquícios do colonialismo, posso parafraseá-lo, afirmando que a agenda internacional se estrutura novamente em torno de três Ds: Democracia, Desenvolvimento, Desarmamento, com seus desdobramentos nas áreas dos Direitos Humanos, do Meio Ambiente e da Segurança Internacional.

Mais adiante discorreu pormenorizadamente sobre a visão brasileira dos direitos humanos no país e no exterior, elaborando sobre conceitos e premissas mais antigas, de tal maneira que elas continuam a valer integralmente:

Entre os direitos constitucionais do homem e do cidadão estão os consagrados na Declaração Universal dos Direitos Humanos, que a nossa Lei Maior acolhe e amplia. Fazê-los cumprir, na proteção aos indígenas, na defesa da criança e da família, na garantia das liberdades políticas e

---

33 Ver sobre o assunto J.A. Lindgren Alves, *A Arquitetura Internacional dos Direitos Humanos*, p. 233-244. Nessa época eu ainda considerava, justificadamente, moderna essa declaração, que hoje serve, sobretudo a objetivos "pós-modernos".

SESSENTA ANOS DA DECLARAÇÃO UNIVERSAL DOS DIREITOS HUMANOS 333

no acesso ao Poder Judiciário, tem sido o obstinado programa do atual governo e o desafio que enfrentamos, depois do longo período em que crescimento econômico e desenvolvimento social não andaram juntos.

[...]

O governo e a sociedade brasileiros estão conscientes de que as difíceis questões que enfrentamos na área dos direitos humanos estão profundamente vinculadas com os desequilíbrios sociais herdados de décadas de insensibilidade ancorada no autoritarismo. Democracia, direitos humanos e desenvolvimento formam uma tríade indissolúvel[34]. A vigência de um de seus termos não é possível sem a dos outros dois. Daí a importância que atribui o atual governo à retomada do crescimento e à geração de empregos, acompanhada de uma mais justa distribuição da renda, única forma sólida e sustentável de garantir o desenvolvimento social e a vigência plena dos Direitos Humanos. Daí também a importância de programas como o de Combate à Fome, nascidos na sociedade civil, e que contam com o amplo e firme apoio do governo.

[...]

Não ignoramos que a impunidade é o calcanhar de Aquiles de qualquer política que vise à plena instauração dos direitos humanos e à eliminação da violência.

[...]

A especial relevância que emprestamos aos direitos humanos no plano interno se reflete em nossa atuação diplomática, como ficou patente em na Conferência Mundial realizada em Viena em junho último. Foi para o Brasil uma honra e um desafio, a indicação feita pela comunidade internacional para que presidíssemos o Comitê de Redação da Conferência e foi com imensa satisfação que demos nossa contribuição para que o consenso de Viena se expressasse no nível mais alto e mais democrático. A Declaração e o Programa de Ação de Viena constituem avanço significativo na promoção e proteção dos direitos humanos, inclusive pelo aprimoramento de conceitos agora inquestionavelmente reconhecidos como universais. Ao reafirmar a interdependência de todos os direitos humanos, a merecerem igual proteção, a declaração reconhece que os direitos individuais se transformam numa ficção jurídica, se a seus titulares, assim como aos Estados que os garantem, faltam recursos materiais para fazê-los valer.[35]

---

34 Essa "tríade indissolúvel" não foi mero recurso discursivo do Brasil. É ideia, impulsionada sim pelo Brasil no processo preparatório da Conferência de Viena, mas universalmente consagrada na declaração adotada pela Conferência Mundial.

35 Apud L.F. de Seixas Corrêa, op. cit., p. 570-577. Sobre o papel da diplomacia brasileira na Conferência de Viena, ver entre as inúmeras obras que tratam do assunto, Gilberto V. Saboia, Um Improvável Consenso: A Conferência Mundial de Direitos Humanos e o Brasil, em *Política Externa*, v. 2, n. 3; J.A. Lindgren Alves, *Os Direitos Humanos Como Tema Global*, nota 24.

334 É PRECISO SALVAR OS DIREITOS HUMANOS!

É curioso observar que, depois dessa alocução no debate geral de 1993, os direitos humanos quase desapareceram novamente do discurso brasileiro na Assembleia Geral. E isso ocorria na época em que o Brasil, ao mesmo tempo que adotava leis como a dos desaparecidos e medidas decorrentes de dois planos nacionais de direitos humanos, aparelhava-se com a criação no Itamaraty do Departamento de Direitos Humanos e Temas Sociais, a que se seguiu o estabelecimento da Secretaria Nacional – depois Especial – de Direitos Humanos; a Câmara dos Deputados formava sua própria Comissão de Direitos Humanos; no exterior o país completava sua adesão aos instrumentos de promoção e proteção aos direitos humanos. Talvez precisamente porque não fosse necessário acrescentar novas premissas ou posições àquelas expressadas antes, as referências à matéria, nos seis anos de função do embaixador Luiz Felipe Lampreia como chanceler do presidente Fernando Henrique Cardoso, eram curtas e genéricas, como, em 1996:

Muito resta a fazer na sequência das grandes conferências que moldaram a agenda internacional desta década. Direitos da criança, meio ambiente e desenvolvimento, direitos humanos, população, desenvolvimento social, direitos da mulher e *habitat*: todas essas conferências geraram compromissos a cumprir, decisões e um importante trabalho de seguimento a realizar.[36]

Ou, para anunciar uma decisão importante, em 1998:

O Brasil também atribui importância central à promoção dos direitos humanos. Ao celebrarmos os cinquenta anos da Declaração Universal dos Direitos Humanos, devemos reconhecer a lacuna que ainda existe entre os princípios e as regras já consagradas no direito internacional e a realidade prevalecente no mundo. [...] Estamos dispostos a buscar elementos no meio internacional que nos ajudem a concretizar uma aspiração que é de todos os brasileiros. Foi esse o sentido com que, no dia 7 de setembro, o presidente Fernando Henrique Cardoso submeteu ao Congresso Nacional a decisão de reconhecer a jurisdição obrigatória da Corte Interamericana de Direitos Humanos.[37]

Ou, ainda, em 2000: "O trabalho para a constituição de um tribunal penal internacional avançou e o Brasil assinou os

36 Apud L.F. de Seixas Corrêa, op. cit., p. 617.
37 Ibidem, p. 644.

SESSENTA ANOS DA DECLARAÇÃO UNIVERSAL DOS DIREITOS HUMANOS 335

estatutos de Roma. Aqueles que praticam crimes contra a humanidade não devem, de modo algum, permanecer impunes."[38]

A mesma omissão de abordagem pormenorizada ocorreria quando o próprio chefe de Estado fez pessoalmente seu único discurso no plenário da Assembleia Geral, em 2001, logo após o 11 de Setembro. Disse ele tão somente: "O final do século XX marcou o fortalecimento de uma consciência de cidadania planetária, alicerçada em valores universais. O Brasil está decidido a prosseguir nessa direção. O Tribunal Penal Internacional será um avanço histórico para a causa dos direitos humanos."

Naquela mesma alocução, porém, o presidente Fernando Henrique Cardoso, após qualificar os atentados de "uma agressão à humanidade", recordando a solidariedade brasileira que expressara antes ao presidente George W. Bush, fez uma declaração que transmitia mensagem ainda atual, fundamental e crescentemente necessária sob muitos aspectos, em particular na esfera dos direitos humanos:

O terrorismo é o oposto de tudo o que a ONU representa. Destrói os princípios de convivência civilizada. Impõe o medo e compromete a tranquilidade e segurança de todos os países. [...] A Carta das Nações Unidas reconhece aos Estados-membros o direito de agir em autodefesa. Isto não está em discussão. Mas é importante termos consciência de que o êxito na luta contra o terrorismo não pode depender apenas da eficácia das ações de autodefesa ou do uso da força militar de cada país. [...] Há coisas que são óbvias, mas que merecem ser repetidas: a luta contra o terrorismo não é, nem pode ser, um embate entre civilizações, menos ainda entre religiões. Nenhuma das civilizações que enriquecem e humanizam nosso planeta pode dizer que não conheceu, em seu próprio interior, os fenômenos da violência e do terror.[39]

Bem no final do segundo mandato do presidente Fernando Henrique Cardoso, o novo chanceler, que substituiu o embaixador Lampreia, era novamente Celso Lafer. Assim, coube a ele, em 2002, no discurso que fez perante a Assembleia Geral, resumir a política externa do Brasil nos oito anos precedentes, apontando suas linhas mestras. Entre elas se incluía a de "afirmar os valores dos direitos humanos e do desenvolvimento

38 Ibidem, p. 674.
39 Ibidem, p. 682.

336 É PRECISO SALVAR OS DIREITOS HUMANOS!

sustentável". Além disso, fez brevíssima elaboração sobre o assunto, encerrada com saudação à nomeação de um brasileiro para a função de alto comissário:

> A concepção moderna de desenvolvimento requer a promoção dos direitos humanos, tanto os civis e políticos quanto os econômicos, sociais e culturais. Nesse campo, é uma grande honra para todos os brasileiros a nomeação de Sérgio Vieira de Mello como novo alto comissário das Nações Unidas para os Direitos Humanos. Sucede a Mary Robinson, a quem devemos o reconhecimento pelo importante trabalho realizado.[40]

A alegria do Brasil com essa nomeação duraria pouco, por motivo trágico: a morte de Sérgio Vieira de Mello em brutal atentado terrorista contra a sede da representação das Nações Unidas em Bagdá, que ele havia assumido pouco antes, sem desvincular-se das funções de alto comissário para os Direitos Humanos. A essa perda irreparável dedicou o presidente da República, Luiz Inácio Lula da Silva, cinco parágrafos da primeira parte de sua alocução na Assembleia Geral das Nações Unidas em 2003, ano de sua posse.

A temática dos direitos humanos em termos nominais somente foi retomada com elaboração em discurso no debate geral da Assembleia, em 2005, pelo embaixador Celso Amorim, novamente chanceler. Deu-se na enunciação das posições do Brasil sobre as reformas das Nações Unidas em geral, discutidas – insatisfatoriamente – um pouco antes em reunião de cúpula do Conselho de Segurança convocada para esse fim. Disse então o ministro das Relações Exteriores, com mensagem necessária e destinação evidente:

> As estruturas e mecanismos da organização na esfera dos direitos humanos devem ser reforçados e aperfeiçoados. Apoiamos a criação de um Conselho de Diretos Humanos que se baseie nos princípios da universalidade, do diálogo e da não seletividade. A elaboração de um relatório global, a cargo do Alto Comissariado, que cubra todos os países e situações, contribuirá para aumentar a credibilidade do sistema de proteção dos direitos humanos das Nações Unidas.
>
> O secretário-geral instou-nos a trabalhar de forma mais coordenada com vistas à proteção das vítimas de violações graves e sistemáticas dos direitos humanos. A cooperação internacional na esfera dos direitos

40 Ibidem, p 694-696.

SESSENTA ANOS DA DECLARAÇÃO UNIVERSAL DOS DIREITOS HUMANOS   337

humanos e da assistência humanitária deve orientar-se pelo princípio da responsabilidade coletiva. Temos sustentado – em nossa região e fora dela – que o princípio da não intervenção em assuntos internos dos Estados deve ser acompanhado pela ideia da "não indiferença".

Lidamos, hoje, com conceitos novos como "segurança humana" e "responsabilidade de proteger". Concordamos que devem ter lugar adequado em nosso sistema. Mas é ilusório pensar que podemos combater os desvios políticos que estão na origem de violações graves de direitos humanos por meios exclusivamente militares, ou mesmo por sanções econômicas, em prejuízo da diplomacia e da persuasão.

A segurança humana resulta, principalmente, de sociedades justas e equitativas, que promovem e protegem os direitos humanos, fortalecem a democracia e respeitam o estado de direito, ao mesmo tempo em que criam oportunidades de desenvolvimento econômico com justiça social. As Nações Unidas não foram criadas para disseminar a filosofia de que a ordem deve ser imposta pela força. Esse recurso extremo deve ser reservado a situações em que todos os demais esforços tenham sido esgotados, e as soluções pacíficas sejam realmente inviáveis. E o julgamento dessas condições excepcionais há que ser sempre um julgamento multilateral. A Carta contempla dois tipos de situação para o uso da força: a necessidade de manter ou restaurar a paz e a segurança internacionais, e o direito de legítima defesa. Esses dois conceitos não podem ser confundidos, sob pena de embaralharmos as bases doutrinárias da organização.[41]

Como se sabe, o Conselho dos Direitos Humanos foi criado e instalado no ano seguinte, com participação do Brasil, em substituição à Comissão dos Direitos Humanos, que existia desde 1946. Quanto à elaboração de um relatório pela ONU que cobrisse todos os países, velha ideia brasileira postulada desde 1997 na Subcomissão Para a Prevenção da Discriminação e Proteção das Minorias, para garantir menor seletividade e maior credibilidade ao sistema, não chegou ser encampada. Em seu lugar aprovou-se a chamada UPR, de *Universal Periodic Review* ou "exame periódico universal", prática segundo a qual o Conselho examina, por grupos, a situação de todos os Estados-membros das Nações Unidas com base em relatórios por eles mesmos apresentados.

O fato de o chanceler Celso Amorim haver abordado nessa intervenção os direitos humanos apenas no âmbito externo, com explicitação da não aceitação pelo Brasil de intervenções

41   Ibidem, p. 752-753.

338 É PRECISO SALVAR OS DIREITOS HUMANOS!

unilateralmente decididas, é significativo. Em primeiro lugar, porque é em ações externas não concertadas nas Nações Unidas, das quais o Brasil se dissociou desde o primeiro momento, que atualmente se localizam os fatores de acirramento generalizado de tensões no mundo. Em segundo, porque esses mesmos fatores, com seus efeitos adversos diretos e indiretos, inclusive como exemplo daninho, constituem as maiores ameaças atuais ao próprio sistema de promoção e proteção dos direitos humanos. Em terceiro, porque, internamente, a promoção dos direitos humanos na sociedade e como política de governo já havia sido tão solidamente explicitada em ocasiões anteriores, na linha de valorização dos instrumentos e mecanismos internacionais existentes, que não se fazia, nem se faz, necessário repeti-la. Nesse sentido, é particularmente eloquente a afirmação do chanceler Amorim de que o princípio da não intervenção deva ser acompanhado pela ideia da "não indiferença".

Enquanto a expressão "direitos humanos" deixa de compor o rol de temas a requererem elaboração discursiva do Brasil no plenário da Assembleia Geral, os direitos humanos, além de permanecerem presentes nas prioridades nacionais na forma clássica, na conceituação abrangente da Declaração Universal, cobrindo os "direitos de segunda geração", constituem prioridade absoluta em programas sociais internos, como o "Bolsa Família". Conforme assinalou o presidente Luiz Inácio Lula da Silva, em plena consonância com a Declaração e o Pacto de Direitos Econômicos, Sociais e Culturais, na reunião de líderes mundiais, convocada pelo Brasil, para o lançamento, em setembro de 2004, na sede das Nações Unidas, da "Ação Contra a Fome e a Pobreza": "A fome subtrai a dignidade, destrói a autoestima e viola o mais fundamental dos direitos humanos: o direito à vida."[42]

VIOLADA, MAS PRESENTE

Matéria interdisciplinar que, no Brasil, desde a década passada, percorre transversalmente o ensino e a avaliação de todas as disciplinas e determina regras e regulamentos em todos os

42 Apud L.F. de Seixas Corrêa, op. cit., p. 728.

níveis da administração pública, a noção de direitos humanos fixada na Declaração Universal extrapola a atuação de juristas, políticos, policiais e militantes. Encontra-se tão incorporada ao dia a dia brasileiro que disso não nos damos conta. Para quem tiver alguma dúvida, seria útil compulsar algo aparentemente tão distante quanto, por exemplo, o manual básico de segurança no trânsito, divulgando as normas do Contran[43]. Nele se encontra um capítulo denominado "Direção Preventiva", que se inicia com a enunciação de quatro princípios "importantes para o relacionamento e a convivência social no trânsito". O primeiro é o princípio da "dignidade da pessoa humana, do qual derivam os Direitos Humanos e os valores e atitudes fundamentais para o convívio social democrático". O segundo princípio é a igualdade de direitos. O terceiro é o da "participação, que fundamenta a mobilização da sociedade para organizar-se em torno dos problemas". O quarto é o "princípio da corresponsabilidade pela vida social". Todos se acham consagrados, desde 1948, como premissas e dispositivos da declaração.

É verdade que, em contexto diferente, algumas corporações usam caveiras e outros símbolos macabros para estimular a ação policial. Sabe-se também que certos agentes "da lei" têm a expressão "direitos humanos" gravada nos cassetetes que usam indevidamente. Grife-se aqui "indevidamente", porque se o uso pelo agente for legal e necessário durante uma operação, por menos adequado que seja gravar essa expressão num instrumento contundente, o policial estará realmente agindo em defesa dos direitos humanos. Como reza a Declaração Universal em seu artigo 3º, ao abrir a relação de direitos fundamentais[44]: "Todos têm direito à vida, à liberdade e à segurança da pessoa". Segurança individual é, aliás, a primeira justificação para a existência do Estado, segundo os clássicos da mais elementar ciência política. O que os direitos humanos introduziram nessa justificativa foi apenas a noção de garantia da segurança individual sem arbítrio. O esquecimento desse fato do lado de

---

43 Conselho Nacional de Trânsito. O manual está disponível em: <www.denatran.gov.br> (item material educativo) e é distribuído por concessionárias de veículos.

44 O artigo 1º, sobre dignidade humana e a razão, e o artigo 2º, sobre a igualdade e a não discriminação, mais do que "direitos", são premissas de toda a declaração.

340 É PRECISO SALVAR OS DIREITOS HUMANOS!

alguns militantes, não apenas diante de violações comprovadas, mas como *parti pris* anterior a qualquer operação, ainda que justificados por exageros ilegais comprovados, é um dos fatores que permitem aos detratores usar do refrão, já batido, de que os direitos humanos seriam "direitos de bandidos". Tendo em conta o nível de violência que persiste nas grandes cidades brasileiras, essa é uma confusão que leva os direitos fundamentais e inalienáveis de todos a parecerem *demodés*.

Num país que se assume racial e culturalmente plural, é particularmente importante que as autoridades competentes tudo façam para promover o respeito pela diversidade. Nesse sentido se orientam o Plano Nacional de Educação em Direitos Humanos, a Coordenadoria de Direitos Humanos do Ministério da Educação, a Secretaria Especial de Direitos Humanos (Sedh), a Secretaria Especial de Políticas de Promoção da Igualdade Racial (Seppir) e muitos outros órgãos do governo, articulados com a sociedade civil. A diversidade é, para o Brasil, elemento formador da própria nacionalidade. O multiculturalismo brasileiro – mais corretamente o reconhecimento e a defesa do pluralismo cultural do país – não é, nem pode ser, essencialista, avesso à integração e à mescla em todos os sentidos. Não pode ser confundido com o multiculturalismo prevalecente alhures, na Europa, na América do Norte e nos países não seculares ou tradicionalistas de qualquer parte do mundo. Com razões e motivações diferentes, lá se rejeita a mistura. Nós não seríamos brasileiros sem ela.

Subjacente a muitas das tendências que fazem os direitos humanos atualmente parecerem anacrônicos encontra-se o relativismo de valores embutido na noção de pós-modernidade: direitos universais para pós-modernos não existem. Herdeiros do Iluminismo, os direitos humanos são claramente modernos. Medidas especiais para grupos específicos, de acordo com os direitos humanos, podem ser importantes para o alcance efetivo da não discriminação. É assim que tais medidas são previstas na Convenção Internacional Sobre a Eliminação de Todas as Formas de Discriminação Racial (artigo 1º, parágrafo 4º; e artigo 2º, parágrafo 2º). E deve ser assim que elas se aplicam no Brasil.

A noção de direitos humanos, universal e igualitária, consagrada e difundida pela Declaração Universal é agora elemento naturalmente integrante do discurso brasileiro em geral. Não se quer com isso dizer que os direitos humanos sejam regularmente respeitados no país. Quer-se dizer que a noção entrou em nossa linguagem e se estabeleceu com semântica legítima, manifestada em dispositivos legais, cobranças e reivindicações. A entrada se deu com apoio – às vezes hesitante, é fato – de nosso discurso diplomático. Hoje não é mais necessário reiterarmos na ONU a importância que lhe atribuímos. Ainda que não falemos dela, a Declaração Universal de 1948 está presente em nosso inconsciente quando propomos qualquer ação na área social, quando condenamos o terror e o belicismo, quando, sem esconder violações e crimes e sem negar os problemas existentes, defendemos nossa democracia.

Bibliografia

60 ANOS DA *Declaração Universal dos Direitos Humanos: Conquistas do Brasil.* Brasília: Funag, 2009.

ABUKHALIL, As'ad. *Bin Laden, Islam and America's New "War On Terrorism".* New York: Seven Stories, 2002.

ACNUR. *La Situación de los Refugiados en el Mundo – 1995.* Madrid: Alianza, 1995.

AGAMBEN, Giorgio. *Estado de Exceção.* Trad. Iraci D. Poleti. São Paulo: Boitempo, 2004.

_____. *Homo sacer: Le Pouvoir souverain et la vie nue.* Trad. Marilène Raiola. Paris: Seuil, 1997.

_____. *Homo sacer: O Poder Soberano e a Vida Nua.* Trad. Henrique Burigo. 2. reimpressão. Belo Horizone: Editora UFMG, 2007

ALBUQUERQUE, Sílvio José. *Combate ao Racismo.* Brasília: Funag, 2008.

ALTO COMISIONADO de Las Naciones Unidas Para los Refugiados. *La Situación de los Refugiados en el Mundo: En Busca de Soluciones.* Madrid: ACNUR/Alianza, 1995.

ANDERSON, Benedict. *Imagined Communities: Reflections on the Origin and Spread of Nationalism.* London: Verso, 1991.

ARAUJO, Nadia de; ASSIS DE ALMEIDA, Guilherme (coords.). *O Direito Internacional dos Refugiados: Uma Perspectiva Brasileira.* Rio de Janeiro: Renovar, 2001.

ARENDT, Hannah. *The Origins of Totalitarianism.* New York: Harcourt Brace Jovanovich, 1973.

ASSIS DE ALMEIDA, Guilherme. *Direitos Humanos e Não-Violência.* São Paulo: Atlas, 2001.

ATHAYDE, Austregésilo de; IKEDA, Daisaku. *Diálogo: Direitos Humanos no Século XXI.* Trad. Masato Ninomiya. Rio de Janeiro: Record, 2000.

BADIOU, Alain. *Second manifeste pour la philosophie.* Paris: Fayard, 2009.

_____. *Saint Paul: La Fondation de l'universalisme.* Paris: PUF, 1997.

BADIOU, Alain; FINKELKRAUT, Alain. *L'Explication: Conversation avec Aude Lancelin.* Paris: Lignes, 2010.

BAUDRILLARD, Jean. *L'Esprit du terrorisme.* Paris: Galilée, 2002

BAUMAN, Zygmunt. *Community: Seeking Safety in an Insecure World.* Cambridge: Polity, 2001.

BENSAID, Daniel. Posfácio. In: MARX, Karl. *Sobre a Questão Judaica.* Trad. Nélio Schneider. São Paulo: Boitempo, 2010.

BILEFSKY, Dan; FISCHER, Ian. Doubts on Muslim Integration Rise in Europe. *International Herald Tribune,* New York, 12 out. 2006.

BOBBIO, Norberto. *Direita e Esquerda: Razões e Significado de uma Distinção Política.* Trad. Marco Aurélio Nogueira. São Paulo: Editora Unesp, 1994.

_____. *A Era dos Direitos.* Trad. Carlos Nelson Coutinho. Rio de Janeiro: Campus, 1992.

BURUMA, Ian. *Murder in Amsterdam.* New York: Penguin, 2006.

BURUMA, Ian; MARGALIT, Avishai. *Occidentalism: The West in the Eyes of Its Enemies.* New York: Penguin, 2004.

CALDWELL, Christopher. Affirmative Action: Racism's Escape – or a Trap. *The New York Times,* 23 dez. 2006.

CANÇADO TRINDADE, Antônio Augusto. *Tratado de Direito Internacional dos Direitos Humanos.* v. I. Porto Alegre: Sergio Antonio Fabris, 1997.

CARVALHO, José Murilo de. Genocídio Racial Estatístico. *O Globo.* Rio de Janeiro: 27 dez. 2004.

CARVALHO ROCHA, João Carlos (coord.) et. al. *Direitos Humanos: Desafios Humanitários Contemporâneos, 10 Anos do Estatuto dos Refugiados* (Lei n. 9.474, de 22 de julho de 1997). Belo Horizonte: Del Rey, 2008.

CHEVIGNY, Paul. A Repressão nos Estados Unidos Após o Atentado de 11 de Setembro, *Sur – Revista Internacional de Direitos Humanos,* ano 1, n. 1. Rede Universitária de Direitos Humanos, 1º sem., 2004.

CHESTERTON, Gilbert Keith. *Orthodoxy.* San Francisco: Ignatius, 1995.

CHOMSKY, Noam. *9-11, New York:* Seven Stories, 2001.

COMISIÓN INTERAMERICANA de Derechos Humanos. *Informe Sobre Seguridad Ciudadana y Derechos Humanos.* Organização dos Estados Americanos. OEA/Ser.L/V/II, doc. 57, 31 dez. 2009.

COWELL, Alan. Jack Straw Ignites a Debate Over Muslim Veil. *International Herald Tribune,* New York, 7-8 out. 2006.

_____. Blair Calls Veil "a Mark of Separation": Debate Spreading Further in Europe on Muslim Integration. *International Herald Tribune,* New York, 18 out. 2006.

_____. Islamic Schools at the Heart of British Debate on Integration. *International Herald Tribune,* New York, 16 out. 2006.

DAVIS, Angela Y. *A Democracia da Abolição: Para Além do Império, das Prisões e da Tortura.* Trad. Artur Neves Teixeira. Rio de Janeiro: Difel, 2009.

DEAN, Jodi. Dual Power Redux. In: ZIZEK, Slavoj (ed.). *Fredric Jameson, an American Utopia: Dual Power and the Universal Army.* London: Verso, 2016.

DÉBRAY, Régis. *Le Moment fraternité.* Paris: Gallimard, 2009.

_____. *Ce que nous voile le voile: La République et le sacré.* Paris: Gallimard, 2004.

DELMAS-MARTY, M. *Trois défis pour un droit mondial.* Paris: Seuil, 1998.

DERRIDA, Jacques; HABERMAS, Jürgen. *Le "Concept" du 11 Septembre: Dialogues à New York (octobre-décembro 2001) avec Giovanna Borradori*. Paris: Galilée, 2003.

DONNELLY, Jack. *Universal Human Rights in Theory and Practice*. Ithaca: Cornell University Press, 1989.

DONNIA, Robert V.; FINE Jr, John V. Antwerp. *Bosnia and Hercegovina: A Tradition Betrayed*. New York: Columbia University Press, 1994.

FOUCAULT, Michel. *Surveiller et punir: Naissance de la prison*: Paris: Gallimard, 1975.

_____. *Les Mots et les choses: Une archéologie des sciences humaines*. Paris: Gallimard, 1966.

FOUREST, Caroline. *La Dernière utopie: Menaces sur l'universalisme*. Paris: Grasset, 2009.

_____. *Frère Tariq: Discours, stratégie et méthode de Tarik Ramadan*. Paris: Grasset, 2005.

_____. *La Tentation obscurantiste*. Paris: Grasset, 2005.

GARÍN, Javier A. *Manual Popular de Derechos Humanos*. Buenos Aires: Ciccus, 2012.

GAUCHET, Marcel. *La Démocratie contre elle-même*. Paris: Gallimard, 2002.

GUTERRES, António. Direitos das Mulheres São Direitos Humanos. *O Globo*, Rio de Janeiro, 07 mar. 2017. (Mensagem divulgada na véspera do Dia Internacional da Mulher.)

HABECK, Mary. *Knowing the Enemy: Jihadist Ideology and the War on Terror*. New Haven: Yale University Press, 2006.

HERNANDEZ, Matheus de Carvalho. *O Alto Comissariado das Nações Unidas Para os Direitos Humanos e seu Escritório: Criação e Desenvolvimento Institucional*. Tese (Doutorado em Ciência Política), Unicamp, Campinas, 2015.

HOBSBAWM, Eric; RANGER, Terence (ed.). *The Invention of Tradition*. Cambridge: Cambridge University Press, 1984.

HUNTINGTON, Samuel. *The Clash of Civilizations and the Remaking of the World Order*. New York: Simon & Schuster, 1996.

_____. *The Clash of Civilizations? Foreign Affairs*, [S.l.:] Summer, 1993.

INCALCATERRA, Amerigo. Prólogo. *Produção e Gestão de Informação e Conhecimento no Campo da Segurança Cidadã: Os Casos da Argentina, Brasil, Paraguai e Uruguai*. Buenos Aires: IPPDH / Nações Unidas / Mercosul, 2012.

JAMESON, Fredric. *Postmodernism or the Cultural Logic of Late Capitalism*. Durham: Duke University Press, 1992.

JOHNSON, Glen. Writing the Universal Declaration of Human Rights. In: JOHNSON, G.; SYMONIDES, Janusz. *The Universal Declaration of Human Rights – 45th Anniversary – 1948-1993*. Paris: Unesco, 1994.

KHAN, Ismail; SHAH, Zhubair. At Least 22 Dead in Pakistan Bombing. *International Herald Tribune*, New York, 28 ago. 2009.

KAUFMANN, Jean-Claude. *Identidades: Una Bomba de Relojería*. Trad. de Anna Herrera. Barcelona: Ariel, 2015.

KOSKENNIEMI, Martti; LEINO, Päivi. Fragmentation of International Law? Postmodern Anxieties. *Leiden Journal of International Law*, 3. Ed, Cambridge, 2002, v. 15.

KRISTOF, N. Looking for Islam's Luthers. *International Herald Tribune*, New York, 16 out. 2006.

KUKATHAS, Chandran. Are There Any Cultural Rights? In: KYMLICKA, Will. *The Rights of Minority Cultures*. Oxford: Oxford University Press, 1996.

346 É PRECISO SALVAR OS DIREITOS HUMANOS!

KÜNG, Hans. *The Catholic Church: A Short History*. Trad. John Bowden. New York: The Modern Library, 2001.

LAFER, Celso. Prefácio. In: LINDGREN-ALVES, José Augusto. *Os Direitos Humanos Como Tema Global*. São Paulo: Perspectiva, 1994.

LEGRANGE, Frédéric. *Islam d' interdits, Islam de jouissance*. Paris: Téraèdre, 2008.

LÉVY, Bernard-Henri. *La Pureté dangereuse*. Paris: Grasset, 1994.

LINDGREN-ALVES, José Augusto. *Os Novos Bálcãs*. Brasília: Funag, 2013.

_____. In: BAPTISTA, Luiz Olavo; SAMPAIO FERRAZ, Tercio de (orgs.). *Novos Caminhos do Direito no Século XXI: Uma Homenagem a Celso Lafer*. Curitiba: Juruá, 2012.

_____. *Os Direitos Humanos Como Tema Global*. 2. ed., 2. reimp. São Paulo: Perspectiva, 2011.

_____. *Viagens no Multiculturalismo: O Comitê Para a Eliminação da Discriminação Racial, das Nações Unidas, e Seu Funcionamento*. Brasília: Funag, 2010.

_____. Coexistência Cultural e "Guerras de Religião". In: MAGALHÃES NETO, Hamilton (org.). *Post-Laicity and Beyond: XXth Conference of the Academy of Latinity*. Rio de Janeiro: Educam, 2009.

_____. *Os Direitos Humanos na Pós-Modernidade*. São Paulo: Perspectiva, 2005.

_____. *Relações Internacionais e Temas Sociais: A Década das Conferências*. Brasília: Funag, 2001.

_____. Diferencialismo e Igualitarismo na Luta Contra a Discriminação Racial. *Revista USP*, São Paulo, n. 69, mar.-abr.-mai. 2006.

_____. *O Comitê Internacional Para a Eliminação da Discriminação Racial em Funcionamento (2002-2005)*. Rio de Janeiro, v. 2, ano 4, 2005. (Dossiê)

_____. Nacionalismo e Etnias em Conflito nos Bálcãs. *Lua Nova*, n. 63, São Paulo, 2004.

_____. *A Arquitetura Internacional dos Direitos Humanos*. São Paulo: FTD, 1997.

L'IVONNET, François. Du droit de l' hommisme. In: ACADEMY OF LATINITY. *19th Conference, Human Rights and Their Possible Universality*. Oslo/Rio de Janeiro: Academia da Latinidade, 2009.

LYOTARD, Jean-François. *La Condition postmoderne: Rapport sur le savoir*. Paris: Minuit, 1979.

MAALOUF, Amin. *Le Dérèglement du monde*. Paris: Grasset, 2009.

_____. *Les Identités meurtrières*. Paris: Grasset, 1998.

MAGRIS, Cláudio *Danúbio*. Trad. Elena Grassi; Jussara de Fátima Mainardes Ribeiro. São Paulo: Companhia de Bolso, 2008.

MARX, Karl. *Sobre a Questão Judaica*. Trad. Nélio Schneider, São Paulo: Boitempo, 2010.

_____. *Crítica da Filosofia do Direito de Hegel*. Trad. Rubens Enderle; Leonardo de Deus. São Paulo: Boitempo, 2005.

_____. On the Jewish Question. In: MCLELLAN, David (ed.). *Selected Writings*. Oxford University Press, 1977.

MICHAELS, Walter Benn. *The Trouble With Diversity: How We Learned to Love Identity and Ignore Inequality*. New York: Metropolitan Books, 2006.

MINC, Alain. *Epîtres à nos nouveaus maîtres*. Paris: Grasset, 2002.

MINISTÉRIO das Relações Exteriores. *O Brasil e a ONU*. Brasília: Funag, 2008.

MUSLIM Brotherhood Objects. *International Herald Tribune*, New York, 26 set. 2006.

MUSLIMS Split on Pope's Apology. *International Herald Tribune*, New York, 19 set. 2006.

BIBLIOGRAFIA   347

NASCIMENTO, Abdias. *O Genocídio do Negro Brasileiro: Processo de um Racismo Mascarado*. 3. ed. São Paulo: Perspectiva, 2016.

NEYRAT, Frédéric. *La Tentation de l'abîme*, Paris: Larousse, 2009.

NIVAT, Anne. *Islamistes: Comment ils nous voient*. Paris: Fayard, 2006.

PEYTRIGNET, Gérard. A Proteção da Pessoa Humana nas Situações de Conflito Armado e os Mecanismos de Implementação da Normativa Internacional Humanitária. In: CANÇADO TRINDADE, Antônio Augusto; PEYTRIGNET, Gérad; RUIZ DE SANTIAGO, Jayme (orgs.). *A Incorporação das Normas Internacionais de Proteção aos Direitos Humanos no Direito Brasileiro*. São José da Costa Rica/Brasília: IIDH/CICR/ACNUR/Comissão da União Europeia, 1996.

PIMENTEL, Silvia; GREGORUT, Adriana. Humanização do Direito Internacional: As Encomendações Gerais dos Comitês de Direitos Humanos da ONU e Seu Papel Crucial na Interpretação Autorizada das Normas de Direito Internacional. In: QUINTÃO SOARES, Mário Lúcio; SOUZA, Mércia Cardoso de (orgs.). *A Interface dos Direitos Humanos Com o Direito Internacional*, T. II. Belo Horizonte: Arraes, 2016.

PINHEIRO, Paulo Sérgio. A Consolidação da Política de Direitos Humanos no Brasil: Dezesseis Anos de Continuidade. *Revista Direitos Humanos*, Brasília, n. 7, dez. 2010.

PIOVESAN, Flávia. *Temas de Direitos Humanos*. 2. ed. São Paulo: Max Limonad, 2003.

RELATÓRIO da Delegação do Brasil à Assembleia Geral das Nações Unidas, Parte VIII b. Anexo 20, Paris, 1948. (Texto datilografado.)

POSNER, Eric. The Case Against Human Rights. *The Guardian*, London, 04 dez. 2014.

PRODUÇÃO E GESTÃO DE INFORMAÇÃO e Conhecimento no Campo da Segurança Cidadã: Os Casos da Argentina, Brasil, Paraguai e Uruguai. Buenos: IPPDH / Nações Unidas / Mercosul, 2012.

RAMADAN, Tarik. The Pope and Islam: A Struggle over Europe's Identity. *International Herald Tribune*, New York, 21 set. 2006.

RAMADAN, Tarik. The Pope and Islam: A Struggle over Europe's Identity. *International Herald Tribune*, New York, 21 set. 2006.

ROY, Olivier. *La Sainte ignorance: Le Temps de la rélignon sans culture*, Paris, Seuil, 2008.

RUBIN, Alissa. Determined to Die in a Suicide Blast, *International Herald Tribune*, New York, 15-16 ago. 2009.

RUIZ DE SANTIAGO, Jayme. O Direito Internacional dos Refugiados em Sua Relação Com os Direitos Humanos e em Sua Evolução Histórica. In: CANÇADO TRINDADE, Antônio Augusto; PEYTRIGNET, Gérad; RUIZ DE SANTIAGO, Jayme (orgs.). *As Três Vertentes da Proteção Internacional dos Direitos da Pessoa Humana*, São José da Costa Rica/Brasília, IIDH/CICR/ACNUR, 1996.

SABOIA, Gilberto Vergne. Um Improvável Consenso: A Conferência Mundial de Direitos Humanos e o Brasil. In: *Política Externa*, v. 2, n. 3, dez. 1993.

SARTORI, Giovanni. *Pluralisme, multiculturalisme et étrangers: Essai sur la société multiéthnique*. Trad. Julien Gayard. Paris: Éditions des Syrtes, 2003.

SEIXAS CORRÊA, Luiz Felipe de. *O Brasil nas Nações Unidas, 1946-2006*. Brasília: Funag, 2007.

SEN, Amartya. *Identity and Violence: The Illusion of Destiny*. New York: Norton, 2006.

SHAHAK, Israel; MEZVINSKY, Norton. *Jewish Fundamentalism in Israel*. London: Pluto, 1999.

348 É PRECISO SALVAR OS DIREITOS HUMANOS!

SHANKER, Tom. U.S. Message to Muslims is Flawed, Admiral Says. *International Herald Tribune*, New York, 28 ago. 2009.

SOWELL, Thomas. *Affirmative Action Around the World: An Empirical Study.* New Haven: Yale University Press, 2004

SZABÓ, Ilona. O Brasil, e o Rio em Especial, Precisa Proteger e Valorizar o Policial. *O Globo*, Rio de Janeiro, 02 fev. 2017.

TAYLOR, Charles. *Multiculturalism*. Princeton: Princeton University Press, 1994.

TODOROVA, Maria. *Imagining the Balkans*. New York: Oxford University Press, 1997.

TOLLEY JR, Howard. UNHCR, *The State of the World's Refugees, 2006: Human Displacement in the New Millennium*. Oxford: UNHCR/Oxford University Press, 2006.

_____. *The U.N. Commission on Human Rights*. Boulder: Westview Press, 1987.

UNITED Nations High Commissioner For Refugees. *2003 Global Refugee Trends*. Genebra, 15 jun. 2004.

VEGA, Xavier de la; BONNET, Julien. Nouveaux récits pour le XXI siècle: Le Droit de l'hommisme ou la moralisation du monde. *Les Grands Dossiers de Sciences Humaines*, Auxerre, n. 14, mar.-abr.-mai. 2009.

WIEWIORKA, Michel. *La Différence: Identités culturelles, enjeux, débats et politiques*. Paris: L'Aube, 2001.

_____. *Le Racisme, une introduction*. Paris: La Découverte, 1998.

ZIZEK, Slavoj. *Living in the End of Times*. New York: Verso, 2010.

_____. *First as Tragedy: Then as Farce*. New York: Verso, 2009.

_____. *In Defense of Lost Causes*. New York: Verso, 2008.

_____. *Violence*. New York: Picador, 2008.

_____. *The Puppet and the Dwarf: The Perverse Core of Christianity*. Cambridge: Massachusetts Institute of Technology, 2003.

_____. *On Belief*. London: Routledge, 2001.

Internet

BENTO XVI. *Discurso do Santo Padre Durante a Visita ao Campo de Concentração de Auschwitz-Birkenau*, 28 mai. 2006. Disponível em: <www.vatican.va>. Acesso em 30 jan. 2018.

_____. *Meeting With the Representatives of Science: Lecture of the Holy Father*. Universidade de Regensburgo, 12 set. 2006. Disponível em: <www.vatican.va>. Acesso em 30 jan. 2018.

_____. *Discurso del Santo Padre Benedicto XVI a los Diplomáticos de los Países de Mayoría Musulmana y a Exponentes de las Comunidades Musulmanas en Italia*. Castelgandolfo, 25 set. 2006. Disponível em: <www.vatican.va>. Acesso em 30 jan. 2018.

FRANCISCO, Papa. *Mensagem do Papa Francisco aos Participantes no Encontro de Movimentos Populares Realizado em Modesto*. Califórnia, 17 fev 2017. Disponível em: <es.radiovaticana.va/news/francisco/documentos>. Acesso em 30 jan. 2018.

LISBOA, Ana Paula. Alambamento. *O Globo*, Rio de Janeiro, 9 nov. 2016. Disponível em: <http://oglobo.globo.com> . Acesso em 30 jan. 2018.

Este livro foi impresso na cidade de São Paulo,
nas oficinas da Orgrafic Gráfica e Editora, em fevereiro de 2018,
para a Editora Perspectiva.